LE LIVRE DE COMPTES

DE

THOMAS DU MAREST

Curé de Saint-Nicolas de Coutances

(1397-1433)

LE
LIVRE DE COMPTES

DE

THOMAS DU MAREST

Curé de Saint-Nicolas de Coutances

(1397-1433)

Publié par Paul LE CACHEUX

SUIVI DE

Piéces du XVᵉ siècle, relatives au Diocèse et aux Évêques de Coutances

Publiées par Ch. DE BEAUREPAIRE

<table>
<tr><td align="center">ROUEN

A. LESTRINGANT
Libraire de la Société de l'Histoire
de Normandie,
11, RUE JEANNE-DARC, 11</td><td align="center">PARIS

A. PICARD ET FILS
Libraires de la Société de l'Ecole
des Chartes,
82, RUE BONAPARTE, 82</td></tr>
</table>

1905

INTRODUCTION

La fabrique de l'église Saint-Nicolas de Coutances possède
un manuscrit précieux pour l'histoire de la ville et de ses
environs pendant les guerres anglaises. C'est un registre sur
parchemin, de soixante-neuf feuillets, mesurant vingt-un centimètres sur vingt-neuf, et rédigé dans la première moitié du
xv⁵ siècle. Comme l'indique une note, d'écriture récente,
placée en tête du folio 2, ce manuscrit, qui faisait d'abord
partie des archives diocésaines, fut remis en 1829 à
M. Adeline, curé de Saint-Nicolas. Un des successeurs de ce
digne prêtre ayant bien voulu le confier à mon oncle,
M. l'abbé Le Cacheux, curé-doyen de Pontorson, j'ai pu en
prendre une copie et le garder le temps nécessaire pour en
préparer une édition. C'est l'objet du présent volume.

Le manuscrit en question ne porte point de titre. Les rares
personnes admises à le consulter l'ont désigné sous les noms
de cartulaire, chartrier ou pouillé. En réalité, c'est un livre
de comptes, mais qui, outre les comptes, renferme un assez
grand nombre de documents curieux. OEuvre d'un curé de
Saint-Nicolas, Thomas du Marest, qui vivait dans la première
moitié du xv⁵ siècle, il débute par une petite chronique universelle et un résumé de la vie de saint Nicolas, évêque de
Myre : ce morceau, accompagné de gloses, n'a point le mérite
de l'originalité. Mais il n'en est pas de même des pièces qui

suivent, relatives à la fondation de l'église Saint-Nicolas de
Coutances et aux droits et libertés des paroissiens. Quelques
détails biographiques fournis par l'auteur sur sa personne
terminent ce prologue qui occupe les trois premiers feuillets
et le recto du quatrième. Le registre proprement dit commence au folio 4 verso et se divise en deux parties. La première nous offre les comptes de la restauration de l'église
Saint-Nicolas de Coutances pendant une période de dix-huit
années, de 1412 à 1430. On y trouve d'abord la liste des
bienfaiteurs et le chiffre de leurs aumônes, puis le détail des
dépenses : noms des ouvriers, maçons, charpentiers, couvreurs de pierre, charretiers; nombre de journées de travail
accomplies par chacun d'eux et taux de leurs salaires. Ces
comptes, rédigés en français d'après des minutes aujourd'hui
perdues, s'étendent du folio 4 au folio 34. On sait combien
sont rares les documents de ce genre et quel intérêt ils présentent au point de vue de l'archéologie et de l'histoire économique du moyen âge. Nous aurons l'occasion d'y revenir.
Cette première partie se termine par des vers latins plaisants,
mais d'une valeur littéraire assez médiocre, des pièces du
xive siècle relatives à une première restauration de l'église
Saint-Nicolas, les lettres d'indulgences accordées en 1414
par le légat Alamannus, les chartes de fondation de la chapelle
de la Mare au xiiie siècle. Sur le recto du folio 43, l'auteur a
ajouté quelques mises faites pour le « moustier » en l'an
1430. Ces notes, d'une écriture plus fine, sont cependant de
la même main.

La seconde partie commence au folio 43 verso et s'étend
jusqu'au folio 68 verso. Elle est plus riche que la première en
détails historiques et biographiques. On pourrait l'intituler :
Testament de Thomas du Marest ; car l'auteur débute et finit
par les formules usitées dans les documents de ce genre et
cette pièce nous donne le détail de ses legs en même temps

que l'expression de ses dernières volontés. Mais, dans ces vingt-cinq feuillets, il y a bien davantage. Thomas du Marest y a noté les évènements les plus saillants de sa vie, les faits extérieurs dont il a eu connaissance, et, en bon Normand qui sait l'importance des chiffres, les dépenses de toutes sortes qu'il a dû faire pour l'entretien de son bénéfice. Nous pénétrons donc, grâce à ces notes, dans la vie intime d'un curé de Coutances au XVe siècle, pendant cette triste période de l'occupation anglaise qui laissa en Cotentin tant de ruines, et nous devinons l'état d'âme, comme on dit aujourd'hui, d'un Normand de la classe moyenne, dont l'opinion doit refléter celle de la majorité de ses contemporains. Réparations à la chapelle Saint-Floscel et au manoir presbytéral, pertes essuyées par le brave curé au moment de l'invasion anglaise, dons et legs testamentaires, tous ces détails et bien d'autres, dont on fera ressortir plus loin l'importance, éclairent d'un jour nouveau la vie de la petite cité coutançaise tombée au pouvoir de l'ennemi et complètent les renseignements déjà fournis sur cette période par Siméon Luce dans son édition si savante de la *Chronique du Mont-Saint-Michel*. Notre manuscrit s'arrêtait primitivement au folio 68 verso. L'auteur y a ajouté plus tard quelques comptes qui vont jusqu'à l'année 1433 et qui occupent les deux derniers feuillets. Cet appendice n'est pas la partie la moins intéressante du volume. Thomas du Marest y rapporte les travaux qu'il dut faire au presbytère de Saint-Nicolas après le départ des soldats anglais, auxquels cette demeure avait servi de logement pendant dix ans, de 1420 à 1430. Une note inscrite sur le feuillet de garde du registre nous donne la date exacte de sa rédaction : « Nota que cest livre fut escript et fait l'an de grace mil CCCC XXIX, intrant l'an XXX, et cousta en toutes matieres et escripture, vj l. v s. »

Quel était donc ce curé de Saint-Nicolas dont le temps a

respecté l'écriture, alors que tant d'œuvres plus littéraires du moyen âge sont aujourd'hui perdues ? Il était né à Carentan le 27 octobre 1367. Depuis le traité de Mantes (22 février 1353), cette ville et toute la région connue sous le nom de Clos de Cotentin appartenaient au roi de Navarre, Charles le Mauvais. Le nouveau maître y introduisit une telle quantité d'Anglais et de Navarrais que plus d'un habitant, resté fidèle au roi de France, dut quitter la ville pour se réfugier en terre française (1). Quelques-uns même gagnèrent Paris et s'y établirent. La famille du Marest ne fut point du nombre des émigrants, et l'on a la preuve qu'un de ses membres au moins se signala par son dévouement au nouveau régime. Le *Compte des recettes et dépenses du roi de Navarre* (1367-1370) mentionne en effet à plusieurs reprises un certain Michelet du Marest, clerc et procureur du vicomte de Carentan, Martin l'Ours (2). Le 5 mai 1378, Bertrand du Guesclin, étant alors au siège devant Gavray, concéda à Guillaume de Villiers, sire du Hommet, les biens meubles et héritages de Michelet du Marest et de Jehannin Bloville, nés à Carentan, qui leur avaient été confisqués à cause de leur adhésion au parti du roi de Navarre (3). Ce Michelet du Marest était peut-être le père de notre Thomas. Quoi qu'il en soit, le lendemain de sa

(1) Voir aux Archives nationales, dans le registre du Trésor des Chartes JJ. 87, n° 70, la rémission octroyée par le dauphin Charles à Pierre Caisnot, notaire royal à Carentan, lequel, ayant quitté cette ville pour se réfugier à Paris, a été appréhendé et mis en prison, sous l'inculpation de complicité avec les Navarrais qui tiennent le château de Carentan. (Paris, août 1358).

(2) *Compte des recettes et dépenses du roi de Navarre.* Edit. Izarn et Prevost, pp. 4, 6, 8, 10, 25, 26, 38, 52. Le même Compte mentionne également un certain Jean du Marest, qui servit au fort de Valognes, aux gages du roi de Navarre, depuis le 28 novembre 1367 jusqu'au 31 août 1369, et qui toucha pour son salaire 4 francs par mois. (*Ibid.*, p. 236).

(3) Arch. nat., Reg. du Trésor des Chartes JJ. 119, fol. 64 recto, n° 93.

naissance, ce dernier fut porté en l'église Saint-Étienne
d'Auvers pour y recevoir le baptême. Plus tard, se rappelant
ce fait, il donnera par testament cinq sous à ladite église.
A l'en croire, c'est l'état de guerre qui obligea ses parents à
le faire baptiser hors de la ville ; et il y a là une indication
précieuse sur le désarroi dans lequel se trouvait le service du
culte à Carentan pendant l'automne de l'année 1367 (1). Une
courte période de temps se passe, et c'est encore la guerre
qui forcera Thomas du Marest à quitter la maison familiale et
à voyager de ville en ville et de diocèse en diocèse. Il visita,
nous dit-il, plusieurs royaumes ; entendez par là qu'il passa
des terres du roi de Navarre dans celles du roi de France (ce
qu'il pouvait faire sans sortir du Cotentin), qu'il alla peut-être
en terre d'Empire et qu'il poussa sans doute jusqu'en Avignon. Pourvu en 1397 du bénéfice de Saint-Nicolas, il
ne s'astreignit pas tout d'abord à la résidence ; il se rendit
à Paris et suivit pendant six ans les cours de l'Université ;
il dépensait chaque année quarante livres pour sa nourriture et son entretien. Il vint d'ailleurs une fois ou deux à
Coutances, moins pour prendre contact avec ses ouailles
que pour surveiller les travaux de restauration de son presbytère et de la chapelle Saint-Floscel. Mais il refusa de
prendre ses grades, malgré les instances de ses professeurs.
C'est du moins lui qui nous l'apprend : « Je considérai, dit-il,
ce qui est écrit au titre : *De temporibus ordinandorum in*

(1) Il y a évidemment corrélation entre ce menu fait et la panique jetée
dans Carentan, pendant l'automne de l'année 1367, par la nouvelle de
l'approche des Compagnies. *Le Compte des recettes et dépenses du roi
de Navarre* (p. 223) nous apprend qu'à cette date ordre fut donné par
le Conseil du roi de fortifier la ville, et que Ferrando d'Ayens, capitaine
de Cherbourg, y fut envoyé avec plusieurs gens d'armes de sa compagnie.
Il y resta vingt jours, du 10 au 30 novembre 1367, et reçut 83 francs
2 deniers pour ses frais de déplacement.

antiquis ; ce n'est point par l'élévation des grades, mais par l'amplitude de la charité que l'on acquiert le royaume de Dieu... et c'est ainsi que je méprisai la vaine gloire des grades » (1). Au reste, son séjour à l'Université de Paris ne lui fut pas inutile ; il en rapporta des connaissances en droit canon qui percent en maint endroit de son livre ; il y acquit surtout une philosophie aimable et souriante, dont ce mépris des diplômes n'est pas la moindre marque. Plus tard, ayant recueilli à son foyer ses deux jeunes frères, Jean et Guillaume, il voulut que ce dernier devint lui aussi étudiant de l'Université de Paris, et il se chargea de son entretien. La cure de Saint-Nicolas était un bénéfice modeste, mais qui lui assurait le pain de chaque jour ; comme il avait des goûts simples et l'âme d'un sage, il sut s'en contenter ; et, venu à Coutances au début du xve siècle, il y resta près de quarante ans, dévot à Dieu et à saint Nicolas, partageant son temps entre les services spirituels rendus à ses ouailles et la restauration de son église ou l'embellissement de son presbytère, homme de bien auquel il ne manqua sans doute pour être heureux que de vivre à une époque paisible et d'être volé moins souvent.

Mais il vivait pendant la guerre de Cent-Ans et cette époque est une des plus tristes qu'il soit possible d'imaginer. Il semble qu'on ait tout dit sur les ruines que l'invasion anglaise accumula dans notre pays. Et cependant, quel ouvrage éloquent il reste à faire sur la désolation du Cotentin pendant cette période ! La campagne inculte et sillonnée d'hommes d'armes, les paysans abandonnant leurs chaumières pour se réfugier dans les bois, les bandits de grand chemin détroussant et rançonnant les voyageurs, pillant les maisons désertes et mettant le feu aux villages, des bandes de loups venant semer la

(1) Son nom ne se retrouve pas en effet dans les listes de gradués que Denifle et Châtelain ont publiées pour cette époque dans leur *Chartularium Universitatis Parisiensis*, t. IV.

terreur jusqu'aux portes des villes, les places fortes envahies
par une foule en détresse qui fuit devant l'ennemi et que,
faute de vivres, on repousse dans les faubourgs ; et pour les
citadins, les alertes continuelles, le tocsin sonnant dans les
nuits silencieuses, les églises transformées en forteresses, la
lueur des incendies aperçue du haut des clochers, jusqu'au
jour inévitable où le combat s'engage au pied des remparts et
où le vainqueur pénètre par la brèche : tel était le spectacle
que les contemporains de Thomas du Marest avaient sans
cesse devant les yeux. Venu au monde au milieu de ces hor-
reurs, le bon curé mourut sans en avoir vu la fin ; et c'est
peut-être pour cette raison qu'il ne les mentionne guère dans
son livre. Il s'était habitué à sa misère et la supportait avec
résignation. La suprême sagesse en temps de troubles consiste
à vivre inaperçu. On trouve cependant sous sa plume quelques
allusions mélancoliques aux tristesses et aux malheurs de
l'époque. Fol. 16 verso, à la date du 15 août 1412, il note le
passage à Coutances de Thomas de Lancastre, duc de Clarence ; ce prince, débarqué à la Hougue cinq jours auparavant, traversait la Basse-Normandie pour aller secourir les
Armagnacs qui l'avaient appelé à leur aide contre les Bourguignons. A deux reprises (fol. 61 verso et fol. 66 recto), il
mentionne la descente d'Henri V, roi d'Angleterre, à Touques,
le 1er août 1417, l'envahissement de la Normandie par les
Anglais et la panique qui se produisit en Cotentin à la nouvelle
de cet évènement. Les habitants du pays, nobles, bourgeois
et paysans, quittèrent leurs demeures et se réfugièrent dans
les provinces voisines, surtout en Bretagne. Thomas du Marest
lui-même, de son propre aveu, perdit la tête et fit passer en
Bretagne une partie de ses biens, pour une valeur de quatre-
vingts livres. Naturellement, il ne les revit jamais : « *Unde
proth dolor !* » ajoute-t-il avec tristesse. La même année, une
bande d'Armagnacs, de ceux qui gardaient les forteresses de

Normandie pour le roi Charles, envahissait le presbytère de
Saint-Nicolas, fracturait le bahut du curé et lui volait plusieurs
sommes d'argent, entre autres un petit pécule de soixante et
une livres treize sous quatre deniers, qui appartenait à maître
Nicolas Douchet, curé de Linverville. Notre homme dut
rendre de ses deniers l'argent volé à Jean Douchet, frère
dudit curé, et il en reçut quittance devant Colin Pellecoq,
tabellion, le 3 décembre 1428. Il se consola en écrivant les
vers qui suivent :

> Dampna fleo rerum sed plus fleo dampna dierum ;
> Quisque potest rebus succurrere, nemo diebus.

En 1418, un autre accident du même genre lui arrive : un
de ses familiers, Guillaume Hubert, qui vivait avec lui et qui
devint plus tard curé de Saint-Gilles, est pris par les brigands.
Thomas du Marest doit payer vingt francs pour sa rançon.
Deux ans plus tard, les Anglais, installés à Coutances, l'ex-
pulsent du presbytère de Saint-Nicolas et l'obligent à faire
construire une petite maison, où il établit sa demeure pendant
dix ans, de 1420 à 1430. Le manoir presbytéral est occupé
par les soldats ennemis jusqu'au mois de juillet de cette dernière année. Ils partent enfin, la semaine d'avant la Saint-Clair,
non sans avoir fait au logis de nombreux dégâts, nouvelle
source de dépenses et nouveaux ennuis pour le brave curé.

Les voyages qu'il fait dans l'intérêt de son église, pour recueillir l'argent destiné aux travaux de restauration, ne sont
pas plus heureux et lui coûtent aussi cher. Voici une anecdote,
racontée par lui-même, qui montre bien le peu de sécurité
que les routes de France offraient alors aux voyageurs :
Un certain Jean du Bois-Guillaume, écuyer, du pays
d'Évreux, inculpé de faux-monnayage, avait obtenu du roi de
France, Charles VI, des lettres de rémission (1), à condition

(1) Le Bois-Guillaume (Eure), commune de Drucourt, canton de Thiber-
ville, arrondissement de Bernay. Ces lettres de rémission sont aux

qu'il donnerait quarante écus pour la restauration de l'église Saint-Nicolas de Coutances. En 1413, la semaine d'avant la Madeleine, Thomas du Marest se munit d'un mandement de Raoul Le Sage, vicomte de Coutances, fit sceller deux chevaux, l'un pour lui et l'autre pour son clerc, et s'en alla réclamer ses quarante écus aux bailli et vicomte d'Évreux qui avaient arrêté cette somme au nom du roi. Mais il n'en put obtenir payement, et d'Évreux, il dut envoyer à Paris son serviteur pour obtenir de Raoul Le Sage, qui était alors dans cette ville, un nouveau mandement. Au retour, le valet tomba entre les mains d'une bande d'Armagnacs et fut détroussé ; le curé perdit toute chance de recouvrer son argent. « Ainsi fut tout perdu pour le fait de la guerre. » Le voyage avait coûté sept livres, tant pour la dépense du curé que pour celle de son serviteur. L'année suivante, nouveau voyage, cette fois jusqu'à Paris. Il s'agissait d'obtenir du roi une lettre à sceau jaune, adressée au bailli de Caen, pour avoir paiement d'une somme de vingt livres qu'un certain Guillaume de Launoy devait, par ordre du dauphin Jean, verser au trésor de l'église Saint-Nicolas. Ancien serviteur du capitaine de Bayeux, ce Guillaume avait été condamné pour crime de fausse monnaie. On le mit en prison au château de cette ville, mais il sauta par-dessus les murs et s'en alla au pays d'Alençon. Repris et enfermé de nouveau dans les prisons de Bayeux, il dut y attendre l'arrivée du curé de Saint-Nicolas. Alors des personnages influents s'entremirent pour sa délivrance : maître Jean Le Fèvre, chanoine de Bayeux ; maître Jean du Bosc, procureur et receveur de maître Jean de Corbie, autre chanoine de Bayeux, prébendier de la prébende de Cambremer et fils du chancelier de France, intercédèrent pour lui tant auprès du bailli de Caen que du curé de Saint-Nicolas.

Archives nationales, dans le Registre du Trésor des Chartes JJ. 166, nº 194.

Guillaume de Launoy fut relâché, mais on ne donna que treize livres, au lieu de vingt, à Thomas du Marest, et il lui en avait coûté sept livres de sa poche pour la poursuite de cette affaire et pour son déplacement. Plus long et plus fécond en péripéties fut le voyage de Guillaume Clerée, bourgeois de Coutances, envoyé par le curé à Tinchebray d'abord et ensuite à Paris, pour recueillir les vingt livres que Jean Hebert, écuyer, devait à l'église Saint-Nicolas. Parti de Coutances le 29 juin 1417, notre homme n'y était pas encore rentré à la fin de juillet; et, pendant ce laps de temps assez court, il lui avait fallu obtenir l'expédition d'au moins six mandements, dont l'un émanant du vicomte de Mortain était adressé à Olivier Basselin, sergent de cette vicomté. On avait affaire en effet à un débiteur insolvable, et ce n'est qu'en opérant la saisie de ses biens meubles et héritages qu'on put se faire payer. Le voyage de Guillaume Clerée dut préoccuper vivement Thomas du Marest, car il y insiste dans son livre. Les frais en furent assez élevés. Dépenser dix-sept livres quatorze sous six deniers pour recueillir vingt livres, c'est une affaire qui pouvait passer pour peu brillante aux yeux d'un Normand, habile en l'art de compter.

Tels sont les événements les plus saillants de la vie de Thomas du Marest. Il faut ajouter qu'en sa qualité de curé de Saint-Nicolas, il était titulaire de la chapelle du même nom dans l'église cathédrale. Il semble être resté jusqu'à sa mort en relations amicales avec Messieurs du Chapitre. En 1410, ceux-ci lui confièrent la recette de la prévôté de Coutances, et en 1423, celle du Petit-Collège. Ce furent des fonctions purement gratuites, et nous devons à cette particularité de connaître qu'il en fut chargé. En 1415, il fit construire dans le cloître des chanoines une maison, avec écurie et jardin, pour laquelle il dépensa cent quarante livres; il la légua au Chapitre par testament, afin de participer aux prières de l'église cathédrale. Plus tard, nous le voyons donner encore dix sous au trésor de cette même église. Mais ses sympathies allaient surtout aux Jacobins, qui furent très populaires à Coutances pendant le moyen âge. Il leur légua une somme de dix livres, et, à l'instar d'un très grand nombre de ses concitoyens, il choisit sa sépulture dans leur cloître, près du chapitre, pour participer aux prières des allants et venants. Au reste, toutes les églises de Coutances furent l'objet de ses libéralités, sauf, bien entendu, l'église Saint-Pierre, qui ne figure pas dans son testament ; et nul Coutançais ne s'en étonnera, sachant que l'esprit de clocher ne date pas d'hier dans la vieille ville, et que les luttes entre *Pierrots* et *Colas* ont défrayé la chronique locale pendant plusieurs siècles (1). A l'Hôtel-Dieu, Thomas du Marest abandonne plusieurs de ses droits, mais il ne lui lègue aucune somme d'argent : l'Hôtel-Dieu et Saint-Pierre ne faisaient qu'un, cette église étant, depuis la donation du chapitre, en 1221, desservie par un religieux de la petite communauté du Pont-de-Soule. Quant à l'église Saint-Nicolas, il avait trop travaillé et peiné pour elle pendant sa vie pour l'oublier à l'article de la mort. En 1417, il fit sculpter à Caen une statue de saint Nicolas, en pierre, qui lui coûta qua-

(1) La principale de ces chicanes avait pour objet les limites respectives des deux paroisses. Il existe, sur cette affaire, un curieux dossier aux *Archives de l'hospice.* (Fonds de l'église Saint-Pierre.) Voici les limites que l'on donnait dans un acte du 15 mai 1634 : « ... Les residentz et demeurantz en ladite paroisse de Saint-Nicolas, en deça des rues par lesquelles on vient du pont de Guernet à la maison de Raoult et Abel Le Liepvre, filz de feu Jean, dernierement exposez en decrept de justice, et de ladite maison et ruette ou venelle de l'Evesché droictement au travers des halles en la Grande Rue, et de ladite Grande Rue en celle de la Beurrerie, dite la rue au Grand, et de la en la rue de la Trye Poullet et à Bullesard, qui sont les vrayes devises et separations desdictes parroisses... » Sentence de l'Official du 15 mai 1634. — En face, dans la marge, une main postérieure a écrit : Prétendues limites.

torze écus d'or, et il la donna à son église ; cette œuvre d'art n'existe plus malheureusement. Perdus aussi — mais cette perte s'explique assez d'elle-même — les livres liturgiques qu'il laissa à la fabrique pour l'usage de ses successeurs. De ce nombre était un petit missel, écrit par Pierre du Gué et terminé le 7 mai 1410, qui avait coûté neuf livres tournois. Le bon curé ne se réserva qu'un livre, qu'il appelle son *catholicon*, dont il voulait faire cadeau à son clerc, Guillaume de l'Ecluse, s'il persévérait jusqu'au sacerdoce ; sinon le livre devait faire retour à son neveu Roger, fils de Guillaume du Marest. On ne peut lui reprocher d'avoir enrichi sa famille des dépouilles de son bénéfice. Mentionnons, en terminant, les deux calices d'argent doré que firent faire les paroissiens de Saint-Nicolas. Thomas du Marest y contribua pour une somme de dix livres, qu'il consentit à ne point réclamer à son église, mais qu'il n'oublia pas non plus d'inscrire au chapitre des dons et recettes. De même pour le bahut des archives, qui est un cadeau de lui et qu'il évalue au prix de cent cinq sous.

Dans sa pensée, le registre qu'il écrivait avec tant de soin devait être continué. Folio 67 recto, à la suite de son testament, dont il laisse la date en blanc, il ajoute : « Je prie celui qui écrira après ma mort de marquer ici le jour, l'année et l'heure de mon décès et les noms des témoins » Cette prière du bon curé n'a pas été exaucée ; nous ne savons à quel moment la « personne de Saint Nicolas », riche en mérites devant Dieu et devant les hommes, alla de vie à trépas, ni si ses dernières volontés reçurent une complète exécution. Il dut mourir peu après l'année 1433, date des derniers comptes inscrits sur son registre. En 1440, son successeur, Nicolas Millehain, est mentionné comme curé de Saint-Nicolas (1).

(1) *Archives de l'Hospice*, Fonds de l'église Saint-Nicolas ; acte relatif aux droits respectifs des curés de Saint-Pierre et de Saint-Nicolas (cité par T. de Billy, dans son *Histoire des villes*, art. *Coutances*).

Quant à sa sépulture, il est impossible de la retrouver aujourd'hui, si le vœu exprimé par lui à ce sujet fut exaucé; car le cloître des Jacobins a disparu dans les constructions du grand séminaire, qui sont de date relativement récente, et il n'était guère d'usage au xv⁰ siècle de graver sur des plaques commémoratives les services rendus par les curés à leurs paroissiens. Cependant Thomas du Marest eût mérité plus que bien d'autres les honneurs du marbre ou de la pierre. Il est fâcheux que rien ne rappelle son souvenir dans cette église, à la restauration de laquelle il présida si vaillamment et pour laquelle il n'épargna ni son temps ni son argent. Du moins, n'est-il pas mort tout entier, puisqu'il nous a laissé le curieux manuscrit qui fait l'objet de cette étude. Il s'y présente même à nous sous des traits fort sympathiques; et qui peut affirmer que ses contemporains l'ont jugé aussi favorablement? Économe des deniers d'autrui autant que des siens propres, dévoué à son église, puisqu'il lui consacre tout son temps et la meilleure part de ses revenus, dévoué à sa famille puisqu'il prend à sa charge ses deux frères et pourvoit à leur éducation, patient envers ses vicaires (1), résigné aux malheurs de l'époque, mais, comme tous les gens du peuple et le petit clergé, antipathique aux Armagnacs qu'il rend responsables de la triste situation du royaume (2), avec une pointe d'originalité qui relève sa physionomie et une bonhomie qui n'est pas sans charmes : tel nous apparaît aujourd'hui Thomas du Marest, curé de Saint-Nicolas de Coutances pendant le premier quart du xv⁰ siècle ; et, si les documents de cette époque ne nous présentent pas toujours le clergé normand sous un jour très favorable, celui-ci nous met en garde contre les

(1) On fait ici allusion à ce qu'il dit de Nicole de Servigny, fol. 61 recto.

(2) On retrouve ces sentiments chez Pierre Cochon, contemporain de notre auteur, dont la curieuse chronique a été publiée par M. de Beaurepaire pour la Société de l'Histoire de Normandie.

dangers d'une généralisation hâtive, en nous offrant l'exemple d'un brave curé du Cotentin, qui fait honneur à sa corporation et qui, sans nul doute, n'était pas alors le seul de son espèce.

Des trois églises de Coutances, la cathédrale, Saint-Pierre et Saint-Nicolas, celle-ci est la dernière pour la valeur architecturale et les souvenirs religieux qui s'y rattachent. Elle est aussi la moins ancienne, car sa fondation ne remonte pas au-delà du XIIIe siècle. Alors que la cathédrale, établie au sommet de la colline, sur l'emplacement d'un temple païen, a des fondations primitives qui datent de l'époque gallo-romaine ; alors que l'église Saint-Pierre passait pour très ancienne dès le début du XIIe siècle et que, centre de l'unique paroisse de la ville, elle attirait à elle les fidèles par la renommée de ses miracles et l'éclat de ses cérémonies (1), Saint-Nicolas ne peut revendiquer ni une antiquité aussi reculée ni des titres de noblesse aussi authentiques. Son histoire reste, d'ailleurs, obscure sur beaucoup de points. Cette église tire son origine d'une chapelle dédiée à saint Nicolas, qui se trouvait dans la cathédrale et où des habitants de la ville venaient assister aux offices. A quelle époque cette chapelle fut-elle fondée ? Nous l'ignorons complètement. Elle devait exister dans l'ancienne cathédrale, édifiée au XIe siècle, sous l'évêque Geoffroi de Montbray (2). Lorsque ce monument fut reconstruit, au

(1) Orderic Vital, *Historia ecclesiastica* (Edition de la Société de l'Histoire de France), III, 391-393.

(2) La fondation d'une chapelle en l'honneur de saint Nicolas dans l'ancienne cathédrale de Coutances, édifiée sous l'épiscopat de Geoffroi de Montbray (1048-1093) semble se rattacher d'une façon assez étroite à la translation des reliques de ce saint, qui furent apportées de Myra en Apulie, en 1087, par des marins de Bari. On sait qu'une grande église fut construite dans cette dernière ville tout exprès pour abriter ces reliques. En 1089, sous l'épiscopat de l'archevêque Hélie, le pape Urbain II consacrait la crypte de l'église de Saint-Nicolas de Bari, et l'édi-

xiii⁰ siècle, la chapelle Saint-Nicolas devint la première des six qui accompagnent la nef, à partir du transept, dans le bas-côté septentrional. Comme les autres chapelles de la cathédrale, celle-ci était desservie par un vicaire D'après Toustain de Billy, c'est en 1221. quand le chapitre aumôna l'église Saint-Pierre à l'Hôtel-Dieu, que fut commis au vicaire de la chapelle Saint-Nicolas le soin d'administrer les sacrements à une partie du peuple enclos dans la ville « au temps

fice était achevé avant l'année 1105. Les reliques attirèrent bientôt des foules de pèlerins; en Normandie spécialement, la dévotion du saint vénéré à Bari acquit une prompte popularité, qu'atteste un passage très connu de l'*Histoire ecclésiastique*, d'Orderic Vital. (Édit. Le Prevost, III, p. 205-218.) De nombreux Normands vinrent en Apulie s'agenouiller devant les ossements du saint, et dès la fin du xi⁰ siècle, la crypte de Saint-Nicolas de Bari fit concurrence à la caverne du Gargano, le plus ancien sanctuaire de saint Michel en Occident. En 1093, des moines de Saint-Étienne de Caen commencèrent, non loin de leur abbaye, la construction d'une église dédiée à saint Nicolas, qui sert aujourd'hui de magasin militaire. Chose curieuse : l'église de Saint-Nicolas de Bari est le seul édifice de l'Italie méridionale qui reproduise dans ses grandes lignes le type de l'architecture normande de la fin du xi⁰ siècle; elle offre des ressemblances très frappantes avec les deux églises de Saint-Étienne et de Saint-Nicolas de Caen. (E. Bertaux, *L'Art dans l'Italie méridionale*, I, 335 et suiv.) Or, la fameuse chronique du *Livre noir* du chapitre de Coutances, rédigée au début du xii⁰ siècle, qui nous donne des détails sur la reconstruction de la cathédrale à l'époque de l'évêque Geoffroi de Montbray, nous apprend que ce prélat se rendit en Apulie et en Calabre, auprès de Robert Guiscard et des seigneurs normands, ses parents, pour solliciter leur appui en faveur de son église, et qu'il revint d'Italie avec de grandes richesses, dont il se servit pour mener son œuvre à bonne fin. (*Gall. Christ.*, XI, *Instrum.*, col. 217-225.) La première cathédrale de Coutances serait antérieure à Saint-Nicolas de Bari, puisqu'elle fut consacrée (mais non achevée), d'après la chronique, en 1056. Y avait-il des analogies de construction entre ces deux églises? On peut le supposer. Dans tous les cas, l'hypothèse qui rattache au voyage de Geoffroi en Italie la fondation d'une chapelle de Saint-Nicolas dans la cathédrale, repose sur une base assez solide et paraît, à première vue, très vraisemblable.

xvj

de guerre particulièrement, auquel temps l'entrée de la ville
n'étoit pas facile » (1). Mais aucun document ne vient confirmer cette hypothèse, et il faut remarquer que Toustain de
Billy se trompe par ailleurs en plaçant l'église Saint-Nicolas
dans l'enceinte de la forteresse. Cette église, presque adossée
aux remparts comme l'église Saint-Pierre, était en dehors de
la cité, et c'est pour cette raison qu'elle eut tant à souffrir
pendant les guerres anglaises. En réalité, si l'affluence des
fidèles dans la chapelle Saint-Nicolas de la cathédrale amena
la fondation d'une nouvelle paroisse, cette fondation n'a rien
à voir avec le problème de la fortification de Coutances, qui
n'était pas au xiii° siècle résolu d'une façon définitive.

Au reste, ce problème mérite de retenir un instant notre
attention. Capitale d'une ancienne « civitas » gallo-romaine,
et, depuis l'introduction du christianisme, siège d'un évêché,
la ville de Coutances a joué un rôle historique trop important et elle occupe d'ailleurs une situation stratégique trop
avantageuse pour être restée sans défense pendant les premiers siècles du moyen âge. Robert de Torigni place, en
l'année 1135, la construction du château de Coutances, « tur-
ris Constanciarum » (2). Ces mots désignent peut-être un
système de défense isolé ; mais, si les ducs de Normandie
ont fortifié Coutances, ils n'ont fait certainement que suivre
une très ancienne tradition, car on a retrouvé des traces de
murailles qui ne peuvent remonter qu'à l'époque gallo-romaine. Quoi qu'il en soit, en 1204, la Normandie fut réunie
à la couronne, et, sous la sage administration de Philippe-
Auguste et de ses successeurs, une ère de paix et de prospérité régna dans notre pays. La population de Coutances

(1) *Histoire des villes du Cotentin*, partie inédite, art. Saint-Nicolas de
Coutances.

(2) *Chronique de Robert de Torigny*, Éd. Delisle, I, 197.

s'accrut rapidement. On vit disparaître l'ancienne cathédrale de Geoffroi de Montbray et sur ses fondements s'élever la merveille actuelle, qu'artistes et gens de métier ne se lassent pas d'admirer. En 1209, l'évêque Hugues de Morville fondait l'Hôtel-Dieu. De cette époque date le développement de la ville, si malheureusement interrompu par la guerre de Cent-Ans. Bien que le registre des fiefs de Philippe-Auguste nous apprenne que Fouques Painel devait au roi le service d'un chevalier pour la garde de son château de Coutances (1), il faut admettre qu'au XIIIe siècle on laissa tomber en ruines les antiques murailles. En 1293, il n'en était plus question. Le haut de la ville se trouvait alors sans défense, puisque, cette année-là, l'évêque Robert d'Harcourt et son chapitre s'adressèrent au roi Philippe le Bel pour lui demander la permission d'enclore de murs la cathédrale, le palais épiscopal et les maisons des chanoines, qui n'étaient point en sûreté. Un mandement du roi au bailli de Cotentin (2), daté du 10 octobre 1293, prescrivit une enquête, et la permission fut accordée au mois de janvier suivant, à condition que cette nouvelle enceinte serait percée de quatre portes et que l'espace de terrain ainsi enclos ne pourrait servir d'asile aux malfaiteurs poursuivis par la justice royale (3). Survint la guerre de Cent-Ans, et peu de temps après le début des hostilités, en 1354 ou 1356 — la date exacte n'est pas connue — le siège de Coutances par les Anglais, au cours duquel la garnison, réfugiée dans le cloître, se défendit si vaillamment et réussit peut-être à repousser l'ennemi. Il n'y avait pas alors d'autres fortifications et la cathédrale fut très endommagée par les projectiles des assiégeants. Une supplique de l'évêque Louis d'Erquery, adressée au pape Innocent VI et datée du 23 juillet 1357,

(1) *Recueil des Hist. de France*, XXIII, 610.

(2) *Gall. Christ.*, XI, *Instrum.*, col. 271.

(3) Toustain de Billy, *Hist. eccl. du diocèse de Coutances*, II, 79-82.

fait allusion au triste état dans lequel se trouvait cette église. Le souverain pontife accorda un an et quarante jours d'indulgences à tous ceux qui la visiteraient dévotement et qui contribueraient par leurs aumônes à sa restauration (1). C'est à la suite de ce siège que l'on entreprit soit de relever les anciennes murailles de Coutances, soit d'en édifier de nouvelles sur un tracé plus étendu. La première hypothèse paraît la plus vraisemblable, car si on avait agrandi l'enceinte à cette époque, on n'aurait pas manqué d'y faire entrer les églises Saint-Pierre et Saint-Nicolas, qui restèrent en dehors de la forteresse. Mais il fallut détruire des maisons appartenant au chapitre (2), ce qui prouve qu'en certains endroits la ville avait débordé sa ceinture primitive et s'était accrue aux dépens des fortifications. On possède une série de mandements de Charles V relatifs à ces travaux. Le 22 octobre 1366, le roi ordonne au bailli de Cotentin de faire remparer et fortifier la cathédrale de Coutances et d'y établir un capitaine « qui la garde bien et sûrement comme autrefois elle l'était et servait de retraite aux gens du pays et des environs dans les cas de nécessité » (3). A la fin de cette même année, Raoul Painel était nommé par le roi capitaine de la ville de Coutances, et, le 16 janvier 1367, Charles V décidait qu'il toucherait pour ses gages annuels une somme de deux cents francs d'or (4). Le 10 décembre 1367, le roi mande à son

(1) Arch. du Vatican, *Reg. suppl. Innocent VI*, an V, fol. 181 verso.

(2) Cf. le mandement de Charles VI, de juillet 1402, dans Toust. de Billy, *loc. cit.* II, 181-185. L'auteur dit avoir tiré cet acte des *Mémoires de M. du Vaudôme*, aujourd'hui conservés à la Bibliothèque publique de Coutances.

(3) Delisle, *Mandements et actes divers de Charles V*, p. 168, nº 142. — S. Luce, *Hist. de Bertrand Du Guesclin*. Pièces justificatives, nº LXIII. L'original de ce mandement se trouve aux Archives Nationales, dans le carton K 49, nº 14.

(4) *Mandements de Charles V* (Édit. Delisle), p. 175, nº 368.

trésorier Aimard Bourgoise de pourvoir à la requête des habitants de Coutances, touchant un prêt qui leur a été promis pour la fortification de leur ville (1). Un autre mandement de Charles V, daté du bois de Vincennes le 23 août 1370, concerne le paiement des gages de Raoul Painel, capitaine et garde de la ville de Coutances. Le roi déclare qu'une moitié de ces deux cents livres de gages est seule imputable sur la part d'imposition octroyée aux habitants : « car, dit-il, ce que nous leur avons donné ne monte par an que deux cens livres, ou environ, et convendroit, se ledit capitaine prenoit les dis ij^c livres sur la dicte ville, que l'en delaissast a faire la fortificacion et emparemens d'icelle » (2). Enfin, le 27 janvier 1379 (n. s.), Charles V octroie pour un an « a noz bien amez les bourgoiz et habitans de nostre ville de Coustances, ville fermée… la sixieme partie de l'imposicion de douze deniers pour livre de toutes denrées et marchandises vendues en la dicte ville… pour convertir en la fortificacion de la dicte ville et en la garde et autres neccessitez d'icelle… » L'emploi de cette contribution devait être réglé par une commission composée du bailli de Cotentin, d'un des élus sur le fait des aides et de deux des principaux bourgeois de la ville, ou simplement de deux membres, dont l'un serait toujours un officier du roi (3). Les travaux de fortification de Coutances durent être achevés peu après cette date. C'est à partir de 1380 environ que les actes privés mentionnent en grande quantité des hôtels situés dans la forteresse. Mais une curieuse lettre de rémission, émanant du roi Charles V et datée du 30 décembre 1371, nous apprend que, dès l'année 1364, la ville était déjà close. Il y avait alors un brave homme, nommé Jean Ernaut, préposé à la garde d'une des portes, qui

(1) *Mandements de Charles V*, p. 210, n° 421.
(2) *Ibid.*, p. 359, n° 713.
(3) *Ibid.*, p. 890, n° 1820.

XX

remplissait bien et loyalement son office. Le 17 décembre 1371,
une alerte s'étant produite dans la ville, le capitaine ordonne
de lever le pont et de ne laisser sortir personne. Survient un
certain Richard de Guébébert, à cheval et armé de pied en
cap, qui veut enfreindre l'ordre, et s'adressant au portier :
« Avale cest pont, lui dit-il, sy isterai dehors. » A quoi l'honnête gardien répond courtoisement : « Sire, ne vous desplaise,
je ne l'oseroie faire sanz la licence du capitaine. » Fureur du
cavalier qui met pied à terre, tire son épée du fourreau ;
« Garçon, s'écrie-t-il, tu me le avaleras » et il donne un tel
coup de son arme dans le ventre du portier, que celui-ci
risque d'aller de vie à trépas. Alors, pour se défendre, Jean
Ernaut lève sa hache, en assène un coup sur la tête de son
adversaire et l'étend mort à ses pieds. Il ne restait plus au
meurtrier, pour fuir la vengeance des amis du défunt, qu'à se
mettre en sauvegarde dans la cathédrale et à solliciter du roi
une lettre de rémission (1). Elle lui fut octroyée facilement,
en égard à sa bonne renommée et aux services rendus par
lui dans ses fonctions. Jean Ernaut était portier depuis 1364.
On n'avait pas attendu longtemps après le siège de la ville
pour la mettre à l'abri d'un coup de main. Dans le même
ordre d'idées, il faut signaler un mandement de Louis, duc
d'Orléans, daté de Paris, le 21 juillet 1394, et concernant le
paiement d'une rente de vingt et une livres tournois, que
l'évêque de Coutances avait à prendre sur la recette de la
vicomté de Saint-Sauveur-Lendelin, à cause de la demi-
prébende de Cherbourg (2) ; le prince y rappelle « les guerres
des ennemis du royaume, qui longuement ont esté oudit
diocèse et pris et occupé la ville et eglise de Coustances,

(1) Arch. Nat. JJ 102, n° 176 et JJ 112, n° 253.
(2) Bib. Nat. Franç. 20982, n° 55. — *Annuaire de la Manche*, 1893,
p. 11-26.

avant la fortificacion d'icelle, par quoy la greigneur partie des chartres, lettres et autres escriptures anciennes appartenant à ladite eglise ont esté perdues, arses et destruites... » La ville a donc été prise par les Anglais ou les Navarrais pendant la première période de la guerre de Cent-Ans, peut-être même à la suite de ce siège, que nous avons signalé plus haut, et qui causa tant de dommages non seulement à la cathédrale, mais encore aux autres églises de Coutances, aux faubourgs et à l'Hôtel-Dieu. Dans les premières années du xve siècle, un pan de mur de la forteresse s'étant écroulé, les habitants donnèrent à Robert de Pelletot, bailli de Cotentin, un pot-de-vin de quatre écus pour qu'il le fasse relever (1). Enfin, peu de temps après la conquête de la Normandie par les Anglais, le 20 janvier 1421, Henri V, roi d'Angleterre, prescrivait à John Assheton, son bailli de Cotentin, de lever une aide extraordinaire sur les habitants de Coutances et du pays environnant, pour refaire une partie de la clôture de la ville, qui tombait en ruines (2). Ebranlée au mois de septembre 1449 par l'artillerie du connétable de Richemont, cette enceinte de murailles, qui englobait tout le haut de la cité, fut détruite vers le milieu de l'année 1468, par ordre du roi Louis XI, qui voulut ainsi punir Coutances d'avoir ouvert ses portes aux Bretons pendant la guerre dite du Bien Public.

Le problème de la fondation de l'église Saint-Nicolas n'est donc pas lié à celui de la fortification de la ville aussi étroitement que le pensait Toustain de Billy. C'est ailleurs qu'il faut chercher les origines et la raison d'être de cette paroisse. Pendant la première moitié du xiiie siècle, il se produisit à Coutances un évènement considérable, qui reste enveloppé

(1) Arch. Nat., *Parlement, Reg. du Criminel*, X 2ª, 8 juin 1414.
(2) *Rôles normands de Brequigny*, Société des Antiq. de Normandie, Mem. Tome XXIII, p. 161, nᵒ 929.

pour nous d'un certain mystère : c'est la reconstruction de
la cathédrale. On fait honneur de cette œuvre, au moins pour
la plus grande partie, à l'épiscopat d'Hugues de Morville.
Mais le style du monument nous aide seul à en déterminer la
date ; car, dans les documents contemporains, il n'est fait
aucune allusion à ce travail de longue haleine, qui dut cependant modifier la vie journalière de la cité et préoccuper ses
habitants ; et l'on a pu, tirant parti de ce silence, soutenir
ce paradoxe que l'église actuelle est l'ancienne cathédrale,
édifiée au xi° siècle, sous l'épiscopat de Geoffroi de Montbray. Ce fut l'opinion de MM. de Gerville et l'abbé Delamare, et ce dernier l'a défendue avec un incontestable
talent (1). Il suffit, du reste, de jeter les yeux sur l'édifice
pour être convaincu de leur erreur ; nous sommes en présence d'un monument du xiii° siècle, qui a subi au siècle
suivant quelques retouches, mais qui n'en demeure pas
moins, dans son ensemble, un admirable spécimen de l'art
normand de cette époque. Si l'on ne part de ce principe qui
est au-dessus de toute discussion, on ne fera pas avancer
d'un pas la question et l'on s'épuisera de part et d'autre en
polémiques stériles, où la science tient moins de place qu'un
patriotisme local mal entendu. En réalité, pendant le premier quart du xiii° siècle, le vieil édifice roman, élevé par
l'évêque Geoffroi de Montbray, avait été détruit par un
incendie ou ne répondait plus aux goûts du temps. Hugues
de Morville en conserva pour ainsi dire le noyau et fit élever
par dessus le monument gothique qui subsiste aujourd'hui.
Un architecte de génie présida à cette construction. Le travail fut exécuté avec tant d'habileté que les archéologues ont
cru longtemps que l'ancienne cathédrale romane avait été
rasée jusqu'aux fondements et que sur ses ruines on avait

(1) *Mém. de la Soc. des Antiq. de Norm.*, t. XVI.

édifié d'un seul jet la nouvelle église. Après les heureuses découvertes de M. A. de Dion et de feu le chanoine Pigeon, le doute n'est plus permis ; il a fallu se rendre à l'évidence et reconnaître que l'édifice actuel recouvre un noyau de maçonnerie romane d'une étrange solidité. Il n'est pas douteux que les travaux de reconstruction furent poussés avec une grande activité. Le gros œuvre, moins les chapelles des bas-côtés et celle de Notre-Dame de la Cerclée, qui sont de dates plus récentes, devait être terminé à la mort d'Hugues de Morville (octobre 1238). Cet évêque fut inhumé dans le chœur de sa cathédrale, à la place d'honneur, et son tombeau est le premier dont on connaisse l'emplacement exact. Suivant l'opinion généralement admise aujourd'hui par les archéologues, on commença l'entreprise par la nef. M. Delamare a publié des documents qui prouvent que, pendant toute la durée des travaux, la cathédrale ne cessa d'être livrée au culte. Mais le moment vint où l'on atteignit la chapelle Saint-Nicolas. Qu'allaient devenir les habitants de Coutances qui y entendaient l'office divin et y recevaient les sacrements ?

C'est alors que le Chapitre, pour ne point laisser une partie de la population sans église et pour délivrer en même temps la cathédrale nouvelle des servitudes de l'ancienne, fit construire l'église Saint-Nicolas, à l'endroit où elle se trouve aujourd'hui. Le terrain choisi appartenait aux chanoines ; il était voisin de la chapelle Saint-Floscel, devenue plus tard chapelle de Saint-Floscel et de Saint-Maur, dans laquelle la tradition veut retrouver le premier monument religieux élevé à Coutances. Mais sur cette construction, pas plus que sur celle de la cathédrale, les documents contemporains ne nous fournissent aucun renseignement. Il est permis de penser que l'architecte de la cathédrale est également celui qui fit le plan de Saint-Nicolas et que les mêmes ouvriers travaillèrent aux deux édifices. Cette dernière église a subi dans la suite de tels remaniements qu'il ne reste à peu près rien de l'œuvre primitive. L'édifice actuel a des parties que l'on peut dater avec certitude du xive siècle et des siècles postérieurs; il est difficile d'y trouver un morceau qui paraisse contemporain de la cathédrale. Nous avons cependant la preuve que sa fondation date de l'épiscopat d'Hugues de Morville, et c'est un acte transcrit par Thomas du Marest dans son livre de comptes qui lève à cet égard tous nos doutes.

En effet, la translation de la paroisse Saint-Nicolas de la chapelle de la cathédrale dans l'église nouvellement construite ne s'opéra pas sans difficultés. Soit que (les habitudes en matière de dévotion étant plus enracinées que toutes les autres dans l'âme humaine), il en coûtât aux paroissiens de quitter un sanctuaire auquel les attachaient des souvenirs intimes et des traditions de famille; soit que — ce qui est plus vraisemblable — la question de sentiment se compliquât alors d'une question de droit (la paroisse étant déjà formée et jouissant de son autonomie), les habitants refusèrent l'église que leur offrait le chapitre et voulurent continuer à recevoir les sacrements dans la cathédrale. Le conflit, soulevé du vivant d'Hugues de Morville, ne fut réglé que trois ans après sa mort, pendant la vacance du siège épiscopal qui précéda l'élection de Gillain de Caen. L'évêque avait ordonné aux paroissiens de la chapelle Saint-Nicolas de se transférer dans la nouvelle église. C'est également dans ce sens que prononcèrent, le 12 juillet 1241, les arbitres choisis par le Chapitre et par les paroissiens pour mettre fin au litige. Ils étaient quatre : Jean d'Essey, le futur évêque de Coutances ; Roger dit le Moine, archidiacre ; Guillaume du Ham et Nicolas d'Agon, chanoines. La sentence d'Hugues de Morville fut confirmée et les deux parties s'engagèrent à l'observer sous peine d'une amende de deux cents marcs d'argent. Mais en

même temps il fut bien décidé qu'en passant de la chapelle
de la cathédrale dans la nouvelle église Saint-Nicolas, les
paroissiens ne perdraient rien de leurs droits et qu'en y recevant les sacrements ils jouiraient des mêmes libertés et coutumes que par le passé. La paroisse était donc constituée
avant l'érection du clocher ; on s'explique alors facilement
que le titulaire de l'ancienne chapelle de la cathédrale soit
devenu curé de la nouvelle église et qu'un même prêtre ait
toujours cumulé ces deux fonctions jusqu'à la Révolution.

Les guerres anglaises, qui furent si funestes aux monuments religieux de Coutances, endommagèrent gravement
Saint-Nicolas. Nous avons vu plus haut qu'en 1354 ou 1356,
la ville fut assiégée par l'ennemi. La tradition veut que ce
soient les troupes de Godefroi de Harcourt qui aient ainsi
tenté de s'en emparer. M. le chanoine Pigeon nous a laissé
dans son *Histoire de la cathédrale* un récit brillant de ce
combat sur lequel les documents font défaut. Réfugiés derrière les murailles, que le Chapitre avait élevées à la fin
du xiiie siècle, les défenseurs résistèrent avec énergie et
empêchèrent peut-être l'ennemi de pénétrer dans le haut de
la ville. Mais les faubourgs furent certainement livrés au
pillage et à l'incendie. C'est à cette époque qu'il faut faire
remonter la destruction des églises Saint-Pierre et Saint-
Nicolas, que rien ne protégeait contre la fureur des assiégeants. Un peu plus de cent ans après sa fondation, cette
dernière église tombait en ruines : la nef principale et les
bas-côtés étaient découverts et le monument tout entier
exigeait d'importantes réparations.

Le moment semblait mal choisi pour faire appel à la générosité des fidèles. Le Cotentin, tombé par suite du traité de
Mantes au pouvoir du roi de Navarre, subissait toutes les
tristesses et toutes les charges de la domination étrangère.
Les chemins, sillonnés d'Anglais et de Navarrais, n'étaient

plus sûrs; les populations fuyaient devant l'envahisseur.
Mais la Providence voulut que cette paroisse de Saint-Nicolas
eût alors pour curé un homme de grand courage et d'humeur
voyageuse; il s'appelait Jean d'Aussey ou d'Aussy, était chanoine de Meaux et vivait à Coutances, bien que l'usage fût
alors très commun parmi les clercs de percevoir les revenus
d'un bénéfice sans être astreint à la résidence. Lorsqu'il vint
prendre possession de son église, il remarqua avec peine en
quel état pitoyable elle se trouvait réduite. Son premier soin
fut de faire une enquête dans la ville, afin de découvrir à qui
incombait la charge des réparations. L'enquête ne produisit
aucun résultat. Ce que voyant, un matin de l'an de grâce
1363, Jean d'Aussy monta sur son cheval et, laissant ses paroissiens à la garde de Dieu et de saint Nicolas, il s'en alla
en Avignon solliciter du pape Urbain V une lettre d'indulgences pour son église. On se représente aisément le bon
curé cheminant à petites journées sur ces routes de France
que parcouraient les Compagnies, au risque de tomber
mille fois dans une embuscade et de trouver le soir, en guise
de gîte, une bande de brigands prêts à le détrousser. Mais
le saint évêque, patron des Coutançais, n'abandonna point
son fidèle serviteur et le garda pendant son voyage des
pièges de « l'aversier ». Par delà le Rhône aux flots rapides,
Jean d'Aussy vit poindre un jour le rocher pittoresque que
couronne Notre-Dame des Doms et les murailles imposantes
du palais des papes; il atteignit sans encombre la vieille
ville, toute animée par la présence de la cour pontificale.
Les faveurs dans le genre de celles qu'il venait solliciter
s'obtenaient alors très facilement du Saint-Père, mais leur
expédition par la chancellerie apostolique demandait, comme
aujourd'hui, beaucoup de temps. En homme qu'un bref
séjour parmi les Normands avait rendu prudent, le curé de
Saint-Nicolas ne s'adressa pas directement à Urbain V,

bien qu'il le sût d'accueil facile et indulgent aux pauvres
clercs. Il confia sa requête à un homme puissant en cour
d'Avignon, maître Pierre de Chintré, secrétaire et chapelain du pontife, familier du cardinal de Beaufort qui
devint pape sous le nom de Grégoire XI. Ce personnage
était titulaire du bénéfice de Saint-Denis-le-Vêtu, au diocèse
de Coutances ; il accueillit avec bienveillance le titulaire
du bénéfice de Saint-Nicolas, et, grâce à ses bons offices,
ce dernier obtint sans difficulté la grâce qu'il était venu
chercher si loin. Par une bulle datée du 30 novembre 1363,
Urbain V accorda un an et quarante jours d'indulgences,
sous les conditions ordinaires, à toutes les personnes qui
voudraient contribuer par leurs aumônes à la restauration
de l'église Saint-Nicolas. Ce « pardon », comme on disait
alors, était valable pour dix ans. Pierre de Chintré voulut
être le premier à en profiter. Nous avons sous les yeux un
acte dûment passé par devant notaire, dans lequel il abandonne à Jean d'Aussy tous les revenus de son bénéfice de
Saint-Denis-le-Vêtu pour les années 1361 à 1364 ; en échange,
le curé de Saint-Nicolas prenait à sa charge toutes les réparations de ce bénéfice pendant la même période de temps.
Pierre de Chintré rompit bientôt tous liens avec le diocèse
de Coutances. Une bulle d'Urbain V, datée d'Avignon
le 1er mars 1364, l'autorisa à permuter sa cure contre celle
d'Avançon, au diocèse de Reims, dont le titulaire, Guillaume
de la Haie, devint par là même curé de Saint-Denis-le-
Vêtu (1). Le présent qu'il avait fait à Jean d'Aussy n'était
pas sans doute de grande valeur ; mais le saint homme était
muni de ses lettres de pardon. Il revint à Coutances et y
remplit avec tant de zèle l'office de frère quêteur, qu'en peu
de temps il eut recueilli une somme d'argent assez rondelette

(1) Arch. du Vatican. Reg. 251, fr. 315.

pour commencer les travaux. Ce fut un homme honnête, dévot à Dieu et à saint Nicolas, qui eut la charge de l'entreprise. Il se nommait Guillaume des Landes et était originaire de Cérences ; il travaillait à Coutances depuis de longues années ; on le trouve au nombre des bienfaiteurs de l'église Saint-Pierre, qui furent si nombreux à cette époque (1). Lui et ses ouvriers attestèrent devant l'official qu'ils avaient été fidèlement payés par le curé ; et celui-ci, voulant transmettre aux générations futures le récit de ses démarches en cour d'Avignon, en même temps que dégager sa responsabilité aux yeux de ses successeurs, fit rédiger l'acte notarié, daté du 5 juin 1367, qui nous a fourni les renseignements précédents et qu'on lira transcrit tout au long dans le registre de Thomas du Marest (fol. 35 verso et suivants). Tel est le fond de vérité contenu dans une légende acceptée jusqu'à présent par des écrivains sérieux, qui veut que l'église Saint-Nicolas de Coutances ait été reconnue trop petite au xive siècle et, pour cette raison, complètement réédifiée une centaine d'années après sa fondation.

Aussi bien fut-elle complètement réédifiée sous Jean d'Aussy ? Il est permis d'en douter, lorsqu'on voit dans quel triste état elle se trouvait moins de trente années plus tard, à l'époque où Thomas du Marest vint prendre possession du bénéfice. Voici la description qu'il nous en a laissée : « Laquelle église, dit-il, estoit du tout destruitte, sans bois, couverture ne habitacion de chrestiens, mes sembloit un lieu desert.... » ; et plus loin, ajoutant de nouvelles touches à ce désolant tableau : « Nul homme n'y habitoit, déclare-t-il, pour qu'elle estoit chaite du tout et que nul estoit tenu de reparer laditte église, comme il appert par les inquisicions et

(1) Cf. *Cartulaire de l'église Saint-Pierre* (aux archives de la cure), 2ᵉ partie, fol. 4 verso, et mon *Essai historique sur l'Hôtel-Dieu de Coutances*, I, 103.

informacions faites par les evesques de Coustances, leurs
vicares et leurs officiaulx, les temps passés, instans les curés
dudit lieu... » Il s'agissait donc d'une restauration presque
complète, et l'on sait que les ressources du brave curé n'é-
taient pas suffisantes pour lui permettre de subvenir à tous
les frais. Comme son prédécesseur, il eut recours à la générosité des fidèles et son espoir ne fut pas trompé. En dépit
des malheurs du temps, on vit affluer au presbytère de Saint-
Nicolas les « dous caritatis et omosnes » en argent et en
nature. Le roi de France, Charles V, avait donné jadis, par
l'entremise de messire Raoul Le Sage, vicomte de Coutances,
une somme de cinquante livres tournois. On se plut à copier
la charité royale, sans la dépasser. Thomas des Ylles, abbé
de Blanchelande, aumône cent sous ; le noble Chapitre de
Coutances, vingt livres en deux fois ; la confrérie des Saints-
Innocents de l'église Saint-Nicolas, quarante et un sous six
deniers. Une foule de petites gens, habitants de la ville et
des paroisses voisines, suivirent l'exemple qui venait d'en
haut. C'est ainsi qu'une personne, désignée dans les comptes
par la simple mention « une bonne femme de Coŝtentin »,
apporta un jour cinq deniers ; une autre bonne femme de
Sainteny, vingt-cinq sous. Les dons en nature ne manquèrent
pas non plus, et quelques-uns d'entre eux méritent d'être
mentionnés. La femme Benoît des Haies fit l'aumône « d'un
petit pot de burre, du pris de 2 sous, 6 deniers » ; messire
Jean Capelle donna deux milliers d'ardoise « sans le portage,
gratis » ; Simon Labbé, vingt-deux tassettes ou tuiles faî-
tières, également gratis ; Raoul Nicolle, « neuf sous en forgerie, non pas en argent », etc. Quarante-trois chênes et
chênots furent aussi apportés par les gens des environs de
Coutances, les plus intéressés à la reconstruction de l'église ;
le reste fut acheté à bas prix. Suivant l'usage du temps, on
sollicita par de bons procédés quelques largesses. Nous trou-

vons dans les comptes, à la date du 13 avril 1412, une dépense de trois sous quatre deniers pour un pot de vin porté par Thomas Adam et par le curé à Gratot, au seigneur de Gratot « pour aver des quesnes ». Un mois plus tard, nouvelle dépense de cinq sous dix deniers « pour ij gites de vin et une pinte, portés en l'ostel de monsignour du Loré, pour aver don d'un de ces quesnes pour le mostier ». On vendit aussi les vieux matériaux, « le bois du moustier vici et desrompu », neuf livres quinze sous ; « le cable de Saint Nicolas », acheté par le ménager de monsieur de Coutances, quarante sous ; « la poulie du moustier, qui estoit de cuivre », vingt sous, etc. Les troncs de l'église, vidés à plusieurs reprises au cours des travaux, fournirent également leur contingent. Il serait trop long d'énumérer ici les noms de tous les donateurs que Thomas du Marest a pieusement inscrits sur son registre ; la plupart des familles de Coutances y sont représentées et nombre d'entre elles figurent à la fois parmi les bienfaiteurs de Saint-Pierre et parmi ceux de Saint-Nicolas ; nobles et vilains rivalisèrent de zèle et de générosité pour le succès de cette œuvre, populaire dans le plus large sens du mot. Citons seulement, entre les aumônes les plus notables, celle des « mayours de Saint Mor, xxij sous, vj deniers » ; celle de Guillaume de Launoy, d'Alençon, dont nous avons raconté plus haut l'odyssée, « xiij livres, du don du Roy nostre sire » ; celle de Jean Tavel « pour aider a fere une verrie, xx sous » ; celle de Raoul le Lièvre, de Millières, « par penitance, en chargi du legat du pape, le xiiij jour de de mars, l'an MCCCCXIIII, xx sous », etc. C'est sans doute ce même légat, Alamannus, cardinal du titre de Saint-Eusèbe, qui, le 10 juillet 1414, cédant aux instances du curé de Saint-Nicolas, accorda un an et quarante jours d'indulgences à toute personne qui visiterait l'église à certaines fêtes de l'année et qui contribuerait de ses deniers à l'œuvre de la restauration.

Cinquante ans auparavant, le pape Urbain V avait accordé la même faveur à Jean d'Aussy, qui n'avait pas craint de faire le voyage d'Avignon pour plaider en cour apostolique la cause de son église. Thomas du Marest obtint donc à moins de frais le même résultat.

L'argent ainsi recueilli ne tarda pas à être dépensé. Les mises « furent commenciés à estre faites l'an de l'incarnacion nostre Seignour Jesu Christ mil CCCC XI, le xxj jour de frevier », c'est-à-dire le 21 février 1412 (n. s.). On se mit à l'œuvre le lundi 29 février suivant. Robert Tostain, maître charpentier, et ses ouvriers, furent chargés de recouvrir les parties de l'église qui avaient le plus souffert. Le maître recevait par jour un salaire de deux sous un denier ; ses ouvriers étaient payés chacun vingt deniers ; les scieurs de bois et quelques charpentiers ne touchaient que quinze deniers. Le salaire des charretiers qui amenaient le bois des environs était proportionné au nombre de chevaux attelés à leur voiture, ordinairement trois par charrette, et à la longueur du chemin à parcourir. Un charretier venu de Cambernon reçoit cinq sous ; un autre de Cérences, six sous huit deniers ; le compagnon de ce dernier, qui a fourni sa personne et son cheval « pour faire un hernois », deux sous. Guillaume Le Roy, chargé d'apporter les deux grands chênes du Lorey, que le seigneur du lieu avait donnés, met deux jours à en faire le charroi et reçoit cinq sous huit deniers par jour ; « et pour ce que il se complaignoit », il eut deux sous et demi de plus. Les dépens de l'homme et des chevaux étaient en outre à la charge du curé ; l'homme lui coûtait quinze deniers ; nous n'avons pas de données certaines en ce qui concerne les chevaux.

Tous ces charrois prenaient beaucoup de temps et les travaux du « moustier » s'en ressentaient. C'est seulement le mardi 29 novembre 1412 que fut achevée la charpente de la couverture, et le lendemain, dernier jour dudit mois, « furent tous les carpentiés et ouvriés payés et contentés de tout le temps passé et estoit le jour saint Andrieu apostre ». « Et adieu, adieu », ajoute le brave curé, dont il vous semble entendre le soupir de soulagement. Suivant l'usage, un dîner les réunit tous ce jour là, dîner dont la dépense s'éleva à la somme de sept sous six deniers. Au mois de décembre 1412, on refit le pignon de la porte principale et la croix de pierre qui le surmontait; le tout était tombé « par fortune du temps », blessant un ouvrier auquel Thomas du Marest paya pour sa guérison « une pinte de vin de Rosete ». C'était le tour des maçons, au nombre de cinq; ils prirent l'ouvrage à forfait : cinquante sous tournois et vingt deniers de vin pour le pignon, vingt-six sous pour le croisillon, qui n'était pas compris dans le marché et pour les frais accessoires du travail « cordage de despense, allours, plastre, plou, carbon », etc. Pendant l'année 1413, les couvreurs succédèrent aux charpentiers et aux maçons, avec un salaire de deux sous un denier pour chacun d'eux et de quinze deniers pour chacun de leurs serviteurs. La couverture fut achevée le vendredi 27 octobre. Le vendredi 3 et le lundi 6 novembre 1413, Robin Brocart, « pour curer et esrachier les ordures du mostier », toucha une somme de quatre sous. Le travail le plus urgent était terminé. L'année suivante (1414), on découvrit le pilier « d'endroit l'autel monsieur saint Jaque, qui estoit mal mis » et l'on plaça des verrières « au cousté du monstier par devers la ville». A cette époque, les finances du curé de Saint-Nicolas étaient obérées, car il dut mettre en gage le calice de l'église et vendre toute sa vaisselle d'argent et d'étain pour payer les ouvriers. En 1414, Jean et Perrin Mauger, maçons, furent chargés de refaire les piliers du moustier « l'un par devers la ruete et l'autre par devers le gardin, en droit l'autel saint Jaque »; ils reçurent vingt sous pour ce travail. En 1415, on

entreprit de rebâtir la tour du portail où se trouvaient les
cloches et qui, pour cette raison, portait au moyen âge le
nom de « tour campanel ». Mais il semble bien que cette
année là on dut se borner à quelques travaux préliminaires
de peu d'importance ; car c'est seulement le « jeudi des Rouesons », 21 mai 1416, que l'œuvre fut adjugée, pour le prix
de vingt livres tournois et cinq sous de vin, à maître Guillaume Behuchet, maçon, et à ses compagnons. Richard Colibert en fit toute la charpenterie et Guillot Grandin toute la
forgerie ; le travail dura depuis la mi-août jusqu'à la Saint-
Martin. C'est l'année suivante (1417) que Thomas du Marest,
se trouvant de nouveau à court d'argent, envoya Guillaume
Clerée, bourgeois de Coutances, dans le pays de Mortain, à
Tinchebray et jusqu'à Paris pour recueillir de Jean Hebert,
écuyer, la somme de vingt livres que le dauphin Jean avait
affectée à la restauration de l'église Saint-Nicolas (1). On
connaît les résultats de ce voyage et ses péripéties. A cette
date, les comptes s'interrompent pour reprendre en 1421. Il
est à remarquer que cette période correspond à la descente
du roi d'Angleterre Henri V à Touques, à l'invasion de la
Normandie et à la prise et occupation de Coutances par l'ennemi. On sait que la garnison placée sous les ordres de
Nicolas Painel, chevalier, seigneur de Bricqueville, capitula

(1) Nous n'avons pas retrouvé cette lettre de rémission aux Archives
nationales. Mais il en existe une autre (JJ 165, n° 244) qui intéresse
la reconstruction de l'église Saint-Nicolas et dont Thomas du Marest ne
fait pas mention. C'est une rémission, datée de Paris, mai 1411, octroyée
par le roi Charles VI à Catherine de Montaigu, veuve de Jean du Bois,
seigneur du Bois des Préaux, inculpée dans l'attentat commis par Guillaume de la Fontaine sur la personne de Jean du Pré, qui avait diffamé
ladite dame. Des cent livres qu'elle devra payer comme amende, cinquante
iront à l'Hôtel-Dieu de Paris et les cinquante autres à l'église Saint-Nicolas
hors les murs de Coutances, pour être employées à l'œuvre de sa reconstruction.

le 16 mars 1418, après une courte résistance. Les murailles
furent éprouvées par le siége, puisqu'en 1421 on travaillait
à leur réparation. Il est possible que l'église Saint-Nicolas ait
été elle-même endommagée ; car, en cette année 1421, Thomas du Marest fit recouvrir le chœur « de l'exécucion de
noble homme Bernart Le Cointe » et creuser un fossé « au
lonc du mur du mostier par devers le Soflail » En 1422, on
acheva la clôture devant l'église. En 1423, les travaux se
poursuivirent mollement, et, à partir de cette date jusqu'en
1428, les choses restèrent à peu près dans le même état. Les
années 1428, 1429 et 1430 furent occupées par de petites
réparations de peu d'importance, telles que « raparillier le pillier par devers le Solleil en droit le cueur,.... raparillier
les verrines du cueur du mostier..... clorre le puis devant
Saint Nicolas .... raparillier les fons de Saint Nicolas, pour
ce que il ne tenoient point d'eau... raparillier le casuble
noir et un casuble vermeil doublé de fustaine blanc... delivrer la place et parvis devant Saint Nicolas, lequel parvis
estoit empêchi des murs, pierres, caulx et sablon et terres de
l'ostel Flaquet, qui estoynt tumbés en ladite place, tellement
que les gens ni povyent aler et venir au mostier...... relier
le grant livre messel de Saint Nicolas en basane... etc., etc. »
A partir de cette date jusqu'en 1433, nous n'avons plus que
les dépenses faites par Thomas du Marest pour réparer son
presbytère, occupé pendant dix ans par des soldats anglais.
Là où s'arrête le livre de comptes, là s'arrête aussi, suivant
toute vraisemblance, l'œuvre de restauration entreprise par
le brave curé.

Il est difficile aujourd'hui de bien juger cette œuvre ; car
l'église Saint Nicolas a subi postérieurement au xve siècle
d'assez importantes retouches, et en maints endroits, la restauration de Thomas du Marest a disparu elle-même sous des
restaurations plus récentes. Les travaux exécutés sous sa

direction n'ont pas seulement porté sur les voûtes et les couvertures, mais encore sur les piliers de la nef principale et sur les bas-côtés ; on lui doit aussi la construction de la tour du portail ou « tour campanel », ainsi nommée dans les comptes parce qu'elle était destinée à loger les cloches. C'est une des parties les plus laides de l'édifice ; elle ne fait pas honneur à l'architecte qui en a conçu le plan, et plus d'un visiteur en l'apercevant s'est dit qu'il était inutile d'aller plus loin. Quant au chœur et au transept, ils ne présentent pas les caractères du style gothique du xve siècle. Leur construction est d'ailleurs restée jusqu'à ce jour un problème insoluble pour les archéologues. D'après M. Quenault, l'église Saint-Nicolas aurait été reconstruite toute entière de 1620 à 1622 (1); nous en avons la preuve dans une inscription gravée sur un pilier de la basse nef près de la sacristie ; il ne reste de l'ancien monument que le mur du portail, sur lequel on découvrit, en 1841, au cours des travaux exécutés pour placer l'orgue, « une grande fenêtre a plein cintre et une plus petite en ogive, qui par leur forme rappelaient le style en usage dans le xiiie siècle ». Au reste, cette église du xviie siècle, due à la générosité des chanoines, fut conçue à l'imitation de la cathédrale. « On y a imité avec succès, dit notre auteur, l'ogive de la cathédrale ; les proportions intérieures sont convenables, les moulures sont bien exécutées, les pierres du pays, assez habilement mêlées à celles de Caen, sont taillées et appareillées avec soin... » Archéologue distingué, M. Quenault inclinait trop vers les solutions simples ; c'est lui qui, dans un mémoire resté célèbre, datait la cathédrale de Coutances toute entière de la seconde moitié du xive siècle. Mais il suffit de pénétrer à l'intérieur de l'église Saint-Nicolas

____

(1) L. Quenault, *Recherches archéologiques sur la ville de Coutances*, p. 140 et suiv.

pour constater que le style de ce monument n'est pas uniforme d'un bout à l'autre ; on ne soutiendra pas sans paradoxe que la nef principale et les bas-côtés sont contemporains du chœur ; on considérera comme un prodige qu'un édifice de cette importance ait pu être construit en deux ans ; on lira enfin l'inscription et l'on verra qu'il n'y est pas question de l'église toute entière, mais seulement du chœur et du rond-point : « Ce cœur e rond point ont esté fais par Jacques Le Baron, maistre mason, en l'an VIᶜXX et XXIIᵉ... » Les pierres ne disent pas toujours la vérité, mais il faut se garder d'extraire d'une inscription plus qu'elle ne contient réellement.

M. Anthyme Saint-Paul, lui, ne mérite pas ce reproche ; il a lu l'inscription, peut-être dans l'ouvrage de M. Quenault ; il a même vu l'église, mais un peu rapidement, semble-t-il : « A Coutances, écrit-il, on reconstruisit le chœur de l'église paroissiale de Saint-Nicolas vers 1620 ; et ce chœur, soit qu'il reproduise l'ancien, ce qui nous paraît probable, soit qu'il ait été conçu à l'imitation de celui de la cathédrale, comme le soutient M. L. Quenault (*Guide de l'etranger à Coutances*, p. 46), offre presque tous les caractères de l'architecture du xiiiᵉ siècle en Normandie (1) ». Et plus loin il ajoute : « Les corniches sont franchement classiques à Saint-Nicolas de Coutances... » L'opinion de l'éminent archéologue demanderait à être soutenue avec un peu plus d'ampleur et de développements. La ressemblance entre le chœur de la cathédrale et celui de Saint-Nicolas n'est pas évidente ; il y a même quelque témérité, comme on va le voir, à dater ce dernier du xiiiᵉ siècle.

Voici, en effet, à défaut de photographie, la description

(1) *Viollet-le-Duc et son système archéologique. Bulletin monumental*,, t. XLVI, p. 434-436.

très exacte qu'en donne M. Renault dans sa *Revue monumentale et historique de l'arrondissement de Coutances* : « Le chœur est circulaire, ses colonnes monocylindriques supportent treize arcades ogivales, dont cinq, les plus voisines de l'autel, sont surélevées et un peu retrécies. Leurs voussoirs offrent des tores arrondis et des cannelures peu profondes. Leurs chapiteaux sont richement ornementés. On y reconnaît principalement des pommes de pin, des feuilles d'aulne, de lierre, de chêne, de fraisier, des fleurs et des feuilles de lotus ou de nénuphar, des feuilles de vigne et des grappes de raisin. Cette ornementation se retrouve aussi dans les bas-côtés autour du chœur et dans les chapelles du transept. Dans le chœur, au-dessus des arcades, il existe une corniche qui supporte de petites colonnettes groupées recevant les arceaux de la voûte. On a eu aussi l'intention d'élever au-dessus une balustrade en pierre ; mais cet ornement commencé, n'a pas été achevé. Ce qu'on en voit offre une suite de petites arcades ogivales, trilobées, surmontées d'un trèfle gravé en creux, sans profondeur. Ce genre d'ornementation est caractéristique du xive siècle. »

Il n'y a pas, en effet, à s'y tromper : le chœur de l'église Saint-Nicolas offre les caractères du style gothique du xive siècle (1).

(1) Cette opinion est également celle de M. Enlart, qui, dans son excellent *Manuel d'archéologie*, I, 638, date l'église Saint-Nicolas de Coutances du xive siècle. Le même auteur est moins heureux en ce qui concerne la Cathédrale, dont il place la construction entre les années 1251 et 1274. Ce sont là les dates extrêmes de l'épiscopat de Jean d'Essey. Or, la plus grande partie de la construction remonte certainement à l'épiscopat d'Hugues de Morville (1208-1238). Les dates données par M. Enlart se retrouvent dans le *Dictionnaire géographique et administratif de la France*, de Joanne, p. 1137 ; mais, dans ce dernier ouvrage, elles s'appliquent aux chapelles latérales. Encore faut-il ajouter que, si des inscriptions bien connues permettent d'attribuer la dotation de quelques-unes de ces chapelles à Jean d'Essey, leur construction ne saurait être antérieure au

celui que M. de Caumont appelait le style ogival secondaire, et ces caractères se retrouvent également dans une partie de la nef principale et du transept. L'inscription relevée par M. Quenault ne peut se rapporter qu'à des travaux de restauration exécutés au xvii⁰ siècle. Il en est sans doute de même de l'inscription suivante, qu'on lit sur la voûte de la chapelle septentrionale : *Du don de la charité du Saint-Esprit*, 1665. Il faut en conclure que toute cette partie de l'édifice a subi des remaniements profonds au xvii⁰ siècle. Mais à cette époque le style du moyen âge n'était guère en honneur auprès du public, et les architectes le dédaignaient. Coutances a conservé plusieurs édifices religieux dont la fondation remonte aux règnes de Louis XIII et de Louis XIV : l'église des Capucins, construite de 1617 à 1621 et aujourd'hui transformée en halle au blé; l'ancienne chapelle des Eudistes, devenue la chapelle actuelle du Lycée, monument du milieu du xvii⁰ siècle; la chapelle de l'hospice, autrefois église des dames Augustines, élevée de 1682 à 1689 sous le supériorat de Mᵐᵉ du Mesnil-Guillot. Aucune de ces constructions n'offre de réminiscences du style gothique et ne paraît s'inspirer de la cathédrale. Seule donc, l'église Saint-Nicolas aurait fait exception à la règle, et encore l'imitation n'aurait-elle porté que sur une partie des remaniements exécutés au xvii⁰ siècle. Nous croyons au contraire que, dans son ensemble, le chœur de cet édifice remonte à Jean d'Aussy, c'est-à-dire à la seconde moitié du xiv⁰ siècle, que la nef principale et les bas-côtés ont gardé des traces visibles de la restauration de Thomas du Marest et que la tour du portail doit être attribuée au xv⁰ siècle. Le dôme du transept et les chapelles paraissent d'une époque beaucoup plus récente. En résumé, cette église, où tous les styles d'architecture sont

xiv⁰ siècle. Ces inscriptions se rapportent sans nul doute à d'autres chapelles qui ont précédé les chapelles actuelles.

représentés, où les goûts les plus disparates se sont donné libre carrière, est un monument intéressant pour les archéologues, mais sans élégance comme sans unité. Aucun architecte de génie n'a présidé aux différents travaux de restauration et l'argent ne fut jamais très abondant dans la caisse de la fabrique. Aussi, tandis que la Cathédrale offre à nos yeux l'image d'une époque heureuse et prospère, où l'art, servi par la richesse publique, atteint son apogée, l'église Saint-Nicolas rappelle surtout les malheurs de l'invasion anglaise et cette triste période de notre histoire, pendant laquelle « Angles et Hermiguagues » pressuraient à l'envi le pays, aussi craints et détestés les uns que les autres par Thomas du Marest et ses paroissiens (1).

On eût été heureux de pouvoir joindre aux Comptes de Thomas du Marest un recueil de documents sur la paroisse de Saint-Nicolas. Mais il n'existe point pour cette église de

(1) Comme les autres édifices religieux de Coutances, l'église Saint-Nicolas servit, pendant la Révolution, à des usages profanes ; elle ne fut rendue au culte qu'après la Terreur. Dès le mois de germinal an III (mars 1795), la nouvelle administration du district de Coutances était saisie d'une pétition par laquelle un certain nombre de citoyens demandaient la concession d'un des édifices autrefois consacrés au culte. Toute prête à donner satisfaction à ce vœu, l'Administration chargea l'un de ses membres, le citoyen Lemaître, de faire un rapport sur l'état des églises de Coutances et les usages auxquels elles étaient employées. Lemaître, dans son rapport, dit qu'il « a visité l'ancienne église Saint-Nicolas ; il a trouvé le bas de l'édifice transformé en écurie, le chœur rempli de couches de terre pour servir à l'usage du salpêtre, les chapelles latérales pleines de terreau et de fumier ; des canaux avaient été pratiqués pour amener l'eau dans l'église. . . » Lemaître conclut en demandant que l'on supprime l'atelier de salpêtre de Saint-Nicolas et que l'on transporte les fourrages de Saint-Pierre à Saint-Nicolas. » Le district prit un arrêté conforme, par délibération en date du 4 germinal an III (24 mars 1795). (Dubois, *Le Culte révolutionnaire à Coutances*, dans la revue *La Révolution française*, 1896, I, p. 537-539. Cet article renferme de très curieux détails sur l'histoire des édifices religieux de Coutances pendant la Révolution).

registre analogue au Livre noir de l'église Saint-Pierre, aujour-
d'hui conservé dans les archives de la cure; sorte de cartulaire sur parchemin, où, vers la fin du xv° siècle, furent
transcrits et collationnés par deux tabellions de Coutances les
contrats de vente, d'échange et de donation, les sentences
rendues aux plaids et aux assises, les reconnaissances de
rentes et d'héritages, qui constituaient le fonds alors très
riche du trésor de Saint-Pierre. Le plus ancien de ces actes
est du 13 juin 1316; des additions successives ont prolongé
le recueil jusqu'au milieu du xvi° siècle. M. le chanoine
H. Tollemer, archiprêtre de Coutances, ayant consenti, avec
sa bonne grâce habituelle, à se dessaisir, pendant quelques
semaines, de ce précieux manuscrit, on a pu y relever des
renseignements intéressants sur les contemporains de Thomas
du Marest. On trouvera ces renseignements épars dans les
notes de cette édition. Le Compte de la commune du Chapitre pour l'année 1543-1544, conservé à la Bibliothèque Nationale (Latin 9216), a fourni d'amples détails sur la topographie
de Coutances, qui n'avait guère changé cent ans après la mort
de Thomas du Marest. Aux Archives nationales, les registres
du Trésor des Chartes (série JJ) et le fonds si important de
la Chambre des Comptes (série P) ont été également utilisés
pour l'identification des personnages cités dans le texte. On
trouvera au bas des pages l'explication des termes techniques
employés par l'auteur. L'éditeur est heureux de reconnaître
que les remarques judicieuses et les intelligentes critiques ne
lui ont pas fait défaut et qu'il en a tiré grand profit. Son
ambition sera satisfaite si, par ses soins, l'œuvre de Thomas
du Marest intéresse le public lettré de la province et si l'édition qu'il en donne, toute imparfaite qu'elle soit, ne paraît
pas déplacée parmi les publications d'une Société, qui soutient hautement le renom de l'érudition normande et qui a
déjà rendu aux études historiques de signalés services.

LIVRE DE COMPTES

DE

THOMAS DU MAREST

Assit in principio sancta Maria meo (1).

Hujus autem opusculi materia, sequens veterum patrum misteria, intendit declarare quomodo summus artifex in presenti mundo formavit omnia. Et sequitur, Christo prius auxiliante, de artificiis artificum artificialiter peractis [et] etiam peragendis, ob reverenciam et honorem summi artificis beateque Marie virginis, patris nostri et inclitissimi confessoris beati Nicholay. Idcirco presens materiola, rogitans quatinus exposicio ita nescientibus sit cognita ut tamen scientibus non sit honerosa.

[Id est qui nichil habet turpitudinis et dicitur ab honore quasi honoris statum] (2).

Incipiens vero dompnus honestus ab inicio mundi sic ait. Sex diebus rerum omnium creaturas Deus formavit. Primo enim die condidit lucem. Secundo firmamentum. Tercio spacium maris et terre. Quarto sydera. Quinto pisces et volucres. Sexto bestias et jumenta. Et novissime

---

(1) L'invocation du début est en plus petits caractères que le reste de la page. La lettre H, par laquelle le texte commence, est une grande majuscule peinte en bleu sur fond d'or et ornée de fleurs et de rinceaux rouges.

(2) Cette glose sur le mot *honerosa*, incorporée dans le texte, est en plus petits caractères.

ad similitudinem suam primum hominem Adam. Septimo vero die requievit ab omni opere suo quod patrarat.

Ab Adam ergo usque ad diluvium fluxerunt anni duo milia ducenti [XL^a] (1) duo ; a diluvio usque ad Abraham nongenti quadraginta duo ; ab Abraham usque ad Moysen quingenti quinque ; ab exitu filiorum Israel ex Egypto usque ad introitum eorum in terra promissionis quadraginta ; ab introitu terre promissionis usque ad Saül, primum regem Israël, fuere judices per annos quadringentos quinquaginta quinque. Saül autem regnavit annis quadraginta. A Davit vero usque ad inicium hedificationis templi de Jerusalem fuerunt anni sexaginta tres. A prima [h]edificacione (2) templi usque ad transmigracionem Babillonis fuere reges per annos quadringentos quadraginta tres. Duravit autem captivitas populi ac desolacio templi per annos sexaginta. Et restauratum est templum a Zorobabel per annos quatuor. Post restauracionem vero templi usque [*fol. 1 v°*] ad incarnacionem Christi fuerunt anni quingenti quadraginta. Post istos autem quingentos quadraginta annos ad extremum fuit imperator Rome primus Jullius Cesar : post vero Octovianus imperavit (3), fecitque (4) ut homines censui regio fuissent subjecti et ut nummos ereos redderent, a quo era

---

(1) Les deux chiffres XL^a ont été ajoutés après coup dans la marge.

(2) L'h du mot *hedificacione* a été ajoutée en interligne.

(3) A partir du mot *Rome* jusqu'au mot *imperavit*, le texte primitif semble avoir été gratté et on lui a substitué le membre de phrase reproduit ci-dessus ; mais la correction est contemporaine de la rédaction du manuscrit et paraît de la même main. Au mot *Cesar* se rapporte la glose suivante, écrite en tête de la page, dans la marge d'en haut : « *Nota. Iste Jullius imperavit per quatuor annos et menses sex et mortuus est* ».

(4) La syllabe *que* a été ajoutée en interligne.

nomen accepit (1). Qua decursa per ordinem usque ad tricesimam octavam, Jesus Christus, filius Dei, in Bethleem Jude ex Maria virgine est natus. Tricesimum vero tunc etatis sue explens annum, a Johanne Baptista in Jordane baptizatur fuitque ad quintum decimum regni Tiberii Cesaris annum (2); ac deinceps populo salutare suum annuncians, per signa atque virtutes vera comprobat esse que dicebat. Post hec discipulos suos divinis imbuens sacramentis, ut universis gentibus conversionem ad Deum predicent, ad passionem ipsis imperat. Tricesimo tertio etatis sue anno, secundum prophetas qui de eo fuerant prelocuti, ad passionem venit. Idcirco, anno domini nostri Jesu Christi trecentesimo quadragesimo tercio, beatus Nicholaus tradidit animam preciosam in manibus sanctorum angelorum (3). Post vero multum temporis, Turchi Mirream civitatem destruxerunt. Milites vero Barenses XLVII illuc profecti, quatuor monachis (4) sibi ostendentibus tombam corporis beatissimi Nicholay, apparuerunt ossaque ejus in oleo natancia in urbem Ba-

(1) Glose sur le mot *era*, dans la marge de gauche : *era significat annum in isto cursu per tomum, secundum theologos*. Renvoi à la marge d'en haut, note sur le mot *Octovianus* : *Octovianus imperavit ante cursum dicte ere quatuor annis et mensibus sex et eodem anno quarto era incepit cursum suum sub Octoviano, imperavitque deinde ante Christi nativitatem XXXVIII annis et postea imperavit post nativitatem Christi XIII annis et mortuus est et sic imperavit LVI annis sex mensibus.*

(2) Le membre de phrase qui commence à *fuitque* a été transcrit dans le manuscrit à la suite du mot *natus*, avant le membre de phrase qui commence par *Tricesimum*. Un renvoi du copiste indique l'interversion et montre qu'il faut rétablir la phrase suivant l'ordre adopté ci-dessus. Le mot *regni* a été ajouté en interligne.

(3) Dans la marge de gauche : *Nota que l'an II^cLXIII saint Nicolas fut ney en la cité de Patere.*

(4) L's de *monachis* a été ajoutée après coup.

4

ream reverenter detulerunt, anno domini M° octogesimo VII°. Et sic facta est ejus corporis translatio (1). Itaque apparet quod fluxerunt anni inter obitum et ejus translacionem septingenti quadraginta quatuor. Et ab ista translacione corporis predicti Nicholay usque ad hedificacionem eclesie sive capelle (2) dicti beati Nicholay Constanciensis, site prope capellam beati Flocelli Constanciencis, fuerunt anni centum quadraginta novem, ut patet per cartam cujus tenor sequitur :

[*Fol. 2 r°*]. Cum contencio verteretur inter capitulum Constanciense, ex una parte, et parrocianos capelle sancti Nicholay site in matrice ecclesia Constanciensi, ex altera; dicto capitulo dicente dictos parrocianos debere transire ad ecclesiam Sancti Nicholay de novo constructam, sitam prope capellam Sancti Flocelli in civitate Constanciensi, ex ordinacione bone memorie H. (Hue), condam episcopi Constanciensis ; dictis parrocianis in contrarium dicentibus et asserentibus se non debere transire ad dictam eclesiam ; tandem post multa verba et altercationes, de bono-

(1) La fête de la translation du corps de saint Nicolas à Bari se célèbre le 9 mai. Le culte de saint Nicolas a été très répandu en Normandie au moyen âge. Orderic Vital, dans son *Histoire ecclésiastique*, arrivé à l'année 1087, interrompt son récit pour raconter la vie du saint et l'odyssée de ses reliques. (Edit. Le Prévost, III, 205-222). On sait la grande dévotion que vouèrent à ce saint les Normands établis dans l'Italie méridionale. La basilique de Saint Nicolas de Bari, est, d'après E. Bertaux, *l'Art dans l'Italie méridionale* (I, 335 et suiv.), le seul monument de ce pays qui, dans ses grandes lignes, rappelle d'une façon incontestable l'architecture normande de la fin du xi° siècle. (V. Introduction, p. xiv.)

(2) Presque partout où l'on trouve le mot *capella* (capella beati Nicholay, capella beati Flocelli) ce mot est surmonté de cet autre : *sacellum*, qui semble une correction postérieure, mais pourtant ancienne.

rum virorum consilio, dictum capitulum et dicti parrociani compromiserunt in nos Johannem de Esse, Rogerum dictum Monachum, archidiaconum (1), Guillermum de Han, Nicholaum d'Agon, canonicos Constancienses; ita quod (2) quicquid nos quatuor bona fide super animas nostras super parrochiagio et transmutacione parrocie predicte ordinaremus, dictum capitulum et dicti parrociani inviolabiliter observarent, sub pena ducentarum marcharum argenti, parti observanti arbitrium a parte recedente ab arbitrio vel arbitrium non observante solvendarum. Nos autem, auditis voluntatibus utriusque partis et racionibus, prout melius potuimus, habito bonorum virorum consilio, Deum in casu presenti habentes pre oculis, ordinando dicimus ut dicti parrociani ad ecclesiam Sancti Nicholay de novo constructam, sitam prope capellam Sancti Flocelli, cum omnibus juribus, libertatibus et consuetudinibus quas habent, transeant, percepturi ibi ecclesiastica sacramenta (3), ut veri parrociani ejusdem ecclesie. Actum anno domini M° CC° XL° primo, die sabbati post translacionem sancti Benedicti (4), in ecclesia Constanciensi (5).

(1) Il faut lire sans doute : *archidiaconos* ; Jean d'Essey était archidiacre comme Roger Le Moine. Il succéda à Gillain de Caen comme évêque de Coutances, de 1251 à 1274.

(2) Il y a dans le texte *ita que*, qui est une lecture fautive.

(3) Dans la marge de droite, d'une fine écriture à moitié effacée, qui semble être du XVIᵉ siècle : « *Hic videbis parrochianos Sancti Nicholay non voluisse percipere sacramenta in ecclesia de novo constructa* ».

(4) 13 juillet 1241.

(5) A cette date, le siège épiscopal de Coutances était vacant. La vacance dura depuis la fin d'octobre 1238, date de la mort d'Hugues de Morville, jusqu'en 1245, date de l'avènement de Gillain de Caen, son successeur ; ce dernier fut promu à l'évêché de Coutances par

Sequitur super illo passu jura, libertates et consuetudines, quas parrociani beati Nicholay Constanciensis habebunt in capella beati Nicho- [*fol. 2 v°*] lay, sita in matrice ecclesia Constanciensi, et ideo per istam translacionem seu transsissionem ita habent dicti parrociani et habebunt nunc et in evum usque in perpetuum in ecclesia beati Nicholay, sita, ut dictum est, prope capellam beati Flocelli martiris predicti: scilicet quantum ad illum terminum *jura*, dicendum est quod jura parrocianorum antiqua sunt, quod in dicta capella sive ecclesia beati Nicholai parrociani debent confiteri peccata sua proprio sacerdoti aut ejus vicariis, prout scribitur in antiquis, et recipere ecclesiastica sacramenta tociens quociens voluerint et devocio affuerit (1) et pueros baptizari, mulieres in lectis puerperii jacentes in ecclesia purificari, absque matrice ecclesia, parrociani utriusque sexus debent missam audire, maxime diebus dominicis, festivis et sanctorum solennitatibus.

Item dicendum est de libertatibus antiquis. Libertates parrocianorum sunt quod parrociani sunt immunes et quiti a reparacionibus et aliis rebus indumentorum capelle Sancti Nicholay site in matrice ecclesia et simili modo in ecclesia beati Nicholai, sita prope capellam beati Flocelli, nisi de eorum elemosinis succurratur eidem ecclesie (2).

bulle du pape Innocent IV, du 22 février 1245. (Eubel, *Hierarchia catholica*, I, 213). Entre Hugues de Morville et Gillain de Caen, Eubel intercale un abbé de Cluni qui aurait été nommé le 3o avril 1244, mais qui ne siégea point. (*Ibid.*)

(1) En marge, de la même écriture fine que la note précédente : « *Nota. Hic tenentur parociani Sancti Nicolai suscipere sacramenta in ecclesia a proprio sacerdote et cætera parochianorum omnia obire* (?) » (peut-être *subire*).

(2) Dans la partie encore inédite de son *Histoire du Cotentin*

Item sunt soluti de omnibus visitacionibus quorumcumque visitatorum nec solvunt *debite* galice.

(*Histoire des villes*), à l'article « Église Saint-Nicolas de Coutances », Toustain de Billy a reproduit à peu près intégralement tout ce passage concernant les droits et libertés des paroissiens de Saint-Nicolas. Nous croyons utile, de notre côté, de reproduire ici la note que M. l'abbé Delamare a consacrée à l'église Saint-Nicolas dans son *Essai sur la véritable origine et les vicissitudes de la Cathédrale de Coutances*. Cet auteur a connu le Livre de comptes de Thomas du Marest et il en donne, au cours de son travail, une description sommaire. « Il y a eu, écrit M. Delamare, d'interminables procès sur les droits respectifs entre les chanoines et les curés de Saint-Nicolas, qui n'ont jamais cessé, jusqu'en 1793, d'être, à la Cathédrale, titulaires de la chapelle du même nom et de siéger au chœur. » On ferait un volume entier de ces discussions. Il est soutenu dans un ancien mémoire du Chapitre que les développements des droits, libertés et coutumes des paroissiens de Saint-Nicolas, formant un long post-scriptum de l'acte principal et donnés par l'abbé de Billy comme peu authentiques, ne sont qu'une explication de l'acte primitif que je viens de copier sur un très ancien manuscrit, qui le donne en effet sans commentaire. Mais l'acte même a toujours été regardé par les deux parties comme formant autorité.

« Après ladite translation des paroissiens de Saint-Nicolas, disent ces anciens mémoires, qui semblent se rapporter à l'épiscopat de Claude Auvry, la nouvelle église de Saint-Nicolas étant tombée en ruine et décadence par le laps du temps et la négligence des paroissiens, le curé, auteur dudit Cartulaire (où est la glose), présenta requête à l'official de l'évêque en 1411 et aux prêtres du Chapitre y appelés pour commettre des personnes à cueillir les aumônes des fidèles pour réédifier ladite *église*.

« Par l'acte rapporté dans ce Cartulaire, ledit curé et un bourgeois sont commis pour recueillir lesdites aumônes et les employer par l'avis du Chapitre *cui in spiritualibus subesse videtur dicta ecclesia et curatus seu capellanus*. (Le Cartulaire dont il vient d'être parlé, contenant 69 feuillets en parchemin, rédigé en latin et en français, l'an 1411, égaré en 1791, a été enfin remis à M. le curé de Saint-Nicolas en 1829).

« Cette chapelle, dit M. de Mons dans ses *Recherches sur Cou-*

Item dicendum est de consuetudinibus.

Consuetudo, id est veterum patrum antiqua (1) ordinacio, ab ecclesia, scilicet a domino papa, tanquam jus ab antiquo aprobata; et maxime [*fol. 3 r°*] in ista ecclesia beati Nicholay, silicet quilibet parrocianus Christicola debet pueros suos (2) instruere in fide catholica et docere bonos mores, ut veniant libenti animo ad ecclesiam ibi audire divina, ne pueri tanquam animalia bruta fiant.

Item quilibet bonus parrocianus debet reverenciam sancte ecclesie et maxime sepius confiteri proprio sacer-

---

tances, fut extrêmement endommagée par les protestans, lorsqu'en 1563, ils pillèrent la ville épiscopale. On la répara pour la seconde fois dès la même année, mais sans y rien changer. Après la fin des guerres civiles, le nombre des paroissiens s'étant augmenté considérablement, on l'agrandit en y ajoutant un chœur et les deux chapelles qui forment la croisée ; on exhaussa aussi l'ancien bâtiment, afin qu'il pût servir de nef et s'accorder avec le nouveau ; au moyen de quoi, on fit d'une simple chapelle une église complète. Une délibération du Chapitre, de 1597, portant qu'on vitrerait à ses dépens une des croisées, prouve qu'on commença à travailler dès la fin du xvi⁰ siècle. Le chœur ne fut achevé néanmoins qu'en 1622. Le dôme, bâti en 1701, est moins propre à contenter les yeux qu'à faire regretter l'argent qu'on y a dépensé mal à propos. » (*Mém. de la Société des antiq. de Normandie*, t. XII, p. 213, note 1). On a vu, en lisant notre Introduction, ce qu'il fallait penser des données chronologiques ainsi fournies par les historiens locaux. Le style du monument ne s'accorde point avec les dates proposées par eux.

(1) Le mot *antiqua* a été ajouté en interligne.

(2) Glose sur ce mot dans la marge d'en haut : *Nota super illo verbo : Pueros suos. Apocalisis IIII⁰, V⁰ capitulis in XII⁰ libro illius ystorie : Dignus es, domine, accipere librum etc., sic ait : Docete filios vestros alleluia et laudate deum, et, per ethimologiam,* ALLE *id est altissimus levatur in cruce,* LU *lugebant apostoli,* YA *jam surrexit dominus, ut memoriter teneant alleluia et ore decantent alleluia, alleluia.*

doti, qui habet potestatem solvendi vel ligandi, et recipere ecclesiastica sacramenta et solvere alia jura ecclesiastica, velut in festo Nativitatis domini quilibet parrocianus debet unum denarium, quelibet vidua   i d.

Item in festo Pasche, id est Resurreccionis domini, v d.

In redditibus in altalagio beati Nicholay Constanciensis, cum offertoriis et confessionibus.

Item, die Ascensionis Jesu Christi, quilibet, quanvis ponatur in offertorio   j d.

Item quilibet faciens panem ad benedicendum in qualibet dominica in offertorio   j d.

Item quelibet mulier jacens in lecto puerperii, in sua purificacione, debet offerre duos panes triticios (1) cum candellis et 1. denarium offerre et non minus.

Item patrinus principalis sive patrina, imponens nomen puero in baptismo, debet ii denarios supra altare et non minus.

Item veri parrociani existentes in parrocia debent venire ad ecclesiam beati Nicholay qualibet dominica, nisi legitime fuerint excusati, nam eorum ecclesia, vita comite, principalis est; et, si non fecerint, reputabuntur tanquam excommunicati et sepultura carebunt.

Item debent solvere Deo decimas agnorum, lanarum, porcorum utriusque sexus, vitulorum, pullorum, ruquarum, ancerum [*fol.*3 v°]. Rector vel ejus locum tenens debet recipere et colligere ad utilitatem et sustentacionem domini rectoris.

Item omnes nubentes de parrocia sive venientes in dicta parrocia die nupciarum debent venire cum sua societate ad ecclesiam beati Nicholay et ibidem audire missam consuis expensis et offerre offertoria et candellas amessa-

---

(1) L's du mot *Triticios* a été ajoutée en interligne.

cionis. Deficientes vero digni sunt punicione nec debent amessare alibi sine licencia rectoris beati Nicholai.

Et alia plura jura, que non sunt in libro hoc scripta, ut in pluribus locis in libris Leviticorum et in pluribus locis in sacra pagina invenietis, et novissime in scriptura sive legenda beate Anne, quomodo trifarie dividebant omnia bona sua ; scilicet templo et servitoribus Dei, peregrinis et viduis et necessitatem habentibus, et sibi et clientelle sue terciam partem reservabant.

Item, quando aliquis parrocianus vel parrociana defunctus vel defuncta in terra ponitur, ea die vel in crastino, executores debent dicere rectori dicte ecclesie beati Nicholay, ut habeant servicium pro defunctis. Et hoc super illo passu de consuetudinibus, ut moris est (1).

(1) En note, dans la marge de gauche : *Defunctis servitia, nota.* Il n'est pas dit dans ce paragraphe que le corps du défunt devra passer par l'église Saint-Nicolas avant d'être mis en terre, mais seulement que, le jour même ou le lendemain de l'enterrement, ses exécuteurs testamentaires devront prévenir le curé de Saint-Nicolas, afin qu'il fasse un service. Il ne faut pas oublier d'ailleurs qu'au début du xv⁰ siècle, l'église Saint-Nicolas était en ruines et que les paroissiens l'avaient désertée. C'est ce qui semble résulter, non seulement des propres paroles du curé lui-même (V. plus loin, fol. 4 v°), mais encore d'une sentence de Guillaume de Crévecœur, évêque de Coutances, datée du 8 avril 1391, que nous avons publiée dans notre *Cartulaire de l'Hôtel-Dieu* (II, 93), et qui a été généralement mal interprétée par les historiens locaux. On y voit qu'à cette époque les habitants de Coutances, paroissiens de Saint-Pierre ou de Saint-Nicolas, élisaient volontiers leur sépulture dans le couvent des Frères-Prêcheurs ou Jacobins (actuellement le Grand-Séminaire). Thomas du Marest lui-même, curé de Saint-Nicolas, demandera, dans son testament, à être enseveli dans le cloître de cette maison (V. plus loin, fol. 61 v°). Or, en 1391, l'Hôtel-Dieu réclamait, pour chaque paroissien inhumé aux Jacobins, le quart des funérailles. L'évêque reconnaît en principe le droit de l'Hôtel-Dieu, puisqu'il décide que, pour le racheter, les Frères-Prêcheurs paieront aux

Postquam tractatum est de juribus, libertatibus et consuetudinibus antiquis, a sanctis patribus aprobatis, ut prefertur, nunc redeamus ad hedificacionem dicte ecclesie sive capelle beati Nicholay, que fuit hedificata, et parrociani tunc temporis acceptaverunt et ecclesiastica sacramenta receperunt, anno domini M° ducentesimo quadragesimo primo, etc., ut prefertur in predicta carta; fueruntque (1) anni centum sexaginta decimi primi usque ad annum [*fol. 4 r°*] domini millesimum quadringentesimum decimum primum. Que quidem ecclesia, mirabiliter destructa, ut patebat cuilibet intuenti. Et eodem anno M° CCCC° XI°, incepta fuit rehedificari, refici et reparari (2) prout, Christo prius auxiliante, postea patebit, [ut] (3) in lingua materna exaratur, fuitque de elemosinis donisque caritativis substentata, velut infra emergetur.

prieur et frères dudit Hôtel-Dieu 45 sous tournois de rente annuelle. Cette rente fut assise, le 23 septembre suivant, sur des héritages situés dans la paroisse Saint-Pierre (*Cartul.*, p. 194). En retour, l'Hôtel-Dieu se désista de ses prétentions. L'évêque ajoute que les corps des personnes défuntes pourront, comme par le passé, être portés à l'église Saint-Pierre avant d'être mis en sépulture aux Jacobins et qu'une messe des morts y sera dite à leur intention. Aucune distinction n'est faite entre les paroissiens de Saint-Pierre et ceux de Saint-Nicolas, qui sont mentionnés cependant les uns et les autres dans l'acte; il n'est pas dit que les corps des paroissiens de Saint-Nicolas pourront passer par l'église Saint-Nicolas. Il n'en faut pas conclure, comme on l'a fait, que la paroisse Saint-Pierre était alors la seule de la ville, mais que l'église Saint-Nicolas, étant en ruines, n'était plus fréquentée comme jadis par les fidèles, si même elle n'était déjà, ainsi qu'elle le devint plus tard, entièrement déserte.

(1) La syllabe *que* a été ajoutée en interligne.

(2) Dans la marge de droite, de la même fine écriture que précédemment : *Ecclesia destructa anno 1411 et tunc reedificata.*

(3) *Ut* a été ajouté en interligne.

Hic ponitur incidentaliter quod, anno domini M° trecentesimo sexagesimo sexto, [mensibus sex] (1) vigillia beatorum apostolorum Symonis et Jude, orietur quasi limes in parrocia beate Marie de Carantonio, Constanciencis diocesis, quidam nomine Thomas, cujus cognomen est *du Marest*. Deus omen fine sibi donet, voxque polo resonet et sibi solamen cum sanctis det Deus, amen. In quo anno et die evocatus a Domino ex utero matris sue, acturus [actor] (2) in predicta rehedificacione temporibus suis sed nundum usque ad (3) annum millesimum quadringentesimum decimum primum, ut prefertur. Et sic fuerunt anni quadraginta quatuor ab ejus nativitate usque nunc M. CCCC. XI. quod fuerunt incoate reparaciones predicte ecclesie beati Nicholay. Et sic deinceps ad nuptum Domini, nostrum ditantis honorem (4).

Et non omnino perfecte (5) sed minus male quod artifices potuerunt, usque nunc anno domini M° CCCC° XX° IX°, ut sequitur in lingua galiquana subscriptum. [Inclusive intrante anno M° CCCC° tricesimo (6).

(1) Ces deux mots ont été ajoutés après coup par le copiste. En marge et de la même main, on lit : *Prophetaliter loquitur*. Ce passage nous donne la date et le lieu de naissance de l'auteur du manuscrit. Thomas du Marest serait né à Carentan, le 27 octobre 1366. Nous verrons plus loin (fol. 61 v°) qu'il faut lire 1367. Les mots *mensibus sex*, ajoutés en interligne, signifient apparemment qu'à la date de la naissance il y avait six mois de l'année entièrement écoulés. L'année 1367 avait en effet commencé le 18 avril, d'après le style de Pâques, alors en usage dans le diocèse de Coutances.

(2) Le mot *actor* a été ajouté dans la marge.

(3) Le mot *ad* est également une correction postérieure.

(4) On remarquera que ce membre de phrase, à partir de *ad nuptum*, porte des traces du *cursus*.

(5) Cet adjectif se rapporte à *reparaciones*, transcrit plus haut.

(6) Cette date est celle de la rédaction du manuscrit : il remonte

Qui quidem actor adolescens, quam minus doctus, propter acerbas guerras a natione parentum recessurus, locaque plurium regum, archiepiscoporum, episcoporum visitaturus, quorum quibus serviturus et post ea noticiam mundanam et contemplativam hausiturus, usque ad annum, ut prefertur, actor in predicta rehedificacione] (1).

[*Fol. 4 v°*]. L'an de l'incarnacion nostre seignour Jhesus Christ mil CCCC. XI. le xxi jour de frevier, furent [commenciés non par]fais (2) les dons caritatis et omosnes cy après contenus, pour refaire et mettre en estat les reparacions de l'eglise de Saint-Nicholas de Coustances, laquelle eglise estoit du tout destruite, sans bois, couverture ne habitacion de chrestiens, mes sembloit un lieu desert. Lesqueilx dons, fais par les bonnes devocions des catholiques, cy emprès decleriés, voyans que nulx estoit tenu a reparer la dicte eglise, comment il peut aparetre par emprès.

Premierement

Charles, par la grace de Dieu, Roy de France (3) *cujus anima requiescat*, par le moyen de messire Raul Lesage, de noble recordacion (4)   ʟ *libras tur*.

donc aux premiers mois de l'année 1430 ; nous verrons qu'une addition y a été faite en 1433 (fol. 68 v°).

(1) Tout ce passage entre crochets a été ajouté postérieurement d'une grosse écriture gothique, qui imite visiblement celle du texte primitif et qui est sans doute de la même main.

(2) Les mots entre crochets ont été ajoutés une première fois en interligne et une seconde fois dans la marge d'en haut.

(3) Charles V, roi de France, né à Vincennes le 21 janvier 1338, mort au même lieu le 16 septembre 1380. (Nous adoptons pour la naissance la date du 21 janvier 1338, non 1337, d'après la rectification faite tout récemment par M. Delachenal. (*Bibl. de l'Ecole des chartes*, t. LXIV, p. 94-98).

(4) Raoul Le Sage, seigneur de Saint-Pierre-Eglise, fils de Pierre

Frere Thomas des Ylles (1), jadis abbé de Blanchelande   c s.

Le noble Chapitre de Coustances, par deus fois, [x l.] (2)
chacune fois, vaillent xx l. De l'omosne dudit Chapitre, xx l.

Guillaume Normant, de noble recordacion (3)   xx l.

Pierres Jehan, bourgoys de Coustances   x l.

Jehenne et Robine les Patichieres, jadis de Coustances   x l.

Le Sage et d'une Piquet de la Haye, élu du diocèse de Coutances
en 1402, maitre des requêtes de l'hôtel de Charles VI le 3o juin
1409, gouverneur de Ponthieu en 1413, chancelier du duc de
Touraine en 1414, marié avant le 15 novembre 1416 à Jeanne de
Hénin, dame de Hénin et de Bossu en Hainaut, seigneur de Laviers
et maréchal héréditat de Ponthieu en 1416, rallié aux Anglais dès
1418, conseiller du roi d'Angleterre en 1420, gratifié par Henri V
de la seigneurie de Roncheville en 1421, et par Henri VI, ou plutôt par Bedford, de celle de Gamaches en 1424. Le Compte de la
commune du Chapitre (1543-1544) mentionne encore pour chaque
mois de l'année un paiement de 6o s. pour son obit et de 20 s.
pour les collectes (Bibl. Nat., lat. 9216, *passim.*) V. G. Saige,
Notes pour servir à l'histoire de la famille Saige ou Sage. Paris,
1874, p. 15-23.

(1) Thomas, troisième du nom, dit Thomas des Iles, dix-huitième
abbé de Blanchelande. D'après la *Gallia Christiana* (XI, 946), l'obituaire de Bellozanne place sa mort à la date du 26 août 1400, et les
catalogues de Blanchelande au 22 juin 1412. Thomas des Iles était
allié à la famille Le Cointe, de Coutances, dont un des membres,
Bernard, avait épousé Colette des Iles.

(2) Le chiffre entre crochets a été ajouté dans la marge.

(3) Le Compte de la commune du Chapitre pour l'année 1543-
1544, mentionne un paiement de 40 sous pour l'obit de Guyot
Normant, en mars (Bib. Nat. lat. 9216, p. 78). C'est probablement
celui dont il est question ici. En 1407, il était dû à Jean de Villaine,
écuyer, seigneur de Savigny, 3 sous tournois de rente à Coutances,
« a cause de la maison ou souloit demouroir Guillaume Normant » (aveu du 31 août 1407 pour le fief de Savigny. Arch. nat.,
QI 651).

Richard Guillebert, jadis bourgès de Coustances   xx l.

Richard Olivier, de la Vandelée   xxij s. vj d.

Colin Pillon, de Coustances   v l.

Thomas Quosnart, bourgès de Coustances   xxij s. vj d.

Thomine, femme Richard Jehan   xxij s. vj d.

[*Fol. 5 r°*] La femme Robin Brocart   v d.

Les executeurs de Colin Escouillant, dit Viart   xx s.

Rogier de Bert, bourgès de Coustances   xx s.

Jehan Perrote dit Monnier, bourgès de Coustances (1)   x s.

Guillemete, deguerpie Jehan Le Cointe, bourgès de Coustances   xx s.

Denise Jemmes   x d.

Pierre Clement, jadis parrocien dudit lieu   xx s.

La Viberde, demourant à ladicte parroisse   ij s. vj d.

Jehan Fiquet, bourgès de Coustances   x s.

De l'execucion de feue Jehanne, mere de Bernart et Jehan Les Cointes (2)   x s.

(1) Jean Perrote est mentionné dans un échange passé le 11 novembre 1401 entre les reiligieux de l'Hôtel-Dieu de Coutances et Louis Ler, bourgeois de cette ville. Il tenait alors aux environs de l'Ecluse Chaite un jardin qui avait appartenu à Gabriel des Mares (Cartul. de l'Hôtel-Dieu, n° 196).

(2) Sur la famille Le Cointe, de Coutances, V. mon *Essai historique sur l'Hôtel-Dieu de Coutances*, t. II, p. 177 et suiv. Le 16 mars 1393 (n. s.), Bernard Le Cointe, de Saint-Pierre de Coutances, fait échange avec l'Hôtel-Dieu d'une pièce de terre sise à Saint-Pierre, contre une rente annuelle d'un quartier de froment (Cartulaire, n° 179). Le 19 mars 1394, autre échange entre ledit Bernard et l'Hôtel-Dieu d'un ménage, assis en la paroisse Saint-Pierre, contre une rente annuelle de 44 sous 6 deniers tournois (Ibid., n° 180). Le 23 avril 1395, Bernard Le Cointe, écuyer, avoue tenir du roi « par foy et hommage lige un membre de fieu, o toutes ses appartenances, par le sixte d'un fieu de haubert, ... assis en la paroisse de Tourville, en la viconté de Coustances et en doit service de mener la

Guillemet Tranchart, du village de Saint-Nicholas

ij s. vj d.

Rayne de l'abaye de la Luxerne au Mont-Saint-Michiel et doit soier
a la table des sergans d'armes... »; ce membre de fief vaut environ
10 livres tournois de revenu par an (Arch. nat., P 289¹ nº 23,
original). Le 17 novembre 1390, Colin Tison, écuyer, sieur de Beu-
vrigny, vend à Bernard Le Cointe les deux tiers de la dîme du
Trait de Beauquesne en la paroisse de Trelly (Cartul. nº 192). En
1410, les religieux de l'abbaye de Blanchelande transportent à Bernard Le Cointe, écuyer, demeurant à Coutances, un membre de fief
noble nommé le fief de Cuves, assis en la paroisse de Geffosse, en
échange de 45 livres de rente foncière sur divers héritages situés en
Saint-Pierre et Saint-Nicolas de Coutances (Arch. de la Manche,
H 378). Il y avait en réalité, à cette époque, deux Bernard Le
Cointe. Le premier mourut le 4 novembre 1417, d'après l'Obituaire
de l'Hôtel-Dieu (Cartulaire, p. 430). Il avait épousé Colasse des
Ylles, vraisemblablement parente de feu Thomas des Ylles, abbé
de Blanchelande, dont il est fait mention plus haut. Le 26 juin 1418,
Henri V, roi d'Angleterre, avait donné à Damien Barbou, son
homme lige, les fief et terre situés dans la vicomté de Coutances,
que tint et posséda Bernard Le Cointe, de Saussey, jusqu'à la valeur de 60 livres tournois (*Mém. de la Soc. des antiq. de Normandie*, XXIII, p. 31, nº 204). Le 21 mars 1419, le roi d'Angleterre reconnait à Nicolasse des Ylles, veuve de Bernard Le Cointe,
chevalier, la possession de tous ses domaines de Normandie (*Ibid.*,
XXIII, p. 62, nº 334). C'est pour celui-là qu'un frère de l'Hôtel-
Dieu était tenu de dire une collecte pendant sa messe, un jour par
semaine, de préférence le vendredi (Cartulaire, p. 417). Un obit
solennel était célébré pour lui dans l'église de l'Hôtel-Dieu le 20 avril
(Ibid., p. 421), et un autre le 4 novembre (Ibid., p. 430). Le second
Bernard Le Cointe, qui représentait sans doute la branche cadette de
cette famille, comme le premier en représentait la branche aînée,
vécut plus longtemps que celui-ci et se distingua par son dévouement
à la cause anglaise. Le 24 février 1419, Henri V le confirmait dans la
possession de tous ses biens et le prenait sous sa protection (*Mém.
de la Soc. des antiq. de Normandie*, XXIII, 57, nº 315). En 1428,
il accompagna Philibert de Montjeu, évêque de Coutances, et Enguerrand de Camprond, chanoine dudit lieu, dans un voyage qu'ils

Jehanne, femme de Colin Richard, de l'Escoullan-
derie (1)   xxij s. vj d.

firent à Paris par devers le duc de Bedford, régent du royaume,
pour l'utilité du pays de Cotentin « à l'expulsion des brigands et
ennemis du roi [d'Angleterre] estans en ycellui » (Bib. nat., Fr.
20882, n° 60. — Delisle, *Annuaire de la Manche*, 1893, p. 14). En
1433, le 8 août, Bernard Le Cointe, écuyer, prête foi et hommage
à Henri, roi de France et d'Angleterre, en son palais de Westminster,
pour le fief ou vavassorie de la Haye et le fief ou membre de fief
de la Hédouinière, assis en la paroisse de Saint-Nicolas de Coutances
et pour deux autres fiefs ou membres de fief, l'un nommé le fief
d'Oissie, et l'autre le Petit-Fief, assis en la paroisse de Tourville,
pour le fief de Nicorps, assis en ladite paroisse, pour le fief de
Cuves, assis en la paroisse de Geffosse, pour le fief ou vavassorie
de la Brannière, assis en la paroisse de Contrières, qui lui appartiennent de son propre héritage et sont tenus et mouvants du roi à
cause de sa vicomté de Coutances (Arch. nat., P 267¹, n° 2722,
original). Chose curieuse, ce Bernard Le Cointe, le jeune, avait
épousé, lui aussi, une Colette des Ylles, peut-être la même que la
précédente, devenue veuve du premier Bernard Le Cointe. Le 3 mars
1425 (n. s.) Bernard Le Cointe et Colette des Ylles aumônent à
l'Hôtel-Dieu de Coutances, pour l'obit solennel dudit Bernard, une
rente de dix livres tournois, acquise par eux le 14 février précédent,
de Guillaume Guesnon, écuyer (Cartul. n° 234). Le 26 avril 1439, un
échange de terres et de revenus, sis à Coutances, est fait entre
l'Hôtel-Dieu et les frères Bernard et Jean Le Cointe, écuyers (Ibid.,
n° 246). Postérieurement à cette date, les deux frères sont encore
mentionnés plusieurs fois dans le Cartulaire de l'Hôtel-Dieu. A la
date du 7 février 1439 (n. s.), Jean Le Cointe était mort, mais son
frère Bernard vivait toujours (Ibid., n° 260). Ces bienfaiteurs de
l'église Saint-Nicolas et de l'Hôtel-Dieu furent aussi des bienfai-
faiteurs de la cathédrale; la famille Le Cointe y fonda un autel
dans la chapelle du Saint-Sépulcre. Le Compte de la commune du
Chapitre pour l'année 1543-1544, mentionne encore un paiement de
7 livres 6 sous pour l'obit de Bernard Le Cointe, en septembre
(Bib. nat., lat. 9216, p. 67). Rappelons enfin pour être complet que
dans un acte du Cartulaire de l'Hôtel-Dieu, daté du 19 mars 1453
(n. s.), il est fait mention d'un hôtel, assis en Saint-Pierre, qui

Richart Barbou, de Saint-Denis-le-Vestu (1)   v s.

Du tronc de Saint-Nicholas de Coustances, pour eglise, c'est   vj l. viij s.

Jehan Le Pigny, d'Ouville (2)   xx d.

Symon Drieu, vassal de Guioffosse (3)   xx d.

L'ante du Monnier dessus dit   xx d.

Henri Picot, de Saint-Pierre de Coustances   xx d.

Jehan Guenon, d'Ouville   x s.

Le bois du monstier viel et derompu, tout mis à deniers et vendu   ix l. xv s.

Jehan Langlés, faiseur de bastières   v s.

Jehanna, uxor Symonis Campionis, merchier   x d.

Thommine Formage   v s.

Jehanne, femme Costentin   ij s. vj d.

Jehan Lescaudé (4)   v d.

[*Fol. 5 v°*] Le bonhomme de l'ostel Pillon   v d.

L'execucion Robin Lemares   xx s.

Jehan Robine (5)   v s.

« joint d'un costé à l'ostel qui fut Gieffroy Louvet et d'autre costé et de boult au bastard Bernard Le Cointe... » (Cartul. p. 279). L'acte ne nous dit pas s'il s'agit ici d'un descendant de l'aîné ou du cadet.

(1 *de la page précéd.*) L'Ecoulanderie ; ce village est situé aux portes de Coutances, à gauche de la route qui conduit à Lessay.

(1) Arrondissement de Coutances, canton de Cerisy-la-Salle.

(2) Ibid.

(3) Geffosses, arrondissement de Coutances, canton de Lessay.

(4) Un Jean Lescaudé, de Monthuchon, figure comme procureur de Guillaume de Vierville, chevalier, et de dame Marie de Creully, sa femme, dans un accord conclu le 20 septembre 1401 entre ces personnages et l'Hôtel-Dieu de Coutances, au sujet d'une rente de deux boisseaux de froment due par eux audit Hôtel-Dieu sur le moulin à eau de Monthuchon (Cartul. de l'Hôtel-Dieu, n° 195).

(5) Il faut peut-être lire Robiné ou Robiney. Un Jean Robinet

Pierres Clement	v s.
Guillot de Mons	xxij s. vj d.
Guillaume Flaquet (1)	x s.
Michiel Le Bon	xx d.
Collete, deguerpie Guillot le Roux, de Baieux	xx s.
Colin Vautier, de Saint-Michiel de la Pierre (2)	xx d.
Jehan Ottoe	ij s. vj d.

De l'execucion maistre Nichole de Tanese, curé d'Orval (3) ij s.

Missire Jehan Capelle, ij milliés d'ardoise, sans le portage gratis.

Guillete Beaute	ij s. vj d.

La fiarie des Sains Innocens de Saint-Nicholas de Coustances (4) xlj s. vj d.

La deguerpie Jehan Le Cointe	xx s.
Thomasse de Hambye	x s.
De l'execucion Colin Jourdan	v s.
Colin Malherbe	ij s. vj d.
De l'execucion misire Guillaume Du Pont	ij s. vj d.
De l'execucion Perrote la Viberde	ij s.

tenait, en 1489, un clos sis au village Saint-Pierre et appelé le Clos Foliot (Cartul. de l'Hôtel-Dieu, n° 420).

(2) C'est ce Guillaume Flaquet, dont l'hôtel, situé près du parvis Saint-Nicolas, s'écroula en 1429 (V. plus loin, fol. 33 v°). Le 27 novembre 1408, Guillaume Flaquet reconnait devoir une rente de deux boisseaux de froment au trésor de l'église Saint-Pierre et s'oblige à en payer les arrérages dus depuis trois années (Arch. de la fabrique de Saint-Pierre, original).

(3) Saint-Michel-de-la-Pierre, arrond. Coutances, cant. Saint-Sauveur-Lendelin.

(4) Arrond. Coutances, cant. Montmartin-sur-Mer.

(5) Nous n'avons aucuns renseignements sur cette confrérie, qui avait peut-être à l'origine son siège dans la chapelle Saint-Nicolas de la cathédrale.

La femme Estienne Osmont   xx d.

La femme Benoist des Haies, .j. petit pot de burre, du pris de   ij s. vj d.

Bernard Le Cointe   lx s.

Item de l'execucion Colin Viart   xl s.

Girot de la Riviere (1)   x s.

[*Fol. 6 r°*]. Colin Pigache, .j. millié de clou valant   iiij s. ij d.

La mere a la femme Jehan Le Cointe   xl s.

Une bonne femme de Saint teniey (2)   xxv s.

Symon Lecampion, dit Labbé   xij s.

Guillemet Vion   v s.

Colin Ricard   x s.

Thomas Fosse   x s.

Estienne Jehan (3)   x s.

(1) Ce personnage est assez connu. Le 26 décembre 1404, Girot de la Rivière, bourgeois de Coutances, baille en fieffe à Guillemet de la Court, moyennant une redevance annuelle de trois demeaux de froment, une pièce de terre sise à Saint-Pierre de Coutances, au lieu dit la Croute (Cartul. de l'église Saint-Pierre, fol. 20 r°). Le 23 novembre 1413, il fait don au trésor de l'église Saint-Pierre, pour l'entretien de la lampe qui brûle quotidiennement devant l'autel Notre-Dame, d'une rente de 10 sous tournois que lui doit Raoul Bouissel, dit Quatre-Bras, sur une maison assise au bourgage de Saint-Pierre (Ibid., fol. 24 r°). Cette rente avait été vendue le 10 mars 1389 (n. s.) à Girot de la Rivière, pour 100 sous tournois et un pot de vin, par Pierre Boursier, clerc, de Coutances (Ibid.). Le Compte de la commune du Chapitre, pour l'année 1543-1544, mentionne encore un paiement de 40 sous pour l'obit de Girot de la Rivière, en novembre (Bib. nat., lat. 9216, p. 68).

(2) Sainteny, arrond. de Saint-Lô, cant. de Carentan.

(3) Le 1er mars 1401, Robert du Bois, écuyer, de Briqueville-la-Blouette, vend à Etienne Jean, bourgeois de Coutances, pour 10 livres tournois, une rente de 20 sous sur un hôtel assis en la

Jehan du Mur (1)	x s.
Sevestre Le Roux	x s.
Maistre Thomas Maltaint	ij s. vj d.
Lorence du Doit	ij s. vj d.
Une bonne femme d'Ouville	xv d.
Guillemette, basse au Tour	v d.
Jehan Binet, bourgès de Coustances	xx s.
Item la deguerpie Jehan Le Cointe	xx s.
Jehanne Quosnart	v s.
L'execucion Philippot Meslin	x d.
Jehanne la Glergesse	v s.
Lorence Labesse	ij s. vj d.
Une bonne femme de Costentin	v d.
Item de Symon Labbé, xxij taffetes (2) gratis.	
Item Bernart Le Cointe, junior	xx s.
Maistre Raul Le Chien	v s.
Henry Yvelin, de Savigny	ij s. vj d.
[*Fol. 6 v°*]. Denise du Pont	xx d.
Item la femme Rica[r]d Jehan	xx s.
Ricard Jehan, bourgès de Coustances	x s.
Les mayours de saint Mor (3)	xxij s. vj d.
Missire Nichole de Servigny (4)	xxv s.

paroisse Saint-Pierre, qui avait appartenu jadis à feu Guillaume de
Saint-Malo. Le lendemain 2 mars 1401, Etienne Jean cède cette
rente à Raoul Rouillart pour le prix qu'elle lui a coûté (Cartul. de
l'église Saint-Pierre, fol. 28).

(1) Jean du Mur était garde du scel des obligations de la vicomté
de Coutances (Cf. Cartul. de l'Hôtel-Dieu, II, 173, 174 et 178).

(2) Il faut lire sans doute *Tassetes*. Ce mot, dans notre texte, est
synonime de *Festures* (V. plus loin, fol. 55 r°).

(3) Il s'agit de la chapelle Saint-Maur, qui était dans les limites
de la paroisse Saint-Nicolas.

(4) Nicole de Servigny fut pendant près de quarante ans le coad-
juteur de Thomas du Marest à la cure de Saint-Nicolas (V. plus

Quesnes donnés a la ditte reparacion de l'eglise de Saint-Nicholas de Coustances. En l'an mil CCCC. XII.

Primo. Guillaume Hédouin, j quesne, bel ; — Perrin Lestoré, j quesne ; — Philippe, seigneur de Grartot (1), iiij quesnes ; — Missire Jehan Pillon, prestre, ij quesnes ; — Guillaume Le Dyen, j quesne ; — Renouf Le Potier (2), j quesne ; — les enfants Pierre Le Grant, j quesne ; — Colin de Mauduit, j quesne ; — Collette La Grande, j quesne ; — Jehannin Fiquet, j quesne ; — Estienne de Moult Cuit, j quesne ; — Ricart Fallese, ij quesnes ; — Guillemet Bertin, j quesne ; — Jehan Vermée, j quesne ; — Benest Le Netterel, j quesne ; — [*fol. 7 r°*] Jehannin Greart, j quesne ; — Jehan du Mur, iij quesnes ; — Colin

loin, fol. 60 v°). D'après notre auteur, il y acquit beaucoup d'honneurs et beaucoup de biens meubles. Il donna cent sous en 1417 pour la façon de la statue de saint Nicolas (fol. 62 r°).

(1) La seigneurie de Gratot appartenait alors aux d'Argouges. Un Guillaume d'Argouges, chevalier, seigneur de Gratot et de Blainville, rend hommage au roi de France Charles VI pour sa seigneurie, le 13 mai 1393 (Arch. nat., P 289¹, n° 68). Gratot est situé dans l'arrondissement de Coutances et le canton de Saint-Malo-de-la-Lande.

(2) Renouf Le Potier est mentionné dans l'échange du 11 novembre 1401, conclu entre Louis Ler, bourgeois de Coutances, et l'Hôtel-Dieu (Cartul. de l'Hôtel-Dieu, n° 196). C'est encore de lui qu'il est question dans le Compte de la commune du Chapitre (1543-1544) : « Renolphus Potier, pro quadam pecia terre situata versus Pissequien, continente unam virgatam terre juxta terram es Mallades, et in medio est una via per quam itur ad molendinum de Pille, nunc Nicolaus Tanquerey, ad causam sue uxoris, iij *demeaux* frumenti » (Bib. nat., lat. 9216, p. 21). Quoique postérieur de plus de cent ans à notre manuscrit, ce registre cite encore beaucoup de noms de personnages contemporains de Thomas du Marest, et permet quelquefois de retrouver l'emplacement de leur demeure.

Viart, ij quesnes ; — le seigneur de Cambernum (1),
ij quesnes ; — le signour de [la] Ruquetière (2), ij quesnes ; — Henri d'Esquoi, signour de la Mare (3), vj quesnes ; — Dronet Adan, ij quesnes, ij fous, j tremble ; —
Rica[r]t Formage, pour fere les manivelletiers de l'angin, iiij frenos ; — Colin Osbert, [pour l'estournel] (4),
j fou ; — Le Chevalier, ij fous pour l'estornel ; — Raul
L'escuier, j quesne ; — Jehan Duval, j quesne ; — Rogier Poulain, j quesne ; — Lorens Grout, ij quesnes ; —
Colin Lenglés, j quesnot ; — le signour du Loré (5),
j quesnot ; — Guillaume de Mollé, j quesnot.

(1) La seigneurie de Cambernon appartenait alors à la famille
Adam. Le 20 février 1396 (n. s.), Jean Adam rend aveu au roi
d'un membre de fief sis en la paroisse de Cambernon et en celle
de Geffosses (Arch. nat., P 2891, n° 40) Jean Adam ne tarda pas
à faire sa soumission au roi d'Angleterre, car ce dernier, par lettre
datée de l'armée près du Pont-de-l'Arche, le 12 juillet 1418, lui
remit le fief de Cambernon et tout ce qu'il possédait dans le pays
(*Mém. de la Soc. des antiq. de Normandie*, XXIII, p. 32, n° 213).

(2) Le mot *la* a été ajouté en interligne. Aujourd'hui, la Roque-
tière, paroisse du Lorey. Cette seigneurie appartenait, au xv° siècle,
à la famille de Camprond.

(3) Henri d'Esquai rend aveu au roi de France pour le fief de la
Mare, le 26 novembre 1402 (Arch. nat., P 2894, n° 447).

(4) L'estournel désignait jadis le treuil ou cylindre sur lequel
s'enroulait la corde de l'engin qui servait à élever des fardeaux ;
le manivelletier, la pièce de fer ou de bois qui, placée à l'extrémité
d'un arbre ou d'un essieu, servait à le faire tourner (V. Godefroy,
Dictionnaire de l'ancienne langue française, aux mots *Estourneau*
et *Manivelle*. Pour saisir le sens des mots techniques qui dési-
gnaient autrefois les différentes pièces de l'engin et pour comprendre
le fonctionnement de cet appareil, il faut lire l'article *Engin* du
Dictionnaire d'architecture de Viollet-le-Duc (t. V, p. 210) et regarder la figure dessinée p. 215.

(5) La seigneurie du Lorey appartenait alors à la famille de Camprond. En 1388, Jean de Camprond, écuyer, tenait d'Olivier de

Le demourant fut achaté.

Dons de paroisses fais l'an dessus dit :

Primo. Lictehare (1)	iij s. iiij d.
Muneville (2)	v s. iiij d. obl.
Baudreville (3)	xiij d.
Le Mesnil Buye (4)	iij s. xj d.
[*Fol. 7 v°*]. Saint-Pierre de Coustances	iiij s. v d.
Rais (5)	xx d.
Mont Pinchon (6)	v s. iiij d.
Nicorps (7)	v s. iij d. obl.
Saint-Denis-le-Vestu	iij s. ix d.
La Feuillie (8)	x d.

Montauban, à cause de sa seigneurie de Remilly et Marigny, un fief entier de chevalier, sis au Lorey; il était patron des églises de Camprond et du Lorey et des chapelles de Belval. Il y avait également en la paroisse du Lorey une vavassorie relevant de ladite seigneurie de Remilly, et qui était alors entre les mains d'Enguerrand de Camprond (V. l'aveu rendu par Olivier de Montauban, le 10 juin 1388. Arch. nat., P 289¹, n° 81). Dans l'aveu rendu au roi le 1er juin 1395 par Jamin du Mesnildo, pour un membre de fief sis à Nicorps, Jean de Camprond, écuyer, seigneur du Lorey, est cité comme tenant une franche vavassorie, assise dans les paroisses de Brainville et de Montcuit, et relevant de ladite seigneurie de Nicorps (Arch. nat., P 289¹, n° 29). Le Lorey est situé arr. de Coutances, cant. de Saint-Sauveur-Lendelin.

(1) Lithaire, arr. de Coutances, cant. de La Haye-du-Puits.

(2) Muneville-le-Bingard, arr. de Coutances, cant. de Saint-Sauveur-Lendelin.

(3) Arr. de Coutances, cant. de La Haye-du-Puits.

(4) Le Mesnil-Bus, arr. de Coutances, cant. de Saint-Sauveur-Lendelin.

(5) Saint-Sébastien-de-Raids, arr. de Coutances, cant. de Périers.

(6) Arr. de Coutances, cant. de Cerisy-la-Salle.

(7) Nicorps, arr. et cant. de Coutances.

(8) Arr. de Coutances, cant. de Lessay.

Millieres (1)	iij s. vj d.
La paroisse de Ouville	v s. j d.
Somme faite des paroisses	xliij s. vj d. obl. [xxix s. x d. obl.] (2)

Autres dons fais en l'an mil .CCCC. XIII :

Premierement, La femme Thomas Le Terreur	x s.
L'execucion Agasse Fleuri	ij s.
Guillot Gruel, de Cambernon	v d.
Guillot Le Gascoing, de Gratot	v s.
Jehanne Lyllemarie	xx d.
Colin Ravenel et sa mere, pour l'ame de Josselin Ravenel (3)	xl s.
Item Pierre Clement	v s.
Jehanne de Bayeux	v s.
Collette Robine	ij s. vj d.
Guilffré Vigot	x d.
L'execucion de la mere Thomas Le Terreur	vj s.
Raul Nicholle, donne ix s. en forgerie, non pas en argent	ix s.
Bernart Le Cointe, l'ainé, donne	viij l.
Guillaume Le Bourgès	x s.

[*Fol. 8 r°*]. Le menagier de Monsieur de Coustances, pour la vendicion du cable (4) de Saint-Nicholas, que il achata, cy mis en recepte de — xl l.

Thomin Le Monnier, de Contrieres (5) — v s.

(1) Arr. de Coutances, cant. de Lessay.

(2) Le chiffre entre crochets a été ajouté postérieurement, pour rectifier le chiffre xliij.

(3) En 1417, Colin Ravenel donne également un écu de 3o sous pour la façon de la statue en pierre de saint Nicolas (V. plus loin, fol. 62 r°).

(4) Câble, gros cordage (V. Godefroy, *Dict. de l'anc. lang. franç.*, au mot *Chaable*).

(5) Arr. de Coutances, cant. de Montmartin-sur-Mer.

De l'execucion au Mares, par Estiene Jehan   x s.

De Guillaume de Launé, d'Alençon, du don du roi nostre sire (1)   xiij l.

La deguerpie Colin Le Bastart   x d.

De Philippote, femme Gevreys Le Vavassour (2) xx s.

Le signour de la Porte (3)   xx s.

Jehan d'Anneville, pour l'execucion de Madame de Biau Camp (4)   x l. t.

(1) Guillaume de Launoy était serviteur du capitaine de Bayeux V, plus loin (fol. 25 v°), le voyage fait en 1414 par Thomas du Marest, pour obtenir paiement de cette somme.

(2) Gervais Le Vavasseur était tabellion juré au siège de Coutances. Dans un acte du 20 juillet 1394 (Cartul. de l'Hôtel-Dieu, n° 183), il est qualifié de « juré commis et establi sous Jehan de Roncey, tabellion juré ». Un acte du 16 décembre 1408 est passé devant Gervais Le Vavasseur « tabellion juré ». (Cartul. de l'église Saint-Pierre, aux archives de la cure, fol. 32 v°). Il est encore mentionné sous ce titre dans un acte du 14 janvier 1416 (n. s.) (Cartul. de l'Hôtel-Dieu, n° 224). Il fut remplacé en 1416 ou 1417 par son commis, Colin Pellecoq.

(3) Le fief ou vavassorie de la Porte était situé dans la vicomté de Coutances. En 1415, le seigneur de la Porte avait nom Gilles Cadot. Le 28 avril de cette même année, il prête foi et hommage pour son fief au roi Charles VI et en obtient terme et répit pour bailler son dénombrement jusqu'à Noël 1415. Ce fief venait alors de passer entre les mains de Gilles Cadot, à cause de sa femme (Arch. nat., P 267², n° 2754). Ce personnage était lieutenant général du bailli de Cotentin (Aveu du fief de Savigny, Arch. nat., Q¹ 651).

(4) Jean d'Anneville devint garde du scel des obligations de la vicomté de Coutances pendant l'occupation anglaise. La dame de Beauchamp, dont il est question ici, est sans doute Jeanne de Beauchamp, qui tenait de Guillaume Painel, chevalier, sire de Hambye, à cause de son fief de Hambye, un quart de fief assis en la paroisse du Mesnil-Rogues. Guillemette de Beauchamp tenait ce fief en parage de ladite Jeanne (V. l'aveu de Guillaume Painel, fin du xiv° siècle, Arch. nat., P 289¹, n° 50).

Jaquet Ruaut xv s.

Colin Vaudon iij s. iiij d.

Item, le xxj jour d'octobre, l'an M. CCCC. XIII, le tronc du moustier fut vuidi et y avet pour tout x s. vj d.

Item, le xxv jour d'octobre, l'an M. CCCC. XIII, la poulie du moustier, qui estoit de cuivre, fut vendue (1) xx d.

Item Jehan Martin, pardonnier ij s. vj d.

Jehan Formi donna j cent de late(2), valant iij s.

Guillaume Brisebare ij s. vj d.

Jehan Le Marié iiij s.

La femme au Mesle (3) x d.

La femme maistre Guillaume Borcier xv d.

Le demourant du bois du mostier, par dessus ce qui est entré en l'euvre dudit mostier, tant a compter iij pieces entieres que autres escorches de chevrons que chouques, ont esté vendus au profit du moustier ix l. x s.

Pierre de Bert ij s. vj d.

[*Fol. 8 v°*]. Guieffré Le Cat donne en late xj s. iij d.

(1) Godefroy, *Dict. de l'anc. lang. franç.*, définit la poulie : un engin composé d'une roue, sur la gorge de laquelle passe une corde avec laquelle on soulève des fardeaux, on tend des objets, etc. (au mot *Poulie*).

(2) Littré, *Dictionn. de la lang. franç.*, donne du mot *latte* la définition suivante : « Pièce de bois longue, plate et droite, employée dans les plafonds, cloisonnages, etc., et sur laquelle, dans les toits, on cloue l'ardoise, on accroche la tuile, etc. » C'est le sens que notre auteur semble attacher à ce mot, qui revient fréquemment sous sa plume et qui est d'un usage courant encore aujourd'hui.

(3) Un Thomas Le Mesle était garde du scel des obligations de la vicomté de Coutances vers 1380. Le Compte de la commune du Chapitre (1543-1544), mentionne encore en août un paiement de 30 sous pour l'obit de Thomas Le Mesle (Bib. nat., lat. 9216, p. 70).

L'execucion de la femme Jehan Herout, le viel, de Heugueville (1) xx s.

La femme Michiel Escoulant (2) x s.

Ricard Formage le tort, deffunt xij d.

Le plon du mostier, pesant xxiij l. de plon, vendu à viij d. la livre, vallent xv s. iiij d.

La femme Ricard Quentin x s.

La femme Thomas Grellart (3) x s.

La femme Girot de la Riviere vij s. vj d.

La femme Franquet v s.

Pierres Le Vallet, de Coustances xvij s.

Jaquete, femme au Forbissour (4) v s.

Perrote, femme Pierre Jehan v s.

La femme Guillet Trenchart ij s. vj d.

L'execucion Benest des Hayes iij s.

Du don du Roy (5) nostre sire, sur Thomas Le Vallet xv l. t.

(1) Arr. de Coutances, cant. de Saint-Malo-de-la-Lande.

(2) Elle avait nom Catherine de Saon. Le 4 avril 1452, Gilles Escoullant, fils aîné de Michel Escoullant, décédé, et de Catherine de Saon, sa veuve, donne au trésor de l'église Saint-Pierre une rente de 20 sous tournois, un pain, un chapon pour l'obit dudit feu Michel Escoullant, son père (Cartul. de l'église Saint-Pierre, fol. 32 r°). La sépulture des Escoullant était dans une des chapelles de l'église Saint-Pierre, au côté droit du chœur. V. au sujet de leurs droits de sépulture, un très curieux procès entre les paroissiens de Saint-Pierre et Pierre et Nicolas Escoullant (Accord du 6 mai 1509. Cartul. de l'église Saint-Pierre, fol. 64 r°). Les Escoullant étaient fort nombreux à Coutances au moyen âge. Nous avons vu plus haut qu'un village des environs porte encore leur nom, l'Ecoulanderie.

(3) Il y a eu en cet endroit un grattage, et le mot *Grellart* a été ajouté postérieurement.

(4) Le fourbisseur était au moyen âge l'ouvrier qui s'occupait du nettoyage et de l'entretien des armes (V. ce mot dans Gay, *Glossaire archéologique du moyen âge et de la renaissance*).

(5) Les mots *du Roy* ont été ajoutés en interligne.

Jehan Tavel, pour aider à fere une verrie   xx s.

De l'execucion de feu Pierre de la Porte   xx s.

Raul Le Lievre, de Millieres, par penitance enchargi du legat du pape, le xiiij jour de mars l'an M. CCCC. XIIII (1)   xx s.

Autres dons fais l'an M. CCCC. XV., eu moys d'avril, pour faire la tour et sonnerie du mostier de Saint-Nicholas :

Premierement.

Par le mandement du roy nostre sire, par la main de Germain de Torigny   x l. t.

[*Fol. 9 r°*]. Item du tronc de Saint-Nicholas, la sepmaine de saint Jehan Baptiste M. CCCC. XVI   viij l. t.

Du don Sevestre Le Roux   ij s. vj d.

Guillemette, femme Guillaume Le Dien   v s.

Sevestre Mauger   v s.

Par le mandement de monsignour le dauphin Jehan, payé par penitence de Guillaume Le Blont, de l'eveschié de Bayeux   x l. t.

Item du tronc, M. CCCC. XVI.   iiij l. xij s. iij d.

Item du tronc, à la saint Lucas CCCC.XVII. ij s. xj d.

Item du don monsignour le dalphin, qui trespassa l'an mil CCCC. XVI. jour de Pasques flories, en la ville de Compiegne (2), de la remission d'un homme de saint Ellé de Besieu, par mestre Thomas Mauteint [receus] (3)   xv l. t.

---

(1) C'est ce légat qui accorda, le 10 juillet 1414, des indulgences pour la reconstruction de l'église Saint-Nicolas (V. plus loin, fol. 39 v°, et la note).

(2) Jean, duc de Touraine et de Berri, comte de Poitiers, fils de Charles VI et d'Isabeau de Bavière, né à l'hôtel Saint-Paul le 31 août 1398, mort à Compiègne le 4 avril 1417 (n. s.).

(3) Le mot entre crochets a été ajouté postérieurement. Il s'agit

Item receu de Jehan Le Suour, executour de Sevestre Le Roux, qui trespassa l'an M. CCCC. XVIII, le xe jour de frevier   v s.

Item pour les ames de Colin Fiquet, de Michiel Fiquet et de leurs femmes   x s. fiebles.

Item du tronc du mostier, l'an mil. CCCC. XXI, le xve jour de septembre   xxx s.

Item le pardon de saint Nicholas (1)   vij l.

Item du tronc M. CCCC. XXII, le xiiij jour de juillet, en plusieurs monnoyes   xij s.

Item du tronc prins l'an mil. CCCC. XXIIII, pour la necessité du mostier   xl s.

Item pris eu tronc pour autre necessité, pour le mostier recouvrir   xxx s.

[*Fol. 9 v°*]. Item en l'an mil. CCCC. XXVIII, pour faire le parvis devant Saint-Nicholas, clorre a mur a chaulx et assablon, furent prins eu tronc le dimenche des Brandons, xiij jour de frevier   lxvj s.

Item pour le billon qui estoit dedens, qui valut par la (2) main de Jehan Le Cointe   xxxv s.

Item pour faire la ditte cloture, Guillemette, mere Bernart et Jehan Les Cointes, le jeudi tiers jour de mars M. CCCC. XXVIII, donna xij bretons, vallent   ix s.

Jehan Le Roy, bourgès de Coustances, donna ij s. vj d.

La fille Jehan d'Anneville, feuve (?) (3)   xviij d.

Guillot Jehan, le xij jour de mars   iiij s. vj d.

Jehanne La Maresse, le xiij jour de mars   iiij s. vj d.

La femme Vermée   xviij d.

lel de Bézu-Saint-Eloy (Eure), arr. des Andelys, cant. de Gisors).

(1) Le *pardon* était la lettre d'indulgences concédée le 10 juillet 1414 par le légat du pape (Cf. plus loin, fol. 39 v°).

(2) Le mot *la* a été ajouté en interligne.

(3) Ou plutôt *fevre*. Ce mot est à moitié effacé dans le manuscrit.

La femme Anneville, tant pour son mari que pour luy   x s.

L'execucion de Henrie, femme Fouquet Gaffes, [l'an mil. CCCC. XXX en avril] (1)   x s.

Item en l'an M. CCCC. XXIX, eu moys de novembre, de l'execucion de feu Guillemette, mere de Bernart et Jehan Les Cointes   xx s. iij d.

Item l'an M. CCCC. XXIX. le jeudi devant Nouel (2), fut prins eu tronc du mostier, pour mettre es necessités du mostier   xxxviij s. iij d.

Item Estienne Jehan donna es ouvrages du mostier, le dimenche après la saint Sebastien, en l'an M. CCCC. XXIX (3)   ix s.

Somme toute de dons ij^c iiij^{xx}xviij l. viij s. viij d. jusques a l'an mil IIII^c XXX intrant.

[Somme toute de dons ij^c iiij^{xx}xvij l. xix s. viij d. jusques à l'an M. CCCC. XXX. intrant] (4).

[*Fol. 10 r°*] L'an (5) mil CCCC XI, le xxj jour de fevrier, furent ces mises commenciés a estre faites par le

---

(1) Les mots entre crochets ont été ajoutés postérieurement. Fouquet Gaffes, dont il est question ici, était lieutenant de Jean Harpeley, bailli anglais du Cotentin. Le 20 juillet 1429, Jean Green, lieutenant de Talbot (alors capitaine de Coutances) et Fouquet Gaffes passent montre d'un détachement de renfort ajouté pour un mois à l'effectif ordinaire de la garnison de Coutances et composé de 1 lance à cheval, de 20 archers à cheval avec capeline, trousse, gros pourpoint et épée (Luce, *Chronique du Mont-Saint-Michel*, I, 287).

(2) 22 décembre 1429.

(3) 22 janvier 1430 (n. s.).

(4) Le total des dons ainsi rectifié a été ajouté postérieurement dans la marge de gauche.

(5) La lettre *l* par laquelle débute le fol. 10 est une majuscule rouge, de grandes dimensions.

dessus dit (1) Thomas du Marest, prestre, personne de Saint-Nicholas de Coustances, en reverence de dieu, de la beneste virge Marie et de monsegneur saint Nicholas, pour reparer la dicte eglise, en la compagnie de Drouet Adan, bourgès de Coustances, meus par devocion, voyans la grant destruccion en quoy la dicte eglise estoit et que nul homme n'y habitoit, pour qu'elle estoit chaite du tout et que nul estoit tenu de reparer la ditte eglise, comme il apert par les inquisicions et informacions faictes par les evesques de Coustances, leurs vicares et leurs officiaulx, les temps passés, instans les curés dudit lieu. Et aussi les temps passés, la dicte eglise a esté refeccionnée par dons caritatis et omosnes de bons catholiques. Et pour celle cause de la destruccion, les dessus dis furent ordenés a ce faire comme dit est, faisans protestacion que il ne tournera en prejudice, dommage (2) ne reproche ad eulx ne aucun d'eulx, tant pour les temps passés, presens que advenir (3), ne ad leurs sussessours en aucune maniere, comme il appert par instrument sur ce fait en jugement devant l'official de Coustances, passé le xv jour de fevrier l'an mil. CCCC. XI., don la tenour s'ensuit :

In nomine domini amen. Per hoc presens puplicum instrumentum cunctis evidenter pateat et sit notum quod, anno a nativitate ejusdem domini millesimo quadringentesimo duodecimo, indiccione quinta, mensis vero februarii die decima quinta, pontificatus sanctissimi in Christo patris et domini nostri (4) domini Johannis, di-

(1) Les mots *le dessus dit* semblent avoir été ajoutés postérieurement.

(2) Entre l'*o* et l'*m* du mot *dommage*, le copiste a voulu intercaler un *g* qui rendrait le mot incompréhensible.

(3) Le *d* de ce mot a été ajouté postérieurement.

(4) Entre les mots *domini* et *nostri*, le copiste a voulu intercaler le mot *do* avec une abréviation, qui serait le commencement du mot

vina provi- [*fol. 10 v°*] dencia pape vicesimi [tercii] (1)
anno secundo, coram venerabilibus et circumspectis viris
domino officiali Constanciensi, tunc pro tribunali hora
expedicionis causarum ordinariarum ipsius curie sedente,
ac magistris Guillermo Chemin, in legibus licentiato, the-
saurario et canonico ecclesie Constanciensis (2), Johanne
Le Roux (3), abbate monasterii Sancte Trinitatis de Exa-
quio, ordinis sancti Benedicti, Constanciensis diocesis, et
Guillermo Le Telier, in decretis licenciato, ac Johanne
Le Pourri subdiano (sic leg. : subdecano) [dicte] (4)

domini. Cette intercalation est écrite en encre rouge ; elle n'est pas
nécessaire au sens de la phrase. Dans la marge, d'une écriture cursive contemporaine du texte du manuscrit, on lit : « *Nota que en
Normendie n'en compte de l'an de l'incarnacion qui va devant la
nativité IX mois. Et cest instrument compte de l'an de la nativité,
ainsi est tout un an et jour* ».

(1) Le mot *tercii* a été ajouté en interligne. Le pape Jean XXIII
(Balthasar Cossa) fut élu le 17 mai 1410, ordonné prêtre le 24 du
même mois, consacré et couronné le lendemain.

(2) V. au sujet de Guillaume Chemin, l'accord passé devant le
Parlement de Paris, le 8 avril 1401, entre lui et Jean Durand, phy-
sicien du duc de Bourgogne, au sujet de la chantrerie de l'église de
Coutances et de la prébende y annexée (Arch. nat., X 1e 81e, n° 273).
Le Cartulaire de l'Université de Paris mentionne, à la date de 1403,
Guillaume Chemin, prêtre, licencié en lois, chanoine et trésorier en
l'église de Coutances, qui étudia pendant quatre ans le droit canon,
fut pendant plusieurs années official de Beauvais, et qui est depuis
quatre ans official de Coutances (Denifle et Châtelain, *Chartul.
Univers. Paris.*, IV, 103). Le Compte de la commune du Chapitre
mentionne encore en octobre un paiement de 20 l. 17 s. t. pour
l'obit de Guillaume Chemin, chanoine de Coutances, et, en décembre, un autre paiement de 12 l. 16 s. 6 d. pour le même
(Bib. nat., lat. 9216, p. 67 et 71).

(3) Jean IV, dit le Roux, vingt-quatrième abbé de Lessay. La
Gallia Christiana (XI, 920) donne sur lui peu de renseignements.

(4) Le mot *dicte* a été ajouté postérieurement.

Constanciencis ecclesie canonicis, pro capitulo ipsius
ecclesie ibidem, ut dicebant, convenientibus et congre-
gatis et quoad ea que secuntur capitulum facientibus, in
ipsorumque ac mei notarii publici et testium infrascrip-
torum ad [hec] (1) vocatorum specialiter et rogatorum
presentia personaliter constitutis et comparentibus viris
venerabilibus et providis domino Thoma de Maresco,
presbitero, rectore seu capellano ecclesie sive capelle Sancti
Nicholay extra muros Constancienses, ac Droueto Adam
burgensi Constanciensi (2); dictus vero dominus Thomas de Maresco, pia consideracione motus, dominis officiali et canonicis exposuit quod dicta ecclesia seu capella
Sancti Nicholay, que nullis redditibus dotata extitit, magnisque et sumptuosis reparacionibus, prout cuilibet intuenti appertissime liquere potest, indiguit et indiget de
presenti, et, quod, proth dolor, referebat, in proximum
majoribus verissimiliter indigeret, nisi piis fidelium elemosinis et donis caritativis ipsius ecclesie refeccioni et
reparacioni misericorditer et caritative subveniatur; eisdem dominis officiali et vicariis supplicans dictus curatus
quatinus (3), cum tam de mandato et commissione reverendi in Christo patris et domini, domini Constanciensis
episcopi (4), suorumque vicariorum et officialium quam

(1) Le mot *hec* a été ajouté postérieurement.

(2) Drouet Adam était sergent du roi à Coutances. Le 26 juin 1400
(n. s.), il attesta devant Guillaume Bailleul, lieutenant du bailli de
Cotentin en la vicomté de Coutances, que les herbages appartenant
jadis à feu Michel Angot n'avaient été loués l'année précédente que
14 sous 6 deniers tournois à Geoffroy Le Vallois (Arch. nat.,
KK 1309, n° 256. Original).

(3) Il y a *qui* dans le texte, mais le sens exige évidemment *quod*
ou *quatinus*. Le mot *cum* a été ajouté en interligne.

(4) L'évêque de Coutances était alors Gilles des Champs, promu à
cet évêché par bulle du pape Alexandre V du 2 octobre 1407, élevé

alias, plures facte fuerint inquisiciones et informaciones [*fol. 11 r°*] pro sciendo et inquirendo quis ad ipsius ecclesie seu capelle reparacionem et sustentacionem teneatur, per quas nunquam potuit veraciter reperiri quis ad reparacionem et sustentacionem teneatur seu teneri possit, in ipsaque ecclesia non fuerit nec est thesaurus seu fabrica nec etiam thesaurarii aut alii super reparacione et sustentacione ipsius curam aliqualem gerentes; et cum ad ipsius curati, ut asserebat, noticiam pervenisset plures personas, devocione motas, ad opus et reedificacionem ipsius ecclesie de bonis sibi a Deo collatis velle dona caritativa et pias elemosinas tribuere et elargiri, ac jamque per dominum nostrum regem donum caritativum de summa quinquaginta librarum turonensium ad convertendum in hujusmodi opere fuisse collatum; quatinus unum aut duos probos et fideles viros ad recipiendum, nomine ipsius ecclesie et pro ipsa, hujusmodi donum, per dictum (1) dominum nostrum regem factum, aliaque dona et beneficia caritativa piasque elemosinas per Christi fideles refeccioni ipsius ecclesie facienda et elargienda, in refectione et reparacione ipsius ecclesie edificiorumque fideliter convertenda et exponenda auctoritate ordinaria ac eciam auctoritate dicti capituli, cui in spiritualibus subesse videntur dicta ecclesia Sancti Nicholay et curatus seu capellanus ejusdem, committere et deputare vellent; dicti vero officialis et canonici pro capitulo congregati, ipsius domini Thome intencionem et propositum laudabiliter actendentes, con-

au cardinalat par Jean XXIII le 5 juin 1411, mort le 5 mars 1413. Jean de Marle, qui lui succéda, promu par bulle de Jean XXIII, du 2 avril 1414, mourut le 12 juin 1418 (Eubel, *Hierarchia Catholica*, I, 213). Ces deux évêques résidèrent peu dans leur diocèse.

(1) Le mot *dictum* a été ajouté en interligne.

sideratisque premissis per eumdem dominum Thomam eisdem expositis, de quibus (1), tam per litteras auctenticas [et] etiam instrumenta publica quam per facti evidenciam et alias debite, luculenter constiterat et constabat, volentes eciam perurgenti et evidenti neccessitati ipsius ecclesie salubriter providere, prefatos dominum Thomam de [*fol. 11 v°*] Maresco et Drouetum Adam, tunc coram ipsis personaliter presentes, quoad petendum et recipiendum ac peti et recipi faciendum et procurandum dictum donum caritativum per (2) prefatum dominum nostrum regem, refeccioni et reparacioni ipsius ecclesie jamque graciose factum, aliaque dona caritativa, pias elemosinas et largiciones per quoscumque Christi fideles refeccioni et reparacioni ipsius ecclesie factas, largitas ac faciendas et largiendas ipsaque et ipsas in refeccione et reparacione ipsius ecclesie convertendum et exponendum ac super largitis et largiendis litteras quictatorias illis qui eas (3) habere voluerint et pecierint dandum et concedendum, commiserunt consensu unanimi et deputaverunt. Quiquidem (4) dominus Thomas et Drouetus, facta primitus per eosdem et eorum quemlibet expressa et speciali protestacione (5) quatinus per commissionem hujusmodi ac donorum et elemosinarum predictarum administracionem ipsis vel eorum alteri seu aliis personis benefacientibus, cujuscumque condicionis sint, aliquod prejudicium non generetur, per quod ipsis vel eorum alteri

(1) La dernière syllabe du mot *quibus* a été ajoutée en interligne.

(2) Le mot *per* a été ajouté postérieurement.

(3) Il y avait primitivement *ea*; l's a été ajouté postérieurement.

(4) Il y a, dans le texte, *quicquid*, mais le sens exige *quiquidem*.

(5) Ce membre de phrase, pour devenir parfaitement intelligible, devrait être modifié, semble-t-il, de la façon suivante : « *facta primitus*, etc… *et specialiter expressa protestacione* etc… » Le copiste ayant lu *Quicquid* au lieu de *Quiquidem*, qui commence la phrase, n'en a pas très bien compris la construction.

dici aut imputari valeat in futurum quod ad ipsius
ecclesie reparacionem aut sustentacionem quovis modo
teneantur, onus hujusmodi dona caritativa et elemosinas recipiendi, colligendi et administrandi ac in refeccione et reparacione ipsius ecclesie Sancti Nicholay
et edificiorum ejusdem convertendi legitime et exponendi
in se benigniter receperunt et susceperunt; de et super
quibus omnibus et singulis premissis dicti dominus
Thomas de Maresco et Drouetus Adam a me notario
publico infrascripto pecierunt et petunt quilibet eorum
dictique dominus officialis et canonici voluerunt et con-
senserunt per me eisdem domino Thomeet Droueto
fieri publicum instrumentum, unum [*Fol. 12 r°*] vel
plura. Acta fuerunt hec premissa Constanciis, in curia
episcopali Constanciensi, anno, indicione, mense, die, hora, pontificatu predictis, presentibus ac hec venerabilibus
et circumspectis viris magistris Radulpho Sapientis, dicti
domini nostri regis consiliario et Nicholao de Valle, in
decretis licenciatis, Johanne Lanchon, in decretis baca-
lario, presbitero (1), Johanne Michaelis, Colino Fabri,
Petro Heraut, Paulo de Buca et Petro Blanlo clericis
dicte Constanciensis diocesis, cum pluribus aliis testibus

(1) Le 5 mai 1421, le roi d'Angleterre Henri V confirma Jean
Lanchon dans la possession d'un canonicat et prébende en la cathédrale de Coutances (Rymer, *Fœdera*, IV, 4ᵉ partie, p. 26). Jean
Lanchon figure également comme chanoine de Coutances dans un
acte du 10 mars 1425 (n. s.), en compagnie de Jacques Basin,
Guillaume Chemin, déjà cité plus haut, et Henri Thiebout. Ces
quatre chanoines, agissant au nom du Chapitre, fieffent à Guillot
Campdavaine, de Saint-Pierre, pour cent sous tournois et un denier
à Noël, un hôtel avec cour et jardin « joint d'un costé aux places et
masures de l'ostel qui fut au Gentilhomme, et d'autre aux places et
masures de l'ostel qui fut au Clerc, a la foyz bute par devant au
chemin de dessus les douves et par derriere aux hers et deguerpie
Laurens Godemey et siet eu fieu des Sept Masurez... » (Archives
de l'hospice, Fonds du Chapitre, original.)

fidedignis, ad premissa vocatis specialiter et rogatis. Instrumentum istud sic signatum cum signo clavium beati Petri apostoli. Et sequitur : Et me Petro de Bosco, presbitero dicte Constanciensis diocesis, publico apostolica et imperiali auctoritate notario, qui premissis omnibus et singulis, dum, sicut prescribitur, fierent et dicerentur, una cum dictis dominis officiali Constanciensi, canonicis et Thoma de Maresco, Droueto Adam et testibus prenominatis, presens interfui eaque per eosdem sic fieri et dici scivi et audivi presentique publico instrumento super hoc confecto alienaque manu, me aliis legitime occupato negociis, scripto, premissa publicando, propria manu me subscripsi ipsique signo meo solito signavi, requisitus in testimonium veritatis premissorum omnium et rogatus.

Mises faittes de la recepte desus dite *vel* escripte :

Primo. — Le dimenche des Brandons, xxj jour de fevrier, ad missire Pierres Du Bosc, pour faire la minue de l'instrument de la protestacion devant dite et la minue du pardon pour la dite reparacion, pour vin   iiij s. iiij d.

Item le samedi, xx jour de fevrier, le dimenche xxj, le lundi xxij, [*fol. 12 v°*] ad maistre Robert Tostain, mestre carpentier, que Drouet Adam et moy menasmes a Auteville (1), à Montcuit (2) et a Cambernum, pour voyer et chosir le bois, je pouyé pour despence et journée   iij s.

Item pour viij peaux de parchemin [pour fare] (3) les copies et brefves pour le pardon [et faire cuillir].   vj s.

Item pour une bouiste pour mestre la lestre du pardon   v d.

---

(1) Hauteville-la-Guichard, arr. de Coutances, cant. de Saint-Sauveur-Lendelin.

(2) Montcuit, arr. de Coutances, cant. de Saint-Sauveur-Lendelin.

(3) Les mots entre crochets ont été ajoutés postérieurement dans la marge.

Item pour une main de papier, pour faire les minutes dudit instrument et pardon et les journées et despens .... xx d.

Et s'ensuivent les noms des carpentiers et autres ouvriés, commenciés le lundi derrain jour de fevrier et continuantes le mardi premier jour de mars l'an mil CCCC. XI jusques aux pasques l'an mil CCCC. XII, pour la repacion du mostier.

Maistre Robert Tostain, mestre carpentier, commenchant le lundi derrain jour de fevrier et le mardi premier jour de mars, l'an M. CCCC. XI, jusques aux pasques dessus dites M. CCCC. XII, continuant aux pasques dessus dites, xxiiij jours, pour jour ij s. j d., vallent l s.

Jehan Sadoc, carpentier; il fut xxj jour eu moys de mars, a xx d. pour jour, vallent .... xxxv s.

Guillaume Marcadé, carpentier, eu moys de mars xxj jour, a xx d. pour jour, vallent .... xxxv s.

Guillot Bertaut, ouvrier de bras, pour ij jours, pour jour xv d., vallent .... ij s. vj d.

Guiffré de Vanne, carpentier, pour xix jours a xx d. pour jour, vallent .... xxxij s. vj d.

Thomas Adam, pour iiij. jours, pour jour xv d., vallent .... v s.

Jehan Le Fevre, carpentier, pour xiiij jours et demi, a xx d. pour jour, vallent .... xxiiij s. ij d.

Jehan Lefevre, carpentier, pour xiiij jours et demi, a xx d. pour jour, vallent .... xxiiij s. ij d.

Sevestre Le Frances et Michiel son fils, j jour, pour abbatre et doler le [*fol. 13 r°*] quesne, que donna Perrin Lestoré, pour chacun jour xx d., vallent   iiij s. iiij d.

Et sequitur :

Despense pour les dessus dis ouvriés, pour chacun homme xv d. pour jour.

Premierement, pour les despens du dit mestre Robert, pour xxiiij jours, à xv d. pour jour, vallent   xxx s.

Item pour les despens de Jehan Sadoc, pour xxj jour, xv d. pour jour, vallent   xxvj s. iij d.

Item pour les despens de Marcadé, xxj jour, vallent   xxvj s. iij d.

Item pour les despens de Eblot Bertaut, pour ij jours   ij s. vj d.

Item pour les despens de Guiffré de Vanne, pour xix jours, vallent   xxv s.

Item pour les despens de Thomas Adam, pour iiij jours, a xv d. vallent   v s.

Item pour les despens de Jehan Le Fevre, carpentier, pour xiiij jours et demi, a xv d., vallent   xviij s. ix d.

Item pour les despens de Jehan Le Fevre, carpentier, pour xiiij jours et demi, vallent   xviij s. ix d.

Item pour les despens de Sevestre Le Frances et de Michiel, son filx, pour j jour, vallent   ij s. vj d.

Item pour le dimenche vj^e jour de mars, Drouet Adam fit baillier au[s] dessus dis carpentiers, pour suporter les despens de la feste et les tenir ensemble (1)   v s.

      Siours de bois eu moys de mars :

Payé à Richart Hue, siour de boys, pour iiij jours, pour jour xv d. vallent   v s.

Item poyé a Lorens Le Gablier, siour de bois, pour iiij jours et demi, a xv d., vallent   v s. vij d.

Item poyé à Perrin Lainsné, siour de bois, pour j jour   xv d.

Item poyé a Richart Hue, pour ij quesnes, pour faire ij trais   xxx s.

(1) C'était le troisième dimanche de Carême ; nous ignorons à quelle fête particulière il est fait ici allusion.

Item poyé a Perrin Hedoin, pour mettre l'ardoise caeste du mostier eu gardin, pour ses despens et pour jour   ij s. vj d.

[*Fol. 13 v°*]. Item pour les despens des dessus dis siours de bois, pour les jours dessus dis   xj s. iij d.

Item a Jehan Lorens, de Cambernon, pour vente de quesnes   ix s.

Item a Guillot Gruel, pour vente de trois trais pour le mostier   lxx s.

Item audit Guillot Gruel, pour autre vente de bois plus grande   viij l. t.

Ces choses dessus dittes faites au devant de pasques l'an M. CCCC. XII.

Item pour le drap d'un chaperon pour la femme Guillot Gruel   xv s.

Avril CCCC. XII.

Autres mises emprès Quasimodo, l'an mil CCCC. XII, commenchiés le lundi xj jour d'avril, l'an dessus dit, jusques au premier jour de may CCCC. XII.

Mestre Rober Tostain, pour xvj jours, a ij s. j d. pour jour, vallent   xxxiiij s.

Guillaume Marcadé, carpentier, pour v jours, a xx d., vallent   viij s. iiij d.

Jehan Le Fevre, carpentier, pour xvj jours pour xx d., vallent   xxvj s. viij d.

Johan Le Fevre, pour xij jours, a xx d. pour jour, vallent   xx s.

Thomas Adan, pour xv jours, xx d. pour jour, vallent   xxv s.

Item pour les despens [des] dessus dis ouvriés, pour chacun homme, pour jour xv d.

42

Premièrement. — Pour maistre Robert, pour les xvj jours dessus dis, a xv d., vallent ... xx s.

Pour les despens de Jehan Le Fevre, pour xvj jours, a xv d., vallent ... xx s.

Pour Marcadé, pour les v jours, a xv d. pour despens, vallent ... vj s. iij d.

Pour les despens de Johan Le Fevre, pour xij jours, vallent ... xv s.

Pour les despens de Thomas Adan, pour les xv jours juques au premier jour de may, vallent ... xviij s. ix d.

[Item pour les despens de Jehan Le Fevre, pour xvj jours a xx d. pour jour, vallent xx s.] (1).

[*Fol 14 r°*] Autres mises faites eu moys d'avril mil. CCCC. XII.

Premierement. — Pour le vin du clos devant l'uys Perrin du Vey, pour mettre le bois du mostier, pour doler, carpenter, qui (devoit) couster (viij s.) (2) et le vin ... viij s. x d.

Item un pot de vin, porté par Thomas Adan et par moy, le xiij^e jour d'avril, ad Gratot, au signour de Gratot, pour aver des quesnes, valut ... iij s. iiij d.

Dominica prima dies may [CCCC. XII].

Lundi ij jour en cest mois de may, maistre Robert, xxij jours, a ij s. j d. pour jour, vallent ... xlv s. x d.

Item pour les despens des dis xxij jours, a xv d. pour jour, vallent ... xxvij s. vj d.

Jehan Le Fevre, carpentier, pour xix jours, pour jour xx d., vallent ... xxxj s. viij d.

Item pour ces despens, xv d. pour jour, vallent pour les xix jours ... xxiij s. ix d.

Johan Le Fevre, carpentier, pour xix jours, pour jour
xx d., vallent   xxxj s. viij d.

Item pour sa despense des diz jours dessus
dis   xxiij s. ix d.

Thomas Adan, carpentier, pour xiiij jours et demi, a
xx d. pour jour   xxiij s. iiij d.

Item pour sa despense des dessus [dis] jours, vallent   ix s. iiij d.

Guillaume Marcadé, carpentier, pour xjx jours, pour
jour xx d., vallent   xxxj s. viij d.

Item pour sa despense, a xv d. pour jour,
vallent   xxiij s. ij d.

Olivier de Saint Lo, carpentier, pour xv jours et demi,
vallent, a xv d. pour jour,   xxv s. x d.

Et pour sa despense des dis xv jours et demi, vallent à
xv d. pour jour   xix s. iiij d. obl.

Perrin Du Val, carpentier, pour vj jours, a xv d. pour
jour, vallent   vij s. vj d.

Et pour ces despens des vj jours, a xv d. pour jour,
vallent   vij s. vj d.

Guiffré de Vanne, carpentier, pour iij jours et demi, a
xx d. pour jour, vallent   v s. x d.

Item pour ses despens, pour jour xv d., vallent iiij s.

Perrin Hedouin, ou[v]rier, pour iij jours, pour jour
xv d., vallent   iij s. ix d.

[*Fol. 14 v°*] Et pour ses despens de trois jours, iij s. ix d.

Autres mises faites en cest moys de may CCCC. XII.

Pour une main de papier   xx d.

Item pour ij gites de vin [et une pinte], portés en (1)
l'ostel de monsignour du Loré, pour aver don d'un de
ces quesnes pour le mostier, vallent   v s. x d.

-----

(1) Une main postérieure a corrigé *en* en *a*.

Item pour Alain de Launé, dit le Chahier (1), pour vente de bois, cressant en la paroisse du Loré et de Hauteville-la-Guichart, achaté par Drouet Adam et payé par moy, personne de Saint-Nicholas, le xxiij^e jour de may, l'an M. CCCC. XII, la somme de   vj l. t.

Item, en yceluy jour de lundi xxiij jour de may, je Thomas, personne de Saint-Nicholas, achate un cable de canvre pour lever les trefs (2) et le bois du mostier, de Lohier, de Blainville, de [la] somme de   lx s. t.

Item pour le vin dudit marchié   xx d.

Mardi de Penthecouste xxiiij jour de may M.CCCC.XII.

Cariage.

Pour charier le bois du mostier, mardi, mecredi, jeudi, vendredi, Ricart, Aubri, Torpin, Colin de la Boissée; a chacun v s., sans leur despens, pour iiij jours dessus dis, vallent   lx s. t.

Item pour leur despens, pour jour pour chacune carete iij s., tant pour fain, advene pour leurs chevaux, et pour leurs gens pain, sidre, burre, char et poesson, vallent   xxxvj s.

Cariage.

Item pour mener un ponçon de sidre a la meson Julien Hardel, pour les carpenters qui fesoyent besoigne en Auteville (3) et fesoint leur despens en l'ostel dessus dit, pour le dit menage   ij s. vj d.

[*Fol. 15 r°*] Item, le jeudi de Penthecouste CCCC.XII, que Thomas [Adan] fu a Marrigni (3), pour poier la

---

(1) On avait d'abord écrit : *Chachier* ; mais le second *c* a été gratté.

(2) *Tref* : poutre, solive ; ce mot a toujours le même sens sous la plume de l'auteur.

(3) Il s'agit de Hauteville-la-Guichard, cant. de Saint-Sauveur-Lendelin, et non de Hauteville-sur-Mer, cant. de Montmartin-sur-Mer.

(4) Marigny, ch.-l. de cant. de l'arr. de Saint-Lô.

coustume du bois du Loré et d'Auteville et du pais subjet, en quoy nous avion bois pour le mostier, par devers le taxour, je poyé   x s.

Et nota que, le mardi xxxj jour de may, l'estournel fut levé pour lever les triefs et le gros bois.

Juing, l'an M. CCCC. XII.

Mecredi, premier jour de juing, vigille du Saint-Sacrement, mestre Robert, pour xxij jourz (1) en ces[t] mais, a ij s. j d., vallent   xlv s. x d.

Pour despense, pour jour xv d., vallent   xxviij s. vj d.

Marcadé pour xx jours [et demi], a xx d. pour jour, vallent   xxxiiij s. ij d.

Pour despense, pour jour xv d., vallent   xxv s. x d.

Olivier de Saint Lo, pour xx jours, a xx d. pour jour, vallent   xxxiij s. iiij d.

Pour despense, pour jour xv d., vallent   xxv s.

Jehan Le Fevre, xx jours, pour jour xx d.,
vallent   xxxiij s. iiij d.

Pour despense   xxv s.

Johan Le Fevre, xx jours, a xv d. pour jour,
vallent   xxxiij s. iiij d.

Pour despense   xv s.

Thomas Adan, xiiij jours, a xx d. pour jour xxiiij s. iiij d.

Pour despense   xvij s. vj d.

Autres mises faites en cest moys de juing M. CCCC. XII.

Cariage.

Poyé au Meriotel (2) pour j jour, pour le bois de Cambernon pour le mostier   v s.

---

(1) Le ꝛ de ce mot a été ajouté postérieurement.

(2) Il y avait d'abord : *a Morel*; la correction *au Meriotel* est d'une écriture cursive plus récente.

46

Item a Guillaume [Le Roy], de Cerences (1), pour
v jours, pour carier les trais et autre bois, pour jour vj s.
viij d., vallent   xxxiij s. iiij d.

[*Fol 15 v*°] Item a Guieffré de Vanne, cartier, luy et
son cheval, avec ledit Roy, cartier, pour faire un hernois
les v jours dessus dis, pour jour ij s., vallent   x s.

Cariage.

Item poyé a Ricart Hue et Le Meriotel, cartiers, pour
iiij jours, pour son cheval, viij s. iiij d.   viij s. iiij d.

Item au Meriotel, poyé pour ij jours, luy et sa carete a
trois bestes, pour jour v s., vallent   x s.

Cariage.

Item a Guillaume Le Roy, pour amener les ij grans
quesnes du Lorey, pour ij jours, pour jour v s. viij d.,
vallent   xiij s. iiij d.

Item bailli audit Guillaume, pour ce que il se complaignoit   ij s. vj d.

Item a Guiffré de Vanne et son cheval, pour aidier audit cartier le nombre de vij jours, ij s. j d. pour jour,
vallent   xiiij s. vij d.

Le mois de juillet M. CCCC XII, comenchant au vendredi premier jour de juillet.

Maistre Rober, en ce moys, pour xx jours a ij s. j d.,
vallent   xlj s. viij d.

Et pour ces despens des xx jours, a xv d. pour jour,
vallent   xxv s.

Guillaume Marcadé, pour xiij jours et demi, a xx d.
pour jour, vallent   xxj s. viij d.

Pour despens, comme dit est, vallent   xvij s. j d.

(1) Arr. de Coutances, cant. de Bréhal (Manche).

Olivier de Saint Lo, carpentier, pour vj jours et demi, a xx d. pour jour, vallent   x s. x d.

Pour ces despens, a xv d. pour jour, vallent   viij s. iiij d.

Jehan Le Fevre, pour x jours et demi, a xx d. pour jour, vallent   xvij s. vj d.

Pour ces despens, pour jour xv d., vallent xiij s. iiij d.

Jehan Le Fevre, x jour[s] et demi, vallent xvij s. vj d.

Et pour despense   xiij s. iiij d.

[*Fol. 16 r°*] Johan Le Conte, carpentier, pour xiiij jours et demi, a ij s. pour jour, vallent   xxix s.

Pour ces despens des jours dessus dis, a xv d. pour jour, vallent   xviij s. iij d.

Jehan, son frere, pour viij jours et demi, a xij d. pour jour, vallent   viij s. vj d.

Pour ces despens, a xv d., vallent   x s. vj d.

Guillot, valet audit Conte, pour vij jours et demi, a xij d. pour jour   vij s. vj d.

Pour ces despens, a xv d. pour jour, vallent ix s. vij d.

Thomas Adan, carpentier, pour viij jours et demi, a xx d. pour jour, vallent   xiiij s. ij d.

Pour ces despens des jours dessus dis, a xv d., vallent   x s. x d.

Colin Gannes (1), carpentier, pour iij jours et demi, a xv d., vallent   iiij s. vj d.

Pour ces despens des jours dessus dis   iiij s. v d.

---

(1) On trouve une famille Gannes établie à Coutances dès la première moitié du xive siècle (*Cartul. de l'Hôtel-Dieu*, n.. 158, 160 et 161). Ce nom s'est conservé dans un lieu dit des environs de Coutances ; une pièce de terre, sise au réage de la Roquelle, et appartenant à l'hospice, porte encore le nom de Mare-Gannes (*Cartul. de l'Hôtel-Dieu*, n., 158, 201, 245).

Ouvriés de bras en cest dist moys de juillet, l'an M. CCCC. XII.

Pour descouvrir ce qui estoit encore sur le bois viel du mostier et metre a point la pierre ardoise, le mardi v^e jour de juillet.

Ebloc Bertaut, pour v jours, a xv d. pour jour, vallent   vj s. iij d.

Pour ses despens, xv d. pour jour, vallent   vj s. iij d.

Jehan Grandin, pour iiij jours, a xv d. pour jour, vallent   v s.

Pour ces despens   v s.

Perrin Le Potier, pour iiij jours, pour jour et despens, vallent   x s.

Le selourge Ebloc, pour iiij [jors], pour despens et journées   x s.

Cariage.

Autres mises faites en cest moys de juillet, l'an M. CCCC. XII.

A Guillaume Hurel, de Canbernon, cartier, pour vij jours que il fut pour carier le bois du mostier, a vj s. viij d. pour jour, vallent   xlvj s. viij d.

Item pour xiij rais d'aveine, pour les chevaux de la veture   x s. x d.

[*Fol. 16 v°*] Item pour la despense pour ledit Hurel et iij compaignons, pour jour ij s., vallent   xiiij s.

Pour le[s] vij [jours], pour les quatre compaignons. Item ledit Hurel fut iij jours pour carier le bois neuf du mostier, le mardi xij jour et ij autres jours, pour [jour] viij s. iiij d., pour jour [et despens], vallent   xxv s.

Item, le jeudi xiiij^e jour de juillet, quatre caretes d'omosne de Mont Cuit.

Pour leur despens et des viij hommes qui estoyent, et chevaux   x s.

Item poyé à Guillemet Bertin, le dimenche xvij⁰ jour de juillet, pour une tronche de quesne, pour faire un corbel soubx j tref et pour cariage   x s.

Dominica ultima dies jullii M. CCCC. XII, jour de saint Germain.

Augustus spicas, september colligit uvas, l'an CCCC XII.

Lundi premier jour d'aoust, Sancti Petri ad vincula. Mardi, ij⁰ jour, de l'invencion saint Estienne, trois caretes de Mont Cuit, pour aporter le bois d'après la messon Julien Hardel, a chacune v s., vallent   xv s.

Item pour les despens tant de chevaux, beufs que gens   vj s.

Lundi vij⁰ jour d'aust, maistre Robert par iiij jours, a ij s. j d., vallent   viij s. iiij d.

Jehan Le Conte, par iiij jours. a ij s., vallent   viij s.

Guillaume Marcadé, par ij jours, a xx d., vallent   iij s. iiij d.

Jehan Le Fevre, par ij jours, vallent   iij s. iiij d.

[*Fol. 17 r°*] Johan Le Fevre, pour ij jours, vallent   iij s. iiij d.

Le frere au Conte par ij jours, a xij d., vallent   ij s.

Item pour les despens des carpentiers dessus dis et es jours dessus dis et au prix dessus dis   xix s.

Lundi, xv⁰ jour, nostre dame mi-aust, l'an mil CCCC XII. Le mecredi, xvij⁰ jour d'aust, le conte de Cornoualle vint devant Coustances et Thomas de Lancastre estoit a la riviere logi (1).

(1) Thomas de Lancastre, duc de Clarence, frère du roi d'Angleterre Henri V, descendu à Saint-Vaast-la-Hougue (Manche, arr. de Valognes, cant. de Quettehou), le 10 août 1412, était venu au secours des Armagnacs, qui l'avaient appelé à leur aide contre les Bourguignons. La *Chronique du Mont-Saint-Michel* (édit. Siméon

Septembre l'an mil CCCC. XII.

Jeudi premier jour, saint Gire. Vendredi ij⁰ jour de septembre.

Maistre Rober par xvij jours, a ij s. j d., vallent   xxxv s. v d.

Et pour sa despense, a xv d., vallent [por jor]   xxj s. iij d.

Marcadé, xv jours, a xx d., vallent   xxv s.

Et pour sa despense, a xv d., vallent   xv s.

Jehan Le Fevre, xv jours, a xx d., vallent   xxv s.

Et pour sa despense, a xv d., vallent   xv s.

Johan Le Fevre, xij jours, a xx d., vallent   xx s.

Et pour sa despense, a comme dessus,   xv s.

Jehan Le Conte, xv jours et demi, a ij s., vallent xxxj s.

Et pour ces despens, pour les jours dessus dis,   xviij s. ix d.

Jehan, son frere, xj jours et demi, a xij d., vallent   xj s. vj d.

Et pour ses despens [comme] dessus   xij s.

Colin Ganes, vallet du dit Conte, xiij jours et demi, a xv d., vallent   xvj s. xj d.

Et pour les despens des jours dessus dis   xvj s. xj d.

[*Fol. 17 v*] Le moys de septembre l'an mil CCCCXII

Cariage :

A Olivier Rabasse, pour amener partie du bois, qui

Luce, I, 19), raconte ce voyage de la façon suivante : « L'an mil IIIIᶜXII, le duc de Clarence descendit es Hogues, a bien viij mille ou plus, le xᵉ jour d'aoust et traversa la basse Normandie et s'en retourna par Bordeaulx en Angleterre ». C'est ce même duc de Clarence qui fut battu et tué à Baugé, le samedi saint 22 mars 1421, par une petite armée franco-écossaise, sous les ordres de Jean Stuart, comte de Buchan.

estoit demouré enprès la messon Julien Hardel, en la
parroisse d'Auteville, pour j jour   v s.

Item pour sa descharge, pour despense de lui et de ses
bestes   xx s.

Ouvriés de bras :

Pour oster les pierres du mostier, qui chayrent du
pygnon, quant il chait, et le viel bois.

Ebloc Bertaut, ij jours et demi, vallent   iij s. iiij d.
Clement Lescaudé, j samedi   viij d.
Jehan Le Conte, qui y fut blechi forment, pour une
pinte de vin de Rosete pour le reconforter (1)   xv d.
Et pour les despens des iij compaignons   iij s. ix d.

Le moys de octobre, l'an mil CCCCXII

Samedi premier jour d'octobre. Lundi iij^e jour d'octobre.

Mestre Rober Tostain, carpentier, xxj jours a ij s. j d.,
vallent   xliij s. ix d.
Et pour ses despens, a xv d., vallent   xxvj s. iij d.
Marcadé, xix jours, a xx d., vallent   xxxj s. viij d.
Et pour sa despense, a xv d., vallent   xxiij s. ix d.

---

(1) Le vin de Rosette est mentionné dans plusieurs documents du
xve siècle. Godefroy en cite un exemple, au mot *Rosete*, dans son
Dict. de l'anc. lang. franç., mais cet exemple ne renseigne pas sur
la signification du mot. Lacurne de Sainte-Palaye, dans son Dictionnaire, lui donne le sens de vin dont on se sert pour colorer un
autre. Il semble s'appliquer dans notre manuscrit non à une sorte
de remède, mais à un vin de qualité supérieure, différent de celui
que l'on buvait ordinairement dans les repas. C'est le sens qu'il
faut attribuer à ce mot dans l'exemple suivant cité par Godefroy
(VIII, 241) :

Vin bastard, *rosete*, ypocras
Remmenie et aultres bons vins.

(1527. Pronosticat. de Songecreux).

Jehan Le Fevre, xvij jours, a xx d.,
vallent   xxviij s. iiij d.

Et pour sa despense, a xv d., vallent   xxj s. iij d.

[*Fol. 18 r°*] Johan Le Fevre, xix jours, a xx d.,
vallent   xxxj s. viij d.

Et pour sa despense, a xv d., vallent   xxiij s. ix d.

Carpenterie

Jehan Le Conte, xiiij jours et demi, a ij s. pour jour,
vallent   xxix s.

Et pour sa despense, a xv d., vallent   xviij s. iiij d.

Jehan, son frere, xv jours, a xij d., vallent   xv s.

Et pour sa despense, a xij d., vallent   xv s.

Colin, son valet, xviij jours et demi, a xv d.,
vallent   xxiij s. ij d.

Et pour ses despens, a xij d., vallent   xviij s. vj d.

Ouvriés de bras

Ebloc Bertaut, vj jours, xv d. [por jor], val-
lent   vij s. vj d.

Et pour ses despens   vij s. vj d.

Perrin Hedoin, iiij jours, xv d. [por jor], vallent   v s.

Et pour ses despens, xv d., vallent   v s.

Item Karechu, dit le Pouxin, par iiij jours, a xv d.
pour jour, vallent   v s.

Et pour ses despens   v s.

Autres mises faites en cest moys d'octobre pour la levée
du mostier.

Premierement

Pour x boisseaux d'avene, a x d., vallent viij s. iiij d.

Pour les chevaux des cartiers, pour amener le bois au
mostier, pour lever le bois sur les parois.

[*Fol. 18 v°*]

Cariage

Pour amener le bois au mostier du champ devant l'uys Perrin Du Vey, que j'avoie loué.

Robert Rectot, cartier, et sa carete, par iiij jours, [pour jour] v s., vallent .... xx s.

Item iiij boisseaux d'avene pour ses chevaux, pour les iiij jours .... iij s. iiij d.

Et pour ses despens corporés, les iiij jours ...... v s. (1)

Commenchement de lever [le bois] le mardi iiij^e jour d'octobre, avec les carpentiers et ouvriés de bras dessus dis estoyent et furent

Prebiteri

Missire Jehan Pillon presbiter; missire Pierre Gautier; missire Nichole de Servigny ; missire Guillaume Formage.

Pour aidier a lever le bois du mostier [neuf], par v jours, au devant que le fest fut levé, qui fut levé tout ensemble le mardi xj^e jour d'octobre, et y avoit plus de xl hommes, avec les iiij p[r]estres et carpentiers et ouvriés dessus dis.

Et nota que es gans (2) avoit v s. [pour mestre Robert] .... v s.

---

(1) Cette mise se trouve répétée d'une écriture plus fine dans la marge de gauche.

(2) L'usage des gants pour les ouvriers était très répandu au M. A. En voici deux exemples curieux entre mille : « 1406. — Pro 19 paribus cerotecarum pro dictis massonibus, 12 s. » (*Dépenses des travaux du château de Beaufort-en-Vallée*, fol. 17 verso. — « 1409. — Pro cirotecis emptis pro . . hominibus operantibus super capellam. 2 s. 5 d. » (*Comptes du collège de Mettingham. Archæological journal*, t. VI, p. 63). — Gay, *Glossaire archéologique du M. A.*, p. 759.

54

A ceulx de Marcadé avoit   xx d.

Pour les ij Fevres   iij s. iiij d.

A ceulx du Conte   xx d.

Et son frere   x d.

A ceulx de Colin Ganes   x d.

Item pour Le Pellé, de Cambernon, pour xxxv clées, pour fere les allours (1) pour lever le fest   xxx s.

Item a Tourpin, pour aporter les dites clées   v s.

[*Fol. 19 r°*] Item pour les despens dudit mardi xj^e jour d'octobre, que le festier fut levé, tant en pain blanc, char de beuf, de moultons, berages, autres abillement pour le jour, a la somme de   iiij l. xvj s.

(1) *Allours*, v. Godefroy, *Dict. de l'anc. lang. franc.* au mot *Aleor*. Cet auteur donne la signification d'*allée*, *chemin*, *passage*, etc. Dans notre manuscrit, ce mot semble plutôt employé dans le sens de pièces de bois servant à faire un échafaudage. C'est d'ailleurs le sens qui s'impose dans l'exemple suivant, cité par Godefroy : « Pour faire les *allours* pour lever la maçonnerie au long doudit jubé et faire ung touret a lever les pierres amont. » (1386, Arch. dép^les de l'Aube, G 345). — Le sens du mot *Clée* est plus difficile à préciser. Godefroy, *op. cit.*, *Complément*, au mot *Claie*, donne la définition suivante : treillis d'osier, fascinage, etc. Ce n'est pas dans ce sens que l'entend notre auteur, mais plutôt dans un sens analogue à celui-ci : « xx cloyes doubles pour eschaffauder, chacune cloye x deniers. » (1414, *Comptes de Nevers*, CC 19, fol. 4 verso). Les échafauds du moyen âge se composaient de *boulins* et d'*échasses*, sur lesquels on possit des planches. Le boulin est la pièce de bois horizontale engagée par l'une de ses extrémités dans le mur en construction, et l'échasse, la pièce de bois verticale qui sert à soulager l'autre extrémité du boulin. La *clée* peut désigner le rondin ou le chevron dont on se servait pour faire les *allours*. (Viollet-le-Duc, *Dict. d'architecture*, V, 103, au mot *Échafaud*). — Quant au mot *Fest*, il s'applique ici soit à l'ensemble de la charpente, soit à la pièce de bois horizontale qui réunit les deux extrémités supérieures des poinçons de fermes ; c'est dans ce dernier sens que s'entend parfois encore aujourd'hui le mot *Faite*.

Item pour cordage xxij livres, a vij d. [la] livre, vallent   xviij s. viij d.

Item pour j pere de trais de chanvre, pour le fet du mostier   xviij d.

Item pour viij pere[s] de gans de Caen pour les carpentiers   vj s. viij d.

Item pour servese, xlij pos, a vj d. le pot, vallent   xxj s.

Item une bastiere pour aporter du sablon pour couvrir le mostier   v s.

Pourtours de caulx

Jehan Lorens, xx d.; Rebine, xx d.; Colin Le Potier, xx d. pour j jour, vallent   v s.

Item pour leur despens et de leur chevaux   iij s.

Item pourtours de caulx, pour l'amour de Dieu et de saint Nicholas, le samedi jour saint Mellon, xxij^e jour d'octobre.

Guillaume Rebine, Jehan Lorens, Colin Le Potier, le vallet Floquet pour leur despens   iiij s.

Item pour iij pos de servese, portés au fornel pour les fourneliés   xviij d.

Item pour iij livres de candelle, pour esclerer les soupers des ouvriers   ij s. vj d.

[*Fol. 19 v°*] Vendredi xxviij jour d'octobre, jour saint Simon et Jude *apostolorum*, pour xx rais d'avene, a viij d., vallent   xiij s. iiij d. pour ceulx qui ont aporté la caulx et sablon.

Cariage

A Tourpin, pour une journée de cariage   v s.

Item pour une main de papier, pour metre les ouvrages en escript   xx d.

Item pour la despense des cartiés, qui aporterent le quesne de Courcy, que Le Dien avoit donné   xvj d.

Jehan Maugier, le jone, pour une jornée et pour
despens [et jornée]   xx d.

Clement Lescaudé, pour yceluy jour, vigille Toussains,
pour despens et pour jour   xx d.

Item pour une quarte de servese, pour Richart Jehan,
couvrous et tailleurs d'ardoise   iij d.

Novembre [mardi] premier jour, [l'an] (1) M.CCCC.XII.

Mecredi ij^e, jour des trespassés.

Jeudi iij^e jour, pour les ouvriés, une livre de candelle   x d.

Nota que les carpentiers comencherent en cest jeudi (2).

Maistre Rober par xx jours a ij s. j d.,
vallent   xlj s. xiij d.

[Et] pour sa despense, a xv d. pour jour, vallent xxv s.

Jehan Le Fevre, xviij jours et demi, a xx d.,
vallent   xxx s. x d.

[Et] pour sa despense, a xv d., vallent [pour
jour]   xxij s. vj d.

Johan Le Fevre, xviij jours et demi, a xx d.,
vallent   xxx s. x d.

Pour sa despense, a xv d., vallent [pour
jour] (3)   xxij s. vj d.

[*Fol. 20 r°*] Jehan Le Conte, xlj jours et demi a xx d.,
vallent   xx s. x d.

Pour ses despens xv d., vallent   xv s. x d.

Colin Ganes et son vallet, xij jours et demi,
a xv d.,   xv s. viij d.

Pour ses despens xij d. [por jour], vallent   xij s. vj d.

---

(1) Ce mot a été effacé.

(2) En marge, le mot *Nota* est écrit en encre rouge.

(3) Les mots *pour jour*, entre crochets, ont été ajoutés postérieurement.

Guillaume Marcadé, xv jours et demi, xx d. [por jour],
vallent   xxv s. x d.

Pour ses despens, xv d., vallent [por jor]   xix s. v d.

Autres mises en cest mois le vij° jour de novembre.

Premierement

A Guillaume Le Carpentier, pour xxx quesnes achatés
de luy, pour ce que il [y] avoit trop petit bois, par le
pris de   c s.

Item pour vin dudit marchié   xvj d.

Item pour la disme du dit bois   x s.

Item, la nuyt saint Martin d'yver (1), pour le vin des
ouvriés, pour iij pos de vin,   vij s. xj d.

Vendredi, xj jour de novembre, le jour saint Martin
d'yver.

Cariage

A Robert Rectot, pour xvj jours que il fut a carier le
bois du champ devant l'uys Perrin du Vey et de
Courcy (2) et du bosc de Guillaume Le Carpentier et de
pluseurs lieux, pour chacun jour v s., vallent   iiij l. t.

Et nota que en cest mardi xxix jour de novembre
dessus escript et vigille de saint Andrieu l'apostre, fut
achevée la carpenterie du comble du mostier de Saint
Nicholas de Coustances par les carpentiers et ouvriés
dessus escrips, l'an de l'incarnacion nostre [*fol. 20 v°*]
signour Jesu Christ mil CCCC XII, et jour dessus dit,
mecredi desrain jour dudit mois de novembre, furent
tous les carpentiers et ouvriés payés et contentés de tout
le temps passé, et estoit le jour saint Andrieu apostre.
Et adieu, adieu.

(1) La Saint-Martin d'hiver est le 11 novembre.
(2) Arrondissement et canton de Coutances.

Item pour le disner, qui fut donné au dessus dis carpentiers et ouvriés et Rector,   vij s. vj d.

December l'an mil CCCC XII.

Pour refaire le pygnon du mostier sur la porte, qui estoit chaest par fortune du temps et tumbé, fut aloué a refaire a Guillaume Du Plain, Colin Du Plain, Jehan Maugier, Guillot Lescaudé, Guillemin Lescaudé, son fils, machons, par le prix de cinquante soulx tournois et le vin   l s. t.

Commenchent le vendredi après la feste de Nostre Dame de l'avent (1), l'an dessus dit.

Pour le vin des dis ouvriés   xx d.

Item pour cordage de despense, allours, plastre, plon, carbon et la pierre de le croisillon ✠ (2) fut fait et pour fachon du dit croisillon, qui n'estoit pas du marchi du dit pygnon, et plusieurs autres coustages pour le dit pygnon   xxvj s.

December l'an mil CCCC XII.

[*Fol. 2 1 r°*] Mises faites pour la couverture du mostier de Saint-Nicholas de Coustances.

Premierement. — A Jehan Lucete, pour vij pipes (3) de caulx et vj boisseaux, a viij s. la pipe et vj d., vallent   lxij s.

Item pour le vin du marchi   xij d.

(1) 9 décembre 1412. La N. D. de l'Avent est la fête de la Conception N. D., ou fête aux Normands, qui tombe le 8 décembre.

(2) L'auteur a intercalé en cet endroit le dessin du croisillon en encre rouge.

(3) Les mesures du moyen âge ont subi beaucoup de variations. D'après M. L. Delisle (*Études sur la condition de la classe agricole en Normandie*, 567), la pipe semble avoir contenu environ trois sommes ; la somme valait ordinairement 4 mines ou 4 quartiers ou 16 boisseaux (*Ibid.*, p. 543).

Item, pour servese portée au fournel iij pos,
vallent   xviij d.

Item a Guiffré Lecat, pour iiij^m et cc de late, a ij s.
vj d. le cent, vallent   c s. v s.

Item de Formi, xxviij^c de late, a xxv s. le m.,
vallent   lxx s.

Item le dit Fourmi (a), le vendredi après la sainte
Luce (1), v^c de late   xij s. vj d.

Item Colin Pigache, ij^m de clou a late, a xj blans le m.,
[vallent]   ix s. ij d.

Item de Thomin Le Monier, xj^m de grant clou a late,
a dis (2) blans le millier, vallent   xlv s. x d.

Item le dit Thomin, j^m du petit clou, a ix bl. le m.,
vallent   iij s. ix d.

Item de lui, iiij^m du grant clou, a x bl. le m.,
vallent   xvj s. viij d.

Item j^m du petit clou   iij s. ix d.

De Guiffré Hubert, xvij^m de grant clou, a x bl. le m.,
vallent   lxx s. x d.

Item de lui, v^m de petit clou, a iij s. ix d.,
vallent   xviij s. ix d.

Item de lui, v^m de clou, a x bl., vallent   xx s. x d.

Item de Guillot Le Potier, prins v^m et demi de clou, a
x bl. le m.,   xxij s. xj d.

Item de Colin Pigace, vj^m a x bl. le m., vallent xxv s.

Item du dit Fourmi, vj^c [de late], en genvier (3), a ij s.
vj d. le c., vallent   xv s.

(1) 16 décembre 1412.

(2) Il y a eu à cet endroit du manuscrit un grattage et le mot *dis*
a été ajouté postérieurement. Le *blanc* était une petite pièce de
monnaie, d'une valeur variant de cinq à dix deniers, suivant les
lieux et les époques.

(3) Tout ce paragraphe a été ajouté postérieurement ; les mots
entre crochets sont une seconde addition.

Couvrours de pierre et servitours, l'an mil CCCC XII, en decembre (xxxj jour et demi vallent) (1)

Ricar Jehan, devant Nouel, xxxj jour et demi [a ij s. vj d.], vallent   iiij l. viij s. ix d.

Jehan Revel, xxx jours, a ij s. vj d., vallent   lxxv s.

[*Fol. 21 v°*] Jehan Le Marié, xxviij jours et demi, a ij s. j d., vallent   lix s. iiij d.

Ricart Pinot, xxvj jours, a ij s. j d., vallent   lij s. vj d.

Robin Brocart xxij jours, pour jour et despens a xx d.,   xxxvj s. viij d.

Brise Barre, xx jours et demi, a xv d., vallent   xxv s. viij d.

Cariage

A Jehan Auber, d'Ouville, pour amener ij milliers d'ardoise de Canegi (2), que messire Jehan Capelle avoit donnée   xl s.

Robert Rectot, ij jours, pour amener du sablon et vuidier le mostier, qui estoit plain d'ordure, pour partie, sans les despens   x s.

Jehan Rebine, ij jours, pour aporter du sablon, a xx d.,   iij s. iiij d.

Item pour les despens de l'omme et du cheval   iij s.

Pour le pygnon.

Cariage

Item a Rectot, pour vuidier le mostier, j samedi   v s.

Item Rettor, le xxj jour de decembre, jeudi (1), a vuidier le mostier   v s.

---

(1) Les mots entre parenthèses ont été barrés d'un trait rouge.

(2) Ce mot est une ancienne forme du nom de lieu Canisy, *Canegiacum*, chef-lieu de canton de l'arrondissement de Saint-Lô. On trouve la forme *Canegie* dans un aveu de la sergenterie de Moyon, rendu au roi Charles VI par Jean Le Grain, le 25 juillet 1396. (Arch. nat., P 289¹, n° 124).

Item a Drouet Adam, pour xix^c d'ardoise, a xxx s.
le m., vallent   lvij s.

Item a Ricart Jehan, pour xxx^m de queville, a xij d.
le m.,   xxx s.

Item a Perrin le Liachier, carpentier, pour la fachon
de la porte du mostier et pour le vin   xxvij s. vj d.

Item a Raul Nichole, pour reforgier les portoures,
thourous (2) et leur aplet et a faire sexante clous   iiij s.

Item au Tieulier, de Dangi (3), pour j^c de
festure   xxxvj s.
et pour vin   x d.

Item pour ocre a ocrer la porte du mostier   xx d.

Item pour une quarte d'uylle pour la ditte porte xx d.

Item pour la paine de maistre [(4)] pour ocrer la
ditte porte   xx d.

[*Fol.* 22 r°] Nota hic finis de couverture jusques au
temps nouvel, par faute d'ardoise.

Item (5) autres mises pour la couverture du mostier de
Saint-Nicholas de Coustances, faites l'an mil CCCC.XIII
et commenchiés le xxij jour de may.

Mardi xxij jour de may (6).

---

(1) Il y a ici une erreur : en 1412, le 21 décembre tombait un
mercredi.

(2) *Toreil*, verrou. V. Godefroy, *op. cit.*, au mot *Toreil*. Notre
auteur emploie au singulier la forme *Tourol* (fol. 34 verso).

(3) Arrondissement de Saint-Lô, canton de Canisy.

(4) Il y a ici un blanc dans le manuscrit.

(5) La lettre *I* qui commence ce mot est une majuscule ornée de
rinceaux noirs et rouges.

(6) En 1413, le 22 mai était un lundi, non un mardi. A partir de
ce paragraphe jusqu'aux mots : « le mardi devant le Saint Sacrement » (fol. 23 recto), l'erreur de date se continue. Les indications
chronologiques ne seraient exactes que si l'on attribuait tout ce
passage à l'année 1414, au lieu de l'année 1413. Il s'est produit

Premierement. — Robert Rector, Ricart Abri, cartiers, pour amener l'ardoise de Savigny (1). xv s.

Pour despens et psallere, et y en avoit xvij^c, a xx s. le millier, vallent xxxiiij s.

Item pour les despens de vj caretes, gens et chevaux d'emprunt, comme il est contenu a la cedule des despens, xxvj s. xj d. xxvj s. xj d.

Et amenerent vj milliers d'ardoise, vallent vj l. t.

Item le mardi devant Rouesons, pour omosne en despense ix s. ij d.

[Pour amener trois milliés d'ardoise, a xx s. le m., vallent lx s. (2)]

Late

Item de Guiffré Lecat, [l'an] mille CCCC.XIII devant Rouesons, iiij cens de late x s.

Item le dit Cat, le v jour de juing, xij^c de late a ij s. vj d le cent, vallent xxx s. xxx s.

[*Fol.* 22 v°] Item Fourmi aporta iiij^c de late le lundi de Pe[n]thecoste x s.

Item le dit Capt aporta viij^c de late par ij fois, devant la saint Jehan Baptiste CCCC.XIII, a ij s. vj d., vallent xx s.

Item pour le vin des feseurs de late xx d.

Couvrous de pierre et servitours l'an mil CCCC.XIII. pour le mostier, en may devant Penthecouste (3).

A Ricart Jehan, pour taillier, qui fust viij jours et demi, a ij s. vj d. pour jour, vallent xxj s. iij d.

évidemment dans l'esprit de l'auteur une confusion entre les deux années, car on ne peut guère supposer qu'il ait adopté le style de Noël jusqu'en juin et celui de l'Incarnation ou de Pâques à partir de cette date.

(1) Arrondissement de Coutances, canton de Cerisy-la-Salle.

(2) Ce paragraphe a été ajouté postérieurement.

(3) En 1413, la Pentecôte tomba le 11 juin; en 1414, le 27 mai.

A Estienne Jehan, vij jours a couvrir, a ij s. vj d. pour
jour, vallent   xvij s. vj d.

A Jehan Revel, pour xj jours et demi, a ij s. vj d. pour
jour, vallent   xxviij s. ix d.

Et pour ce que il se pleignoit, il eut   xj d.

A Jehan Le Marié, pour xij jours et demi, a ij s. j d.
pour jour, vallent xxvj s. obl.   xxvj s. obl.

Et pour ce que il se plaignoit, *habuit*   x d.

A Ebloc Bertaut, [*servitor*], pour v jours, a xx d.,
vallent   viij s. iiij d.

Item a luy, pour xvj sommes de sablon   vj s. iiij d.

A Robin Brocart, pour iiij jours, a xx d.,
vallent   vj s. viij d.

Et tout cecy au devant de Penthecouste.

Item le mecredi, xiij jour de juing, l'an mil
CCCC. XIII (1), que le cousté du mostier par devers la
ville fut achevé par Ricart Jehan, Estienne Jehan, Jehan
Revel, Jehan Le Marié   ix s. vij d.

[*Fol. 23 r°*] A Jehan Revel, pour le jeudi xiiij jour de
juing, que Revel fut a la carriere d'ardoise et compta
vj milliers de ardoise, pour sa peine,   ij s. ix d.

Samedi xvj jour de juing (2), Robin Brocart et Ebloc
Bertaut pour ordener et nestoit (3) le mostier de Saint-
Nicholas, a chacun x d., vallent   xx d.

Cartiers

Le mardi devant le Saint Sacrement (4) iiij caretes.
C'est assavoir :

Jehan Lescaudé et sa carete et son vallet ; Jehan

(1) Le 13 juin 1413 était un mardi.
(2) Jeudi 15 et samedi 17.
(3) *Sic*. Leg. : nestoier.
(4) Le 20 juin 1413.

64

Fourmage et son compaignon et sa carete ; Louys
Escoulant et son vallet et sa carete ; Guillet Bertin et son
compaignon et sa carete, aporterent iiij milliers. a xx s. le
m., vallent   iiij l.

Item pour la despense tant de gens, vallés et che-
vaux   ix s. j d.

Item, lundi vigille saint Martin d'esté (1).

Jehan Revel et son nepveu furent a la carriere d'ardoise
pour compter l'ardoise.

Pour leur journée, a chacun ij s vj d., vallent   v s.

Item la sepmaine devant la Magdolaine l'an mil
CCCC XIII, que je chevauche a deux chevaux et j vallet
par le mandement de missire Raul Le Sage, pour savoir
du poyement de xl escus, que devoit poyer Jehan de Bos
Guille, escuier, pour sa remission que le roy luy avoit
faite (2), donnés a la reparacion [*fol. 23. v°*] de l'eglise
de Saint-Nicholas de Coustances, laquelle somme [fut]
arestée en la main du roy par les gens du roy, comme le
baillif et viconte de Evreux ; et du lieu de Evreux je
envoye a Paris mon dit clerc par devers le dit messire
Raul, pour faire avoir poyment de la dite somme ; et fut
mon dit clerc desrobé par les Hermignas. Ainsi fut tout
perdu pour le fait de la guerre. Et nota pour avoir aucune

(1) Lundi 3 juillet 1413 ; la date est exacte.

(2) Ces lettres de rémission, datées de Paris, juin 1412, sont
conservées aux Arch. nat., dans le registre du Trésor des Chartes
JJ 166, n° 194. Il y est fait mention d'une aumône de 100 livres
que le pénitent devra faire à l'Hôtel-Dieu de Paris ; mais il n'est
point parlé des 40 écus dus à l'église Saint-Nicolas de Coutances.
Jean du Bois-Guillaume, écuyer, seigneur des Champs, au bailliage
d'Evreux, Jeanne de Reux, sa femme, et Perrette de Caux, leur
domestique, étaient tous les trois inculpés de complicité avec une
bande de faux-monnayeurs, auxquels ils avaient prêté la cave de
leur hôtel pour y installer un atelier.

chose. Et me cousta le dit veage, tant a moy comme a
mon clert, qui fut desrobé,   vij l. t.

Cartiers

Le mardi, jour de la decollacion saint Jehan-Baptiste (1),
Guillemet Bertin, son compaignon et sa carete; Louys
Escoulant, son compaignon et sa carete; Ricart Formage
et ses ij filx et sa carete; Guillot de Mollé; Michaut
Le Bon et sa carete; Perrin Le Follé, son compaignon
et sa carete; Jehan Lescaudé, son compaignon et sa
carete; Jehan Vermée, son compaignon et sa carete;
Robin Grandin, son compaignon et sa carete; et aporterent vij m. de ardoise et demi, a xx s. le m.,
vallent   vij l. x s.

Item pour les despens des dis cartiers, compaignons et
chevaux, tant en avene, un boissel, fouache, cher et
berage   xxv s. t.

Item en iceluy jour de mardi, decollacion saint Jehan-
Baptiste [*fol. 24 r°*], Revel et son nepveu fut a la carriere
pour compter la pierre et a eidier a chargier, pour leur
journée   v s.

Setembre l'an mil CCCC XIII

Lundi xj jour de septembre.

Couvrous de pierre

Ricart Jehan, en cel jour, pour taillier la pierre, et
v autres jours pour taillier la pierre d'ardoise, par les
vj jours dessus dis, a chacun jour ij s. vj d., vallent xv s.

Item, a Brise Barre, pour mettre la pierre [taillie]
dedens le mostier, et y fut ij jours   ij s. vj d.

____

(1) Mardi 29 août 1413.

Cariage

Mardi, vigille de saint Cosme et de sain Damien, pour aller a Reniéville (1) querir trois milliers d'ardoise, par les cartiers qui ensuivent.

Premierement

Guillemet Bertin et carete ; Loys Escoulant et sa carete ; Ricart Formage et sa carete ; Jehan Escaudé et sa carete ; et amenerent iij^m d'ardoise ; pour leur despens a Reniéville   vj s. iij d.

Item, a Coustances, pour leur despens au deschargier   vij s. vj d.

A Jehan Renouf, de Montchaton (2), pour amener ij^a d'ardoise de Renéville ad Coustances, pour despens et pour tout   xij s. vj d.

[*Fol. 24 v°*] Item a Bechart de Bretaigne, pour les v^m de pierre dessus dis, a xxx s. le millier, vallent vij l. x s.   vij l. x s.

Octobre l'an mil CCCC XIII.

Mardi, xvij jour d'octobre et vigille saint Lucas.

A Ricart Jehan, pour taillier et couvrir en cest moys d'octobre, viij jours et demi, vallent   xxj s. iij d.

A Jehan Revel, iiij jours a ij s. vj d., vallent   x s.

A Jehan Le Marié, iiij jours et demi, a ij s. j d., vallent   ix s.

---

(1) Regnéville était le port de mer de Coutances au moyen âge. L'ardoise en question était venue par mer de Bretagne, ainsi qu'on le verra quelques lignes plus loin. (Regnéville, arrondissement de Coutances, canton de Montmartin-sur-Mer). — Mardi, 26 septembre 1413 ; la date donnée est exacte.

(2) Arrondissement de Coutances, canton de Montmartin-sur-Mer.

A Estienne Jehan, iij jours et demi, a ij s. j d.,
vallent   viij s. ix d.

A Ricart Pinot, vj jours et demi, a ij s. j d.,
vallent   xiij s. ix d.

Jehan, vallet Revel, iiij jours et demi, a ij s.,
vallent   ix s.

Serviteurs en cest moys d'octobre pour servir les cou-
vroux.

Brise Barre, vij jours et demi, a xv d.,
vallent   viij s. ix d.

Ebloc Bertaut, iiij jours et demi, a ij s., vallent   ix s.

Robin Brocart, v jours et demi, a ij s., vallent   xj s.

Item viij peres de gans pour les ouvriés et vallés dessus
dis et qui furent a achever la couverture du mostier, et
costèrent   vj s. v d.
laquelle couverture fut achevée le vendredi xxvijᵉ jour
d'octobre.

Item a Ricart Jehan, pour xxv milliers de queville
pour le mostier, a xv d. le millier, vallent   xxx s.

Item a Estienne Jehan, pour iiijᵐ de queville,
vallent   iij s. ix d.

Novembre l'an mil CCCC XIII.

[*Fol. 25 rᵒ*] Vendredi après le jour des Trespassés et le
lundi, Robin Brocart, pour curer et esrachier les ordures
du mostier [et lerru] (1)   iiij s.

Decembre mil CCCC.XIII.

Autres mises

A Guillemet Bertin, pour ij jours, pour vuidier devant

---

(1) C'est-à-dire le lierre. Le mot *glierru* est encore employé dans
ce sens en Basse-Normandie.

le mostier les taillieures des ardoises, o son benel   x s.

  Et ses despens et des chevaux   iiij s.

  Item a Robin Brocart, pour chargier le dit

benel,   ij s. vj d.

  Et pour ses despens   xx d.

Le moys de mars mil CCCC XIII.

A Girot Trenchart, ouvrier de bras, pour eslire les pierres et la terre d'endroit l'a[u]stel monseigneur saint Jaque, pour descouvrir le pillier, qui estoit mal mis, pour iiij jours que il y fut, xx d. pour jour, vallent vj s. viij d.

  Et ses despens avec.

  Item a Thomas Du Pont, verrier, demourant a Saint Lo, pour xj piés de verre en verrinée plommée, mis au cousté du mostier par devers la ville   xliij s. vij d.

  Item poyé a Pierre[s] le Vallet, pour v milliers et demi d'ardoise, et il donna le demourant   vij l. t.

  Item poyé a mestre Thomas Mautaint (1) que il m'avoit prestés pour poyer les ouvriés de Saint-Nicholas   xv l. t.

---

(1) Thomas Mautaint, licencié *in introque jure*, chapelain et ensuite chanoine de la cathédrale de Coutances, dut montrer beaucoup de zèle pour soutenir la cause anglaise, car il fut comblé des faveurs d'Henri V. Le 20 octobre 1420, le roi d'Angleterre lui accordait deux lettres de présentation, l'une à un canonicat et prébende dans la cathédrale de Bayeux, l'autre à un canonicat et prébende dans l'église collégiale de Mortain (Rymer, *Fœdera*, IV, 3e partie, p. 191). Le 12 janvier suivant, Thomas Mautaint échangeait cette dernière prébende contre celle devenue vacante dans la même église de Mortain par le décès de Me Herbert Carbonnel (*Ibid.*, p. 197). Le 5 mai 1421, Henri V le confirmait dans la possession d'un canonicat et prébende en la cathédrale de Rouen (*Ibid.*, IV, 4e partie, p. 26), et le 10 février 1422, il obtenait du même roi collation de la prébende de Saint-Germain-de-la-Lieue

[*Fol.* 25 v°] Item poyé a mestre Nichole Habart (1), chanoine de Coustances, que il m'avoit prestés pour poyer les ouvriés de Saint-Nicholas, pour le dit an   x l.

Et en avoit le calice engagé de Saint-Nicholas, que je desgagé, et me convint fornir et vendre toute ma vaisselle d'argent et d'estain et autres choses.

Autres mises faites l'an mil CCCC.XIIII, la derraine sepmaine de moy.

A Jehan et Perrin Maugiers, machons, pour refaire les

en la cathédrale de Bayeux (*Ibid.*, p. 49). Il devint aussi chanoine de Coutances. Le Compte de la commune du chapitre pour l'année 1543-1544 (Bibl. nat. Lat. 9216, p. 75) mentionne encore un paiement de 100 sous pour son obit, en juin.

(1) Nicole Habart, maître es arts, chanoine de Coutances, fut promu à l'évêché de Bayeux par bulle du pape Martin V du 27 novembre 1420 (Eubel, *Hierarchia Catholica*, I, 127). Sa mort est rapportée par la *Gallia Christiana* (t. XI, col. 379) au 29 septembre 1431. Il fut remplacé sur le siège de Bayeux par Zanon de Castiglione, promu le 29 janvier 1432 (Eubel, *loc. cit.*, II, 113). Le Compte de la commune du Chapitre de Coutances pour l'année 1543-1544 mentionne encore un paiement de 34 livres 15 sous, pendant le mois de septembre, pour l'obit de Nicolas Habart, qui est dit évêque de Coutances (Bibl. nat., Lat. 9216, p. 67). Il le fut en effet pendant quelque temps. Le 12 septembre 1418, Henri V, roi d'Angleterre, confirmait l'élection faite par le Chapitre de Coutances de Nicolas Habart comme évêque, en remplacement de Jean de Marle, décédé le 12 juin précédent (Rymer, *Fœdera*, IV, 3e partie, p. 63). Mais cette élection ne fut pas sans doute confirmée par le pape, car Pandolphe Malatesta, archidiacre de Bologne, fut promu à l'évêché de Coutances par bulle de Martin V, du 7 octobre 1418 (Eubel, *Hier. Cath.*, I, 213). Nicole Habart paraît avoir été un fervent adepte de la cause anglaise; le 23 mai 1419, Henri V le commit pour recevoir le serment d'hommage et de féauté des ecclésiastiques du bailliage de Cotentin (Rymer, *Fœdera*, IV, 3e partie, p. 117).

pilliers du mostier, l'un par devers la ruete et l'autre par devers le gardin en droit l'autel S. Jaque   xx s.

Item a Guillaume Masure, pour une cartée de pierre, pour garnir les dis pilliers   ij s. vj d.

Item au Meriotel, cartier, pour amener la dite pierre   ij s. j d.

Item pour avoir le pardon de Saint-Nicholas, par devers le legat du pape (1)   lv s.

Item pour autres mises pour le dit pardon   vj s. iij d.

Voyages

Item voyages faites l'an mil CCCC XIIII.

Pour le fait de Saint-Nicholas de Coustances, pour avoir l'argent que devoit Guillemin de Launoy, la somme de vint (2) l. t., du don monseigneur le daulphin de France Jehan, pour la remission du dit de Launoye. Si me convint aler a Paris pour a- [*fol. 26 r°*] voir lestre du roy a seau jaune, adrechante au baillif de Caen, pour avoir poyement du dit Guillemin, lequel estoit pour le temps enprisonné eu chatel de Bayeux pour ses merites, lequel saulta par dessus les murs du chatel et eschapa et s'en ala eu pays d'Allenchon, lequel Guillemin fut ramené et remis es prisons de Bayeux par les gens et commandement du baillif de Caen, juques que je fusse venu ad Bayeux. Et par l'intercession de mestre Jehan Le Fevre, chanoine de Bayeux et mestre Jehan du Bosc, procurour et recevour de mestre Jehan de Corbie, chanoine de Bayeux et prebendier de la prebende de Cambremer et filx de monsignour le chancelier de

---

(1) V. plus loin, fol. 39 verso.

(2) Il y a eu en cet endroit un grattage et le mot *vint* a été ajouté postérieurement.

France (1), moy requerant que je voussisse optemperer a la delivrance du dit Aunoy ; a laquelle je me consenti. Et me cousta ceste poursuite du dit Aunoy [cy mis en ses mises]   vij l. t.

Dont je n'eu onques retour, pour obtempérer es dis seignours. Et eux poyerent xiij l. t. au profit de l'eglise, comme il apert par le capitre des dons et receptes.

Pour faire la tour campanel et sonnerie du dit mostier. En l'an mil CCCC XV, eu moys de may.

Primo

A Guillaume Osber, carreur de pierre, pour carrier partie de la dite pierre pour la dite tour et campanal refaire, pour xvij jours, ij s. vj d. pour jour,
vallent   xlij s. vj d.

[*Fol. 26 v°*] A Symon Osber, carreour, vij jours, a ij s. j d.,   xiiij s. vij d.

Thomas de Mont Cuit, xij jours, a ij s. j d.,
vallent   xiiij s. vij d.

Guillaume Bertin, cartier, pour aporter la dite pierre au mostier et autres pierres, xij jours a vj s. iij d. pour jour, luy et sa veture, vallent   lxxv s.

Item pour porter la pierre et la tasser eu gardin, aux ouvriés qui ensuyvent, c'est assaver : Girot Trenchart,

---

(1) Le chancelier de France dont il est question ici n'est autre que le célèbre Arnaud de Corbie, né à Beauvais en 1325, avocat au Parlement, conseiller clerc en 1363, premier président en 1373, chancelier en 1388, destitué en 1413, mort le 24 mars 1414. Cf. P. Anselme, *Hist. Généal.*, VI, 346. D'après cet auteur, le Jean de Corbie, ici mentionné, aurait été le neveu, non le fils du chancelier. C'est lui qui devint plus tard évêque de Mende et d'Auxerre (*Gall. Christ.*, XII, 327). La généalogie de cette famille est d'ailleurs assez obscure dans l'ouvrage du P. Anselme.

Jehan Grandin, Jehan Ruaut, Jehan Vaudum, Jehan
Le Rivelot, Ebloc Bertaut, chacun ij jours, a xv d.,
vallent   xv s.

   Thomas du Lioc, j jour et demi   ij s. j d.
   Perrin Hedou, j jour   xv d.
   Item pour lurs despens, fais au jours dessus
dis,   xj s. iiij d.

   Item a Ebloc, pour v jours que il fut a servir au
mostier, pour chacun jour xv d., vallent   vj s. iij d.

   Item a Jehan Le Ber, d'Orval, pour iij pipes de
caulx   xxx s.

   Item pour le vin du marchié   xv d.

   Item a Perrin le Liachier, carpentier, pour faire ij chi-
viéres, pour servir au mostier   iiij s. ij d.

   Item a Octoe et Guillaume le Mosquet, pour avoir leur
congi de traire a leur carriere   xxij s. vj d.

   Item pour aparillier les marteaux Guillaume
Osber   iij s. iiij d.

Chaulx

[*Fol. 27 r°*] A Henry le Bourrelier, pour iij pipes de
caulx, vendue devant Penthecouste   xxx s.

   Item a Girot Trenchart, le mecredi de Rouesons, pour
sa journée et despens   ij s. j d.

Machons

A mestre Guillaume Beuchet (1) et ses compaignons,
machons, le jeudi de Rouesons mil CCCC XVI (2), fut
alouée la tour et machonnerie, par le pris de xx l. t. et le
vin, pour lequel vin presentement je baille   v s.

   (1) Ce nom, que notre auteur orthographie *Beuchet* ou *Behuchet*,
est à rapprocher de celui, plus fameux, de Nicolas Behuchet, qui
commandait une partie de la flotte française à la bataille navale
de l'Ecluse (24 juin 1340) et qui était Normand.
   (2) 28 mai 1416.

A Guillaume Masure, pour xvj clées   xiij s. iiij d.

A Rober[t] Rector, pour amener les dites clées ij s. vj d.

A Lohier de Blainville (1), cordier, pour un cable de corde de canvre, pour guidier les matieres, pour faire la tour, pesant xlv livres de canvre, a vij d. la livre, vallent   xxvj s.

Item au dit Lohier, pour cordage pour allours, pour les machons (2)   xiij s. vj d.

Item autre cordage achaté a la fere de Montmartin (3)   vj s.

Item en vin au dit Lohier   ij s. vj d.

A Estienne Vautier, de Blihan, carreour de pierre de tuf, pour demi cent de tuf achaté du dit Vautier, par le pris de   xlv s.

A Cousin et ses compaignons et Briqueville, cartiers, pour iiij caretes pour amener le dit tuf, pour chacune charete xij s. vj d. pour jour, vallent, a compter le vin de xv d.,   lj s. iij d.

A Colin Guepin, pour ij douzaines de clées pour fere allours   xv s.

A Thomas Quoquiere, de Saint Sauvous Lendelin, pour l'estamperque (4) pour faire l'engin du moustier et xv pieches [*fol.* 27 v°] d'allours et pour le vin du marchié   ix s. iij d.

---

(1) Arrondissement de Coutances, canton de Saint-Malo-de-la-Lande.

(2) C'est sans doute le cordage dont on se servait pour lier l'une à l'autre les deux pièces de l'échafaudage, le boulin et l'échasse.

(3) La foire de Montmartin (Montmartin-sur-Mer, arrondissement de Coutances), qui se tenait à l'époque de la Saint-Martin d'été (4 juillet) et durait plusieurs jours, était, au moyen âge, une des foires les plus importantes de la Normandie.

(4) L'*estamperque* ou *escoperche* est la perche ou baliveau posé verticalement pour soutenir les boulins d'un échafaud de maçon

Carpentiers

A mestre Ricart Colibert (1) et ses compaignons, carpentiers, pour carpenter le bois de l'angin et des allours du mostier, c'est assavoir :

Guillot Hebert, de Gratot, v jours, a xx d. pour jour,   viij s. iiij d.

Pierres Blanchart, iij jours, a xviij d., vallent   iiij s. xj d.

Jehan Vermée, vj jours   x s.

Item au dit Vermée, iiij es de fou, pour faire ij bagnes quarrées (2) pour servir les machons   vj s. iij d.

A Symon Renout, vij jours   viij s. ix d.

A Guillaume Bertin et son compaignon, cartiers, iij jours de cariage, pour amener le bois au mostier   xvij s. vj d.

(V. Viollet-le-Duc, *Diction. d'archit.*, V, 332). Godefroy, dans son *Diction. de l'anc. lang. franç.*, ne donne que la forme *Escouberge*. Lacurne de Sainte-Palaye donne la forme *Estamperche*, qui est celle employée par notre auteur, et il cite une phrase de l'année 1458 (Arch. nat., JJ 187, n° 319) où ce mot figure : « un engin où estoit lié une *estamperche* », mais il n'en donne point la définition. On a vu plus haut (*fol. 7 r°*) l'explication du mot *engin* et (*fol. 18 v°*) celle du mot *allours*, qui reviennent l'un et l'autre si fréquemment sous la plume de notre auteur.

(1) Le Richard Colibert, dont il est plusieurs fois fait mention dans ces Comptes, est bien connu. C'est lui qui travailla en 1424, pour le compte des Anglais, à la construction de la bastille qu'ils firent élever à Ardevon pour serrer de près les défenseurs du Mont-Saint-Michel. Par acte daté de cette bastille, le 23 décembre 1424, Nicolas Burdett, bailli du Cotentin, mande au vicomte de Coutances de payer 53 livres tournois à Richard Colibert, charpentier, qui a travaillé pendant 102 jours entiers, depuis le 13 septembre précédent, en qualité de maitre des œuvres, à la construction de la bastille d'Ardevon (S. Luce, *Chronique du Mont-Saint-Michel*, I, 170).

(2) *Bagne*. Aujourd'hui, dans le même sens, on dit *Banne*.

Item a Vermée, pour j serisier, pour faire j fillet sus les antes (1) pour porter l'angin   vij s. vj d.

A Guillaume Pagot, pour v jours pour servir, vj s. vj d.

A Ebloc Bertaut xv d., a Jehan Bertaut xv d., a Colin Burnouf xv d. (2), a Guillaume Bertin xv d., vallent   v s.

A Olivier Hedoin, poyé pour viij jours, pour servir, x s.

A Jehan de Bray, pour j jour xv d. ; a Ricart Pinot, pour j jour xx d., vallent   ij s. xj d.

Item au dit Pagot, iiij jours, vallent   v s.

Item pour les despens des ouvriés dessus dis, pour toutes choses   xxxix s. vj d.

[*Fol. 28 r°*] A Guillaume Lorens, de Cambernon, pour j tremble lonc, pour estanchonner le tref de devant le crucifix (3)   iij s. iiij d.

---

(1) Parmi les définitions que Littré donne du mot *ente* dans son *Dictionn. de la lang. franç.*, on trouve la suivante : « Terme d'architecture. Nom donné en général aux jambes de force qui sortent un peu hors du mur. » Ce mot doit être pris dans ce sens ou dans un sens analogue par notre auteur. — On appelait *filets* ou *filliers*, au moyen âge, « les petites pièces de bois sur lesquelles portent les chevrons dans les charpentes » (V. Godefroy, *Dict. de l'anc. lang. franç.*, au mot *fillier*).

(2) Il est question de Colin Burnouf dans le paragraphe suivant du Compte de la commune du Chapitre, que nous citons à cause du renseignement précieux qu'il nous donne sur l'ancienne topographie coutançaise : « Nicolaus Coesel, pro una dimidia acra terre, jungente heredibus Colini Burnouf, buttante itineri tendenti ab oppido Constanciensi ad Montem Hugonis, *Cruce Quillart ibidem erecta et situata*, quam olim tenebat Colinus Trenaire, postmodum Guillelmus et relicta Colini Michel, dehinc Colimus Gervays, nunc Jacobus Coesel » (Bibl. nat. Lat. 9216, p. 24).

(3) « Il était d'usage au moyen âge, lit-on dans le *Diction. d'archit.* de Viollet-le-Duc, de placer dans les églises de grands crucifix de bois ou de métal, suspendus au-dessus des jubés ou des poutres transversales qui indiquaient l'entrée du chœur » (*Diction. d'archit.*,

A Thomas Quoquière, pour une cartée de bois a faire allours   iiij s. ij d.

Item a Henry Picot, potier de cuivre, pour ij poullies de cuivre, pesantes xxix livres de metal, pour lever le mostier, vallent, a ij s. vj d. la livre,   lxxij s.

A Henry Courcel, pour iiij^{xx} xij sommes de gros sablon, pour la dite tour et campanal   xix s. ij d.

Item au dit Henry, pour xxij sommes de sablon [de ravine]   ix s. ij d.

Item pour une chiviere a rouelles et ij ceilles (1) pour servir d'eau   vj s. x d.

Item pour le vin des poullies   iij s.

Item a Perrin Laynné, de Cambernon, pour v pierres grandes   ix s. ij d.

Item a Guillaume Burnel, de Monthuchon (2), pour xij clées   vij s. vj d.

Item au dit Burnel, pour iiij pierres aportées pour la tour   vij s. vj d.

Item a Guillaume Osber, pour une pierre plate, pour l'entablement des fenestres   v s.

IV, 444). Ces crucifix existent encore dans la plupart de nos églises normandes, mais on a généralement supprimé la poutre transversale que mentionne Viollet-le-Duc. L'expression ancienne « sous la perche du crucifix » rappelle cette disposition. — L'*étançon* est la pièce de bois posée verticalement sous une construction pour arrêter un écrasement (Viollet-le-Duc, *op. cit.*, V, 345).

(1) Ce mot avait en vieux français le sens de *seau, cruche, baquet*, etc. V. Godefroy, *op. cit.*, au mot *seille*. — *Civière à rouelles* : on disait aussi « civière rouleresse ». « Pour 3 sivières rouleresses prinses a Vitrey, 13 s. 4 d. » (1468. Comptes de Saint-Sulpice de Fougères. — Gay, *Glossaire archéologique du M. A.,* p. 389). La civière à rouelles était une sorte de brouette plate, montée sur deux roues et tirée à bras.

(2) Arrondissement de Coutances, canton de Saint-Sauveur-Lendelin.

Item a Colin Osber, de Cambernon, pour ij pierres
pour l'e[n]tablement   viij s. iiij d.

Item a Jehan Roncin, pour les iiij pailliers (1) de
cuivre sur que les cloques tournent, pesans xvij l. et
demie, a deux souls (2) [siex deniers la livre,
vallent]   xliij s. ix d.

Item au dit Roncin, v l. de plon, a x d. la livre,
vallent   iiij s. ij d.

Item pour le vin du dit Roncin   xx d.

Item, le mardi devant la feste sainte Marthe (3), fut
despendu avec Colibert et Behuchet, pour avoir acort
pour la montée de la tour de Saint-Nicholas, iij s. iiij d.

Item a mestre Guillaume Behuchet, machon, et a ses
compaignons [*fol. 28 v°*], les vj jours d'aust, l'an mil
CCCC.XVI, que la machonnerie fut achevée.

Et furent poyés, pour leur tasche de faire la tour et
campanal, la somme de   xx l. t.

Item es serviteur dessus escrips, furent tous payés des
jours dessus escrips.

Item pour la despense du disner qui leur fut donné a
tous ensemble   xxvj s. iiij d.

Item pour la menage de trois pierres de l'ostel Jolivet (4)
et de l'ostel Osber   vij s. vj d.

(1) Un auteur du xvii⁰ siècle, Nicot (1605), donne la définition
suivante du mot *poaillier* ou *pailler* : « C'est la pièce d'airain, large
d'un pied, longue d'un pied et demy, et d'épaisseur convenable, sur
laquelle chaque tourillon du sommier d'une cloche est porté et
tourne quant on la sonne a bransle. » Godefroy (*Dict. de l'anc.
lang. franç.*, au mot *poaillier*), définit le poaillier « un segment de
sphère en cuivre qui facilite le mouvement horizontal de deux
parties l'une sur l'autre ».

(2) Il y avait primitivement « *a deux souls la livre* ». Les mots
entre crochets ont été ajoutés postérieurement.

(3) 28 juillet 1416.

(4) Il s'agit ici, suivant toute vraisemblance, de cette famille

Item pour netoier le mostier le vij[e] jour d'aust et metre a point les sablons et caulx et les choses du mostier, quant la machonnerie fut achevée   v s. vj d.

Decembre mil CCCC XVI

Machons

Pour faire le surmont du pignon, sur que la tour porte du moustier.

A Estienne Vautier, de Blihan, quarreour de tuf, pour trois cartées de tufel, pour faire le dit surmont   xxx s.

Item pour le vin donné au dit carreur et machons xx d.

Item a Pierres Cousin, de Briqueville, pour le cariage pour deux cartées   xxv s.

Item a Guillaume Bertin et Ebloc Bertaut pour une cartée   xij s. vj d.

Machons

[*Fol. 29 r°*] A mestre Guillaume Behuchet, pour vij jours devant la sainte Crois en septembre (1), pour jour ij s., vallent   xiiij s.

Item pour ij jours audit Behuchet, vallent   iiij s.

Item audit Behuchet, j jour, quant il fut a Blihan, pour choisir le tuf et pour despense   iij s. vj d.

A Guillot Lescaudé (2), machon, pour vj jours, a xx d., vallent   x s.

Jolivet, originaire de Montpinchon, à laquelle appartenait le fameux Robert Jolivet, abbé du Mont-Saint-Michel et créature dévouée des Anglais. Deux mandements de ce dernier, datés du 12 mai et du 8 juin 1425, nous apprennent qu'il était alors à Coutances et qu'il y travaillait activement pour le compte des ennemis de la France. (S. Luce, *Chronique du Mont-Saint-Michel*, 1, 199 et 203).

(1) La fête de l'Exaltation de la Sainte-Croix, 14 septembre.

(2) Guillot Lescaudey, de Saint-Nicolas de Coutances, devait à Philippot Costentin une rente d'un boisseau de froment sur une pièce de terre assise en Saint-Nicolas. Le 14 septembre 1461,

Guillemin Lescaudé, v jours et demi, ix s. ij d.
Guillaume Le Grant, vj jours a machonner x s.
Guillaume du Plain, ix jours, a ij s., vallent xviij s.
Guillot Morice, xj jours x s.

Carpentiers

Pour faire le lambrois du mostier sur les autés et la voye pour aler es sains et cloques (1) et faire les autres choses du mostier, comme doler le bois pour faire les engins et les allours, etc.

Premierement. — A mestre Richart Coliber, pour plusieurs journées, xxx s.
Jehan Basire, vij jours, a ij s., vallent xiiij s.
Perrin La Garde, v jours et demi, a ij s., vallent xj s.
Guillot Hebert, vj jours, a xx d., vallent x s.

Philippot Costentin aumôna cette rente à l'église Saint-Pierre, afin d'avoir sa sépulture dans ladite église, devant l'autel Saint-Servais (Cartul. de l'église Saint-Pierre, fol. 53 r°). La famille Lescaudé, très nombreuse à Coutances pendant le moyen âge, a donné son nom à un village des environs appelé l'Ecauderie.

(1) Les anciennes cloches de Saint-Nicolas, dont il est question dans ce paragraphe et les suivants, n'existent plus. Les archives municipales de Cherbourg possèdent en copie un certificat de Jean Henry, vicomte de Coutances, daté du 20 mars 1549 et attestant que, en août 1548, il a été acheté par les habitants de Coutances du métal de cloche, pour refondre les cloches de l'église Saint-Nicolas de Coutances, à Gilles Blondel, bourgeois marchand du même lieu, et qu'il a été remis à ce marchand, à titre d'à-compte, sur la somme qui lui était due, un calice d'argent « du poix de ung marc troys onces ung gros mains omis » et de la valeur de 10 livres 6 deniers (peut-être un des deux calices dont il est question fol. 59 v°), calice précédemment dérobé dans ladite église par la veuve du sieur Bertrand Davillays, laquelle avait été contrainte par justice à le restituer (Amyot, *Invent. des arch. mun. de Cherbourg*, FF 68, copie).

Perrot Blanchart, vij jours, a xv d., vallent viij s. ix d.

Symon Renouf, vij jours, a xv d., vallent viij s. ix d.

Jehan Vermée, xv jours, a xv d., vallent xxv s. iiij d.

Item le dit Vermée, pour une tronche de quesne, pour fere les esseux des sains et cloques viij s.

[*Fol. 29 v°*] Jehan de la Fosse, vj jours et demi, a xx d., vallent x s. x d.

Couvrous de pierre

Ricart Jehan, vij jours a iij s., vallent xxj s.

Pierres Marest, ix jours et demi, a iij s., vallent xxviij s. vj d.

Guieffré Colomp, iiij jours, a iij s., vallent xij s.

Forgerie

Guillot Grandin, pour la forgerie que il apartenoit [faire] au mostier, tant a l'engin que es pollies et bagues et pour servir es bataux (1) des sains que es sains que en toutes choses, fut compté, present Colibert, entre la personne (2) et le dit Grandin par la somme de xlv s. vj d.

Henry Cortel, pour xij sommes de gros sablon ij s. vj d.

Item audit Cortel, vij sommes de sablon menu ij s. xj d.

Guieffré Lecat, v^c de late, a ij s. vj d. le c., vallent xij s. vj d.

Guillot Bouicel (3), ij boucles pour les couplieres des

---

(1) *Bataux, batiaus,* c'est-à-dire batants. V. Godefroy, *op. cit.,* au mot *batel.*

(2) C'est-à-dire entre le curé de Saint-Nicolas et ledit Grandin.

(3) Guillot Bouissel est mentionné dans deux actes du Cartulaire de l'église Saint-Pierre, datés l'un du 16, l'autre du 20 décembre 1408. Sa maison était située près de la « grant rue tendante de Saint-Pierre de Coustances à Grimoulaiz », qui était la même que « la grant rue par ou l'en va de St Pierre de Coustances a Renié-

bataux des sains du mostier (1) xv d.

Lorens Godefré, vij quesnes pour le mostier xx s.

Philippot [Lelarge], de Cambernon, ij douzaines d'aes lxv s.

Jehan Laysné, de Mont Huchon, pour ij quesnes xx s.

Guillemet Bertin et Ebloc, pour amener le quesne de Saint-Sauvour-Lendelin, que vendit Lorens Godefré iij s. iiij d.

Jehan Vermée, pour j grant quesne, qui est haut devant le crocifix, pour porter le lambrois, vendit par le pris de xl s. t. payés.

Item audit Bertin et Ebloc, pour amener ledit quesne vij s. vj d.

[*Fol. 3o r°*] Item pour ij cordes grelles, pour les sains du mostier, [iiij] souls, deus deniers iiij s. ij d.

Guieffré Hubert, cloetier, pour iiij milliers de clous a late, a iiij s. ij d. le M., vallent xvj s. viij d.

Colin Pigache, pour j millier de clou à late iiij s. vij d.

Jehan de Blé, pour une somme de caulx iiij s. ij d.

Ouvriés de bras

Guillaume Bertin, xvij jours et demi, a xv d., vallent xxj s. iij d.

Ebloc Bertaut, pour servir, xxiij jours et demi, vallent xxix s. iiij d.

---

ville » (Cartul. de l'église Saint-Pierre, fol. 32 verso et 33 recto). Il est cité comme trésorier de l'église Saint-Pierre dans un acte du 15 juillet 1427 (Cartul., fol. 2 recto). Il était sans doute parent de Raoul Bouissel, dit Quatre-Bras, dont il est question plus haut, et qui habitait à Coutances un hôtel voisin du sien.

(1) Les *boucles* doivent désigner ici les anneaux situés à l'intérieur du « cerveau » de la cloche, et les *couplières*, les courroies de cuir au moyen desquelles le battant est suspendu à ces anneaux.

Guillaume Du Clous, cartier, pour oster les vieudures
qui ont esté hors du mostier   xv s.

Item pour les despens des ouvriés dessus dis, fais es
journées dessus dites, comme il appert par les parties,
depuis la mi-aust mil CCCC.XVI juques au jour duy
jour de saint Martin d'yver prochain   vij l. xvij s. j d.

Autres mises faites pour le mostier de Saint-Nicholas,
en l'an mil CCCC XVII. De par moy Thomas du Marest, prestre du dit lieu, faites par Guillaume Clerée, jadis
bourgès de Coustances, pour faire la poursuite sur Jehan
Hebert, escui[e]r, demourant a Teinchebray, pour avoir
poement de la somme de vint l. t., comme il est contenu
en une lettre obligatore, en laquelle est obligié ledit Hebert poyer et rendre a moy Thomas [*Fol. 3o v°*] du
Marest dessus dit, pour emplier es reparacions du dit
mostier. Et ce fait par monseignour le dauphin de
France, nommé Jehan, a la relacion de son noble conseil, en chargi en penitance audit Jehan Hebert, en luy
feisant remission de par celuy signour de certains de de-
faute, comme plus a plain est desclerié en la remission
du dit Hebert. La quelle obligacion et lestres furent données sous les seaulx de Jacques Aubri et de Yvon Ker-
romp, gardes des seaulx de la baillie de Senlis, establis de
par le roy nostre sire en la prevosté de Compiègne et de
Choisi. Les quelles lestres obligatores sunt du date de
l'an mil CCCC.XVI et de l'onzieme jour de janvier. Et
pour faire la dite poursuite le dit Clerée partit de Coustances le jour de saint Pierre et saint Pol apostres pour
aler a Mortaing, par devers homme pourveu et sage Michiel
Escoulant, viconte de Mortaing ou son lieutenent ; lequel
Clarée, pourteur des dites lestres obligatores, empetra
ung mandement en eux parmi la dite obligatore sur le
dit Hebert, donné à Mortaing l'an mil CCCC.XVII le

premier jour de juillet, adrechantes a Olivier Basselin, sergent de la dite viconté, pour faire execution sur les biens meubles et heritages du dit Hebert.

Item ledit Clerée empetra une autre lestre de mandement de Jehan Le Prevost, lieutenant du dit viconte en [la] chastelerie de Teinchebray, du date de l'an mil CCCC.XVII et du premier jour de juillet, pour faire banissemens et criées sur la vendue [*Fol. 3r r°*] des biens et heritages du dit Hebert.

Item autres [lettres] empetrées par le dit Clerée de Jehan Prevost, lieutenant du dit viconte, du date de l'an mil CCCC.XVII, du xviij° jour de juillet, contena[n]tes le recor[t] de Gevrais Pelerinet, sergent.

Item autres lettres empetrées par le dit Clerée de Jehan Auzere, lieutenant de noble homme misire Louys Bourgese, chevalier, et baillif en la conté de Mortaing, contenantes le rompement et destourbier du tiers ban au tiers dimenche des banies et criées, par quoy il convint aler a Paris, pour avoir lettre du roy, pour relever celuy tiers dimenche, qui fut rompu par le dit Auzere, la quelle jurée devoit estre a jugie le dimenche jour de saint Lorens (1).

Item le mecredi xxj jour de juillet, le dit Clerée partit de Coustances pour aler a Paris.

Item, xxj jour de juillet, le dit Clerée partit de Coustances pour aler a Paris et obtiat lettre de grace, donnée a Paris le xxvij° jour de juillet l'an mil CCCC.XVII et du regne le xxxvij an, et demoura par x jours que il vint a Teinchebray, aux plés tenues par le dit viconte le vendredi xxx° jour de juillet, que la jugement devoit avoir

---

(1) En 1417, la fête Saint-Laurent (10 août) tombait non un dimanche mais un mardi.

estoy fait, et le dimenche prochain des dis plais, qui fut premier jour d'aust l'an mil CCCC.XVII.

Item autres lettres empetrées par le dit Clerée du dit viconte, contenantes la recepcion des dites lettres royaux, en commandant et commetant, se mestier est, aux sergens que ilz facent bon [*Fol. 31 v°*] acomplicement le contenu en ycelles, données a Mortaing le derain jour de juillet l'an M CCCC.XVII.

Somme de veages et mises comme il est contenu par la descharge et compte du dit Clerée, loyaument rendu et compté, xvij l. xiiij s. vij d. t.   [xvij l. xiiij s. vij d.]

La quelle somme je poye de mon argent propre, avec plusieurs choses, comme il pourra apparetre après la fin de ses mises.

Item pour Guillaume Le Carpentier, pour la diesme du bois qui fut achaté de Vermée, comme il est escrip par devant, pour le mostier   iiij s.

Item, pour refachon et change de la criete et pinte du mostier, en may l'an mil CCCC.XVII. A Jehan
Roncin   iij s. xj d.

Autres mises faites l'an mil CCCC.XXI. Fut refait de bois et de couverture le chuer de Saint-Nicholas, de l'execucion de noble homme Bernart Le Cointe.

Eodem anno, mense aprilis, pour j fossé au lonc du mur du mostier par devers le Sollail   xv s.

Item en plusieurs journées d'ouvriés et pour leur despens   c s.

Item poyé a Pierres Bourel, pour le dit chu[e]r, pour ardoise, de mon argent   xl s.

Item a Guillaume Le Ber, d'Orval, pour vij pipes de caulx, poyé   vij l. t.

Item poyé à Jehan Le Brun, pour xviij sommes de sablon   v s.

Item au dit Brun pour sablon aporté eu moys de janvier l'an mil CCCC XXI   c s.

Item a Girot Trenchart, pour plusieurs journées faites au mostier, pour despens et pour journées   lxx s.

Autres mises faites l'an mil CCCC XXII.

[*Fol. 32 r°*] Girot Trenchart, v jours et demi, et ses despens, pour les v jours, pour traire la pierre, pour faire la closture devant le mostier   xiiij s.

Item à Colin Burnouf, cartier, pour amener la dite pierre, par v jours et demi, vij s. vj d. pour jour sans le samedi que il donna, vallent   xxxvij s. vj d.

Autres mises pour le mostier en l'an mil CCCC.XXIII.

Premierement

A Jehan Brunet, pour la portage de ij tonneaus de caulx, aportée de Contrieres [a Saint-Nicolas]   xl s.

Item a Guiffré Caresmel (1), pour destaindre la dite caux, ij jours, pour despens et pour tout   v s.

Item a Jehan Perrote, pour l sommes de sablon de ravine   xl s.

---

(1) Geoffroy Caresmel, de Nicorps, dont le nom revient fréquemment dans ces comptes (V. plus loin, fol. 57 verso et suiv.), est également cité dans un acte du 20 juillet 1394 (Cartul. de l'Hôtel-Dieu, n° 183). A cette date, Jean Danlo, l'aîné, de Nicorps, baille en fieffe à l'Hôtel-Dieu une pièce de terre située à Saint-Pierre de Coutances et appelée la Mare-Ganez, moyennant la redevance annuelle d'un quartier de froment, un pain et une geline, que ledit Danlo percevra sur Geoffroy Caresmel, de Nicorps. Dans un échange conclu le 26 avril 1429 entre Bernard et Jean Le Cointe, écuyers, et l'Hôtel-Dieu, il est encore fait mention d'une « pièce de terre, assise en Nicorp, nommée la Perrelle, que tint Gieffroy Caresmel » (Ibid., n° 246).

Item à Colin Gosselin, de Saucey, pour une pipe de caulx   xv s.

Item aus Bretons, d'Orval, pour l'amenage de la dite caulx   x s.

Item a Rogier Du Clos, pour amener une cartée de lonc boys, pour allours   v s.

Autres mises en l'an mil CCCC.XXVIII.

Primo — Pour raparillier le pillier par devers le Solleil (1), en droit le cueur et pour despens et journées   iij s. ix d.

Item pour raparillier les verrines du cueur du mostier, de la sepmaine devant Nouel l'an M.CCCC.XXVIII iij s.

Commenchement de Morice

L'an mil CCCC.XXVIII, le vij jour de fevrier (2), Thomas Morice fut a loué la tache pour clore le puis [*Fol. 32 v°*] devant Saint-Nicholas, ainsy comme il fut devisé, est fait par le pris de   vj l. x s.

Item pour le vin   v s.

Cy ensuivent les mises :

Primo — A Guillot de la Mare et Lucas Olivier, de Mont Chaton, pour une pipe de caulx   xij s.

Item pour l'amenage   viij s.

Item pour despense de cariage   ij s. vj d.

Le mecredi des quatre temps de caresme, le xvj⁰ jour

---

(1) Il est difficile de savoir s'il est fait ici allusion à l'orientation de l'église ou s'il est question d'un lieu dit de Coutances appelé la Croute Soleil. Nous retrouvons ce nom dans une donation faite, le 27 octobre 1512, par Jean Hélye, prêtre, à l'Hôtel-Dieu de Coutances: « ... ung petit jardin assis audit lieu de Saint-Pierre [de Coutances]... bute a la rue ou voie tendante de la Croulte Soleil au Mesnil Saint Jehan... » (Cartul. de l'Hôtel-Dieu, n° 465).

(2) 7 février 1429 (n. s.).

de fevrier, a Thomas Morice, pour [aler] a Mont C[h]aton
faire venir et a la carriere Burnel ad Mont Huchon, pour
les deux veages v s.   v s.

Lundi, xxj jour de fevrier mil CCCC.XXVIII, le dit
Lucas et Olivier et de la Mare aporterent ij pipes de
caulx, coustent   xl s.

Item pour la descharge, a leur disner   ij s. vj d.

Item, le lundi xxviij jour de fevrier, poyé à Tourpin,
pour aporter iiij pierres de la carriere Burnel de Mont
Huchon   v s.

Item, pour ij pos de servese   x d.

Item audit Burnel, pour les dites iiij pierres   v s.

Mars l'an mil CCCC.XXVIII.

Mardi premier jour de mars, jour de saint Aubin.

[*Fol. 33 r°*] Mecredi second jour de mars mil CCCC.
XXVIII.

Jeudi tiers jour de mars, en servese donnée aux ouvriés
par plusieurs fois   xv d.

Ledit jeudi, iij jour de mars, a Pierres Eudes, a ij chevaux, pour aporter du sablon et pour despense et de chevaux   iij s.

Vendredi iiij jour, ledit Pierres, a ij chevaux, pour
aporter   [iij s.]

Jehan Vauderon, ouvrier de bras, pour les ij jours
dessus dis, pour jours et despens, a iij s. vallent   vj s.

Jehan Le Cat, pour une grant pierre plate pour faire
l'entablement du passage de l'entrée de la cor-
niere (1)   vij s. vj d.

Lundi xiiij jour. Ouvriés

---

(1) Ce mot signifie *angle*, *coin*, etc. V. Godefroy, *Dict. de l'anc.
lang. franc.* au mot *cornière*.

Clement Lescaudé, pour metre la caulx, sablon et mortier a point et aporter les pierres au monsel   xx d.

Mardi xv jour, le dit Clement, pour vuidier devant le mostier   xx d.

Mecredi xvj jour, le dit Clement, pour vuidier devant le mostier   xx d.

Et besoignier avec ceulx des beneaux a chargier le beneaux, le benel Estienne Le Rivelot et le banel Fallaise et les chevaux Guillot Grandin et vij hommes a vij trubles, pour despens et pour leur chevaux   v s.

Item poyé a Jehanne, femme Jean Perrote, pour ciiij sommes de gros sablon   xx s.

Item pour les despens de Clement Lescaudé, pour les iij jours dessus dis   iij s.

Item, l'an mil CCCC.XXIX, le xv jour de septembre, furent [*Fol. 33 v°*] raparillés par Guillaume Ronsin, estemier (1), les fons de Saint-Nicholas, pource que il ne tenoint point d'eau   v s. vij d.

Item a Jehan Le Fay (2) pour trois quartiers de [nere]

----

(1) Il y avait écrit d'abord *escuier* ; la correction est d'écriture plus récente.

(2) C'est probablement lui qui est mentionné dans un mandement de Nicolas Burdett, bailli du Cotentin, daté de la bastille d'Ardevon le 31 octobre 1424. L'officier anglais, commissaire et capitaine député pour tenir le siège du Mont-Saint-Michel, mande au vicomte de Carentan de payer à Jean Fay, bourgeois de Coutances, un millier de chaussetrapes, 6 livres de clous à latte, 10 livres de fil destiné à faire des cordes d'arbalètes, lesquels objets ont été achetés pour mettre en bon état de défense la bastille d'Ardevon, élevée devant la forteresse dudit Mont-Saint-Michel (S. Luce, *Chronique du Mont-Saint-Michel*, I, 160). Ce nom était orthographié au moyen âge *Fay, Fayé, Fayel* ou *Fael*. Le 18 avril 1419, Jean Le Fael, bourgeois de Coutances, baille en fieffe à Raoul Le Febvre et Robin, son fils, pour sept livres tournois, un hôtel assis en la forteresse de Coutances, sur la grande rue allant de l'église

fustaine (1) et le fil pour reparillier le casuble noir et un casuble vermeil, doublé de fustaine blanc   vj s. iij d.

Item a Guillot de Guernet, cousturier, pour raparillier les dessus dis casubles et doubler   v s.

Item a Clement Lescaudé, ouvrier de bras, pour delivrer la place et parvis devant Saint-Nicholas, lequel parvis estoit empechi des murs, pierres, caulx et sablon et terre de l'ostel Flaquet, qui estoynt tumbés en la dite place, tellement que les gens ni povyent aler et venir au mostier, lequel Escaudé y fut v jours, a iij s. [pour jour, vallent   xv s.]

Et fut fait la sepmaine devant la feste saint Andrieu, l'an mil CCCC.XXIX (2).

Ouvrages faites pour le mostier de Saint-Nicholas de Coustances, l'an M CCCC XXIX, ou moys d'octobre, de novembre et de decembre.

Premierement pour aparillier les fons qui ne tenoyent point d'eau. — Item Guillemet Ronsin et son compaignon, pour resouder les dis fons   vj s.

Item a Jehan Le Fay, pour iij cartiers de futaine noire et le fil   vj s. iij d.

Item a Guillot de Guernet, cousturier, pour raparillier la dite futaine, le casuble noir et doubler et

---

Notre-Dame à la porte Saint-Pierre (Cartul. de l'église Saint-Pierre, fol. 31 verso).

(1) En 1429, la Saint-André (30 novembre), tombait un mercredi.

(2) La futaine, étoffe de fil et de coton, était très employée au moyen âge, soit pour doubler des vêtements, soit pour confectionner des pourpoints, des chasubles, des bannières, etc. Les variétés de futaine étaient alors très nombreuses (V. Gay, *Glossaire archéologique du moyen âge*, p. 750).

*ordener la casuble rouge de la doubleure blanche, pour
tout ensemble* (1)   xv s.

Item a Thomas Maugier, ouvrier de bras, pour ij jours
a fare [*Fol. 34 r°*] le chemin devant le mostier, pour le
mur de l'austel Flaquet qui couvrit tout le parvis devant
le mostier, pour jour xviij d., vallent, sans les despens   iij s.

*Item a Clement Lescaudé, ouvrier de bras, pour deli-
vrer la place et parvis de devant le mostier, pour v jours
pour journées et despens, pour jour iij s., vallent xv s. ;
je les poye sans plusieurs vins.*

Item a Guillaume Le Go, forgour, pour faire ij caynes,
c[h]acune de viij piés de long ou environ, sans les despens   xxv s.

Et les despens, iiij s. vij d.   iiij s. vij d.

Item (2) a Jehan Evillart, pour relier le grand [livre
messel] de Saint-Nicholas, l'an mil CCCC.XXIX, la
premiere sepmaine de fevrier   xx s. et le vin.

Item a Ricart Binet, pour x peaux de basennes, a xx d.
la pel, vallent   xvj s. viij d.

Item a Jehan Brunet, pour ordener les
dictes basennes   xj s. viij d.

Item a Jehan Le Riche, sareurier, pour la sareure a
tourol ; pour l'uys du chuer par devers la rue   v s.

Item a Jehan Le Cat, pour une chaere por oir les con-
fessions   xxv s.

---

(1) Tout le passage imprimé ici en italiques est barré de deux
traits dans le manuscrit et encadré dans la marge de gauche par les
deux syllabes du mot *vacat*, répété deux fois. Ces mises font en
effet double emploi avec d'autres énoncées plus haut. La même
remarque s'applique au paragraphe imprimé un peu plus loin en
italiques.

(2) La fin du folio, à partir de ce paragraphe, présente des différences d'écriture assez notables et parait dater de plusieurs époques.

Item autres mises por le mostier, obliés a estre mises en escript, recueillies par les papiers, par les ans dessus dis, la somme de quarante trois libres vj d.   xliij l. vj d.

Item pour la façon et matierez de cest libre   vj l. t. v s.

Somme totalle vᶜ ɪɪɪɪˣˣ vɪɪɪ l. ɪɪɪɪ s. vɪ d. jusques ad l'an M CCCC trente intrant.

Si convient de ceste somme [rabatre] la somme de dons et recepte, qui se monte ɪɪᶜ ɪɪɪɪˣˣ xvɪɪ l. xɪx s. vɪɪɪ d.

Ainsi demeure que le dit actour a poyé plus que receu la somme de ɪɪᶜ ɪɪɪɪˣˣx l. ɪɪɪɪ s. x d., pour partir aux proyeres des bons parroissiens.

Somme toute de mises pour le mostier vᶜ ɪɪɪɪˣˣvɪɪɪ l. ɪɪɪɪ s. vɪ d. jusques ad l'an M CCCC XXX intrant (1).

[*Fol. 34 vᵒ*] Versus de villa Parisiensi :

> Parisienses sunt sicut enses semper acuti ;
> Prelia noscunt, omnia poscunt, sunt bene tuti,
> Parisienses nobiliores atque securi,
> Bella videntes considerantes omnibus uti,
> Sunt patientes atque potentes suntque benigni,
> Juste petentes et deprecantes atque devoti.

Parrociani cujusdam ville dixerunt prebitero suo et aliis :

> Ordinat hec villa quod presbiter ullus in illa
> Enses portare nec armas audet habere,
>   Nam si percuterit, inreguaris erit.

> Prebiter hec dicit : Michi portare liquebit,
> Possum portare que dicunt nulla valere.
> Respondit villa quod presbiter ullus in illa
> Moram non faciat alibi se vivere vadat ;
> Ense coronabitur si plus defferre videtur,
> Qui deffert ensem querit habere necem.

(1) Ce dernier paragraphe est répété en écriture cursive dans la marge d'en bas.

Presbiter volens mortem parrocianorum suorum :

> O mors, sume meos meliores parrocianos ;
> Per villam vade, diciores tu michi trade.

[*Fol. 35 r°.*]

> Rector tam pravus sit mortis vulnere plenus.

Rector desiderans vitam parrocianorum suorum :

> Christe, perce meis cleris et parrocianis.
> Da spacium vite, pacem mereantur habere,
> Et michi, rectori de villa Constanciensi,
> Regnum celeste post mortem da manifeste,
> > Det michi dona deus non fore fine reus.
> Prebiter hos versus faciendo sit benedictus,
> Et sibi det vitam post mortem semper eternam.
> > Amen. Amen. Amen.

Expellentis rustici. Nota hec ille.

Item s'ensuit la tenour d'un autre protestacion et demonstracion comme ledit mostier a esté refait anciennement par osmones omosnés et par instrumens fais, donc la tenour s'ensuit, fait es ans et jours, comment le lettour pourra voyer plus au plain.

[*Fol. 35 v°*] Universis hec visuris, vicarii in spiritualibus et temporalibus generaliter reverendi in Christo patris ac domini domini Ludovici, dei gracia episcopi Constanciensis (1), in remotis notorie nunc agentis, et officialis Constanciensis, salutem in domino. Noveritis quod, in nostra notariique publici et testium subscriptorum presencia personaliter constitutus, vir venerabilis

---

(1) Louis d'Erquery, promu à l'évéché de Coutances par bulle du pape Clément VI, du 9 janvier 1346, mort en 1370 (Eubel, *Hier. cath.*, I, 213).

et discretus dominus Johannes de Ausses (1), prebiter, canonicus Meldensis et rector ecclesie Sancti Nicholay Constanciensis existens, faciendo protestacionem super infrascriptis, dixit quod, cum ipse primo venisset ad regendum et gubernandum ecclesiam Sancti Nicholay predictam eamque invenisset quasi per totum, excepto choro ipsius, discopertam, nonnullisque aliis reparacionibus sumptuosissime indigentem, et cum hinc inde diligenter ad reparacionem ipsius quis teneretur perquireret nullumque super hoc remedium minime inveniret, tandem dicte ecclesie subveniendo de remedio oportuno, curiam Romanam dictus rector adivit ibique pro dicte ecclesie benefactoribus indulgenciam a domino nostro papa et a quodam probo et potente viro, magistro Petro de Chintreyo nuncupato (2), rectore ecclesie parrochialis

(1) Aussey ou Aussy : il y a un écart de ce dernier nom en Seine-et-Marne, commune de Buthiers, canton de La Chapelle-la-Reine, arrondissement de Fontainebleau. C'est peut-être de ce hameau que notre chanoine de Meaux était originaire. Il fut pourvu du bénéfice de Saint-Nicolas de Coutances par bulle du pape Innocent VI, datée de Villeneuve-lès-Avignon le 10 août 1355 (Arch. Vat., Reg. d'Avignon d'Innocent VI, t. XV, fol. 448). Ce bénéfice était devenu vacant par suite de la résignation de Jean de Neuville, qui avait échangé cette cure contre celle de Cagnicourt (Pas-de-Calais, arrondissement d'Arras, canton de Vitry).

(2) Les archives du Vatican nous ont fourni quelques renseignements sur ce curé de Saint-Denis-le-Vêtu, qui contribua par ses aumônes à la restauration de l'église Saint-Nicolas de Coutances. Pierre de Chintré, ou peut-être de Chaintrix (Chaintrix-Bierges, Marne, arrondissement de Châlons-sur-Marne, canton de Vertus), était scribe pontifical en cour d'Avignon. En 1361, Geraud, abbé du monastère de Saint-Pierre-aux-Monts de Châlons, le nomme son procureur à l'effet de visiter pour lui le tombeau des Saints Apôtres (Arch. Vat., *Instrumenta miscellanea*, caps. 214, n° 14 de l'Inventaire conservé aux Archives nationales sous la cote L 374). Par bulle datée d'Avignon le 1er mars 1364, Urbain V autorise Me Pierre

Sancti Dyonisii-le-Vestu, Constanciensis diocesis, quodam munificum donnum sive elemosinam, prout patebit inferius, impetravit ; unde postmodum, post ipsius rector[is] ad ecclesiam suam predictam a curia regressum, de hujus [modi] dono et elemosinis, propter indulgenciam predictam et sancto devocionem, quam plures habebant, impensis, per quemdam probum, [*Fol. 36 r°*] honestum, deo et beato Nicholao devotum, virum Guillelmum de Landis (1), su dictum [*sic*] de Cerenciis oriundum, dicta ecclesia fuit recooperta et honorifice reparata, non tamen per ipsum artificialiter sed per predictas elemosinas operariis ministrando fiducialiter, sicut a predicto Guillelmo pluribusque aliis fide dignis et probis hominibus de dicta parrochia fuimus et sumus plenarie informati ; verumptamen prefactus rector protestatus fuit quod, cum ipse ecclesie dicte [aliquid] dampni (2) non dederit nec per eum discooperta fuerit neque eciam ad hoc de jure teneatur, hujusmodi reparacio, sicut premictitur, facta de elemosinis, non sit nec debeat in sui

de Chintré, curé de Saint-Denis-le-Vêtu, au diocèse de Coutances, et Guillaume de la Haie, curé d'Avançon, au diocèse de Reims, à permuter entre eux leurs bénéfices (Reg. Vat. 251, fol. 215). Par lettre datée d'Avignon le 24 avril 1366, Urbain V recommande aux doyen et chapitre de l'église de Laon Me Pierre de Chintré, chanoine de ladite église, écrivain et familier du pape, qui se rend auprès d'eux porteur des présentes, afin d'obtenir ce qui lui est dû en raison de ses prébende et canonicat (Reg. Vat. 248, fol. 77 v°).

(1) Guillaume des Landes figure aussi parmi les bienfaiteurs de l'église Saint-Pierre de Coutances ; le 13 août 1371, il donne au trésor une rente de 8 sous et 2 boisseaux de froment pour la fondation d'une messe chaque année le 26 juin (Arch. de l'hospice de Coutances. Fonds de l'église Saint-Pierre. Original).

(2) Entre les mots *dicte* et *dampni*, il y a un blanc dans le manuscrit. Le mot *aliquid* paraît être celui qu'exige le sens de la phrase.

esse aut successorum suorum prejudicium quodlibet in futurum, et ob hoc peciit coram nobis (1) per notarium publicum infrascriptum litteras sive bullam papalem et instrumentum donationis predicte legi et publicari ; cujus quidem bulle papalis tenor de verbo ad verbum noscitur esse talis :

(2) Urbanus episcopus, servus servorum dei. Universis Christi fidelibus presentes litteras inspecturis, salutem et apostolicam benedictionem. Ecclesiarum fabricis manum porrigere adjutricem pium apud Deum et meritorium repu[tantes], frequenter Christi fideles ad impendendum ecclesiis ipsis auxilium nostris litteris exhortamur, et, ut ad id eo forcius animentur quo magis (3) ex hoc animarum [*Fol. 36 v°*] commodum se sp[eraverint] adipisci, nonnunquam [pro hiis] temporalibus suffragiis spiritualia eis munera, videlicet remissiones et indulgencias, elargimur. Cum itaque, sicut accepimus, ecclesia Sancti Nicholay Constanciensis, que ipsius sancti meritis nonnullis asseritur coruscare miraculis, propter guerras, que assidue in illis partibus viguerunt multipliciter et quasi irreparabiliter collapsa [et] dampnifica [ta] existat magnisque et sumptuosis reparacionibus indigere noscatur, et ad ipsius reparaciones pia fidelium subsidia fore noscantur plurimum oportuna, universitatem vestram rogamus, monemus et hortamur in domino, vobis

(1) Il y a dans le texte *vobis*, qui est une faute de lecture.

(2) Le texte exact de cette bulle d'Urbain V, qui se présente dans le manuscrit de Saint-Nicolas avec bien des lacunes et des erreurs de lecture, a été rétabli d'après la copie qui se trouve aux archives du Vatican, dans le Registre 253, fol. 35, n° 85. Cette bulle y figure parmi les lettres communes d'Urbain V.

(3) Il y a dans le texte *motus*, qui est une faute évidente de lecture.

in remissionem peccaminum injungentes, qu[atinus] de
bonis a deo vobis collatis ad reparacionem hujusmodi
pias elemosinas et grata caritatis subsidia erogetis, ut per
subvencionem vestram hujus[modi] ecclesia ipsa valeat
reparari et vos per hec et alia bona que, domino inspi-
rante, feceritis ad eterne possitis felicitatis gaudia perve-
nire. Nos enim, de omnipotentis dei misericordia et beatorum Petri et Pauli apostolorum ejus auctoritate confisi,
omnibus vere penitentibus et confessis, qui ad reparacionem hujus[modi] manus porrexerint adjutrices, unum
annum et quadraginta dies de injunctis eis penitenciis
misericorditer relaxamus, presentibus post decennium
minime valituris (1), quas mitti per questuarios districtius inhibemus, eas, si secus actum fuerit, carere viri-
bus decernentes. Datum Avinione, 11 kal. decembris
[*Fol. 37 r°*], pontificatus nostri anno secundo.

Donacionis tenor sequitur in hunc modum : In nomine
domini amen. Per hoc presens publicum instrumentum
pateat universis quod, anno a nativitate domini millesimo trecentesimo sexagesimo quarto, indictione secunda,
die tercia mensis aprilis, pontificatus sanctissimi in Christo
patris et domini nostri, domini Urbani, divina providencia pape quinti, anno secundo (2), in mei notarii
publici et testiu[m] subscriptorum, ad hoc specialiter
vocatorum et rogatorum, presencia personaliter constitutus, vir venerabilis magister Petrus de Chintryo, domini pape scriptor, rector parrochialis ecclesie Sancti (3)

(1) Il y a dans le manuscrit *nunc valiturum*, qui est une lecture
fautive.

(2) La seconde année du pontificat d'Urbain V s'étend du 6 novembre 1363 au 6 novembre 1364. Cette bulle est donc du 13 novembre 1363.

(3) Il y a dans le texte *sancte*, qui est une faute évidente de lecture.

Dyonisii Vestiti, Constanciensis diocesis, ac secretarius et
capellanus familiaris et domesticus commensalis reverendi
patris domini Petri (1), dei gracia Sancte Marie Nove
diaconi cardinalis, dicens quod ipse intellexer [at] quod
ecclesia beati Nicholai Constanciensis est in tantum in
suis ruinosa edificiis quod, n[isi specia]liter de alicujus (2)
[bonis] succurratur eidem, (quod) ecclesia ipsa [in magno
peri]culo est cadendi, quod si contingeret, divinus cul-
[tus   ] minueretur ibidem; unde dictus
magister Petrus, [in dicta ecclesia] divinum cultum
cupiens non minui sed augeri, ob Dei et beate Marie
Virginis ac ipsius sancti Nicholay, ad quem idem magister Petrus habet, ut dixit, singularis devocionis affectum,
reverenciam, et in suorum remissionem peccaminum,
volens prefate ecclesie Sancti Nicolay et ipsius reparacioni succurrere, juxta [*Fol. 37 vº*] suorum decenciam
facultatum, ex sua mera liberalitate et devocione, ad hoc,
ut dixit, per aliquem non inductus, dixit, injunxit et
mandavit venerabili viro domino Johanni d'Ausses, rectori dicte parrochie Sancti Nicholay, ibidem presenti, dicti
magistri Petri in prefata sua ecclesia Sancti Dionisii (3)
[substituto], quod ipse dominus Johannes ad reparacio-

(1) Pierre Roger, du diocèse de Limoges, neveu du pape Clément VI. Le 28 ou 29 mai 1348, à peine âgé de dix-huit ans, il fut
créé par son oncle cardinal-diacre du titre de Sainte-Marie-Nou-
velle ; il était connu sous le nom de cardinal de Beaufort. C'est lui
qui devint pape, en 1370, sous le nom de Grégoire XI.

(2) Après *alicujus* il y a un blanc dans le texte ; il faut y suppléer
sans doute par le mot *bonis* ou *elemosinis* que le sens réclame. Le
manuscrit a d'ailleurs beaucoup souffert de l'humidité en cet endroit
et plusieurs feuillets ont été atteints.

(3) Après le mot *Dionisii* il y a un blanc dans le manuscrit. Nous
n'hésitons pas à y suppléer par le mot *substituto* qui est conforme
au sens et se trouve d'ailleurs employé plus loin.

nem et pro reparacione dicte ecclesie Sancti Nicholay
omnia et singula, ad dictum magistrum Petrum, racione
prefate sue ecclesie Sancti Dionisii quocumque [titulo](1)
pertinencia et debita, pro annis a Nativitate domini mil-
lessimo CCC LX° primo, LX° secundo, LX° III° et presenti sexagesimo quarto usque ad diem pasche [pro-
ximo] (2) preteritum eciam inclusive ponat seu poni faciai
et expendat, hoc solum excepto quod, si alique reparaciones, ad quas teneatur rector dicte ecclesie Sancti Dionisii
aut si eciam aliqua sint debita vel onera pro ecclesia ipsa
Sancti Dionisii persolvenda, hujusmodi reparaciones fiant
ibidem et debita ac [onera] pro ipso magistro Petro vel
alio futur[a in] ecclesia sua primitus persolvantur, et
quod [in ipsa ecclesia] Sancti Dionisii provisio debita ibidem rema [neat   ] novos fructus, si et
prout patrie usus patrie [debuerit] pro ipso magistro Petro vel alio futuro ipsius ecclesie rectore, si forsan
ipsum magistrum Petrum [   ] ab hac luce
migrare vel ipsam dimittere contingeret quoquo modo ;
que omnia singula, ad ipsum magistrum Petrum racione
prefate sue ecclesie Sancti Dionisii, ut prefertur, specian-
cia, cujuscumque fuerint quantitatis [*Fol. 38 r°*] et penes
quascumque personas existentes si sint [   ]
dicti magistri Petri in dicta ecclesia vel substituti ab eis
seu alterius eorumdem, exeptis dumtaxat illis que ipse, ut
prefertur, excepit, idem magister Petrus ex nunc fabrice
dicte ecclesie Sancti Nicholay et ipsius reparacioni dedit
liberaliter et donavit ac omne jus, omnemque actionem,
sibi in premissis quomodolibet competens et competen-

(1) Nouveau blanc après *quocumque* ; il faut ajouter sans doute
titulo.

(2) Ce mot est laissé en blanc dans le texte. Il en est de même
du mot *onera* transcrit plus loin entre parenthèses.

tem, in predictam ecclesiam Sancti Nicholay et prefatam
ejus reparacionem cessit, transtulit et transportavit omnino, nichil penitus ultra premissa excepta retinens in
eisdem, requirens et rogans me notarium infrascriptum
ut de premissis omnibus, ad opus et utilitatem ecclesie
Sancti Nicholay [pre]dicte et reparacionis ejusdem [unum]
vel plura confi[cerem] publicum seu publica instrumenta.
Acta f[uerunt] h[ec] Avinione, in domo habitacionis prefati domini cardinalis, in camera dicti magistri Petri,
presentibus venerabilibus viris domino Guillelmo [Le-
mignet?] prebitero, Sancte Trinitatis Cathalaunensis et
Nicholao   ] clerico, sancti Evodii [   ]
ecclesiarum [capellanis?   ], ad premissa vocatis pariter et rogatis.

Et ego Johannes Gedeschans de W[   ] clericus, Laudunensis diocesis, publicus apostolica et imperiali auctoritate notarius, premissis omnibus et singulis, dum, ut premittitur, agerentur et fierent, una cum
prenominatis testibus presens fui eaque omnia et singula,
prout suprascripta sunt [*Fol. 38 v°*] et leguntur fieri et
audivi, scripsi et puplicavi et in hanc publicam formam
redegi huicque publico instrumento meum consuetum
signum apposui, requisitus pariter et rogatus in fidem et
testimonium premissorum.

In quorum omnium fidem et testimonium, presentes
litteras seu presens publicum instrumentum, ad instanciam et requisicionem prenominati domini Johannis
d'Ausses, canonici Meldensis, et rectoris ecclesie Sancti
Nicholay Constanciensis, ut prefertur, per notarium publicum infrascriptum fieri et publicari ac sigilli curie (1)
Constanciensis, quo talibus utimur, una cum signo et

(1) Il y a dans le texte *curati.*

subscripcione predicti notarii publici infrascripti, ad cautelam dicti domini Johannis et successorum suorum futurorum rectorum ecclesie Sancti Nicholay predicte, facimus appensione muniri. Acta fuerunt hec Constanciis (1), videlicet infra ecclesiam cathedralem, anno domini millesimo trecentesimo sexagesimo septimo, die quinta mensis junii, indictione quinta, pontificatus sanctissimi in Christo patris ac domini nostri domini Urbani, divina providencia pape quinti, anno quinto, present[ibus venerabilibus] et discretis domnis Nicholao Maleff[ant], capellano majoris altaris ecclesie Constanciensis, Henr[ico Le M]arié, prebiter[o], ipsius ecclesie perpetuo capellano, Roberto Lislemen, clerico, Joscellino Ravenelli et Stephano Muci, nonnullisque aliis, coram dictis dominis vicariis et officiali testibus ad premissa vocatis specialiter et rogatis.

[*Fol. 39 r°*] Et ego Nicholaus Le Chepey, clericus Constanciensis diocesis, publicus imperiali auctoritate notarius, coram dictis dominis vicariis et officiali reverendi in Christo patris et domini, domini Ludovici, dei gracia episcopi Constanciensis predicti, protestacioni bule papalis et instrumenti donacionis predictorum exhibicioni ceterisque omnibus et singulis, dum, sicut premittitur, agerentur et fierent ac dicerentur, una cum prenominatis testibus presens fui atque omnia et singula fieri dici, vidi et audivi et publicavi, et, circa alia occupatus, per alium scribi feci signumque meum solitum, una cum sigillo curie episcopalis Constanciensis, huic presenti publico instrumento apposui, rogatus in testimonium veritatis.

(1) Il y a dans le texte *Constancien.*, avec une abréviation ; lecture fautive.

*[Suit le monogramme dudit notaire et, au-dessous, sa
signature : Le Chepey]* (1).

[*Fol. 39 v°*] [Vecy la coppie du pardon de Saint-Ni-
colas]

Alamanus (2), miseracione divina, tituli sancti Eusebii
presbiter cardinalis Pisanus, in Remensi, Senonensi et
Rothomagensi provinciis, civitatibus et diocesibus, apostolice Sedis, cum plena potestate legati de latere, nuncius.
Universis Christi fidelibus presentes litteras inspecturis,
salutem et sinceram in domino caritatem. Licet is, de
cujus munere venit, ut sibi a suis fidelibus digne et laudabiliter serviatur, de habundancia pietatis sue, que me-
rita supplicum excedit, et vota bene servientibus ei multo
majora retribuat quam valeant promereri, nichilominus
tamen considerantes Domino reddere populum accepta-
bilem et bonorum operum sectatorem, fideles ipsos ad
complacendum ei quasi quibusdam alectivis muneribus,
indulgenciis videlicet et remissionibus, invitamus, ut
ipsis exinde reddantur divine gracie apciores. Cum itaque,
sicut accepimus, ecclesia parrochialis Sancti Nicholay

(1) Il va sans dire qu'il s'agit ici d'une imitation du copiste et
non du monogramme et de la signature autographes du notaire.

(2) Alamanus Adimarius, archevêque de Pise, créé par Jean XXIII,
le 6 juin 1411, cardinal-prêtre du titre de Saint-Eusèbe, était plus
connu sous le nom de cardinal de Pise. Il fut envoyé comme nonce
apostolique en France, une première fois le 9 juin 1410, avant sa
promotion au cardinalat, et une seconde fois le 13 mai 1413. Il
reçut alors plusieurs bulles du pape Jean XXIII relatives aux causes
des maîtres et étudiants de l'Université de Paris (Denifle et Châtelain, *Chartul. Univers. Parisien.*, nᵒˢ 1976, 1996, 2022). C'est
pendant cette seconde légation qu'il accorda le « pardon » de Saint-
Nicolas. Il mourut à Tivoli en 1422, le 17 avril suivant les uns,
le 27 septembre suivant les autres (Cf. Eubel, *Hierarchia catholica*, I, 31, note 8).

Constanciensis, que in suburbiis Constanciensibus situata existit, consueverit elemosinis et subvencionibus caritativis fidelium reparari ipsaque de presenti magnis et quasi importabilibus reparacionibus plus solito indigeat; nos, cupie[ntes ut] ecclesia ipsa congruis honoribus frequentetur ac eciam reparetur et ut Christi fideles eo libencius causa devocionis confluant ed eandem, et ad reparaciones hujusmodi eo prompcius manus porrigant adjutrices quo ex hiis ibidem uberius dono celestis gracie conspexerint se refectos, de omnipotentis dei [*Fol. 40 r°*] misericordia et beatorum Petri et Pauli apostolorum ejus auctoritate confisi, omnibus vere penitentibus et confessis, qui in Nativitatis, Circoncisionis, Epyphanie, Resurrectionis, Ascensionis et Corporis domini nostri Jesu Christi ac Penthecostes, necnon in Nativitatis, Purificacionis, Annunciacionis et Assumpcionis beate Marie Virginis, Nativitatis beati Johannis Baptiste et beatorum Petri et Pauli apostolorum dicteque ecclesie [dedicacionis] festivitatibus et in celebritate Omnium Sanctorum et per ipsarum Nativitatis, Epyphanie, Resurrectionis, Ascensionis et Corporis domini necnon Nativitatis et Assumpcionis ipsius beate Marie Virginis, Nativitatis beati Johannis Baptiste et beatorum Petri et Pauli apostolorum predictorum festivitatum octavas et per sex dies dictam festivitatem Penthecostes inmediate sequentes, ecclesiam predictam devote visitaverint et manus porrexerint adjutrices, singulis videlicet festivitatum et celebritatis, unum annum et quadraginta dies, octavarum vero et sex dierum predictorum diebus quibus ecclesiam ipsam visitaverint et manus porrexerint, ut prefertur, [quadraginta] dies de injunctis eis penitenciis auctoritate apostolica, qua fungimur in hac parte, misericorditer relaxamus. Ceterum, ut omnia et singula, que per eosdem fideles, pro relaxationis (1) hujusmodi gracia consequenda, afferri contigerit vel donari, in usus, ad quos oblata vel donata [*Fol. 40 v.*] fuerint, integre convertantur, sub interminacione divini judicii districtius inhibemus ne quis, cujuscunque status, condicionis vel dignitatis existat, quicquam de oblatis vel donatis ipsis sibi aliquatenus aproprietvel usurpet. Si quis autem hoc actemptare presumpserit, non possit a reatu presumpcionis hujusmodi ab aliquo, nisi apud Sedem apostolicam, et satisfacione debita per eum de illis, que sibi apropriaverit vel usurpaverit, realiter prius impensa, nisi a mortis articulo constitutus, beneficium absolucionis obtinere. Datum Parisius, vj idus julii, pontificatus domini nostri Johannis pape xxiij anno quinto (2). — Jo. Fabri.

Prima constitucio capelle Sancti Hylarii de Mara (3).

(1) Il y a dans le texte *pio relaxamus*, qui est une faute évidente de lecture.

(2) En marge est écrit : *Anno incarnationis Christi, 1414.* La date, ramenée au comput moderne, est : 10 juillet 1414.

(3) Le château de la Mare, commune de Saint-Nicolas de Coutances, situé à droite de la route de Coutances à Périers, rappelle aujourd'hui cet ancien fief. La propriété est une des plus belles des environs de Coutances ; mais il ne reste plus rien des bâtiments du moyen âge. A l'époque de la rédaction de notre manuscrit, ce fief appartenait à Henri d'Esquai ; l'aveu qu'il en rendit au roi Charles VI, le 26 novembre 1402, se trouve aux Archives nationales (P 2894, nº 447. Original). Ce fief resta peu de temps entre les mains de la famille d'Esquai. En 1395, il appartenait à Jeanne de la Mare, veuve de Thomas Maupetit ; le 14 septembre de cette année, Charles VI lui accordait, à cause de son grand âge et de l'éloignement, terme et répit jusqu'à Pâques pour prêter foi et hommage et bailler dénombrement dudit fief (Arch. nat. P 2672, nº 2667). En 1430, nous retrouvons Thomas Maupetit, écuyer, fils de la précédente, comme possesseur du fief de la Mare. Le 8 septembre de

[*Fol. 41 r°*] Universis Christi fidelibus ad quos presens scriptum pervenerit, Guillelmus de Mara, miles, salutem. Noverit universi[tas] vestra quod hec constitucio facta est inter ecclesiam et me et heredes meos super capella habenda et servicio in eadem faciendo in perpetuum apud Maram : Ego siquidem, de voluntate et consensu heredum meorum, ad servicium eidem capelle faciendum, assignavi presbitero, qui in eadem capella ministrabit, decem et octo quarteria frumenti et viginti solidos usualis monete in nundinis Montis Martini et novem virgatas terre sitas juxta ea[m]dem capellam, in perpetuam elemosinam, quietas ab omnibus rebus temporalibus, que ad me vel heredes meos vel superiores dominos pertinent vel possunt aliquando pertinere, de residuo feodi mei modis omnibus acquitati ; luminare eciam eidem capelle competens assignabit. Capitulum vero Constanciense ydoneum presbiterum in eadem capella instituet, a me vel herede meo presentatum. Quia vero predicta capella sita est in parrochia beati Nicholay Constanciensis, ego Guillelmus, ut matricis ecclesie servem ydempnitatem, dedi et concessi altalagio Sancti Nicolay decem bucellos frumenti in terra tantum valente ad Crucem Jugelli de Parco (1) in perpe-

cette année, il prête foi et hommage à Rouen entre les mains du roi d'Angleterre Henri VI, qui lui délivre quittance (*Ibid.*, P 2672, n° 274).

(1) Le Parc, ancienne propriété des évêques de Coutances, situé un peu à droite de la route de Saint-Lô. La croix Juhel, dont il est question ici, était aussi connue sous le nom de Croix du Parc. Dans un acte du 26 octobre 1334 (Cartul. de l'Hôtel-Dieu, n° 149), il est fait mention du « chemin par ou l'en va de la Poterie a la croix du Parc ». Cette propriété était enclose de murs : un acte du 16 mars 1448 mentionne « le clos de la Quesnée », qui « bute d'un but es murs du Parc » (Ibid., n° 275). Plus tard, cette propriété devait servir de lieu de réunion pour les fêtes de la Révolution.

tuam elemosinam et quietam ab omnibus rebus temporalibus, que a[d] me vel heredes meos vel superiores meo[s] dominos pertinent vel possint aliquando pertinere, de residuo feodi mei modis omnibus acquitati; licet autem michi et heredi meo et fami[lie] mee ejusdem capelle interesse servicio et presbiter capelle omnes oblaciones habebit omnibus diebus, exceptis in anno die Nativitatis domini, Pasche, Rogacionum, Penthecostes, festivitatibus beate Marie, festo sancti Nicholay ante Nat[ale], festo Omnium Sanctorum, Commemoracio[ne] omnium fidelium defunctorum et die dedicacionis ecclesie Constanciensis, in quibus tenemur servicio matricis ecclesie interesse et facere sicut alii parrochiani facere consueverunt. Omnes eciam decimas nostras integre matrici ecclesie persolvemus. Jurabit autem presbiter capelle fidelitatem et obedienciam ecclesie Constanciensi et quod nullum alium parrochianum ejusdem ecclesie recipiet ad ecclesiastica sacramenta diebus dominicis et festivis et si quam oblacionem receperit alicujus parrochianorum ecclesie Constanciencis eas presbiter[o] (1) Sancti Nicholay Constanciensis reddere non obmittet. Si autem contigerit, quod absit, quod in predicta capella non possit habere servicium per defectum meum vel heredis mei, redditus eidem capelle deputati [in usus] servicii majoris ecclesie convertentur. Et ut hoc firmum et stabile, sit presens scriptum sigilli mei munimine roboravi. Actum coram nobis Constanciis (2), die veneris infra octavas beati Martini hyemalis anno domini millesimo ducentesimo tricesimo quinto (3).

(1) Il y avait *presbiter* qu'on a corrigé dans la suite en *presbitero*.

(2) Il y a dans le texte *Constancien*, avec une abréviation, faute évidente de lecture.

(3) 16 novembre 1235. Les mots *matricis ecclesie, ecclesie Constanciensis*, que l'on trouve dans cet acte, désignent l'église cathé-

Fundacio capelle Sancti Hylarii de Mara.

[*Fol. 42 r°*] Universis Christi fidelibus, ad quos presens scriptum pervenerit, Hugo, dei gracia episcopus Constanciensis et capitulum ecclesie, salutem in omni salutari. Noverit universitas vestra quod nos concessimus Guillelmo de Mara, militi, et heredibus suis ut possint habere servicium in capella sua imperpetuum apud Maram ; ipse vero, de voluntate et consensu heredum suorum, ad servicium ejusdem capelle faciendum, assignav[er]it presbitero, qui in eadem capella ministrabit, decem et octo quarteria frumenti annui redditus et vinginti solidos usualis monete in nundinis Montis Martini et novem virgatas terre, sitas juxta eandem capellam, in perpetuam elemosinam, ab omnibus rebus temporalibus, que ad ipsum vel heredes suos vel superiores dominos pertinent vel possint aliquando pertinere de residuo feodi sui, modis omnibus acquittati ; luminarium eciam eidem capelle competenter assignabit. Capitulum vero Constanciense presbiterum ydoneum in eadem capella instituet, a predicto Guillelmo vel herede suo presentatum. Quia vero predicta capella sita est in parrochia Sancti Nicholay Constanciensis, idem Guillelmus, ut matricis ecclesie servaret ydempnitatem, dedit et concessit

drale. Pour bien comprendre les clauses relatives aux droits de cette église, il faut se rappeler qu'à l'époque où ce document fut rédigé, la paroisse Saint-Nicolas avait son siège dans une chapelle de la cathédrale ; le curé de Saint-Nicolas était chapelain de la cathédrale et dépendait du Chapitre. En se préoccupant de sauvegarder les droits de « l'église-mère », le fondateur de la chapelle de la Mare avait en vue l'intérêt de la paroisse dont le siège officiel était dans la chapelle Saint-Nicolas. Il ne faut pas inférer de ce document que la cathédrale était alors église paroissiale. Il semble bien, au contraire, qu'elle ne l'a jamais été, pas plus au moyen âge que de nos jours.

altalagio Sancti Nicholay decem bucellos frumenti in
terra tantum valente ad Crucem Jugelli de Parco in perpetuam elemosinam et quietam ab omnibus rebus temporalibus, que ad ipsum vel heredes suos vel superiores
dominos pertinent vel possint aliquando pertinere et de
residuo feodi sui modis omnibus (diebus) acquittati;
licebit autem ipsi et heredi suo et familie sue ejusdem capelle servicio interesse, et presbiter capelle omnes oblaciones habebit omnibus diebus, exceptis (anno) die Nativitatis domini [*fol. 42 v*º] Pasche, Rogacionum, Penthecostes et festivitatibus beate Marie et festo sancti Nicholay
ante Natale et festo Omni[um] Sanctorum et Commemoracio[ne] omni[um] fidelium defunctorum et die dedicacionis ecclesie Constanciensis, in quibus tenentur servicio
matricis ecclesie interesse et facere sicut alii parrochiani
facere consueverunt; omnes eciam decimas suas integre
matrici ecclesie persolvet (1); jurabit autem presbiter
capelle fidelitatem et obedienciam ecclesie (Sancti Nicolai) (2) Constanciensi et quod nullum alium parrochianum ejusdem ecclesie recipiet ad ecclesiastica sacramenta
diebus dominicis et festivis, et, si quam oblacionem receperit alicujus parrochianorum ecclesie Constanciencis,
eas presbiter[o] (3) sancti Nicholay Constanciensis reddere
non obmittet. Si autem contigerit, quod absit, quod in
predicta capella non possit habere servicium per defectum
sepedicti Guillelmi vel heredis sui, redditus eidem capelle
deputati in usum servicii majoris ecclesie convertentur.

(1) A la suite du mot *matrici*, une main postérieure a ajouté
une *s* et, en interligne, le membre de phrase suivant qui a été
ensuite gratté : *Constan[ciensis] ecclesie Sancti Nicolay*.

(2) Les deux mots entre parenthèses ont été ajoutés.

(3) La lettre *o* a été ajoutée, mais la correction paraît, sinon
contemporaine de la rédaction du manuscrit, du moins très peu
postérieure. Elle est d'ailleurs exigée par le sens de la phrase.

Et ut hoc [sit] firmum et stabile, presens scriptum (et) sigillorum nostrorum munimine dignum (1) duximus roborandum ; anno vero domini millesimo ducentesimo quadragesimo quarto, die jovis in crastino sanctorum Petri et Pauli apostolorum (2).

Pour le mostier de Saint-Nicolas (3).

[*Fol. 43 rᵒ*] Item a[u]tres mises pour le mostier, faites en l'an M. CCCC.XXXᵗᵉ.

Primo. — Ad Guillaume de Belle ée, carpentier, pour faire les aumares d'après le lavatore. Rendues au mostier le xxix jour d'avril, par le prix de iiij l. t. et v s. pour vin.

Item a Jehan Le Riche, sareurier, pour fare les couplés (4), sareures, tourous, clés e autres garnisons pour les dites aumares   xxx s.

Item eudit an, eu moys de decembre, ad Perrin Le Moignen, escripvein, pour deus chayés et demi de parchemin vellin, en quoy est escript le service de la feste de Nouel jusques a l'invitatore saint Estienne   xxx s.

---

(1) Il y a dans le texte *signum*, qui est une faute évidente de lecture. Il faut peut-être lire d'ailleurs : *presenti scripto et sigillorum, etc...* ; c'est la formule ordinaire de l'époque.

(2) En 1244, le 30 juin tombait effectivement un jeudi ; mais, à cette date, le siège épiscopal de Coutances était vacant, Hugues de Morville étant mort le 27 octobre 1238. Nous sommes donc ici en présence d'une petite falsification du copiste, qui aura voulu rajeunir cette pièce de plusieurs années, dans un but d'ailleurs difficile à comprendre.

(3) Toute cette partie du feuillet 43 rᵒ, jusqu'à *Ecce palam loquitur*, est d'écriture plus fine que le reste du manuscrit : c'est une sorte de cursive gothique du xvᵉ siècle. En marge des deux premières mises, on lit la note suivante : *Nota cum expensis dicti de Maresco*.

(4) C'est-à-dire les charnières ou les gonds.

Item a Guillaume Thesart, escripvain, pour relier, couvrir et corrigier le psaultier   xx s. t.

Item pour une pipe de caulx, pour le petit portal du mostier faire   xv s. x d. pour vin.

Item, la premiere sepmaine de fevrier, l'an mil CCCC.XXX, a Jehan Le Fevre, machon, pour machonner le dit portal et recauchier le pillier devant le mostier, pour vj jours, pour jour ij s. vj d., vallent   xv s.

Item, pour jour xij d. pour despense, vallent   vj s.

Item ad Guillaume Le Chevalier, carpentier, pour bois et carpenterie du dit portal   lij s. vj d.

Item a Estienne Jehan, couvrour de pierre, pour couvrir le dit portal   xij s. vj d.

Item pour clou a late et a chantier (1)   iiij s. vj d.

Item a Ricart Ogier, servitor, pour ij jours a servir a l'ouvrage   iij s.

Item pour la despense du dit Ricart, pour les ij jours   xx d.

       Somme xiij l. xv s. ij d.

Ecce palam loquitur. Dicunt ergo quidam. *Johannis* vij°.

Ecce salvator ejus venit et ecce merces ejus cum eo, et ego qui loquor justiciam. *Ysaye* lxij° [   ] laboravit modestus, moritur et nemo percipit corde nec conside [   ] facie iniquitatis (*en marge :* id est mundi) ablatus est. Et Dominus voluit conterere eum in infirmitate. Et voluntas domini in manu ejus dirigetur.

----

(1) D'après Littré (*Diction. de la langue franç.*), le mot *chantier*, employé comme terme de menuiserie, désigne le morceau de bois qui sert à maintenir la pièce de bois que travaille un charpentier. Nous avons vu plus haut, d'après le même auteur, la signification du mot *latte* (fol. 8 r°). Le sens de ces deux mots a peu varié depuis le moyen âge, et la différence entre clous à latte et clous à chantier est connue aujourd'hui de tous les apprentis menuisiers.

Ysaye liiij°. Ecce quomodo in pace factus est locus ejus.

Somme toute de mises pour le mostier de Saint-Nicholas, vj^e l. xxxix s. viij d., jusques à l'an M. CCCC. XXXII intrant (1).

[*Fol. 43 v°*] In (2) nomine domini Amen. Noverint universi quod ego Thomas de Maresco, debilis ac teneris condicionis, presbiter et rector seu capellanus ecclesie sive capelle parrochialis Sancti Nicolay Constanciensis, competenter compos mentis mee, attendens et considerans quod nichil est cercius morte et nichil incercius hora mortis, cupiens ac considerans saluti anime mee providere, quasi de gravi sompno evigilans et loquens creatori meo et dicens : duo rogavi te, ne deneges michi antequam moriar, id est vanitatem et verba mendacia longe fac a me ; mendicitatem et divicias ne dederis michi sed tribue tantum victui meo neccessaria, ne forte saciatus illiciar ad negandum et dicam : quid est dominus, egestate compulsus furer et parjurem nomen Dei mei (*Proverbiorum* xxx° capitulo). Et de bonis rarissimis mobilibus a Deo michi collatis et Christo prius conferendis. Et primo, in anno domini millesimo trecentesimo octogesimo decimo septimo, vero die beatissimi Nicholay confessoris yemalis (3), pandere proposui per clausulas sequentes sive capitula sequencia inchoare, facere, ordinare et condere (4)

---

(1) Ce total est en écriture cursive comme le début du folio.

(2) La lettre *I* qui commence ce mot est une grande majuscule rouge sur fond d'or, entourée de rinceaux et d'ornements bleus. C'est ici que commence la seconde partie du manuscrit.

(3) La Saint-Nicolas d'hiver est le 6 décembre ; c'est donc le 6 décembre 1397 que Thomas du Marest a commencé la rédaction de son testament. On voit qu'il prenait de bonne heure ses précautions, puisque, trente-six ans plus tard, il était encore vivant.

(4) Il y a dans le texte *concedere*, qui est une faute évidente de lecture.

testamentum meum seu mea[m ulti]mam voluntatem. Et
ideo presens huic o[ccurra]t gracia nepmatis almi ; me
juvat et faciat implere quod utile fiat. Idcirco facio, ordino et condo dictum meum testamentum seu meam ul-
timam voluntatem, secundum imbessilitatem intellectus
ingenioli mei et secundum raritatem valoris [*Fol. 44 r°*]
tunc temporis. Igitur pandere proposui legata et ea infra-
scripta reserare que laborare, rehedificare, reficere ruinas
et deffectus predicti manerii. Et, quia nichil recepi ab
executoribus (meis) successoris [*sic, leg.* predecessoris]
mei, preter ix l. t., que pro nichilo reputantur, quantum
ad honera supportanda, nichilominus non remissus fui
sed tanquam begnivolus laboravi non respiciens ad ara-
trum sed apposui manus adjutrices.

Et primo in [de]portu (1) dicte ecclesie beati Nicholay
Parisius persolvi magistro Guigno de Abbiaco (2) majori
collectori seu receptori camere apostolice in anno domini
Mᵒ CCCᵒ LXXXᵒ XVIIᵒ sommam francorum aur[e]orum
xx et pro expensis super hoc factis x l. turonensium,
faciunt   xxx l.

Deinde, in reparacionibus pro capella Sancti Flocelli,
cujus tectum cadebat et minabatur ruinam ; me commo-
rante Parisius in studio, fuit reparata et sustentata per
mandatum meum per [Guillelmum] Flaquet, illo tempore (3) procuratorem meum, pro quo [ca] pella
dictus procurator exposuit pro illa vice, pro [ut ap]parebat
per partes scriptas super hiis,   xij l.

Item, in anno domini millesimo CCCCᵒ quod ego veni

---

(1) Il y a un blanc à cet endroit du manuscrit. Le *déport* était une
redevance due à la Chambre apostolique pendant la vacance du
bénéfice.

(2) Il faut lire sans doute *Albiaco*.

(3) Il y a plutôt *tunc* dans le manuscrit.

Pa- [*Fol. 44 v°*] risius de studio pauper et dolens et ordinavi fieri reparaciones, prout patet per clausulas sequentes.

Et regressus fui Parisius statim ad studium, ut scirem
meum esse inter dominos et parrochianos michi commissos, et mansi Parisius et studui per sex annos et exposui propter victum et vestitum xl l. per annum. Sommam [per sex annos, vallent]   ijᶜ xl l. t.

Et magistri mei me volebant gradum fore recepturum
sed consideravi quod scriptum est in titulo : *de temporibus
ordinandorum in antiquis* « Non (1) in sublimitate graduum sed in amplitudine caritatis acquiritur regnum
Dei », capitulo *ad aures*.

Et sic effugi vanam graduum gloriam. Ordinavi, dico.
Ego feci claudi ortum, in manerio sacerdotali, per
Guillelmum de Plano, lathomum, cum sociis suis de
muro lapideo et constitit jam pro lathomis, servitoribus,
materiis et expensis   xj l. t.

Item, anno domini Mᵒ CCCCᵒ IIᵉ, feci fieri altum solarium (2), in quo ponuntur fena, ver[sus Guillelmum]
Le Deen, cum fenestris ligneis de camera [   ] sive
penu, per precium vj l. turonensium   vj l. t.

Item, anno domini Mᵒ CCCCᵒ I, feci fieri camerulam

(1) Il y a *nam* dans le texte. Il faut lire sans nul doute : *Non*.

(2) Ce mot a dans notre texte le sens de « plancher de terre battue
formant le sol d'un grenier » et, par extension, celui de « grenier ».
« .... Et après ce ala en son *solier* ou estoit son lit.... » (juin 1381,
Arch. nat., JJ 119, nᵒ 105). V. le *Glossaire* de Du Cange au mot
solarium. S'il est exact, comme le prétend Littré dans son *Dictionnaire*, qu'on dit encore aujourd'hui en Normandie un *solier* pour
un *grenier*, cette expression est employée souvent aussi dans notre
pays pour désigner l'aire ou plancher d'une chambre haute.
Fol. 69 v°, il n'est pas douteux que Thomas du Marest entend le
mot *solarium* de cette façon.

et latrinas prope Guillelmum Le Deen per Guillelmum
Osber cum aliis operariis et expensis   lxx s. t.

Item Guillelmo Osber et Guillelmo Le Grant lathomis pro situan- [*fol. 45 r°*] do corbellos lapideos ad portandum dictum solarium (1).

Item Roberto Restout, qui asportavit terram, videlicet argillam, pro dicto solario et pro expensis et pro planceis, scilicet *planceʒ* galice, pro dicto solario et pro omnibus istius clausule   iiij l. x s. t.

Item et anno domini millesimo quadringentesimo tercio, die Ascensionis domini (2), ego feci supportari cooperturam et trabem domus et duo solaria super magna ligna et apodiari dictam domum pro refaciendo parietem, qui cadebat in corrale in directo celarii ; qui paries cum suis cooperturis, tam pro lignis pro faciendo deambulatoria (3) quam lapidibus, calce, sabulo et lathomi servitoribus, carpentatoribus et cordis canabis et expensis et aliis rebus ad hoc neccessariis, constitit   xij l. x s. t.

Item pro xxiij pedibus vitrorum positis in capella Sancti Mauri, abbatis   cxv s. t.

Item pro pictura ymaginis beati Mauri in eodem anno   xxxv s. t.

Item pro uno scanno (4) posito in aula dicti manerii, quia non erat antea in illa   xx s. vij d. t.

(1) Au moyen âge on faisait presque toujours porter les poutres des planchers sur des corbeaux de pierre en saillie, afin d'éviter de les engager dans les murailles, où elles étaient exposées à pourrir par suite de l'humidité.

(2) 24 mai 1403.

(3) On trouve dans le *Glossaire* de Du Cange la définition suivante du mot *deambulatorium* : « Lobium quod fit juxta domos ad spatiandum. » Il s'agit sans doute ici d'une sorte de mur couvert ou portique sous lequel on pouvait se promener à l'abri de la pluie.

(4) *Scannum* : Escabeau, banc. V. Du Cange, *Glossaire*.

Item pro uno alio scanno [   ]o pedum in longitudine in alta camera seu penu et etiam pro tabula   xxviij s.

Item, anno domini M° CCCC° IIII°, pro quoquina, pro lathomis, carpentatoribus et servitoribus, materiis cadri- [*fol. 45 v°*] gariis et expensis, ut apparebat per partes super hoc factas   xlvij l. xvj s.

Item pro campana beati Mauri, que fuit fracta per dominum Guillelmum La Bouillie et ego feci eam fieri per Johannem Roussin ; ego solvi   xxv s. vj d.

Item pro reparacione celarii et parve camere a parte posteriori   xv s.

Item anno domini M° CCCC° IIII° pro uno milliario ardesie pro coopertura   xl s.

Item in dicto anno pro hostio Sancti Mauri in mense novenbris, tam lapidibus, calce, sabulo, ligno quarcus, farramentis, operariis, quadrigariis, servitoribus et expensis, cum omnibus ad hoc convenientibus, cujus operis Thomas Morice fuit lathomus, cum aliis,
etc.   lxiiij s. iiij d. t.

Item pro faciendo *les attres* galice de quoquina et alta camera. Et de supradictis testis in celo
fidelis.   iiij s. iiij d. t.

Item, anno domini millesimo CCCC° IIII°, in mense januarii, Colino Le Bastart, pro la[pidibu]s sue carrerie pro faciendo gradus in aula pre[dicta], et pillare et alia edificia in dicto manerio   xvj s. vj d. t.

Item pro portagio dictorum lapidum   x s. t.

Item pro expensis gencium et equorum   vj s. j d. t.

Item Guillelmo Fovis, de Cambernone, pro tribus xij^us as- [*fol. 46 r°*] serum quercuum, tam pro portagio quam pro principali   liiij s. t.

Item Johanni Maugier, pro quodam stipite, *tronche*

galice, quarcus, ad faciendum asseres pro porta, que est
prope hostium capelle Sancti Mauri   x s. t.

Item pro carpentatoribus, ad ponendum dictum stipitem
in asseribus   ix s. vj d. t.

Item pro faciendo dictam portam et ponendum barras
et pro expensis super hoc factis   xxiiij s. ij d. t.

Item pro Johanne Ottoe, pro aportando sabu-
lum   iiij s. t.

Item [tam] pro expensis lathomorum, carpentatorum,
servitorum quam pro aliis necessariis, prout patet per
partes super hoc scriptas   xxx s. iiij d. t.

Item Johanni Fabri, cum fratre suo, carpentatoribus,
qui fuerunt per tres dies ad faciendum plura opera dicti
manerii   xiij s. iiij d.

Item Petro Du Val, socio suo, in vigilia beati
Mathie (1)   xij d.

Item Guillelmo de Plano, lathomo, qui fecit gradum
novum in aula in septimana Carnicapii (2), anno domini
millesimo CCCCᵒ quarto   ix s.

Item Colino de Plano, in [eadem] septimana, pro quatuor diebus   vj s. viij d.

Item Gauffrido Galterii, in eadem septi-
mana   iij s. iiij d.

Item Ricardo Le Boullour, servitori lathomorum predictorum   iij s. iiij d.

Sabbato ante Carnicapium (3), pro quadrigariis qui asportaverunt lapides de carreriis de Jolivet de Cambernone
et Colino [*Fol. 46 vᵒ*] Le Bastart, pro eorum expensis   v s.

Item pro una pipa calcis pro dicto opere   x s.

----

(1) Lundi 23 février 1405.

(2) La semaine du Mardi-Gras, 1ᵉʳ au 8 mars 1405.

(3) 28 février 1405.

Item Johanni de Bley, pro aportagio dicte
pipe   ij s. vj d.

Item Thome Boitart, fabro, pro ferramentis pro fenestra fieri pro camera desuper quoquinam   xx s.

Item, in die Carnicapii (1), pro expensis operariorum   vij s.

Item anno domini millesimo CCCC° IIII°, die Carnicapii (2), Sebastiano Auvrigo, pro portagio lapidum de
carreria pro canali coquine, pro die   ij s. vj d.

Item pro Guillelmo de Plano, pro quinque diebus, pro
faciendo canale quoquine et pillare, pro qualibet die ij s.,
vallent   x s.

Item Colino de Plano, pro quinque diebus, pro qualibet die xx d.   viij s. iiij d.

Item Gauffrido Galterii, lathomo, pro quatuor diebus,
pro qualibet die xx d., vallent   vj s. viij d.

Item pro expensis operariis   viij s. ij d.

Sabbato ante Brandonum (3), pro expensis aurigarum,
qui asportaverunt magnos lapides, pro dala coquine, de
domo Jolivet   iij s.

(Jehan Osouf, pere de Pierre Osouf) (4).

Item, dicto anno domini millesimo CCCC° IIII°, die
lune prime septimane xl° (5), pro expensis operari-
[orum]   xv s.

Item Ricardo Le Boullour, serv[itori] lathomorum,

---

(1) 3 mars 1405, jour du Mardi-Gras.

(2) *Die carnicapii* : le Mardi-Gras, 3 mars 1405 (n. s.).

(3) 7 mars 1405 (n. s.); le dimanche des Brandons était le premier dimanche de Carême.

(4) Ces mots ont été ajoutés en interligne d'une fine écriture cursive du xvi° siècle.

(5) 8-14 mars 1405 (n. s.).

pro xviij diebus, pro qualibet die, in quibus servivit lathomis xv d., vallent — xxiij s. vj d.

Item, eadem septimana, Guillelmo de Plano, lathomo, pro quinque diebus, vallent — x s.

Item Colino de Plano, lathomo, pro quinque diebus — viij s. iiij d.

[*Fol. 47 r°*] Item Gauffrido Galterii, lathomo, pro quinque diebus, xij d. pro die, vallent — viij s. iiij d.

Item Sebastiano et Roberto Rectot, aurigis, pro una die, pro quolibet die v s., vallent — x s.

Item pro expensis eorum — v s.

Item pro expensis secunde septimane xl^e CCCC° IIII° (1) pro operariis et cadrigariis — xvij s. iiij d.

Item Guerreto Leuroux, cum quadriga sua, pro sallario unius diei et expensis eorum — vij s. vj d.

Item pro Colino Le Bastart, pro xij^cim quadrigariis lapidum de sua carreria — xxiiij s. vj d.

Item Roberto Rectot, aurige, cum sua quadriga, ad aportandum lapides pro dala quoquine, pro tribus diebus cum expensis — xxij s. vj d.

Item, in tercia septimana xl^e (2).

Item Guillelmo de Plano, pro v diebus cum dimidio, vallent — xj s.

Item Colino de Plano, pro quinque diebus cum dimidio, a xx d. pro die, vallent — ix s. ij d.

Item dicto Colino, pro duobus diebus sequentibus — iij s. iiij d.

Item Gauffrido Galterii, pro duobus diebus, iij s. iiij d.

Item a Jolivet pro magnis lapidibus amplis pro dalla sive colinbo aquarum (3) — xxx s.

(1) 15-21 mars 1405 (n. s.).
(2) 22-28 mars 1405 (n. s.).
(3) Le *Glossaire* de Du Cange donne de ce mot une définition analogue : « Colymbus, locus per quem discurrit aqua. »

Item Johanni Octoe, pro xxx [   ] oneribus sabuli grossi et pro vj oneribus minuti   x s.

Item Johanni de Bloy, pro duabus pipis calcis, cum portagio   xxj s. viij d.

Item Bineto Le Mares, pro lapidibus de sua carreria pro pillarii (sic) et pro dalla   xij s.

[*Fol. 47 v°*] Item, anno domini millesimo CCCC° quinto (1), Petro Le Beluchel, pro quercubus emptis de ipso   x s.

Item Guillelmo Corbet, pro aportagio dictarum quercuum   x s.

Item pro expensis tam pro se, suis famulis et equis suis   vj s. x d. obl.

Item carpentatoribus, qui operati fuerunt in dicto manerio   xxxij s.

Item pro dictis carpentatoribus, qui fecerunt garnimentum gradus, cum pluribus aliis operibus in dicto manerio   viij s. vj d.

Item Radulpho Nicolle, pro ferramentis pro dicto manerio   xxv s.

Item, die lune de Quasimodo (2), pro expensis pro operariis illius septimane   xiij s.

Item pro salario dictorum operariorum in eadem septimana   xiij s.

Item die prima mayi, anno domini millesimo CCCC° V°, pro expensis operariorum in eadem septimana   x s.

---

(1) L'année 1405 commença le 19 avril, date de Pâques, selon l'usage du diocèse de Coutances..... « le xxvj° jour de mars l'an mil CCCC vingt sept avant Pasquez, selon l'usage dud. diocèse dud. lieu de Coustances... » (Arch. de l'église Saint-Pierre, original parchemin).

(2) 27 avril 1405.

Item Ebloto Billet, pro duobus diebus pro faciendo
solarium super hostium aule   ij s. vj d.

Item Ricardo Le Boulour, pro tribus diebus   iij s. ix d.

Item Roberto Rector, pro tribus [b]eneleiis de argilla,
pro faciendo camerulam supra hostium aule   iij s. ix d.

Item Johanni Fabri, carpentatori, cum suis sociis, in
mayo, anno domini Mᵒ CCCCᵒ Vᵒ, pro faciendo clausuram camere mee et lectum, scilicet *caril* (1), cum aliis
oportunis in domo   xxiij s.

[*Fol. 48 rᵒ*] Item Johanni Revel, pro porferando (2)
cameram supra hostium aule, cum expensis   iij s.

Item magistro Simoni Perroris, serario, pro sera hostie
camere   v s.

Item pro clanqua et anulis hostiorum Sancti
Mauri   ij s.

Item Guillelmo le Potier, pro clavis *a chantier*   vj s.

Item pro clave nova altaris Sancti Mauri   iij s.

Item Johanni Mellin, de Monte Hugonis, *pour traistres* (3) mense   ij s. vj d.

Item Ebloto Billet, pro servicio quod fecit operariis   ij s.

Item Guillelmo Le Carpentier, pro xxv quercubus pro
dicto manerio, emptis ab ipso   xxviij s.

Item au Vallet de Corceyo, pro quercubus emptis ab
ipso   xv s.

---

(1) On ne trouve ce mot ni dans le *Glossaire français* de Du
Cange, ni dans les *Dictionnaires* de Lacurne de Sainte-Palaye et de
Godefroy. Le synonyme latin donné par notre auteur laisse suffisamment entendre quel sens il lui attribue.

(2) *Pourferir* : ce mot paraît ici synonyme de crépir.

(3) *Traistres*, V. Godefroy, *Dict. de l'anc. lang. franç.* au mot
Trastre. Ce mot avait au moyen âge le sens de tréteaux sur les quels
repose une table, ou de poutre, solive, etc.

Alie misie facte in anno domini millesimo CCCC° V°, pro faciendo lathomiam porte prope capellam beati Flocelli, beati Mauri abbatis, in mense septembris et finitam in mense ottobris proximo.

Primo pro vino dato lathomis in prima septimana septembris, quorum nomina secuntur   iij s. vj d.

Colinus Lami, Ricardus Fevrier, Colin Bertout, Johannes Guerini, Raul leur vallet.

Prima septimana [*Fol. 48 v°*]. Die martis ante festum beati Michaelis, anno domini millesimo CCCC° V° (1).

Lathomi suprascripti, pro iiij°ʳ primis, pro quolibet ij s. vj d., vallent   x s.

Item pro Radulpho, famulo suo   ij s.

Die mercurii ante festum beati Michaelis, dicti lathomi cum servitore, pro ista die   xij s.

Die jovis predicti lathomi, cum servitore   xij s.

Die veneris predicti lathomi, cum servitore   xij s.

Die sabbati predicti lathomi cum servitore (2)   iiij s. ix d.

Sine expensis, de quibus hic non fit mencio.

Secunda septimana, de opere porte lapidee secunde.

Die lune, vigilia beati Michaelis (3), anno predicto.

Johannes Garin, ij s. vj d. ; Colin Bertout, ij s. vj d. ; Raul, servitor, ij s. — Somma de die ista   vij s.

Die jovis prima octobris anno domini M° CCCC° V°.

Johannes Garin, ij s. vj d. ; Colin Bertout, ij s. vj d. ; Raul, servitor, ij s. — Somma de die ista   vij s.

Die veneris secunda octobris.

Colinus Lami, cum servitore, v s. ; [*Fol. 49 r°*] Johan-

(1) 22 septembre 1405.
(2) 23, 24, 25, 26 septembre 1405.
(3) 28 septembre 1405.

nes Garin, ij s. vj d. ; Colinus Bertout, ij s. vj d. ; Raul, servitor, ij s. — Somma xij s.

Die sabbati iij octobris *demi jour* (1).

Colinus Lami, cum suo socio, ij s. vj d. ; Jehan Garin, xv d. ; Colinus Bertout, xv d. ; Raul, servitor, xij d. — Somma vj s.

Tercia septimana, in opere porte predicte, M°CCCC°V°. Die lune vᵃ octobris.

Johannes Garin, lathomus, ij s, vj d. ; Ricardus Fevrier, ij s. vj d. ; Colinus Bertout, ij s. vj d. ; le valet Colin Lami, ij s. vj d. ; Raul, servitor, ij s. — Somma xij s.

Die [martis] vjᵃ octobris.

Johannes Garin, ij s. vj d. ; Ricardus Fevrier, ij s. vj d. ; [Petrus servitor, ij s.]; Raul, servitor, ij s. — Somma ix s.

Die mercurii vijᵃ octobris.

Johannes Garin, ij s. vj d. ; Ricardus Fevrier, ij s. vj d. ; Petrus, servitor, ij s ; Radulphus, servitor, ij s. — Somma ix s.

[*Fol. 49 v°*]. Die jovis viijᵃ. Johannes Garin, ij s. vj d. ; Ricardus Fevrier, ij s. vj d. ; Petrus, servitor, ij s. ; Radulphus, servitor, ij s. — Somma ix s.

Sabbato ixᵃ die. Johannes Garin, xv d. ; Ricardus Fevrier, xv d. ; Petrus, servitor, xij d. ; Radulphus, servitor, xij d. — Somma iiij s. vj d.

Item Petrus Le Follé, pro quatuor diebus ad serviendum dictis lathomis v s.

Item Guillelmus Le Follé, pro vj diebus [a xv deniers por jor, vallent] vij s. vj d.

---

(1) Il y avait primitivement *dicti*; le mot a été barré et on lui a substitué *demi*.

Item Guillelmus, filius Rogier, pro una die ..... xv d.
[deub messe pour le dict Osouf] (1).

Quarta septimana. Die lune, iiij^{or} supradicti lathomi.
Die martis xij^a octobris (2), Johannes Garin, ij s. vj d. ;
Ricardus Fevrier, ij s. vj d. ; Petrus, ij s. ; Radulphus,
ij s., servitores ; Colinus, servitor Fevrier, xx d. ; Guillelmus Le Follé, xv d. — Somma ..... xj s. xj d.

[*Fol. 5o r°*] Die mercurii xiij^a [xiiij^a]. Supradicti
lathomi et servitores ..... xij s.

Die jovis xiiij^a [xv^a]. Supradicti lathomi et servitores ..... xij s.

Die sabbati xvj^a [xvij^a]. Ricardus Fevrier, Johannes
Guerin, Petrus, Colinus, Radulphus, Petrus Le Folé. —
Somma ..... ix s. xj d.

Quinta septimana. Die lune xviij^a [xix^a] octobris. Ri-
cardus Fevrier, ij s. vj d. ; Johannes Garin, ij s. vj d. ;
Petrus, xx d. ; Radulphus, xx d. ; Petrus Le Follé, xv d.
— Somma ..... xj s. iij d.

Die martis xix^a [xx^a]. Supradicti lathomi cum servitoribus ..... xj s. iij d.

Die mercurii xx^a [xxj^a]. Ricardus Fevrier, Johannes
Garin, Petrus, Radulphus. — Somma ..... vij s.

[*Fol. 5o v°*]. Die jovis xxj^a [xxij^a]. Ricardus Fevrier,
ij s. ; Johannes Garin, xx d. — Somma ..... iij s. viij d.

Item Radulpho Nicolle, fabro, *pour rebattre les
pointes* martellorum lathomorum ..... ij s. vj d.

Item Johanni Ottoe, pro lx oneribus grossi sabuli, pro
porta ..... xv s.

---

(1) Cette note a été ajoutée postérieurement en interligne.

(2) Il y a ici une erreur ; c'est le mardi 13 octobre qu'il faut lire.
Cette erreur se reproduit dans les dates suivantes, dont nous avons
noté les véritables chiffres entre parenthèses.

Item Johanni Ottoe, pro quinque oneribus minuti
sabuli, pro dicta porta   ij s. vj d.

Item Guillelmo Le Carpentier, pro lapidibus sue carrerie   v s.

Item Guillelmo Le Deen, pro hospicio lathomo-
rum   v s.

Alie misie pro dicta porta.

Ad Thomam Fabri, de Tournevilla (1), auriga, pro
tribus diebus, cum sua quadriga, pro aportando lapides
de carreria dicti Guillelmi Le Carpentier

Et unum dolium calcis de Monte Cathonis, pro omnibus supradictis de ista lignea, sine expensis   xviij s.

Item pro dicto doleo calcis   xij s.

Item pro clavis faciendo *chistrum* (2) pro dicta porta
et alia negocia   ij s. vj d.

Item pro ligno unius *truble* (3) *et referer*.

Item pro una quercu, pro faciendo cooperturam dicte
porte

Item pro carpentando dictam quercum   v s.

[*Fol. 51 r°*]. Item pro quadrigando dictam
quercum   ij s. vj d.

Item pro expensis tam gencium quam equorum, qui
asportaverunt dictos lapides et quercum   xviij s.

---

(1) Tourneville, commune d'Annoville, canton de Montmartin-
sur-Mer, arrondissement de Coutances.

(2) Du Cange (*Glossaire français*) et Godefroy (*Diction. de l'anc.
lang. franç.*), au mot *Chestron, Chetron*, donnent la définition suivante : « Petite layette en forme de tiroir qu'on fait au haut d'un
des côtés d'un coffre. » Il paraît difficile d'appliquer ici cette définition. Si d'ailleurs le mot *Chistrum*, sous la plume de notre auteur,
est un mot latin, ayant un sens différent du français *Chestron*, ce
mot ne se trouve pas dans le *Glossaire latin* de Du Cange.

(3) *Truble :* ce mot, synonime de bêche, est encore employé dans
ce sens en Normandie.

124

Item in vigilia sancti Dyonisi [i], in pane et servesia
pro operariis (1)   xj d.

Item pro expensa empta pro operariis, die lune, pro
septimana diei xij° octobris, M° CCCC° V°   xx s.

Item Guillelmo Fovis, pro una quadrigata lapidum
plates   v s.

Item pro portagio dictorum lapidum *plates*   ij s. vj d.

Alie misie pro reparacione dicti manerii, anno domini
M° CCCC° VI°.

Guillelmo Le Carpentier, pro magna quantitate quercuum crescencium in parrochia de Courceyo   xxix s.

Item pro quatuor diebus trium carpentatorum in Courceyo, cuilibet xx d. pro die, vallent   xx s.

Item pro expensis eorumdem   ix s.

Item au Neslet, pro quercubus emptis ab ipso   xx s.

Item pro alia expensa facta pro vino   xx d.

Item Colino Le Sourt, surdo, de Courceyo pro quercubus emptis de illo   lxxj s.

Item pro carpentatura dictarum quercuum, antequam
asportarentur   l s.

Item pro asportagio dictorum lignorum, tam pro salario et expensis   xxxij s.

[*Fol. 51 v°*]. Item pro carpentatura desuper portam,
tam pro salario quam pro expensis   xvij s. viij d.

Item pro uno milliario ardesie de Sancto Laudo, pro
coperiando dictam portam   xxxvj s. vj d.

Item pro uno centum *de late* pro dicta
porta   iij s. iiij d.

Item, pro clavis, pro dicta porta   iiij s. ij d.

(1) 8 octobre 1405.

Item pro Ricardo Johannis et Johanne Revel, pro coperiando dictam portam   vj s. v d.

Item Colino Le Riche, pro seris, clavibus et clavis pro dicta porta   xxiij s. vij d.

Item Colino Le Sourt, surdo, de Corceyo, pro quercubus   xxj s. viij d.

Item Johanni Revel, pro coperiando super capellam Sancti Flocelli, pro tribus diebus   vj s.

Item pro clavis *a late*   xij d.

Item Johanni Octoe, pro duabus sarcinis sabuli minuti   x d.

Item pro expensis dicti Revel   iij s.

Item pro uno centum latarum   iij s.

Sequuntur alie misie pro anno domini millesimo CCCC° VII°.

Et primo magistro Petro Le Valles et Petro Le Liachier, pro reparando portam anteriorem   vj s.

Item [pro uno] centum *de late* pro copertura *de la Trie* (1) gallice   iij s.

[*Fol. 52 r°*]. Item (pro) Johanni De Bley, pro vj bucellis calcis   v s.

Item pro una chiviera, cum sua rota   v s.

Item sequuntur alie misie pro solario desuper Sancto Mauro in capella

Johanni Renaut, carpentatori, cum generi, scilicet Bricet, pro vj diebus, pro die xx d. pro quolibet, vallent   xx s.

---

(1) C'est-à-dire le pigeonnier ou colombier. Pour trouver cette définition du mot *Trie*, il faut recourir au *Dictionnaire* de Lacurne de Sainte-Palaye. Cet auteur donne deux exemples du mot *Trie* employé dans le sens de colombier. On chercherait vainement cette définition parmi les différents sens du mot *Trie* que donne le *Dictionnaire* de Godefroy.

Item Thome Le Monier et Guillelmo Le Moquet, qui fuerunt ad secandum quercus duobus diebus, pro die xv d., vallent   v s.

Item pro expensis eorum [scilicet Renaut, Bricet, Le Moquet]   xiij s.

Item pro duabus quercubus, scilicet *potres*   xxv s.

Item pro decem *rois* (1)   xx s.

Item pro quercubus ad faciendum asseres   xx s.

Item Petro Hedoin, pro faciendo foramina in parietibus ad ponandum *les potres*, pro una die cum expensis (2)   ij s. j d.

Item dicto Johanni Renaut, cum Bricet, die martis ante festum beati Johannis Baptiste (3), ad levandum dicta ligna sive solarium, pro dicta die cum expensis suis   vj s. vj d.

Item dicto Hedoin, eadem die, ad adjuvandum in illo opere, cum suis expensis   ij s. j d.

Anno domini millesimo CCCC° VIII°.

Sequuntur alie misie pro solario super aulam. Primo pro Oliverio la Barbe, pro *les rois* super aulam et [*Fol. 52 v°*] *filles* cum duodecim columbis (4) et aliis lignis   xl s.

(1) V. Godefroy, *Dict. de l'anc. lang. franç.* au mot *Roet*. Dans le *Journal de Gilles de Gouberville*, on trouve ce mot employé comme ici dans le sens de *solives*. « Ils m'ont dérobé les planches et *rouets* des plancheis de ma maison. »

(2) Ces poutres étaient donc engagées dans les murs et non portées sur des corbeaux de pierre, comme celles dont il est question folio 45 recto.

(3) 21 juin 1407.

(4) Du Cange donne du mot *Columba, Coulombe*, la définition précise de poteau, jambage de porte. Ce mot doit être pris ici dans une acception différente, voisine de la définition suivante donnée par Littré (*Dictionnaire*, I, 669) : « *Colombe*, grosse solive posée à plomb pour faire des édifices de charpente. »

Item, die lune tercia septembris, *les ij freres* cum *leur selourge*, pro faciendo *la poutre* et carpentare ligna solarii, pro tribus diebus predictis   xv s.

Die martis iiij^a. Die mercurii v^a. Item in alia septimana post. Dicti carpentatores, pro quinque diebus, vallent   xxiij s. vj d.

Item Bertholomeo, pictori, pro faciendo ymaginem beate Marie de pinaculo capelle beati Mauri supra hostium capelle, versus vicum beati Flocelli, iij^a scuta aurea, vallent   lxvij s. vj d.

Item Johanni Ottoe, pro sabulo ad coperiandum super capellam   x s. ix d.

Item Johanni de Bley, pro una somma calcis   iij s. ix d.

Item pro capella Sancti Mauri, ligna pro pignaculo predicto, pro omnibus rebus   x s. ix d.

Item Johanni Ottoe pro sabulo, pro capella (1)   v s.

Anno domini millesimo CCCC° IX°.

Pro Johanne Renaut, carpentatore, pro faciendo loca ad ponandum (*sic*) galinas, scilicet *muetes* (2) gallice   ij s. ij d.

Item pro Johanne Caudel, carpentatore, pro asseribus et *chacis rois* (3) *de la garde robe*   c s.

Item Johanni Revel, pro reparando canale *de la goutiere*, prope Le Deen   xij d.

---

(1) Ces deux mises, concernant la chapelle Saint-Maur, dont la première se trouve répétée d'une écriture plus fine dans la marge de gauche, ont été ajoutées postérieurement.

(2) Les *muetes*, d'après Godefroy, sont le logis pour les chiens. Notre auteur entend ce mot dans le sens de poulailler.

(3) Ce mot doit désigner les châssis dormants sur lesquels étaient fixées les portes de la garde-robe. Mais nous ne l'avons trouvé dans aucun dictionnaire.

Item pro Thoma Boittart, fabro, pro vj *gons* et vj *porteures*, pro ostiis *de la garde robe*   ij s. vj d.

Item pro Colino de Plano, lathomo, cum socio suo,
[pro] faciendo [*Fol. 53 r°*] parvam dallam de quoquina,
pro duobus [diebus] et pro expensis et salario
illorum   vj s. iij d.

September, anno domini M° CCCC° IX°.

Gauffrido Lecat, pro vij centum de paletis (1), pro solario de garda roba   viij s.

Item pro Radulpho Fremin et Guillelmo Boursier, pro
faciendo dictum solarium, pro iiij°ʳ diebus, pro die xv d.,
vallent   x s.

Item pro expensis eorum, pro illis iiij°ʳ diebus   v s.

Item Roberto Rettot, pro vj beneleiis *d'argile*, pro
dicto solario   vij s. vj d.

Anno domini millesimo CCCC° X°, incipiente in
mense mayy.

Primo. Magistro Thome Mautaint, executori venerabilis viri domini Johannis Tauri, quondam canonici
Constanciensis, pro lx quercubus emptis a domino Mautaint, pro reparacionibus capelle beati Flocelli et dicti
manerii, per precium   viij l. t.

Item pro Ricardo Aubri et Torpin, de Cambernone,
pro adportando dictas quercus, per precium c s. t., v s.
pro vino. *Du quel bois on affait la capelle Saint-Flocel
et plusieurs solliers et ame[s]nagemens*   cv s.

[*Fol. 53 v°*] Anno domini millesimo CCCC° X°. In
mensibus junii et julii.

(1) Le *Glossaire* de Du Cange (au mot *Pala*, diminutif *Paleta*)
et le *Dictionnaire* de Godefroy (au mot *Palet*) donnent à ce mot
le sens de *pieu*. Il ne paraît guère vraisemblable que notre auteur
prenne le mot *Paleta* dans cette acception.

Silvestro Le Frances, cum duobus filiis suis, carpentatoribus, pro carpentando ligna et fustas (1) de solario
desuper aulam et pro operibus suis et dietis — lxx s.

Item pro dolacione unius querci, quam emi de Pas-
turel — v s.

Item Guillelmo [Flaquet], pro servesia pro operariis — xij s.

Item Radulpho Nicol[l]e, pro ferramentis fenestrarum
et ostium, ponderatis ad pondus centum librarum ferri,
vallent — iiij l. vj s. iij d. 1.

Item Colino de Plano, pro faciendo fenestras de aula
et de alta camera et multa alia opera, in quibus operibus
ipse continuavit per spacium xxxij^{arum} dierum, pro qualibet die xx d., vallent — lxiij s. iiij d.

Item Guillelmo Lescaudé, famulo suo, pro xxiiij^{or} diebus, pro qualibet die v d., vallent — x s.

Item Guillelmo Le Carpentier, pro xij lapidibus pro
dictis fenestris — x s. vij d.

Item Roberto Rettot, pro aportagio dictorum lapidum — ij s. vj d.

Item Petro Hedoin, qui fuit ad serviendum lathomis
per decem dies — x s.

Sequitur expensa pro operariis. Primo [*Fol. 541 r°*] in
prima septimana junii. Primo, in panibus, xv s.; in carnibus, v s.; in servesia et aliis, x s.

In secunda septimana junii. In panibus pro operariis,
x s.; in carnibus, vj s.; in cicera, viij s.

Item pro duabus quadrigariis scilicet *cartées de tuffel*,
achatées de Estiennes de Blihan et pro vino — xxj s. iij d.

(1) Ce mot a ici le sens de « poutres, solives », etc. V. Du Cange,
Glossarium, au mot *Fusta*.

Item Guillelmo de Maudoit, quadrigario, pro veycione dictorum lapidum — — — xxix s. iij d.

Item, pro panibus et servesia, portatis ad Blihan (1), ad carreriam, et pro illis [qui] erant in carreria — iij s.

In tercia septimana junii. In panibus, xx s. ; in carnibus, v s. vij d. ; in servesia, vij s.

Item Ricardo Formage, claudo, pro duobus lapidibus de plastro — — — x s.

Item quando *la haulte poutre quesne* gallice fuit posita in altum super parietes, in expensis — iij s

Item in aliis expensis pro operariis — ij s. vj d.

Item Roberto Rettot, pro ix beneleiis de argilla [*Fol. 54 v°*] pro solario supra aulam, pro qualibet beneleia xv d., *vallent* — — — xj s. iij d.

Item in prima septimana julii CCCC⁰ X°. In panibus pro operariis, xij s. ; in carnibus, vj s. ; in cicera, x *pos*, [viij d. *le pot*, *vallent*] vj s. viij d. ; item in piscibus et aliis pro operariis, iij s. x d. ; item in cicera pro operariis, ij s.

In septimana beati Johannis Baptiste, in expensis — — — xv s.

In alia septimana julii, in expensis emptis in foro — — — xviij s. iiij d.

In alia septimana, in expensis pro operariis — xv s.

Item Radulpho Nicole, fabro, pro ferramentis, parve

---

(1) Il n'y a dans le pays, à notre connaissance, qu'un nom de lieu dont la forme se rapproche de celui indiqué ici par notre auteur. C'est *Blihou* ou *Blehou*, écart de la commune de Sainteny, canton de Carentan, où se trouvait au moyen âge une chapelle dédiée à Saint-Vincent. Mais cet endroit est trop éloigné de Coutances pour qu'on puisse l'identifier de façon certaine avec le *Blihan* de notre manuscrit.

fenestre de aula, ponderatis xij *livres* ferri, *a x d. la livre, vallent*   x. s.

Item dicto Radulpho, pro ferramento fenestre de garda roba, quod ponderat v l., vallent   iiij s. ij d.

Item Johanni Ottoe, pro xiiij oneribus sabuli de ravina, a v d. onus, *vallent*   v. s. x d.

Item Johanni de Bley, pro uno dolio calcis, adportato ad domum sacerdotalem   xxiiij s.

In septimana scilicet ante festum beate Marie Magdalene, in expensis pro operariis (1)   xv s.

Aliud capitulum pro capella Sancti Flocelli, in anno [*Fol. 55 r°*] domini millesimo CCCC decimo.

In lignis quercus pro dicta capella   vj l.

Item pro asportando dicta ligna   lx s.

Item magistro Petro Le Valles, Ricardo Vigier, Johanni Aubrée, carpentatoribus, Michaeli, socio eorum, pro faciendo capellam.

Et primo dicto Valles, in primo suo
pagamento   xv l. xiij s. ij d.

Item dicto Ricardo Vigier   lxxvj s. iij d.

Item dicto Aubrée   xij s.

Item dicto socio eorum   vj l. xiiij s.

Et hoc propter dietas suas, ut patet [per] registrum super hoc factum

Item [Johanni] de Bley, pro calce pro dicta capella x s.

Item ad Formi pro iiij^c *de late*   vj s.

Item Gauffrido Le Cat, ij^c *de late*   vj s.

Item iiij^m et ij^c clavorum, pro dicta capella   xvj s. x d.

Item Ricardo Johannis, pro coperando dictam capellam et pro servicio, cavillis et expensis   lxvj s. vj d.

---

(1) En 1410, la Madeleine, 22 juillet, tombait un mardi.

Item pro levacione dicte capelle Sancti Flocelli facte in vigilia beati Flocelli, anno M° CCCC° X° (1)   lxj s. iij d.

Item du Testu du Loré iiij^c *de late*   xij s.

Item magistro Tierri, pro lambrossizare dictam capellam   vij l. x s.

Item pro viij tassetis scilicet *festures* (2)   iij s.

Somme (lj l. xiiij s. ix d.) pro capella (3) [*Fol. 55 v°*].

Alie misie pro manerio sacerdotali, pro xij asseribus, cum pluribus quercubus, tam pro precio quam dolatura et pro asportando et expensis, ut patet per

partes   iiij l. viij s.

Item pro apparatu fenestrarum et ferramentis   xv s.

Irem pro verrina computatorii (4)   iiij s. ij d.

Anno domini millesimo CCCC XI°.

Silvestro Le Frances, cum duobus filiis suis, pro faciendo ligna solariorum superius, cum clausuris   iiij l. x s.

Item pro xj *quesnes*, emptis de Flaquet   xxj s. iij d.

Item pro iiij^c paletis, emptis de Gauffrido Lecat. Item dicto Cat, pro vj^c de paletis   xv s.

Item magistro Raphaeli Le Noble, pro viij pedibus et tercia parte unius pedis de verrina beati Mauri, a v s. pes, vallent   xlj s. viij d.

---

(1) Le mardi 16 septembre 1410.

(2) D'après Godefroy, *Dict. de l'anc. lang. franç.*, ce mot désigne les tuiles courbes dont on recouvre le faîte des maisons.

(3) Les chiffres entre parenthèses sont barrés d'un trait rouge dans le manuscrit.

(4) *Computatorium*, comptoir. Du Cange donne de ce mot deux définitions : « Aula in qua rationes excipiuntur vel ubi pecunia numeratur, » ou bien : « Arca seu mensa in qua pecunia numeratur. » (*Glossaire*, t. II, p. 504.) C'est dans ce dernier sens qu'il faut l'entendre ici.

Item Silvestro Le Frances, cum suis sociis, pro dolacione et sequacione dictorum quercuum   ij s. iiij d.

In secunda septimana XLe CCCC^o XI° (1).

Item dicto Silvestro, pro faciendo coperturam sive clausuram super gradum, cum pluribus aliis insimul   xvj s. viij d.

Item pro expensis eorum   x s.

Item Michaeli Le Frances, pro v diebus cum dimidio, qui fecit plura edificia, pro qualibet die xx d., vallent   ix s. ij d.

[*Fol. 56 r°*]. Item pro expensis ejus, pro die xij d., vallent   v. s. vj d.

Anno domini millesimo CCCC^o XII°, ultima septimana mensis may.

Johanni Vaudun, pro faciendo solarium super trabem super aulam   xxv s.

Item Roberto Rectot, pro xv beneleis de argilla, xv d. pro beneleia, vallent   xviij s. ix d.

Item Guillelmo de Plano et Johanni Maugier, lathomis, pro una die et *pourferir* dictum solarium, pro dieta et expensis   v s.

Item Johanni de Bloy, pro una pipa calcis asportata   xiiij s. vj d.

Item Guillelmo Le Mosquet, pro v oneribus sabulorum   ij s. vj d.

Item pro dieta unius servitoris pro lathomis   xv d.

Item in crastino beate Marie Magdalene (2), pro una sera hostii camere supra aulam   viij s. iiij d.

Novembris, anno domini M^o CCCC^o XIII°.

Pro faciendo coperturam de palumbario scilicet *trie*

---

(1) 28 février-5 mars 1412 (n. s.).

(2) Le samedi 23 juillet 1412.

tam in lignis quam in ardesiis et operariis et omnibus
que pertinent ad coperturam   x l. xij s. v d.

Item anno domini M° CCCC° XIII°, pro ix pedibus
vitrorum, pro fenestra camere *de Beau Repere*, a iij s.
ix d. pes,   xxxiij s. ix d.

[*Fol. 56 r°*]. Anno domini millesimo CCCC XIIII°,
vicesima prima die maii, pro faciendo portam anteriorem manerii, cum boscagio (1) sive lignis operariis
cum columbis *de la trie*, simul   lxxvij s.

Item pro ponere terram in dicta tria a Roberto Rectot,
pro xv beneleis de argilla, pro benelia xv d.,
vallent   xviij s. ix d.

Item Petro Hedoin, pro faciendo foramina palumba-
rum, pro iiij°ʳ diebus, pro qualibet die xv d., vallent   v s.

Item Ebloto Bertaut, pro hiisdem diebus   v s.

Item pro expensis serviencium, pro dictis iiij°ʳ
diebus   viij s.

Item pro ij° de lata, pro dicta tria sive palumbario   v s.

Item pro iiij° clavorum de lata   xx d.

Item in septimana ante festum beati Johannis Baptiste
CCCC° XIIII° (2).

Pro feramentis factis pro porta et hostio beati
Mauri   xv s.

Item Petro Hedoin, pro v diebus cum dimidio, a xv d.
pro die, vallent   vij s.

Item pro expensis eorum in illis diebus   viij s.

Item septimana post festum beati Johannis Baptiste
M° CCCC° XIIII°.

---

(1) Ce sens attribué au mot *Boscagium* ne se trouve pas dans le
Glossaire de Du Cange.

(2) En 1414, le 24 juin, jour de la fête saint Jean-Baptiste, tombait un dimanche.

Item a Perrin Hedoin et Ebloto Bertaut, pro quolibet iij diebus, vallent   vij s. vj d.

Item septimana post, dicti Hedoin et Ebloti, j *jour*   ij s. vj d.

Anno domini millesimo CCCC° XX° in mense aprilis (1).

Pro reparacionibus dicti manerii sacerdotalis.

Primo propter tectum domus, comprehendens tria pinacula (2), butans ad domum Guillelmi Le Deen et ad aulam dicti ma- [*Fol. 57 r°*] nerii sacerdotalis.

Item [Johanni] Mellini, carpentatori, pro faciendo carpentatoriam de omnibus quercubus sive lignis, ad opus istud ydoneis, tam in expensis quam in aliis ad hoc neccessariis.   xxxiij l.

Item pro vino dicti fori, pro suis sociis et pro se   xv s.

Item Johanni Le Cerf; Johanni Rebine; Petro Le Pelley. Pro discoperiando domum predictam et ponere petras ardesias in loco tuto et deponere tinia vetera sive ligna in terra   xxxvij s. vj d.

Item Egidio Trenchart, pro v diebus in dicto opere et expensis   xij s. iij d.

Item ultima die aprilis quod dicta domus fuit levata, pro expensa in eadem die, pro carpentatoribus et pluribus operariis   xj l. t.

Item Gauffrido Hubert, venditor[i] clavorum *a late*, pro viij° clavorum, a vij s. vj d. m., vallent   lx s.

Item Gauffrido Hubert, pro iij m. incariatis   xxvij s. vj d.

Sequuntur lathomi pro lathomizare tria pinacula supra-

(1) En 1420, Pâques tombait le 7 avril.

(2) Ces mots semblent indiquer qu'il s'agit ici d'un toit aigu à trois rampants triangulaires formant pyramide.

136

dicta, munire sablerias, facere surmonta supra pinaculum, facere lavatorium (1) et fenestras.

Primo Johanni Fabri, lathomo, pro xl diebus, a xx d. pro die, vallent   lxvj s. viij d.

Item Thome Danllo, lathomo, xxv diebus cum dimidio a xx d. pro die, vallent   xlij s. vj d.

[*Fol. 57 v°*]. Item pro suis expensis, in illis diebus   xlij s. vj d.

Item Johanni Hurié, de Dangie, pro xlj *taffete plommée*   xx s.

Item Johanni Pipet, pro uno m. cum [dimidio] de petrarum ardesiarum   xxxiij s. iiij d.

Item Gaufrido Caresmel, *cartier*, pro adportando dictas ardesias de Nido Corvi   xxv s.

Item Guillelmo Le Potier, pro v° clavorum *a late*   iiij s. ij d.

Item Ebloto Bertaut, servitori copertoriorum lathomorum, pro xxv diebus, a xv d. pro die, vallent   xxxj s. iij d.

Item pro expensis dicti Ebloti, xvj d. pro die, vallent   xxxiij s.

Coopertoribus de lapidibus ardesiarum, pro anno domini CCCC° XX°.

Primo. Johanni Revel, pro xviij diebus cum dimidio, pro die et pro expensis de eadem die iij s. iiij d., [vallent]   lxj s. viij d.

Item Petro Maresc, pro diebus, iij s. iiij d., vallent   liij s. iiij d.

Item a Droin, pro serviendo coopertoribus et lathomis

---

(1) Ce mot, qui ne se trouve point dans le *Glossaire* de Du Cange, et qui, en latin classique, a le sens de *lavoir*, désigne peut-être ici une citerne destinée à recevoir les eaux du toit.

quinque diebus, pro qualibet die ij s. vj d., et expensa
pro die, vallent   xiij s. ix d.

Item Roberto Gaillart, pro iij pipis
calcis   xxxvij s. vj d.

Item Stephano Osmont et Pierres Eude, pro portagio
dicte calcis   xvij s. vj d.

Item Johanni Perrote, dit Monnier, pro xxx oneribus
sabulorum   xij s. vj d.

[*Fol. 58 rº*]. Item Egidio Trenchart, pro v diebus cum
dimidio, a xv d. pro die, vallent   vj s. x d.

Item pro expensis dicti Egidii, pro illis diebus   vj s.

Item Johanni R[e]vel, pro x m. de cavillis pro coope-
riando   vij s. vj d.

Item pro vinis supradictorum operatorum   x s.

Item Gaufrido Brasart, pro iij pipis calcis, pro refaciendo solarium (1) de alta aula super celarium   xxvij s.

[Item Johanni Le Rivelot, pro portagio
dicte calcis   xxj s. viij d.]

Item Guillelmo Bertin, pro duobus diebus et pro expensis dictis diebus   v s.

Item Henrico Poullet, pro ij diebus cum expensis   v s.

Item Thome Le Nouvel, pro una die cum ex-
pensis   ij s. vj d.

Item Roberto Hebert, de Blihan, pro duabus quadrigariis lapidum *de tuf*   xl s.

Item Gauffrido Caresmel et Colino Jouvet et Philippo
Seurain, cum suis sociis, quadrigariis   iiij l. t.

Item pro expensis eorum, postquam venerunt Constancias   xv s.

Item pro locagio unius equi, pro eundo ad carreriam a
Blihan, pro iiijᵒʳ diebus, pro die xx d., val-
lent   vj s. viij d.

(1) Ce mot est bien pris ici dans le sens de plancher.

Item pro ij ferris pro dicto equo   iij s. iiij d.

Item Dyonisio Le Piquet, fabro, pro reparando fenestram de alta aula, cum ferramentis ad hoc ydoneis   viij s.

Item pro pixce resina *pour braier* (1) dictam fenestram   xx d.

Item pro *cipes* (2) pro faciendo de colla   xx d.

Item Roberto Pinel, pictori, pro vij diebus, pro die et expensa iij s. iiij d., vallent   xxiij s. iiij d.

[*Fol. 58 v°*]. Item pro removendo terram, que erat contingens in longitudine manerii sacerdotalis, Johanni Rebine et suis sociis   xxij s. vj d.

Item pro iiij^{or} libris *de ocre pour ocrer* solarium   x s.

Item Johanni [Fabri] pro *pourserir* dictas cameras, tribus diebus   x s.

In mense novembris M° CCCC° XX°,

Item Hebert, carpentatori, pro faciendo *le chassis et viqués* fenestre alte aule, versus vicum beati Flocelli   xx s.

Item Dyonisio Piquet, pro faciendo *les porteures et couplés de ladicte fenestre* (3)   x s.

Item Johanni Perrote, dit le Monnier, pro xl oneri-[bus] sabulorum   xvj s. viij d.

Alie misie pro dicto manerio facto. In anno domini millesimo CCCC° XXII°.

Guillelmo Girardi, de Cambernone, pro viij copulis

---

(1) *Braier*, enduire de brai, de goudron. V. Godefroy, *Dict. de l'anc. lang. franç. Complément* au mot *Braier*.

(2) *Cipe* : guenille, chiffon. V. Godefroy, *op. cit.*, au mot *Chipe*.

(3) Ces mots sont synonymes sans doute de charnières et de gonds. Le *chassis* est le châssis dormant de la fenêtre, et les *viqués*, les guichets.

thygniorum (1), de xxiij *piés* in longitudine, a iiij s. *le couple*   xxxij s.

Item Johanni Mellini, de Campo Rotondo, pro decem quercubus pro dicto manerio   xxx s.

Item pro asportagio et expensa   lv s.

Anno domini millesimo CCCC° XXV° [*Fol. 59 r°*]. Thome Quoquiere, pro magno numero quercuum, ad faciendum xxv copulas thigniorum, cum suis fillariis, pro coopertura aule dicti manerii   lxxv s.

Item magistro Radulpho de Mollendinis, carpentatori, pro dolatura dictarum quercuum, cum expensis   lxxv s.

Item pro asportagio dictorum lignorum, Petro Girardi, de Cambernone   lv s.

Donum

Item dono et lego parvum missale, factum anno domini M° CCCC° X°, die septima mensis maii, do et lego usui dicte ecclesie beati Nicholay et maxime ad serviendum in capella Sancti Flocelli et beati Mauri, quod constitit ix l. t. Et dictum librum scripsit Petrus de Vado.

Item do et lego ad usum dicte ecclesie duos parvos libros ad baptizandum pueros, pro quibus solvi   xx s.

Intuitu pietatis.

Sequntur alia dona sive alia legata, facta et data reparacionibus ecclesie beati Nicholay, de bonis michi a Deo collatis, dedi et legavi [annis elapsis ante annum M° CCCC° XXX° intrantem in festo Annunciationis beate

---

(1) Dans la langue classique des architectes du moyen âge, le mot *Tignum* désigne *l'entrait* ou *tirant*, pièce de bois horizontale employée dans les charpentes et sur laquelle portent les arbalétriers d'une ferme. Sous la plume de notre auteur, ce mot semble plutôt s'appliquer aux chevrons de la ferme qu'à l'entrait.

Marie] (1), prout scribitur in registris super hoc scriptis et confectis, ultra et super omnia bona cari[ta]tiva seu elemosinas reparacionibus factas et erogatas dicte ecclesie [beati Nicolai], sommam ijᶜ iiijˣˣ x l. v s.   ijᶜ iiijˣˣ x l. v s.

Et hanc sommam predictam do et lego dicte ecclesie ut sim [*Fol. 59 vᵒ*] particeps omnium bonorum, tam missarum, oracionum quam alias, que possunt fieri in dicta ecclesia, tam a presbiteris, clericis, nobilibus, burgensibus et aliis bonis Christicolis.

Et hoc quoniam bona caritativa data sive elemosine facte dicte ecclesie, scripte in libro reparacionum, non competebant nec sufficiebant ad perficiendum opera et reparaciones dicte ecclesie.

Item, cum bonis ex[or]tacionibus et intercessionibus bonis Christicolis factis et salutis monicionibus fuerint (*sic*) facti et dati duo calices argenti et deaurati circumcirqua, ad serviendum dicte ecclesie temporibus futuris, sed deprecor omnibus presbiteris et singulis sive clericis ibidem celebrantibus quod exorent Salvatorem pro animabus quorum expensis fuerunt facti, dati et conservati, ad usum dicte ecclesie, et solvi   x l.

Item do pro reparacione muri in clausura orti sive gardini dicte ecclesie, pro pena lathomorum qui vocantur : Petrus Maugier, Johannes Maugier, Guillelmus Lescaudé, cum filio suo et cum servitoribus,   x l. t.

Item, pro vj pipis calcis et grosso sabulo   vij l. t.

Item pro reparacione muri prope Bassum vicum (2)   lxv s.

(1) Il est à remarquer que Thomas du Marest fait commencer ici l'année le 25 mars, date de l'Annonciation.

(2) La Basse-Rue ou rue Milon a précédé les fortifications de la ville. Dans ses recherches sur les anciennes rues de Coutances, de

[*Fol. 60 r°*]. Item alia dona facta Capitulo Constanciensi et soluta anno domini M° CCCC° X°, quod ego fui prepositus prepositure Constanciensi. Ego solvi, ultra omnia recepta et recipienda, de recipiendis nichil recepi, solvi, dico, sommam   xviij l. t.

Et dominus Johannes Tison, puntator magni Capituli, tunc temporis recepit dictam sommam coram dominis canonicis in capitulo, et hoc do et lego dicto Capitulo, ut per preces ecclesie factas partem resurrectionis eterne merear habere.

Claustrum

In anno domini M° CCCC° XV°, domum de claustro feci fieri, cum stabulo et ortum, pro qua domo exposui plures peccunias, usque ad sommam vij^{xx} *livres* et ultra   vij^{xx} l.

Et remanebit dicta domus ad augmentum bonorum dicte ecclesie cathedralis, ut sim particeps oracionum dicte ecclesie. Et hoc sibi do et lego in elemosina.

Item anno domini millesimo CCCC° XXIII°, quod feci receptam pro parvo collegio et dedi eisdem stipendia mea, cum pena et labore   viij l. t.

Et hoc sibi do et lego [*Fol. 60 v°*]. Item anno domini M° CCCC° XVIII°, quod Guillelmus Hubert, tunc temporis commorans mecum, fuit captus a brigandis (1). Ego solvi pro ipso, ad redimendum ipsum, sum-

Mons prétend qu'au xv° siècle on donnait ce nom à la portion de rue qui s'étendait entre la ruette dite de la Fontaine Jouan et la rue du Marché-à-Chaux (Quenault, *Recherches archéologiques sur Coutances*, p. 295).

(1) C'est du 16 mars 1418 que date l'occupation de Coutances par les Anglais. A s'en rapporter aux documents de l'époque, les *brigands*, dont il est question dans ce paragraphe, sont les paysans des environs de Coutances restés fidèles au roi de France, qui

miam xx francorum. Et hoc sibi do et lego ; nunc est rector alterius porcionis Sancti Egidii (1).

Item pro iij^m petrarum ardesie de Barra de Semilli (2), pro dicta aula manerii   ix l.

Item pro pipa calcis adportata de Monte Cathonis   xx s.

Item Gaufrido Le Cat, pro xij^s *de laie*   xxx s.

Item eidem Gaufrido, pro iij^m de cavilla pro copertura   iij s.

Item domo [Dei] Constanciensi do et lego plura jura mea causa beneficii velut decimas lanarum aut peccorum oblacionum aut aliorum bonorum michi pertinencium

[   ]

sum eisdem do et lego, ut estimo, ad valorem (3)   x l.

Item domino Nicholao de Servigny, presbitero, qui deservivit in officio horocopi (4), in dicta ecclesia Sancti

s'efforçaient d'inquiéter partout les Anglais et contre lesquels Henri V promulgua à plusieurs reprises les peines les plus sévères. La capture de Guillaume Hubert laisserait soupçonner qu'au presbytère de Saint-Nicolas on n'avait pas tardé à se rallier à la cause anglaise.

(1) Saint-Gilles, arrondissement de Saint-Lô, canton de Marigny.

(2) La Barre de Semilly, arrondissement et canton de Saint-Lô.

(3) Ce paragraphe a été en grande partie effacé, sans doute intentionnellement, soit par Thomas du Marest, soit par ses successeurs, curés de Saint-Nicolas. Il semble d'ailleurs que le bon curé excédait un peu son droit en engageant ainsi ses successeurs vis-à-vis de l'Hôtel-Dieu.

(4) Le *Glossaire* de Du Cange définit de la façon suivante le mot *horocopus* : « Horocopus sive horarum receptor. Qui canonicas horas persolvendas curat in ecclesia et stipendia canonicis, qui iis intersunt, persolvit. » (Art. *Hora*.) Notre auteur n'a pas entendu ce mot d'une façon si précise. Nicolas de Servigny devait remplir à l'église Saint-Nicolas de Coutances des fonctions analogues à celles de réglementaire ou de sacristain.

Nicholay, circa xlᵃ annos et temporibus meis fuit factus
sacerdos, acquisivit multos honores et bona mobilia
multa et sub me factus est valens homo et vixit per multos annos [*Fol. 61 rᵒ*] meis expensis et passus sum in
hiis maximam pacienciam. Et ideo omnia [michi] pertinencia, tam in confessionibus vel aliis, do [sibi] et lego.
Et spero in domino quod, si michi facultas occurrerit,
faciam sibi plura bona.

Item domino Johanni Goelin; acquisivit bona multa
et spero in domino quod ipse habebit, si voluntas Dei
fuerit.

Item in anno Domini millesimo CCCCᵒ XXVᵒ, VIᵒ,
VIIᵒ, VIIIᵃ, perstiti in magnis et pernisiosis infirmita-
tibus, fere per iiijᵒʳ annos supradictos, et exposui, tam in
medicis, medicinis et aliis rebus neccessariis ad infirmita-
tem meam supportandam, sommam pro illis annis ducen-
torum l librarum t.   ijᶜ l l. t.

Item ordini fratrum Predicatorum, scilicet conventui
Constanciensi, do et lego x l.   x l.

Item nutrivi duos juvenes fratres meos, scilicet Johannem et Guillelmum, per plures annos, tenui dictum Guillelmum [tam] in studio Parisiensi quam alibi, et exposui
pro ipsis sommam c f.   c f.

Et hoc sibi do et lego ut [ex]orent Deum pro me.

Item pro elevatione tigniorum pro copertura aule manerii [*Fol. 61 vᵒ*].

Anno domini millesimo CCCCᵒ XVIIᵒ, prima die augusti, Henricus, rex Anglie, descendit in Normania,
apud locum Thoque (1), et propter impetum inimicorum

(1) C'est le 1ᵉʳ août 1417 qu'Henri V débarqua à Touques; le
16 mars 1418, la ville de Coutances tombait entre les mains des
Anglais. Voir, au sujet de la panique qui suivit le débarquement,

Anglorum tunc temporis nostrorum, omnes incole, tam nobiles, burgenses quam alii agrorum cultores, proth dolor, fuerunt in plures [partes] et maxime in Britaniam, et ideo quasi amens, sine sensu, misi in Britaniam et perdidi in Britania ad valorem vere lxxx l. t. Unde proth dolor.

Item do et lego thesauro de Carantonio, in redditibus supra Robertum Lesmandé et super heredes suos, ad capiendum annuatim, prout scribitur in literis regiis super hoc scriptis, [quadraginta solidos]. Item pro una vice   xl s. t.

Item eligo sepulturam corpusculi [mei] sive cadaveris in claustro prope capitulum Predicatorum Constanciensium, ut oracionum pretereuncium efficiar particeps (1).

Item thesauro ecclesie beati Stephani d'Auvers (2) do

l'ouvrage de Puiseux sur l'*Emigration normande et la colonisation anglaise en Normandie*. (Extrait des *Mémoires lus à la Sorbonne. Histoire*, 1865, p. 313-401.)

(1) Dans une lettre adressée par feu le chanoine Pigeon à M. Rohault de Fleury et publiée par ce dernier (*Les Couvents de saint Dominique au moyen âge*, art. *Coutances*), nous trouvons les renseignements suivants sur le cloître des Dominicains de Coutances : « Le cloître actuel, écrivait M. Pigeon, s'élève sur l'emplacement de l'ancien. Quand on le fit, on trouva sous le sol une quantité considérable d'ossements humains, et, sur les murs de l'église regardant le cloître, un grand nombre d'inscriptions tumulaires des xiv⁰ et xv⁰ siècles. Malheureusement elles ne sont plus à leur place ; en démolissant la vieille chapelle (dont le chœur a été refait en 1882 et le reste démoli en 1897), plusieurs de ces inscriptions, une dizaine il y a quarante ans, six il y a vingt-cinq ans, ont été brisées. Aucune n'offre de dessin ; leurs lettres sont remplies d'un mastic noir. La plus ancienne est celle de Guillaume Hay (1361). » Les recherches qu'a bien voulu faire pour moi, avec son obligeance habituelle, M. l'abbé E. Fleury, pro-secrétaire de l'évêché de Coutances, n'ont pas amené la découverte de l'inscription de Thomas du Marest.

(2) Arrondissement de Saint-Lô, canton de Carentan.

et lego, in cujus fonte baptismatis recepi
nomen   v s. [payés].

Anno domini millesimo CCCᵃ LXVII, die beatorum
apostolorum Symonis et Jude, portatus propter guerras
ad baptismum (1).

[*Fol. 62 rᵒ*]. Item do et lego fabrice matricis ecclesie
Constanciensis   x s.

Item do et lego cuilibet executorum meorum, scilicet
illis duobus electis, facientibus post dies meos dictam
meam execucionem   xx s.

Item do Guillelmo de Lesc[l]use, clerico meo, quem
nutrivi per plures annos, ultra victum et vestitum per
vij annos, librum meum catholicon, si perseveraverit
usque ad sacerdocium intrincece ; sin autem, do Rogero,
nepoti meo, filio Guillelmi de Maresco.

Item tempore meo, circa annum M. CCCC.XVII, feci
fieri ymaginem beati Nicholay lapideam, prout potest
videri, que constitit sommam xiiij scutorum aureorum,
quorum scutorum quelibet pecia vallebat xxx s. currentis
monete tunc temporis, vallent   xxj l. t.

Item pro asportagio de villa Cadomensi (2) apud Cons-

----

(1) Ce paragraphe nous donne la date, non de la naissance, mais
du baptême de Thomas du Marest ; il fut baptisé le 28 octobre 1367
dans l'église d'Auvers. Mais plus haut (fol. 4 recto), il donne
comme date de sa naissance le 27 octobre 1366. Il y a contradiction
entre les deux dates, car il est peu probable que l'on ait attendu
un an pour le baptiser. Nous croyons qu'il naquit le 27 octobre
1367 ; il nous dit en effet au même endroit (fol. 4 recto) qu'il avait
quarante-quatre ans en 1411, lorsque commencèrent les travaux de
reconstruction de l'église Saint-Nicolas. S'il était né en 1366, il
aurait eu alors, non pas quarante-quatre, mais quarante-cinq ans.

(2) La statue fut donc faite à Caen, où il y avait à cette époque
une école célèbre de sculpteurs. V. l'intéressant discours de M. le
chanoine Porée, *La statuaire en Normandie* (*Bulletin de la Société
des Antiquaires de Normandie*, t. XXI, p. 193-252).

tancias, ego solvi quadrigariis : de qua somma xxj l. dominus Nicholaus de Servigny, presbiter, dedit [c solidos]; Colinus Ravenel, burgencis Constanciensis, dedit unum scutum, valiens xxx s., *a rabatre* de somma. Et sic solvi pro dicta ymagine, donum est.   xiiij l. x s.

Item domunculam, quam feci fieri tempore guerrarum, quo fui ejectus et expulsus de domibus et mansionibus meis, in anno domini Mᵒ CCCCᵒ XXᵃ, pro refrigerio corporis mei (1). Et volo et [*Fol. 62* vᵒ] ordino quod dicta domuncula sive camerula sit post dies meos repositorium omnium bonorum ecclesie, ad honorem ecclesie beati Nicholay et ad faciendum hostias sive panes promissis et administracionibus parrochianorum, ad disposicionem rectoris et horoscopi sibi et ecclesie servientis. Et, si aliquid in eadem domuncula defuerit, sua bonitate et urbanitate providebit; sin autem, nolo nec intencio mea [est] quod computetur in reparacionibus manerii sacerdotalis, sed illi qui erunt temporibus futuris in regimine reparacionum ecclesie et reparabunt dictam domunculam sua bonitate, vel, si noluerint, eradicetur et adnichilletur, ad consilium parrocianorum   c l. t.

Item, anno domini millesimo CCCCᵒ XXVᵃ, quo Guillelmus Grandin, vicinus meus, fecit fieri muros retro manerium suum, silicet in clausura sua stabuli et platea, ubi erat furnus sive clibanus, qui muri erant, ut patet per litteram regiam, per medium inter me et ipsum ad

(1) D'après cet article du testament, c'est en 1420 que les Anglais auraient pris possession du presbytère de Saint-Nicolas. Nous verrons plus loin (fol. 68 verso) qu'ils l'évacuèrent au mois de juillet 1430. Leur séjour dans cette demeure aurait donc été de dix ans. Au mois d'avril 1429, Thomas du Marest fit couvrir la maison de derrière le presbytère. Nous verrons plus loin (fol. 63 verso) que dans cette dépendance demeurait, en 1429, un certain Raoul Fauvel.

reparandum, pro quorum murorum medietate sommam persolvi   viij l. t.

Alie misie in anno domini Mᵒ CCCCᵃ XXIXᵉ. In mense aprilis, pro faciendo tectum super aulam [*Fol. 63 rᵒ*] dicti manerii sacerdotalis Constanciensis. Primo pro vino operariorum sive artificum infra nominandorum, tam carpentatorum quam coopertorum ardesiarum et scriptorum,   iiij s. j d.

Magistro Radulpho de Molins, carpentatori, pro xiij diebus, pro faciendo et levandum (*sic*) ligna supra aulam, pro qualibet die ij s. vj d., vallent   xxxij s. vj d.

Item pro expensis dicti magistri Radulphi, pro qualibet die xviij d., vallent pro illis xiij diebus   xix s. vj d.

Item pro Guillelmo, famulo dicti magistri Radulphi, in dicto opere, pro illis xiij diebus, cum dicto Radulpho, pro qualibet die xx d., *vallent*   xxj s. viij d.

Item pro expensis ejus   xix s. vj d.

Item Colino Girardi, carpentatori, pro vij diebus ij s. vj d. pro die, vallent   xvij s. vj d.

Item pro expensis dicti Colini, pro qualibet die xviij d., vallent   x s vj d.

Item Gauffrido Le Breton, carpentatori, pro iiijᵒʳ diebus, a ij s. vj d. pro die, vallent   x s.

Item pro expensis dicti Gauffridi, pro illis iiijᵒʳ diebus, a xviij d. pro die, vallent   vj s.

Item pro Johanne Le Cerf, servitore, pro iiij diebus cum operariis, pro die xx d., vallent   vj s. viij d.

Item pro Michaeli Durant, pro asportagio vj bucellorum calcis vive, pro copertura dicte aule.   ij s. vj d.

Item pro Stephano Johannis, copertorio ardesiarum, Bernardo Murdrac, Guillelmo le Nouvel et Guillelmo Nichole, coper- [*Fol. 63 vᵒ*] toribus ardesiarum, ad coperiendum dictam aulam   xviij l.

Item pro cavillis quercus ad coperien-
dum   xviij s. iiij d.

Item pro Gaufrido Hubert, pro vj^m clavorum latarum   l s.

Item Henrico Le Grant, pro ij^m cum dimidio clavorum
vallent   xx s. vj d. obl.

Item Colino Girart, pro vij^c de latis, pro quolibet
c. iiij s., vallent   xxxij s.

Item pro panno cu[jus] dam capucii (1) pro dicto Radulpho   xiiij s.

Item Johanni Perrote, pro ix oneribus sabuli minuti,
pro quolibet onere ix d.   vj s. ix d.

Item dicto Johanni Perrote, pro xx oneribus grossi
sabuli, pro quolibet onere quatuor d. cum obolo, vallent   vij s. vj d.

Item illi qui vocatur Garabil, de Monte Cathonis, pro
vj bucellis calcis   ix s.

Item pro iiij^m lapidum ardesiarum, in et super alios
lapides dicti manerii antiquiores, pro quolibet m., lx s.,
vallent   xij l. t.

Item Gaufrido Lecat, pro xij^c latarum, pro quolibet
c. iij s., vallent   xxxvj s.

Item Henrico Le Grant, pro viij^c clavo-
rum   vj s. viij d.

Item au Testu, pro iiij^c de late, *pour chacun* c. iij s.,
vallent   ix s.

(1) *Caputium*, chaperon. V. ce mot dans Du Cange (*Glossarium*)
et dans Gay (*Glossaire archéologique du moyen âge*). Le chaperon
était une sorte d'aumusse ou de petite chape qui enveloppait la
tête et retombait sur les épaules. C'était au moyen âge un vêtement
masculin aussi bien que féminin. Il était attaché sur l'épaule par
une longue bande d'étoffe qu'on appelait la patte, qui tantôt formait turban autour de la tête, tantôt s'enroulait deux ou trois fois
autour du cou (Félix, *Inventaire de Pierre Surreau*, p. 288).

Item pro xij *festures*   vj s.

Item pro vino, quando computavi cum Stephano Johannis, dominica ultima maii   v s.

Item alie misie facte anno domini M° CCCC° XXIX°, incepte die lune die secunda mensis maii dicti anni, pro duobus lignis quercus magnis scilicet trabes, gallice *poutres*, pro aula sive domo posteriora dicti manerii sacerdotalis, in qua sole- [*Fol. 64 r°*] bat manere Radulphus Fauvel. Primo. Magistro Radulpho de Molendinis, carpentatori, pro vj diebus, pro qualibet die ij s. vj d., vallent   xv s.

Item pro expensis ejus, pro qualibet die xviij d., vallent   ix s.

Item Guillelmo, famulo suo, pro illis sex diebus, pro qualibet die xx d., vallent   x s.

Item pro expensis ejus in illis vj diebus, pro qualibet die xviij d., vallent   ix s.

Item Gauffrido Le Breton, carpentatori, pro quinque diebus, pro qualibet die ij s. vj d., vallent   xij s. vj d.

Item pro expensis ejus, pro die viij (*sic leg.* xviij) d., vallent   vij s vj d.

Item Colino Girart, pro iiij°ʳ diebus ad carpentandum   x s.

Item pro expensis ejus   vj s.

Lathomos ad minuendum dictas trabes et parietes

Primo. — Guillelmo de Plano, lathomo, pro ij diebus, pro qualibet die ij s. vj d., vallent   v s.

Johanni Maugier, lathomo, pro ij diebus   v s.

Petro Maugier, lathomo, pro ij diebus   v s.

Item pro expensis dictorum lathomorum, pro qualibet die xx d. pro quolibet lathomo, vallent   x s.

150

Servitores

Ricardo Ogier, servitori, pro tribus diebus, in illis operibus, pro qualibet die xviij d., vallent   iiij s. vj d.

[*Fol. 64 v°*]. Thome Maugier, servitori, pro duobus diebus, pro die xviij d., vallent   iij s.

Item pro expensis eorum in illis diebus, xviij d. pro die, vallent   vij s. vj d.

Item (1) dedi et solvi domino Nicolao de Peris unum francum aureum   xx s.

Item do pro verrina aule superioris, magistro Petro, vitriario   lx s.

Item do dicte ecclesie quodam almariolum pro isto libro et pro ceteris ponendis, pro conservatione eorum   cv s.

[*Fol. 65 r°*]. Hic de precedentibus oritur quod incidens ut evidenter pateant ad instanciam de hiis que non scribuntur in libro hoc. Et preter (2) victum et vestitum, veagia, peregrinaciones et fatuas expensas, ne prolicitas in spacio tringinta duorum annorum generetur. Nam sunt [anni] XXXII° quod veni assumere onus ut supra. Dicto spacio incipiente anno domini millesimo trecentesimo nonagesimo septimo, quarto idus septembris (3), et finito anno domini millesimo quadringentesimo xx° nono, eadem die quarto idus ejusdem mensis. Nam prolicitas esset et somma magna. Et sequitur super

---

(1) A partir du mot *Item* jusqu'à la fin du folio, l'écriture est différente et de date postérieure. Les deux tiers du folio 64 verso sont blancs ; vers le milieu, un des plus récents possesseurs du manuscrit a écrit la date suivante : *Anno domini* 1829.

(2) Il y avait d'abord *propter* qui a été corrigé en *preter*.

(3) C'est donc le 10 septembre 1397 que Thomas du Marest a pris possession de la cure de Saint-Nicolas.

valore dicti beneficii et oneribus et reparacionibus ejus.

Nam valor est communiter per annum, scilicet girum sive circuitus parrochie, tam in decimis agnorum, lanarum, vitulorum, porcorum, avium, pullorum, rucarum aut aliorum animalium, circa   xv l.

Item decem bucelli frumenti cum galina super feodo de Campo Rotundo, quos debent les Belluceaux, quos dictos decem bucellos apreciavi ad tres solidos, vallent   xxx s.

Item Johannes Aubri, dictus Le Breton, super tenementum quod tenet, duos bucellos frumenti, apreciati a vj s. et ix s. quos debet, vallent   xv s.

Item jura paschalia circa vel prope (1)   vj l.

Non debet computari

[*Fol. 65 v*]. Item tempore quadragesimale circa   x s.

Item capella Sancti Clari et Sancti Mauri   c s.

Item Natale domini   xx s.

Item capella beati Martini (2), si casus acciderit   x s.

Et si quid supervenerit de bene esse erit et non de inesse.

Somma recepte per annum   xl l. xv s.

Que somma valet per dictum spacium tringinta duorum annorum supradictorum, [vallent]   xiij^c iiij l.

De qua somma oportet deducere onera et reparaciones suprascripta, quoniam aliunde non possunt provenire nisi de beneficio.

(1) En marge les mots : *De in esse*, réunis par une accolade aux paragraphes qui donnent le détail de la valeur du bénéfice.

(2) La chapelle Saint-Martin, située dans la rue du même nom, était fort ancienne. De Mons prétend qu'elle existait dès le xiie siècle (Quenault, *Recherches archéologiques*, etc., p. 282-283). Elle dépendait du chapitre. On la trouve mentionnée dans le Compte de 1543-1544 (Bibl. nat., Lat. 9216, p. 17).

152

Et primo in principio hujus libri. Somma onerum est xviij l. x s. t. per annum ut supra, secundo folio in principio hujus libri, que somma fit per dictum spacium xxxij^{orum} annorum, v^c iiij^{xx} xij l. t., que oportet deduci de dicta somma totali (1).

Item pro [de] portu in primo anno, ut supra dictum est tercio folio, in principio hujus libri   xxx s.

Item somma reparacionum est v^c lxvj l. x s. xj d., que oportet deduci de dicta principali somma.

Istis deductis, restat pro rectore, ut habeat victum et vestitum, pro quolibet anno lxxij s. ij d.

Et per dictum spacium xxxij annorum fit cxv l. ix s. j d.

[*Fol. 66 r°*]. Ita debet prandere coram rege pulchro Philippo (2). Et sic papa providit beneficio de servitore et non servitori de beneficio.

Item, in tempore anno domini millesimo CCCC° XVII°, quo rex Anglie descendit in Normannia, quod illi qui custodiebant in Normannia villas et castra, nomine Karoli, tunc temporis regis Francie, qui dicebantur tunc temporis *Hermignagues*, nemine nominato, aperierunt arcam meam et ceperunt non omnia sed plura bona mea et habuerunt vi et violencia plures peccunias, inter quas erant lxj l. xiij s. iiij d., pertinentes magistro Nicholao Douchet, curato de Livervilla (3), diocesi Cons-

---

(1) On ne trouve pas mentionnée parmi les charges du bénéfice la somme de 30 sous qu'en 1543 le curé de Saint-Nicolas devait au Chapitre sur son manoir presbytéral (Compte de la commune du chapitre. Bibl. nat., Lat. 9216, p. 18).

(2) Il convient d'attirer l'attention sur ce curieux dicton dont l'origine ne nous est point connue.

(3) Linverville, commune de Gouville, canton de Saint-Malo-de-la-Lande, arrondissement de Coutances. Nicolas Douchet, clerc, du

tanciensi, quam summam oportuit me reddere coactum Johanni Douchet, fratri et procuratori dicti magistri Nicholay, sicut patet per quitanciam passatam coram Colino Pellequoq, tabellione, anno domini millesimo CCCC° XXVIII°, in mense decembris die tercio, unde doleo, presentibus ad hoc Johanne Gosselin, de Bosco Rogeri (1) et domino Guillelmo Gosselin, presbitero, et Johanne Forre, de parrocia beati Nicholay Constanciensis. Et ideo possum dicere : Ut quid perdicio hec, unde versus :

> Dampna fleo rerum sed [plus] fleo dampna dierum ;
> Quisque potest rebus succurere, nemo diebus,

lxj l. xiij s. iiij d.

Usque huc ii^m v^c liii l. xiii s. ix d.

[*Fol. 66 v°*]. Item de hereditatibus michi pertinentibus, ex parte patris et matris, nichil habui nec possedi sed a juventute mea reliqui omnia, sequens apostolos dicentes : Ecce reliquimus omnia et secuti sumus te ; cogitans de premio eterno in communione sanctorum. Et quantum de fratribus meis nichil possum dicere nisi quod scriptum est : Fratres mei elongaverunt a me et noti mei quasi alieni recesserunt a me, amici mei et proximi mei quasi alieni.

Item scriptum est in jure canonico sive civili quod cle-

diocèse de Bayeux, est cité dans le *Chartularium Universitatis Parisiensis* (Edit. Denifle et Châtelain, IV, p. 3 et 99), à la date du 25-29 octobre 1304, comme maître ès-arts et étudiant en l'Université de Paris, et à la date de 1403 comme curé de l'église paroissiale de Sainte-Geneviève, au Val-de-Saire, et étudiant en la faculté de décrets.

(1) Bois-Roger, canton de Saint-Malo-de-la-Lande, arrondissement de Coutances.

ricus beneficiatus non potest nec debet cogi in reparacionibus, ultra sextam partem valoris beneficii sui. Et in
precedentibus sequitur in processu isto juste et rite quod,
ultra sextam partem valoris beneficii per annum, inve-
nietur maxima quantitas jamdiu aposita. Igitur succes-
sor post me veniens tenebitur orare Deum pro benefactoribus preteritis, si est probus, et debet fore contentus
consideratis omnibus suprascriptis. Testis in celo fidelis
[presographus. Et testis enim michi est Deus. *Ad Philipenses I° capitulo*].

Nota (1) quod valor beneficii per annum est quadraginta libras, quindecim solidos turonensium. Et sexta
pars dicti valloris est per annum sex libre, quindecim
solidi turonensium. Que sexta pars vallet per spacium
xxx^{ta} duorum annorum ij^c xvij l. vj s. viij d. Igitur est
jam apposita somma iij^c xlix l. iiij^{or} s. iij d. t.

Testis in celo fidelis presographus. Et *ad Philipenses
I° c°*, Testis enim michi est Deus (2).

[*Fol. 67 r°*]. Hujus autem testamenti seu ultime voluntatis mee constituo et ordino venerabiles et discretos magistros ac dominos meos de capitulo et supplico eisdem
ut eligant duos bonos capellanos sive sacerdotes de ecclesia, ut ad finem ducant hoc opusculum, tanquam veris-
simi executores per beneficium inventorii, et eorum
quilibet in solidum, dans et concedens eisdem executoribus meis, et eorum cuilibet in solidum, plenam potestatem ac mandatum speciale omnia et singula premissa
exequendi, augendi et diminuendi ac ecciam defalcandi
et in melius mutandi, si neccesse fuerit, prout executores
legitime constituti possunt et debent facere, pro salute

(1) Cette note est d'écriture plus fine que le reste du folio.
(2) Cette phrase est répétée encore une fois à la suite de ce paragraphe.

anime mee. Volo ecciam quod illud testamentum meum seu mea ultima voluntas duret et valeat imperpetuum, donec per aliud illud ducerit revocandum. Et si tamen non valeat jure testamenti, valeat jure codicillorum seu cujuslibet alterius ultime voluntatis. In cujus rei testimonium, sigillum dominorum de capitulo, ad meam peticionem et requestam, presentibus est appensum. Et signo meo manuali in pluribus locis et fere per totum roboratum. Actum et datum Constanciensi (*sic*) anno domini M° CCCC°,....

Precor scriptori, post dies meos scribenti, quod hic ponat diem, annum et horam decessus mei et coram quibus.

Notum vobis legentibus facio quod tempus mee resolucionis instat, et ego enim jam delibor, cursum [*Fol. 67 v°*] consummavi, et jam sum sexagenarius, in anno domini millesimo CCCC° XXVIII°, mense januarii, et ultra (1), certamen certavi, utrum sit michi salubre an non nescio, Deus s[c]it, qui reddet michi in illa die justus judex. Et quia peregi per multa tempora elaxa omnia et singula suprascripta, tendens ad bonum finem, considerans que scripta sunt, *Ecclesiastes III° capitulo*, scilicet : Omnia tempus habent et in suis spaciis transeunt universa sub celo.

Primo. — Tempus nascendi et tempus moriendi. Tempus plantandi et tempus elevandi. Tempus quod plantatum est. Tempus occidendi et tempus sanandi ; tempus destruendi et tempus reedificandi. Tempus flendi et tempus ridendi ; tempus plangendi et tempus saltandi. Tem-

(1) Cette indication est exacte. Thomas du Marest, étant né le 27 octobre 1367, devait avoir, au mois de janvier 1429 (n. s.) soixante et un ans et deux mois.

pus spargendi lapides et tempus colligendi. Tempus
amplexandi et tempus longe fieri ab amplexibus. Tempus aquirendi et tempus perdendi. Tempus custodiendi
et tempus abiciendi ; tempus scindendi et tempus con-
suendi. Tempus tacendi et tempus loquendi. Tempus
dilectionis et tempus odii. Tempus belli et tempus pacis.
Quid habet amplius homo de labore suo ? Vidi afflictio-
nem quam dedit Deus filiis hominum, ut distendantur
in ea. Cuncta fecit bona in tempore suo ; et mondus tradidit disposicioni eorum ; ut non inveniat homo opus
quod operatus est Deus ab inicio usque in finem. Et
cognovi quod non esset melius nisi letari et facere bona
in vita sua. Omnis homo enim qui comedit et bibit et
videt bonum de labore suo, hoc donum Dei est ; didici
quod omnia opera que fecit Deus perseverent in eternum ;
hec ille. Et ideo oportebit complere ut per multa tempo-
rum fierent spacia ; hec. . . . .

Et sic de labore meo nil quero nec habeo nisi letari in
tribulacionibus hujus mondi et facere bona in re-
[*Fol. 68 r°*] siduo dierum meorum in servicio creatoris
mei, in quo est spes mea et tota mente sibi me recom-
mando et beato Nicholao a juventute mea etc. . . .   Nota.

> J'ay longuement musé
> Et mon temps usé,
> Donc j'atent grief pace,
> Se par sa bonté
> La flour de purté
> Son filx n'en apace (1).

(1) Ces six vers ne sont disposés que sur deux lignes dans le
manuscrit. Ils sont extraits d'un poème dévot, en quinze strophes
de douze vers pentasyllabiques, attribué à Richard de Fournival,
chancelier de l'église d'Amiens vers le milieu du xiii° siècle. Un

Ecce mansurabiles posuisti dies meos et substancia mea tanquam nichilum ante te; verumptamen vanitas omnis homo vivens.

Ecce Deus auxiliator meus; quis est qui condempnet me. Ecce omnes quasi vestimentum conterentur; tinea comedet eos. Ecce elongavi fugiens et mansi in solitudine. Ecce, domine, tu cognovisti omnia novissima et antiqua; tu formasti me et posuisti super me manum tuam. Ecce sic benedicetur homo qui timet dominum.

[*Fol. 68 v°*] (1). Hoc est eciam pro testamento proximo. Cy commence l'an M. CCCC. XXX., eu mois de juillet.

Premièrement. Mises faictes pour reparer le presbitare de Saint-Nicolas de Coustances, pour vuidier les vuideures et ordures que les Angles avoyent assemblés, qui s'en allerent la sepmaine devant la saint Cler, l'an dessus dit (2).

manuscrit de la Bibliothèque municipale de Dijon, qui date de la fin de ce même siècle, donne une version un peu différente de celle de notre auteur :

... Et li tans s'en vait
Et je n'ai riens fait
U grant fiance aie,
Asses ai musé
Et mon tans usé

Dont j'atench grief pais
Se par sa bouté
La fleurs de purté
Son fil ne rapaie.

(E. Langlois : *Quelques œuvres de Richard de Fournival*, Bibl. de l'Ecole des Chartes, LXV, 114-115.)

(1) Le manuscrit se termine avec le folio 68 recto. Mais au verso du folio 68 et sur le folio 69 recto et verso, l'auteur a transcrit quelques mois plus tard de nouveaux comptes. L'écriture n'est plus la gothique soignée du manuscrit, mais l'écriture cursive en usage au xvᵉ siècle. Le premier paragraphe, qui mentionne les dépenses faites au mois de juillet 1430 pour nettoyer le presbytère de Saint-Nicolas, après le départ des Anglais, a été publié dans mon *Essai historique sur l'Hôtel-Dieu de Coutances*, t. I, p. 142, note 1.

(2) La garnison anglaise de Coutances se composait, depuis le

Primo. — A Blesot Guillemin, pour vuidier l'estable et les chambres et chelier et netoyer, pour vij jours, a xviij d. pour jour, vallent x s. vj d.

Item pour les despens dudit Blesot, pour jour x d., vallent vj s. ij d.

Item à Guillaume de Margueré, carpentier, pour refare plusieurs carpenteries pour le maner, pour v jours, pour jour xx d., vallent viij s. iiij d.

Item à Lois Escoullant, pour son benel, pour vuidier la court et aporter viij benelées de sablon, pour emplir les fosses et une benelée d'argille, pour raparillier les soliers de l'ostel xij s.

Item à Robin de Boulle, pour viij aes de quesne, pour faire les huys de l'ostel du presbitare. Ce fut fait le xj jour de septembre, ledit an xxiiij s.

26 septembre 1425, de 20 hommes d'armes, 16 à cheval et 4 à pied, et de 60 archers. Par acte daté de ce jour, Lorens Waren, écuyer, naguères bailli du Cotentin, avait été institué par Bedford capitaine de Coutances, dont il était déjà lieutenant. Guillaume de la Pole, qu'il remplaçait, était alors parti dans le Maine pour une expédition (Luce, *Chronique du Mont-Saint-Michel*, t. I, p. 151, note 1). Après la tentative infructueuse des Français contre Paris (jeudi 8 septembre 1429), les Anglais, craignant que Jeanne d'Arc n'entreprît, de concert avec le duc d'Alençon, une expédition en Basse-Normandie pour dégager le Mont-Saint-Michel, renforcèrent, pendant les mois de juillet, août et septembre 1429, toutes leurs garnisons de Basse-Normandie. La garnison de Coutances, dont Talbot était capitaine, reçut 2 lances à cheval et 30 archers de renfort sous Guillaume de Clamorgan, Richard Crawford et Philippe Guernon, écuyers (Bibl. nat., Franc., 4488, fol. 485-487. — Luce, *op. cit.*, t. I, p. 287). Le 20 juillet 1429, montre était passée d'un détachement qui faisait partie de ce renfort (V. plus haut, folio 9 verso). C'est seulement le vendredi 12 septembre 1449 que les Anglais quittèrent définitivement Coutances devant l'armée victorieuse du connétable de Richemont.

Item à Jehan Le Monnier, pour vj sommes de gros sablon pour mettre es fosses d'après la porte, a iij d. la somme, vallent   xviij d.

Item audit Monnier, pour les viij benelées dictes   iij s. iiij d.

Item à Ricard Ogier, pour raparillier les soliers, que les Angles avoient rompus, pour ung jour   xviij d.

Et pour les despens d'iceluy jour, servese, pain, char trois fois de jour   xv d.

Autres mises faittes en l'an M. CCCC. XXXI[e], pour le presbitare de Saint-Nicolas de Coustances, eu mois de juing.

Primo. — A Colin Gira[r]t, carpentier, demourant a Cambernon, pour l'uys [*Fol. 69 r°*] de quesne en chassis tout neuf pour la chambre de bas, par devers la rue saint Flocel   xxv s.

Item a[u]dit Colin, pour l'oste vent (1) de ladicte chambre, que fist ledit Colin   xv s.

Item à Jehan Le Fevre, machon, pour machouner l'uys et la fenestre par devers la court   v s.

Item a Martin Vigier, fevre, pour forgier la fereure du chelier, pesant xix l. de fer, a xij d. la livre de fer, vault   xix s.

Item audit Martin, pour la fereure de la fenestre a yraigne (2) de la haute salle, pesant xij l. de fer, a xij [d. la] livre, vault   xij s.

Pour Saint Flocel

---

(1) Un auvent est un petit toit placé au-dessus d'une baie pour l'abriter (Enlart, *Manuel d'archéologie*, t. I, *Architecture religieuse*, p. 48).

(2) Fenêtre « a yraigne », c'est-à-dire avec des barres de fer faisant saillie en dehors (V. Godefroy, *Dict. de l'anc. lang. franç.*, au mot ARAIGNE.

Item pour ij cartées de quarrel de tufel, de Rafoville (1), pour faire le surmont du pignon de Saint Flocel, rendu a Coustances　　　　　　　　　　　　　　xlvj s. j d.

Item à Johan Le Fevre, machon, pour le vin de l'alouage du dit pignon et pour autres machonneries, pour asseer les dictes fenestres　　　　　iiij l. ij s. vj d.

Item audit Jehan Le Fevre, pour j jour pour machonner en la haute salle　　　　　　　　　　　ij s. vj d.

Et fut ce fait le vendredi (2) xxvj^e jour de juillet M.CCCC.XXXI.

Item a Jehan Le Cat, pour xiij pieces de boul longues (3) pour faire alours pour ledit pignon de Saint Flocel　　　　　　　　　　　　　　　　　v s.

Item a Jehan Quesnel, pour amener ledit bois　　v s.

Item a Perrin Le Clerc, pour vj clées pour faire les allours　　　　　　　　　　　　　　　　vj s.

Item a Estienne Jehan, couvrour, pour recouvrir la dicte chapelle　　　　　　　　　　　　　　x s.

Item pour iiij botes de corde de landon (4), pour lier les allours　　　　　　　　　　　　　　xx d.

---

(1) Il faut peut-être lire : Raforille (commune de Sainteny, canton de Carentan, arrondissement de Saint-Lô). Ce lieu serait voisin de Blihou, que nous hésitons à identifier avec le *Blihan* dont il est question fol. 54 r°. On se rappelle que de ce dernier lieu furent également tirées plusieurs charretées de tuffeau pour les travaux du presbytère.

(2) Une main postérieure a barré le mot *vendredi* et y a substitué le mot *jeudi*. En 1431, le 26 juillet tombait en effet un jeudi.

(3) *Boul* est l'ancienne forme du mot Bouleau (V. Godefroy, *Dict. de l'anc. lang. franç.*, au mot BOUL). Ce mot est à rapprocher également du mot *Boulin*, pièce de bois d'un échafaudage, dont on a vu plus haut l'explication (fol. 18 v°, note).

(4) La corde de landon était une sorte de corde très forte employée pour les gros travaux. Godefroy donne à ce mot le sens de cour-

Item pour vj^c de clou à late, pour ladicte chappelle, a
ix d. le c., vallent   iiij s. vj d.

Item à Jehan Le Fevre, pour machonner ij pilliers et
la voulte de dessus, pour porter l'atre de la haulte
salle   xxxv s.

Portal. — Item pour le portal desus l'ys de [la] salle.
— A Guillaume Le Chevalier, carpentier, pour bois et
carpenterie, rendu à l'ostel tout levé   xl s.

Item pour iiij^c de clou a late et a couronne   iij s.

Item pour fare le mur de la closture de la court, par
devers Le Dien (1).

A mestre Guillaume Behuchet et son compagnon, pour
caulx, sablon et toutes autres choses appartenans à ladicte
muralle   x l. ix s. x d. obl.

Item a Bernart Murdrac, pour recouvrir la capelle
Saint Mor, le xxij jour d'aoust M CCCC
XXXIII   iij s. iij d.

[*Fol. 6 9 v°*]. Item pour xviij ais de quesne, pour plan-
chier le solier du chelier   xlv s.

Item a Colin Le Querre et Jehan Le Mestre, de Mont
Huchon, ouvriés de bras, pour iij jours, pour ordener la
terre et faire le solier   x s.

Item aux dessus dis, pour ij faceaux de fain pour fare
le macés du solier (2)   ij s. j d.

Item pour leurs despens, pour jour x d. pour chascun,
vallent   v s.

Item a Benet Vermée, carpentier, pour fare les fenes

roie. C'est avec cette corde qu'on liait le *boulin* à l'*échasse* dans les
échafaudages.

(1) Ce paragraphe et les deux suivants ont été ajoutés postérieurement.

(2) *Macés*, masse compacte, massif (V. Godefroy, *Dict. de l'anc.
lang. franç.*, au mot *Masseis*).

tres de la haulte salle et du chelier, ij jours, vallent   v s.

Item pour ij aes de quesne, pour fare les dictes fenestres, a iij s. piece, vallent   vj s.

Item a Ricard Le Riverenc, fasour de caulx, pour xxvij b. de caulx   xv s.

Item a Jehan Perrote, pour la portage de ladicte caulx   vij s.

[Estienne Jehan]

Item pour les despens sur ce fais   vj s. viij d.

Item a Colin Bense et Guillaume Hullin, fasours de pavement, pour paver ladicte haute salle, en laquelle sont entrés xix de pavement, a j d. la piéce, vallent   vj l. xv s.

Item pour lours despens, pour iij jours   ix s.

Item a Jehan Augier, carpentier, pour bois et carpenterie de l'oste vent de la haute salle pavée et les despens   xx s.

Le pourtal dessus l'uys de la basse salle.

Item pour ij boisseaux de caulx pour couvrir ledit pourtal et asseer la goutere, par devers Le Dien, aportés de Saucé   ij s. vj d.

Item pour iij feteures, pour ledit pourtal   ij s. iij d.

Item a Estienne Jehan, couvrour de pierre, pour couvrir ledit pourtal et assoyer la dicte goutiere   xv s.

Item a Martin Le Nevou, pour la dicte goutiere de v piés   v s.

Item a Estienne Jehan, pour blanchir et pourferir la haute salle   xxviij s. vj d.

Item pour les despens pour ce fais (1)   v...

Somme de ses trois plannes, xxxvij l. ij s. x d.

---

(1) Ces deux dernières mises devraient être reportées plus haut, à l'endroit où les mots *Estienne Jehan* se trouvent transcrits entre crochets.

Somme toute jusques ycy du testament ij^m v^c iiij^xx x l. xvij s. vij d.

[Fin du *Fol. 69 v°*.]

Nota que cest livre fut escript et fait l'an de grace mil CCCC [X]XIX, intrant l'an XXX, eu mois de mars (1) et cousta en toutes matieres et escripture vj l. v s.

Somme toute des mises de cest livre iii^m cxlviii l. iiii s. iii d. en bref.

Si convient rabatre la some de dons devant dicte. Ainsi demoure la somme de ii^m viii^c l l. iiii s. vii d., que je poye aux dessus dis.

De scriptore

Hic de pedibus sedentis super solium excelsum, quos seraphim duabus alis velabat, scriptori et finem auditori commemorasse sufficit, quia faciem exorsus sedentis per media ad pedes usque via duce pervenit.

FIN

(1) L'année 1430 commença le 16 avril, d'après le style de Pâques; mais nous avons déjà vu plus haut que l'auteur la faisait commencer le 25 mars, jour de l'Annonciation.

DEUX COMPTES

DU

SCELLEUR DE L'ÉVÊCHÉ DE COUTANCES

DU 1ᵉʳ JANVIER 1439 AU 1ᵉʳ JUILLET SUIVANT,

ET DU 25 DÉCEMBRE DE LA MÊME ANNÉE AU 18 JUIN 1440

SUIVIS

D'UN COMPTE DES DÉPENSES FAITES PAR LES RELIGIEUX

DE FÉCAMP

EN VUE DE L'ÉLECTION COMME ABBÉ DE LEUR MONASTÈRE

DE GUILLAUME DE DUREMORT

PLUS TARD ÉVÊQUE DE COUTANCES

Publiés

Par Ch. DE BEAUREPAIRE

INTRODUCTION

Les documents qui suivent concernent le diocèse de Coutances et se rapportent à la première moitié du xve siècle. Ils ont ces deux traits de commun avec la savante publication de M. Paul Le Cacheux, qui, à elle seule, n'eût pas suffi à fournir la matière d'un volume d'une étendue normale.

Il s'agit de deux comptes de Jean de Salion, scelleur, à Coutances, pour l'évêque Philibert de Montjeu, du 1er janvier 1439 au 1er juillet de la même année; et, pour Gilles de Duremort, successeur de ce prélat, du 23 décembre 1439 au 18 juin 1440.

Bien qu'embrassant une période de temps assez courte, ces comptes nous renseignent assez exactement sur la situation du diocèse de Coutances à une des époques les plus intéressantes de notre histoire.

A Coutances, le scelleur de l'évêché paraît avoir eu plus d'attributions que n'en avait à Rouen celui de l'archevêché. Du moins, voyons-nous que les comptes de Salion contiennent des chapitres de recettes qui figurent, à Rouen, soit dans les comptes du clerc du vicariat, soit dans ceux du receveur de l'archevêque (1).

(1) Ainsi, dans le compte du clerc du vicariat de l'archevêché, 1434-1435 : « *Recepta collationum, mandatorum, subhastationum et approbationum confratriarum et reconciliacionum ecclesiarum.* » (Archives de l'archevêché). Dans tous les comptes du receveur, les recettes des déports.

Dans les deux diocèses, le scelleur tirait sa qualification d'une fonction consistant à mettre le sceau du prélat à une infinité d'actes judiciaires ou administratifs et à compter des droits perçus à l'occasion de cette formalité. Mais les articles de recette du scelleur du diocèse de Rouen contrastent par leur laconisme avec ceux du diocèse de Coutances, qui sont, en général, beaucoup plus détaillés (1).

Ce serait s'engager dans de trop longues recherches sur les différentes branches de l'administration et de la juridiction ecclésiastique, que d'entreprendre l'analyse des divers chapitres de ces comptes. Il est à croire, d'ailleurs, qu'il se rencontrera quelque part des documents de la même nature, plus anciens et plus complets, pour lesquels un travail de ce genre pourrait être plus utilement entrepris. Nous nous en sommes tenu aux articles qui nous renseignent sur la valeur d'un certain nombre de cures dont la vacance récente avait donné lieu à l'ouverture du droit de déport, droit reconnu dans toute la province, en vertu duquel le revenu d'un bénéfice, pendant l'année qui suivait la vacance, appartenait

(1) Compte de Jean Pajot, scelleur pour l'archevêque Hugues d'Orges, Saint-Michel 1434-Saint-Michel 1435. Le comptable présente en bloc les recettes qui lui sont venues du clerc du vicariat (on l'appela plus tard le clerc du secrétariat) : Pour collations de bénéfices, mandements, commissions, approbations de confréries, 173 l. 8 s.; quêtes, 37 l. 10 s.; dispenses *de non solvendo debita ac de fide et juramento prestitis in contractibus deceptivis*, 14 l. 5 s.; lettres de grâces, autorisations d'oratoires, etc., 26 l. 10 s; dispenses de résidence, approbations de chapelains (ou vicaires), 315 l. 9 s.; lettres d'*a quocunque* (ou dimissoires), et autres lettres relatives aux ordinations, 9 l. 13 s. 4 d.; lettres d'ordinations aux quatre-temps, 470 l. 2 d.; *recepta ad causam certorum puerorum apud Deppam, presente domino vicario, per dominum Petrum, Lexoviensem, tonsuratorum et legitimatorum, in mense septembris, defalcata certa summa deperdita in captione Deppe* (la prise de Dieppe par les Français), 52 l. 14 s. 10 d. Signé : *Hugo de Ourgiis* (Arch. de la S.-Inf., G. 273).

pour les deux tiers à l'évêque ; pour l'autre tiers, à l'archidiacre, dans l'archidiaconé duquel le bénéfice était situé.

Autant que nous en avons pu juger par quelques exemples, le Cotentin avait moins souffert que la Haute-Normandie, que le pays de Caux notamment. La guerre y avait sévi avec moins de furie ; et ce ne fut pas sans raison que Jean Masselin signala, aux Etats de Tours de 1484, la part différente qui avait été faite aux deux contrées dans la misère occasionnée par la domination anglaise (1).

A la rigueur les articles relatifs aux déports auraient pu figurer, rédigés comme ils le sont, dans le texte des comptes que nous publions. Nous avons cru préférable de les présenter ici, classés suivant l'ordre alphabétique des paroisses et dégagés de longueurs inutiles.

Beuzeville-sur-le-Vey (*Beuzevilla supra Vada*), commune des Veys, canton de Carentan. La cure vaqua le 3 janvier 1439. Le déport fut adjugé au curé pour 120 l. La taxe était de 31 l.

Bosc-Roger, canton de Saint-Malo-de-la-Lande. La cure vaqua le 27 juin 1438. Le déport fut adjugé pour 29 l. La taxe était de 8 l.

Brainville, même canton. La cure vaqua le 24 octobre 1438. Le déport fut adjugé au curé pour 85 l. La taxe était de 20 l.

Bricqueville-la-Blouette, canton de Micorps. La petite portion vaqua le 25 sept. 1438. Le déport fut adjugé pour 18 l. La taxe était de 7 l. Le prix du déport fut laissé au curé de la paroisse qui était *ménagier* ou économe pour l'évêque.

Bricqueville-sur-Mer, canton de Bréhal. La cure vaqua le 26 juillet 1439. Le déport fut adjugé au curé, Fouques Berthe, pour 75 l. La taxe était de 17 l.

(1) *Journal des États généraux de Tours*, dans la collection des Documents inédits.

Cambernon (*Campus-Arnulphi*), canton de Coutances. La cure vaqua le 14 septembre 1439. Le déport fut adjugé pour 80 l. La taxe était de 30 l. Le prix du déport ne fut pas payé.

Carentan, arrondissement de Saint-Lô (*Carentonium*). La cure vaqua le 12 août 1438. Le déport fut adjugé au curé pour 140 l. La taxe était de 40 l.

Draequeville, canton de Gavray. La cure vaqua en 1439. Le déport fut adjugé pour 23 l. et ne fut pas payé.

Gorges (*Ecclesia de Gorgiis, portio de* l'Espesse), canton de Périers. La cure vaqua le 15 novembre 1438. Le déport fut adjugé pour 53 l. La taxe était de 20 l.

Gratot, canton de Saint-Malo-de-la-Lande. La première portion de la cure vaqua le 17 mai 1439. Le déport fut adjugé au curé, Pierre De Gouey, pour 60 l. La taxe était de 15 l. Le prix du déport ne fut pas payé. La petite portion de la même cure vaqua le 10 février 1440. Le déport fut adjugé pour 35 l. La taxe était de 10 l.

Haye-Comtesse (La), canton de Gavray. La cure vaqua le 30 mars 1439. Le déport fut adjugé pour 38 l. La taxe était de 13 l. 10 s. Le prix du déport ne fut pas payé.

Houtteville, canton de la Haye-du-Puits. La cure vaqua le 5 décembre 1438. Le déport fut adjugé pour 33 l. La taxe était de 10 l.

Lithaire, même canton. La cure vaqua le 6 janvier 1440. Le déport fut adjugé pour 110 l. La taxe était de 17 l. 10 s.

Maupertuis (*Ecclesia de Malopertuso*), canton de Percy. La cure vaqua le 28 avril 1440. Le déport fut adjugé pour 45 l. La taxe était de 35 l.

Montcuit (*Ecclesia de Montecocto*), canton de Saint-Sauveur-Lendelin, arrondissement de Coutances. La cure vaqua le 25 août 1439. Le déport fut adjugé pour 40 l. La taxe était de 12 l. 10 s. Le prix du déport ne fut pas payé.

Montmartin-en-Graignes, canton de Saint-Jean-de-Daye. Une portion de la cure, dite *portio quatuor*, vaqua le 25 mars 1439. Le déport fut adjugé pour 130 l. La taxe était de 42 l. Le prix de déport ne fut pas payé.

Montreuil-sur-Lozon (*Monasteriolum*), canton de Marigny. La cure vaqua le 10 novembre 1438. Le déport fut adjugé pour 65 l. La taxe était de 45 l.

Saint-Christophe-d'Aubigny (*de Albigneio*), canton de Périers. La cure vaqua le 28 avril 1440. Le déport fut adjugé pour 25 l. La taxe était de 12 l.

Saint-Germain-la-Campagne, commune de Saint-Germain-sur-Sèvres, canton de Périers. La cure vaqua le 20 septembre 1438. Le déport fut adjugé au curé Jean Gallon pour 38 l. La taxe était de 15 l.

Saint-Germain-sur-Sèvres (Saint-Germain-le-Vicomte), canton de Périers. La cure vaqua le . . mars 1439. Le déport fut adjugé pour 60 l. La taxe était de 23 l. 10 s.

Saint-Hilaire, canton de Carentan. La cure vaqua le 4 août 1439. Le déport fut adjugé pour 190 l. La taxe était de 27 l. 10 s.

Saint-Jores (*Ecclesia de Sancto Georgio in Baptesio*), canton de Périers. La cure vaqua le 13 août 1439. Le déport fut adjugé pour 70 l. La taxe était de 15 l.

Saint-Martin-de-Cenilly (*Ecclesia S. Martini de Cenilleio*), canton de Cerisy-la-Salle. La cure vaqua le 24 janvier 1439. Le déport fut adjugé pour 40 l. à Jean Symon, curé de Cenilly. La taxe était de 18 l.

Saint-Martin-des-Champs, canton de Saint-Jean-de-Daye. La cure vaqua le 24 janvier 1439. Le déport fut adjugé pour 40 l. La taxe était de 18 l.

Saint-Maur-des-Bois, canton de Saint-Pois. La cure vaqua le 6 décembre 1438. Le déport fut adjugé pour 15 l. La taxe était de 20 l.

Saint-Sauveur-de-Bonfossé, commune de Saint-Martin-de-Bonfossé, canton de Canisy. La cure vaqua le 27 juin 1439. Le déport fut adjugé pour 30 l. La taxe était de 10 l.

Saint-Sauveur-Lendelin, arrondissement de Coutances. La cure vaqua le 29 octobre 1438. Le déport fut adjugé au curé, Geoffroi Canu, pour 45 l. La taxe était de 24 l.

Sainte-Cécile, canton de Villedieu. La cure vaqua le 22 janvier 1439. Le déport fut adjugé au curé de Beaucamp, Pierre Corbin, pour 24 l. La taxe était de 30 l.

Sainte-Marie-d'Outreleau (Notre-Dame d'Outre l'Eaue), canton de Saint-Sever (Calvados). La cure vaqua le 26 janvier 1439. Le déport fut adjugé au curé pour 95 l. La taxe était de 30 l.

Sourdeval-les-Bois, canton de Gavray. La cure vaqua le 17 mars 1439. Le déport fut adjugé pour 42 l. La taxe était de 12 l.

Trelly, canton de Montmartin. La cure vaqua le 13 septembre 1438. Le déport fut adjugé pour 115 l. La taxe était de 37 l. 10 s.

Troisgots (*Ecclesia de Tribusgotis*), canton de Tessy. La cure vaqua le 6 avril 1440. Le déport fut adjugé pour 90 l. La taxe était de 37 l.

La présence des deux comptes du scelleur Salion dans le fonds de l'archevêché de Rouen (Arch. de la S.-Inf., G. 1160, 1161), trouve son explication dans un procès intéressant par son objet et aussi par la manière dont il fut conduit.

Faisons d'abord connaissance avec les deux principaux dignitaires ecclésiastiques qui s'y trouvent mentionnés.

Philibert de Montjeu, suivant les uns, originaire du diocèse d'Autun ; suivant d'autres, dont l'opinion paraît plus probable aux auteurs du *Gallia Christiana* (1), originaire du

(1) *Gallia Christiana*, t. XI, col. 891.

diocèse de Lyon, fut, dans le temps où il vécut, un personnage considérable par les fonctions qu'il fut appelé à remplir. Nommé évêque d'Amiens de préférence à un concurrent de haut lignage, Jean de Harcourt, il fut presque aussitôt après transféré, sur la recommandation du duc de Bourgogne et grâce à la faveur du duc de Bedford, au siége de Coutances par bulle du 6 des ides de mai 1424. Le 16 décembre de cette année, il prêtait, suivant l'usage, serment de fidélité à l'église de Rouen (1) ; il fut sacré en cette ville en 1427. Il était à Coutances quand fut instruit le procès de Jeanne d'Arc. Consulté sur le fait de la culpabilité de la Pucelle, d'après les articles qui lui avaient été soumis, il donnait, le 5 mai 1431, son avis dans des termes défavorables à l'accusée et conformes à la manière de penser de Pierre Cauchon (2). Peu d'années après, il quittait son diocèse pour se rendre à Bâle où un concile avait été convoqué en vue de l'Union de l'Eglise.

Thomas Basin exprime l'opinion que ce prélat, de même que Hugues d'Orges, archevêque de Rouen, et Martial Formier, évêque d'Evreux, furent heureux de l'occasion qui s'offrit alors à eux de s'éloigner de leurs diocèses où, par suite d'une guerre perpétuelle, il n'y avait que troubles, dissensions et misère.

Philibert de Montjeu célébra la messe à l'ouverture de ce concile. Au mois d'avril 1433, il fut envoyé en Bohême pour l'affaire des Hussites. Il y resta trois ans. De retour à Bâle,

(1) Serment prêté par lui en personne *super cornu majoris altaris, dum ibidem celebrabantur divina : « Ego ecclesie Rothomagensi et Reverendissimo patri domino archiepiscopo obedientiam canonicam et reverenciam me perpetuo servaturum promitto et manu etc. Phrtus ep. Const. Sic me Deus adjuvet et hec sancta evangelia ».* (Arch. de la S.-Inf., G. 2124.)

(2) Jules Quicherat, *Procès..... de Jeanne d'Arc*, I, pp. 363-365.

il présida la sixième session où fut agitée la question de savoir s'il y avait lieu de prononcer une sentence de contumace contre le Souverain Pontife. Une seconde fois, il fut envoyé en Bohême avec mission de ramener à l'Église les partisans de Jean Hus. La mort le surprit à Prague, le 20 juin 1439; il fut enterré dans l'église cathédrale de cette ville (1).

Il est vraisemblable qu'attaché au parti bourguignon plutôt que sincère partisan des Anglais, Philibert de Montjeu vit avec peine, en 1435, les propositions du traité d'Arras rejetées avec mépris par le gouvernement anglais, ce qui eut pour conséquences immédiates la rupture de l'alliance du roi d'Angleterre avec le duc de Bourgogne et l'insurrection d'une partie de la Normandie. Ce qui n'est pas douteux, c'est qu'à partir de ce moment, la famille de Philibert de Montjeu devint suspecte.

Gilles de Duremort, qui succéda à Philibert de Montjeu, avait été d'abord abbé de Beaupré, au diocèse d'Amiens. Il obtint, en 1423, l'abbaye de Fécamp, non sans avoir éprouvé de grandes difficultés, qu'il réussit à surmonter grâce à l'appui du duc de Bedford et de l'Université de Paris (2),

---

(1) « *Ex supradictis patet quantum pro ecclesia laboraverit : gentes integræ ad pacem et ecclesiæ unitatem restitutæ, bella sævissima sopita, cultus divinus, religio et templa restaurata prudentiam ejus et in rebus gerendis dexteritatem prædicant.* » (*Gallia Christiana*, XI, col. 890.) — Dans son *Histoire des évêques de Coutances*, p. 202, Rouault dit « que Philippe de Montjeu était l'âme du concile de Bâle ». En quittant son siège épiscopal, cet évêque s'était vainement flatté de mener une vie tranquille à l'étranger. Les agitations du concile de Bâle ne furent pas moins affligeantes que les épreuves auxquelles était soumise la Normandie.

(2) *Post aliquantum a morte decessoris sui interstitium electus abbas non sine impedimentis quæ tamen superavit, fidem regi Anglorum præstitit Lutetiæ, idibus septembris anno 1423, in manibus ducis Bethfortiensis.* (*Gallia Christiana*, XI, col. 213.)

ce qu'indique clairement, un compte de dépenses que nous publions. Gilles de Duremort fut un des juges de la Pucelle, un ami du cardinal de Luxembourg (1), un conseiller dévoué du gouvernement anglais, qui, plusieurs fois, le chargea de missions importantes (2). Le siège de Coutances fut la récompense de ses services. Il y fut nommé le 7 des ides d'octobre 1439.

Le 28 juillet 1440, il prêta serment à la cathédrale de Rouen. Deux jours après, il faisait accepter par les chanoines de cette église une somme de 100 saluts d'or en remplacement du *past* que, suivant l'usage, il eût été obligé d'offrir. Pour s'exempter de la fourniture de ce dîner fastueux, il alléguait déjà le mauvais état de sa santé (3).

Avant de quitter son diocèse pour se rendre à Bâle, Philibert de Montjeu avait désigné, pour y remplir les fonctions de vicaires généraux, ses neveux Hugues de la Haye et Guillaume d'Auberive, archidiacre de Baptois, qui publièrent en cette qualité, en 1444, des statuts synodaux dont le texte latin, inséré dans la collection de Dom Bessin, a été traduit en français par Toustain de Billy. Guillaume d'Auberive était, en même temps que vicaire général, official du diocèse.

Dans le très court séjour qu'il fit à Coutances, quand il y vint prendre possession de son évêché, Guillaume de Duremort nomma, à son tour, Guillaume d'Auberive son vicaire général. Cela fait, il eut hâte de retourner à Rouen où l'ap-

(1) Le cardinal de Luxembourg le désigna pour l'un de ses exécuteurs testamentaires.

(2) Joseph Stevenson, *Wars of the English in France*, vol. II, pp. 273, 294.

(3) *Attenta infirmitate corporali quo depost prestacionem juramenti fuit et adhuc est detentus.* (Arch. de la S.-Inf., G. 2129.) — La somme de 100 saluts d'or figure au compte de l'archevêché de 1439 à 1440. (*Ibidem*, G. 42.)

pelaient d'ailleurs ses fonctions de membre du Conseil du roi.

Vers ce temps-là, Sommerset (1) fut nommé à la place de lieutenant-général de Normandie, en remplacement de son beau-père, le comte de Warwick, décédé (2).

Irrité des échecs de plus en plus nombreux qui ruinaient le prestige des Anglais dans un pays que vingt ans d'occupation n'avaient pu soumettre, Sommerset crut de bonne politique de redoubler de rigueur.

Ce fut sans doute d'après ce principe qu'il accueillit favorablement certaines dénonciations qui lui furent faites, à son passage par le Cotentin, contre Guillaume d'Auberive représenté comme coupable du crime de lèse-majesté. Sans enquête préalable, il le fit saisir et enfermer dans son château de Hambie (3), autrefois confisqué sur Fouque Paynel, et dont il avait confié la garde à un capitaine anglais.

Auberive avait déjà subi quelques mois de détention, lorsque l'évêque de Coutances le fit réclamer comme son justiciable et obtint de Sommerset qu'il fût fait droit à sa demande.

L'évêque de Coutances manda alors à Raoul d'Argouges, son official à Valognes, de se faire remettre d'Auberive (5 août 1440). D'Argouges chargea de cette commission Mathieu Pichois, licencié en droit canon, curé de Mont-Survent. Ce fut entre les mains de ce dernier, à Coutances même, que Jean Pernot, curé de Saint-Aubin-des-Bois, rece-

---

(1) Edmond de Beaufort, comte de Sommerset.

(2) Compte de l'archevêché de Rouen aux Arch. de la S.-Inf., G. 40. Service en la cathédrale, le dernier août 1439, pour feu M. le comte de Warwick et grand'messe célébrée par l'archevêque; 8 pièces de drap de soie mises sur le corps.

(3) Hambie et Briquebec avaient été donnés par Henri V à Guillaume de la Pole, comte de Suffolk et de Dreux, 13 mars an V du règne.

veur de Hambie pour Sommerset, vint remettre la personne
de son prisonnier (9 août 1440). Quelques jours après, le
mardi après l'Assomption, celui-ci obtenait sa liberté provi-
soire moyennant une caution de 500 l., que garantirent Jean
de Salus, chanoine de Coutances, et Bernard Le Comte,
écuyer et bourgeois de cette ville. Il avait pris l'engagement
de comparaître à Rouen le 10 octobre suivant.

Le procès eût dû régulièrement se faire à Coutances.

Mais l'évêque, comme conseiller du roi, résidait à Rouen,
et il se trouvait d'ailleurs, dans cette ville, avec plus de
sécurité, plus de clercs habiles et de savants praticiens qu'on
n'eût pu en trouver à Coutances pour une affaire de pareille
importance, *que sue residencie locus est et esse dignoscitur,
ubi clericorum peritorum et praticorum copiosior adest
multitudo, pro causa ejusdem de Albarippa, que grandis
erat.*

Toustain de Billy (t. II, pp. 258, 259) écrit qu'après avoir
visité son église une fois seulement et y avoir établi ses grands
vicaires, Gilles de Duremort s'en retourna à Rouen pour faire
sa résidence en son palais épiscopal du prieuré de Saint-Lô,
« où nous trouvons ajoute-t-il, qu'il exerçoit certainement ses
fonctions épiscopales et sa juridiction ordinaire avec autant
de liberté et aussi peu de contradiction qu'il auroit pu faire
à Coutances. » Il y a ici une double erreur. Nous voyons, en
effet, que pour faire à Rouen le procès de Guillaume d'Auberive, il fallut obtenir une concession de territoire de l'archevêque de Rouen, le cardinal de Luxembourg, qui l'accorda
le 16 septembre 1440. Le lieu désigné était l'hôtel que
l'évêque de Coutances occupait sur la paroisse Saint-Vincent,
et non le prieuré de Saint-Lô.

Se trouvant empêché par la maladie de prendre lui-même
connaissance de la cause, l'évêque Guillaume de Duremort
délégua, après avoir obtenu leur consentement, comme

juges commissaires en cette partie, Pierre Cauchon, évêque de Lisieux, Pasquier de Vaulx, évêque d'Evreux (1), André Marguerie, archidiacre du Petit-Caux (2), Simon de Plumetot, archidiacre de l'église de Bayeux, tous quatre licenciés en droit et membres du Conseil du roi, et un autre licencié en droit, Robert Le Barbier (3), chanoine de Rouen. Bientôt, par d'autres lettres, il désignait, pour remplir la fonction de promoteur, *Socius* Votes, notaire de la cour ecclésiastique de Rouen.

Hugues Spencer, bailli du Cotentin, et le procureur du roi au même siège, Roger de Camprond, avaient été cités à comparaître comme témoins dans le procès qui allait s'ouvrir. Ni l'un ni l'autre ne crurent à propos de se déplacer : ils firent déclarer que rien ne leur avait donné lieu de supposer que d'Auberive eût manqué à la fidélité qu'il devait au roi, et que, si cela eût été, la punition ne se fût pas fait attendre.

Venant de la part d'officiers royaux, de pareilles déclarations compromettaient singulièrement l'accusation.

Il fallut bien pourtant que le promoteur la soutînt, pour rester dans le rôle qui lui avait été assigné. Il l'avait réduite à cinq chefs :

1° Non seulement de droit commun, mais d'après une

(1) Pasquier de Vaulx avait rempli les fonctions de notaire apostolique au concile de Constance, en 1416. Il fut nommé chanoine de Rouen en 1427. Il avait été secrétaire et chapelain de Bedford, et avait fait le pèlerinage de Jérusalem en 1443. Décédé à Lisieux le 10 juillet 1447. (V. mes *Notes sur les Juges du Procès de Jeanne d'Arc.*

(2) André Marguerie, dès 1409 vicaire général et conseiller de Louis d'Harcourt, archevêque de Rouen; archidiacre du Petit-Caux... Il avait été envoyé au concile de Constance, et avait été, lui aussi, pèlerin de Jérusalem, 1442-1443; décédé le 12 février 1465.

(3) Robert le Barbier reçu à un canonicat en l'église de Rouen le 14 août 1419; décédé le 25 août 1444.

coutume, de temps immémorial observée en Normandie, toute
personne résidant en cette province, quelle que fut sa condition, de quelque dignité qu'elle fût revêtue, était obligée
de rester inviolablement fidèle à son prince en fait et *in consilio*, à peine d'être réputée traître et d'encourir la confisca-
tion de ses biens et autres peines. Or, Guillaume d'Auberive,
qui depuis quinze ans environ résidait à Coutances en qualité
de vicaire général de l'évêque, avait manqué de diverses
manières à ce devoir de fidélité. Etant arrivé qu'un *bri-
gand* (1), du nom de Laignelet, s'était échappé des prisons
royales et s'était réfugié dans la cathédrale, comme en lieu
de franchise, l'official, soit directement par lui-même, soit
indirectement par Michel Le Fevre, son domestique et com-
mensal, avait procuré à ce Laignelet les moyens de s'évader
de la cathédrale et d'aller rejoindre les ennemis du roi, *in
suis maleficiis fovendo et sustinendo* ;

2° Contrairement encore à ses obligations de sujet, Guillaume d'Auberive avait tenu pour valables des commissions
rogatoires émanées de l'official de Saint-Malo et concernant
des particuliers du diocèse de Coutances, Henri Le Moine et
autres ;

3° Dans le manoir même de l'évêché, postérieurement « à la
rébellion et subversion de Paris », il avait reçu des messagers
envoyés par les neveux de l'évêque Philibert de Montjeu ; il
les avait cachés et leur avait confié de grosses sommes d'argent qu'ils devaient remettre à leurs maîtres. Il en avait usé
ainsi notamment avec un augustin du couvent d'Aoste, un
nommé Le Coiffié ;

4° Bien qu'il fût à sa connaissance que le roi faisait profession d'obéir au Saint-Siège apostolique, en la personne du

____

(1) C'est le nom que l'on donnait à tous ceux qui, Normands d'origine,
agissaient contre l'autorité du roi d'Angleterre.

pape Eugène IV, et qu'il avait défendu formellement à ses sujets d'entretenir, sans sa permission ou celle de ses officiers, aucune correspondance avec les Pères du concile de Bâle, lui, d'Auberive, avait reçu des lettres émanées de cette assemblée schismatique, les avait présentées au Chapitre de Coutances, avait demandé que lecture en fût donnée et avait annoncé que, suivant la teneur de ces lettres, le pape avait été dégradé et excommunié, ce qui avait causé un énorme scandale au Chapitre et dans la ville entière (1).

Enfin, d'Auberive avait entretenu une correspondance avec des bourgeois de Langres, notamment avec un nommé Jean de Saint-Morice (2), après que cette ville se fut soustraite à l'obéissance de son souverain.

En l'absence d'accusateurs ou de témoins à charge, d'Auberive fut admis à établir son innocence par le témoignage de six personnes non suspectes : Jean de Bourbon, abbé de Saint-Wandrille (3) ; Guillaume Le Bourg, prieur de Saint-Lô de Rouen (4); Jean Basset, chantre de la cathédrale de cette

---

(1) Lettres du roi Henri VI aux comtes de Sommerset et de Dorset, ses conseillers en Normandie, contre les Pères du concile de Bâle qui avaient élevé en l'Église un si horrible et abominable schisme et avaient nommé un antipape, le duc de Savoie, Windsor, 17 mai 1439. — Voir le registre du Chapitre de Rouen aux Arch. de la S.-Inf., G. 2129, etc., daté du 19 novembre 1439. — Le pénitencier de l'église de Coutances, Nicolas Thiboust, aurait été l'un de ceux qui concoururent à cette élection. (Toustain de Billy, *Hist. du dioc. de Coutances*, t. II, p. 244.)

(2) Ce Jean de Saint-Morice avait été promoteur de Coutances pendant l'épiscopat de Philibert de Montjeu.

(3) Il avait succédé, en 1434, à Guillaume Ferrebal, en faveur de qui il s'était démis de l'abbaye de Saint-Denis en France. Jean de Bourbon mourut en 1444. (*Gallia Christiana*, XI, col. 183.)

(4) Guillaume Le Bourg, pendant quarante-cinq ans prieur de Saint-Lô, décédé le 25 janvier 1456. La convocation pour l'élection de son successeur est datée du 21 février suivant.

ville, licencié en décret (1) ; Raoul Roussel, trésorier de la même église, docteur en l'un et l'autre droit (2) ; Jean de Lenizolles et Thomas Fortin, prêtres, licenciés en décret (3).

Il est regrettable que nous ne sachions rien de ce que ces témoins alléguèrent en faveur de d'Auberive : peut-être leurs dépositions nous auraient-elles appris quelques particularités dont nous aurions pu faire notre profit. Mais peut-être aussi se bornèrent-ils à se porter garants de l'innocence de l'accusé, sans qu'on leur demandât d'expliquer les raisons sur lesquelles leur conviction était fondée.

Quoi qu'il en fut, les juges, tous pourtant favorables aux Anglais, rendirent dans la forme la plus solennelle une sentence qui acquittait purement et simplement d'Auberive.

Celui-ci put dès lors retourner à Coutances. Il y mourut en 1453 et fut inhumé, à la cathédrale, dans la chapelle de Saint-Jean, où l'on voyait encore, au xviiie siècle, « sa figure accompagnée de son écusson et de son épitaphe ». Hugues De la Haye, qui avait été comme lui le favori de l'évêque Philibert de Montjeu, mourut assez longtemps après et fut enterré dans la même chapelle, en 1476, si l'on en croit Toustain de Billy (4).

(1) Basset, chanoine de Rouen dès 1420 ; nommé à la dignité de chantre, 1439 ; décédé le 3 mars 1454. Il avait fait preuve d'indépendance en osant, en sa qualité d'official, réclamer, comme clercs, des personnes poursuivies par l'autorité civile pour cause de trahison.

(2) Raoul Roussel, plus tard archevêque de Rouen. En qualité de chanoine de Coutances, il avait pris part à l'élection de Guillaume de Duremort comme évêque de cette ville.

(3) Jean de Lenizolles, l'un des exécuteurs testamentaires du cardinal de Luxembourg. Le 10 mars 1439, il annonçait au Chapitre que Guillaume Erard, pour lors en Angleterre, acceptait sa nomination à la dignité de doyen. (Arch. de la S.-Inf., G. 2129.)

(4) Toustain de Billy, *Hist. des évêques de Coutances*, II, p. 255.

Deux Comptes

du

Scelleur de l'Évêché de Coutances

De janvier 1439 au 1ᵉʳ juillet suivant,
et du 23 décembre de la même année au 18 juin 1440.

***

COMPOTUS JOHANNIS DE SALIONE, LICENCIATI IN LEGIBUS, CANONICI CONSTANCIENSIS ET SIGILLIFERI APUD CONSTANCIAS PRO REVERENDO IN CHRISTO PATRE ET DOMINO DOMINO PHILIBERTO, MISERACIONE DIVINA CONSTANCIENSI EPISCOPO, DE RECEPTIS ET MISIIS AD CAUSAM DICTI OFFICII SIGILLIFERATUS ET ALIAS PER IPSUM FACTIS A PRIMA DIE JANUARII ANNO DOMINI Mᵒ CCCCᵐᵒ TRICESIMO OCTAVO USQUE AD PRIMAM DIEM MENSIS JULLII ANNO XXXIXᵒ.

Recepta emolumenti Sigilli curie episcopalis Constanciensis pro dicto tempore facta (1).

La recette de ce chapitre est établie par mois et par jours. Elle fut, pour janvier, de 34 l. 14 s. 1 d. ; pour février, de 34 l. 4 d. ; pour mars, de 69 l. 16 s. 8 d. ;

(1) Il s'agit vraisemblablement de l'émolument du sceau pour les sentences de l'officialité.

pour avril, de 53 l. 6 s. 10 d. ; pour mai, de 29 l. 1 s. 1 d. ;
pour juin, de 28 l. 4 s. 8 d. On n'indique ni noms
d'homme ni nature d'affaires.

Prima grossa, ij^c xlix l. iij s. viij d.

*Recepta pro approbatione testamentorum facta per
dictum Sigilliferum in anno presentis compoti.*

On indique dans ce chapitre les noms des testateurs, le
montant des legs et les droits, qui étaient sans doute établis d'après l'importance de ces legs réalisés. La recette
fut, pour janvier, de 71 s. 5 d. ; pour février, de 49 s. ;
pour mars, de 43 s. 10 d. ; pour avril, de 64 s. 8 d. ; pour
mai, de 36 s. 8 d. ; pour juin, de 18 l. 15 s. 2 d.

Cette énumération de testaments n'est, je crois, que
pour une partie du diocèse. Ceux de l'archidiaconé du
Cotentin ont dû figurer, comme recette, dans le compte
particulier de l'officialité de Valognes. Telle qu'elle est
cependant, elle suffit à prouver que les testaments étaient
d'un usage ordinaire et même commandés par l'autorité
ecclésiastique (1). Je ne vois à noter que l'article relatif

(1) Statuts synodaux du diocèse de Coutances 1434 : « Toute
personne, soit homme ou femme qui a sens et mémoire, pour
éviter les inconvénients qui en pourroient arriver tant pour l'ame
que pour les biens, doit faire son testament et le passer devant son
curé ou chapelain. » Texte traduit par Toustain de Billy dans son
Hist. ecclésiastique du diocèse de Coutances, t. II, p. 251. D'autre
part, on lit dans le Compte de la Fabrique de la cathédrale de
Rouen, de 1488-1489. (Arch. de la S.-Inf., G. 2513) :

« Ensuit par déclaracion ce que, de tout temps passé est accous-
tumé de cuillir pour la fabrique de Rouen, au diocèse de Coutances :
toute personne chief de maison doit à Pasques, v d. distribuez aux
lieux qui ensuivent, premièrement à la fabrique de Rouen, j d. ; à
l'ostel Dieu de Coustances, j d. ; au Hault-Pas, j d. ; et à l'ostel Dieu
de Jhérusalem, j d. ; et ainsi souloit-on faire par tous les autres
éveschez de la province de Rouen. — *Item* aux lieux dessusdits,

au testament de la veuve d'un Pierre de Baïeux que je serais heureux de pouvoir rattacher à la famille de Baïeux qui fournit à la Ville, à la cathédrale, à l'abbaye de Saint-Ouen de Rouen d'habiles architectes, et aussi le testament de la femme du seigneur de Saint-Pierre (1) : « T[estamentum] domine *Johanne Dauvain, uxoris domini St Petri de V^e libris. Recepta,* v^e xvj l. xiij s. » Les femmes, même les veuves, ne sont encore désignées dans ce compte que par leurs noms de baptême.

Recepta bonorum mobilium ab intestato decedentium.

Primo pro bonis Johannis Douchet, intestati, ad xxx s. per dominum Nicholaum Moulin positis et eidem Moulin dicto precio adjudicatis,   xxx s.

Item pro bonis Colini Cahellemie (?), de Sancto Sebastiano, intestati,   xxx s.

Somma, lx s.

Recepta legatorum fabrice Constanciensi facta per dictum Sigilliferum in anno presentis compoti.

Primo pro legatis factis dicte fabrice in testamentis per dictum Sigilliferum approbatis, xiij l. iij s. vj d.

toute personne faisant testament doit à chascun iv d., lesquieulx soulloient recevoir MM. les Scelleurs de Coustances, S^t Lô et Vallongnes quant ils approuvent lesdits testaments, et aussi pareillement soulloit-on faire aux autres diocèse (de la province) de Rouen. »

(1) Raoul Le Sage, maréchal héréditel du Ponthieu, seigneur de Saint-Pierre-Église, l'un des conseillers du roi d'Angleterre. La seigneurie de Leaupartie lui avait été donnée par le roi en reconnaissance de ses services (Tabellionage de Rouen, 13 mars 1432 (v. s.). Sa femme, Jeanne Dauvain, mentionnée dans des contrats du même tabellionage, des 22 novembre 1422, 24 mai 1431.

Pro breviculis (1) in Synodo paschali fabrice red-
ditis, lxiij l. iiij s. x d.
Item de trunco ipsius fabrice, vij l. xvij s. ix d.
Somma, iiij^{xx} *iiij l. vj s. j d.*

Secunda grossa, cxix l. vj s. x d.

Recepta emolumenti Sigilli camere unacum scriptura litterarum vicariatus.

Primo demissoria (2).

Januarius : Demissorium Ricardi Le Pretour, de Landellis (3), ad presbyteratum, ij s. vj d. ; — Robini Caillemer ad dyachonatum et presbyteratum, v s. ; — Johannis Franquet, curati St Mauri de Nemoribus (4) ad majores et minores ordines, x s. ; — ad subdiaconatum pro Vincentio Fabri, d'Auvers (5), ij s. vj d. ; — ad subdiachonatum pro Guillelmo Carraby, de Litehaire (6), ij s. vj d.

Somma, xxij s. vj d.

Februarius : Demissorium ad subdiaconatum pro Johanne Hubert, ij s. vj d. ; — ad dyaconatum pro Ricardo Hubert, ij s. vj d. — Demissorium ad accolytatum et subdyaconatum pro Radulfo, de Beusevilla (7), v s. ; — ad accolytatum pro Johanne Filleul, ij s. vj d. ; — ad dyaconatum, pro magistro Guillelmo Vastel,

---

(1) Brevets d'indulgence pour la fabrique. Le même usage est à signaler dans le diocèse de Rouen, à la cathédrale.

(2) A l'archevêché de Rouen, ces lettres étaient désignées par les mots de *litteræ a quocunque.*

(3) Landelles, canton de Saint-Sever (Calvados).

(4) Saint-Maur-des-Bois, canton de Saint-Pois.

(5) Auvers, canton de Carentan.

(6) Lithaire, canton de la Haye-du-Puits.

(7) Trois paroisses de ce nom du diocèse de Coutances.

ij s. vj d.; — ad subdyaconatum pro Jo. Le Guillon, curato S¹ Martini de Campis (1), ij s. vj d. ; — ad accolytatum pro Petro Leonardi, ij s. vj d. ; — ad dyaconatum, pro Ricardo Eustace, ij s. vj d. ; — ad omnes sacros, pro Gaufrido Canuti, vij s. vj d. ; — ad accolytatum, subdyaconatum et dyaconatum, pro Laurentio Guiot, vij s. vj d. ; — ad dyaconatum pro Johanne Roulant, ij s. vj d. ; — ad minores et majores ordines pro Guillelmo, de S⁴ Maria (2), x s. ; — ad dyaconatum pro Petro Le Carrier et Rad., de Conteville, v s. ; — ad omnes sacros pro magistro Guillelmo de Platea, vij s. vj d.

Somma, lxij s. vj d.

Marcius : Demissorium ad omnes sacros pro magistro N. Loir, vij s. vj d. ; — ad dyaconatum pro Ricardo Eustace, ij s. vj d. ; — ad accolytatum, pro Johanne Toque, Johanne Couillon et Sansone Le Crese, vij s. vj d. ; — ad dyaconatum, pro Vincentio Fabri, ij s. vj d. ; — ad dyaconatum, pro Guillelmo Le Carrier et G° Seilles, v s. ; — ad dyaconatum, pro Colino Delalonde, Johanne Esme et Ricardo Le Roux, vij s. vj d. ; — ad dyaconatum pro Col. Lengloiz et Jo. Mauconvenant, v s. ; — ad dyaconatum, pro Johanne Bloville, ij s. vj d. ; — ad subdyaconatum pro Jo. Le Prevost, ij s. vj d. ; — ad subdyaconatum, pro Thoma Seelles, ij s. vj d. ; — ad accolytatum, pro Colino Le Mareschal, ij s. vj d. ; — ad dyaconatum, pro Johanne Ansot, ij s. vj d. ; — ad subdyaconatum, pro Petro Breart, ij s. vj d. ; — ad dyaconatum, pro Johanne Langlois et Guillermo Le Carruby, v s.

Somma, lvij s. vj d.

---

(1) Saint-Martin-des-Champs, canton de Saint-Jean-de-Daye.
(2) Probablement Notre-Dame de Saint-Lô.

Aprilis : Demissorium ad dyaconatum pro Johanne Coque, ij s. vj d. ; — ad presbyteratum, pro Guillermo Le Cahier, ij s. vj d.

Somma, v s.

Mayus : Demissorium Petri Brey ad accolytatum, ij s. vj d. ; — ad accolytatum pro Jo. Haterel, ij s. vj d. ; — ad subdyaconatum pro Olivario Boissei, ij s. vj d. ; — ad subdyaconatum pro Petro David, ij s. vj d. ; — ad presbyteratum pro Joh. Anssot, ij s. vj d. ; — ad dyaconatum pro Vigore Pillon, ij s. vj d. ; — ad subdyaconatum pro Luca Bisel, ij s. vj d. ; — ad presbyteratum pro Vincencio Fabri, ij s. vj d. ; — ad dyaconatum et presbyteratum pro Guillermo Vincencio, v s. ; — ad dyaconatum pro Joh. Le Prevost, ij s. vj d. ; — ad accolytatum, pro Ricardo Le Gouys, ij s. vj d. ; — ad accolytatum et dyaconatum pro Thoma Seelles, ij s. vj d. ; — ad accolytatum pro Guillermo Daulsen, ij s. vj d. ; — ad dyaconatum pro Guillermo Lenglois, ij s. vj d. ; — ad subdyaconatum pro Colino Le Cointe, ij s. vj d. ; — ad presbyteratum pro Rad. Conteville, ij s. vj d. ; — ad dyaconatum pro Petro Navarre, ij s. vj d. ; — ad subdyaconatum pro Johanne Le Filleul, ij s. vj d. ; — ad presbyteratum pro Colino De la Londe, ij s. vj d. ; — ad dyaconatum pro Petro Becart, ij s. vj d. ; — ad dyaconatum pro Colino Lengloiz, ij s. vj d.

Somma, lv s.

Junius : Demissorium ad clericatum pro Johanne Gibout, Guillermum et Radulfum De la Houlle, de Greneseyo [1], xxij s. vj d. ; — pro Radulfo filio Gaufridi

(1) L'île de Guernesey.

Pasquier, vij s. vj d. ; — ad accolytatum pro Ricardo Escolasse, v s.

Somma, xxxv s. (1).

Commissio bannorum (2).

Commissio de Beusevilla supra Vada (3), xij s. vj d.

Plus onze autres Commissions, toutes au même prix de xij s. vj d.

Somma, vij l. x s.

Collaciones (4).

Pro collacione alterius porcionis de Piqueauvilla (5), xl s. ; — cure de Tresleyo (6), lx s ; — St Mauri de Nemoribus (7), xxv s. ; — cure et prioratus de Barofluctu (8), xl s. ; — de Beusevilla-Supra-Vada, lij s. vj d.; — Beate-Marie-de-Ultraaquam (9), lvij s. ; — de Houteville (10), xxv s. ; — capelle S[i] Michaelis de Hayapaganelli (11), xx s. ; — de Sourdeval (12), xxviij s. vj d. ; — Montis-Martini in Grania (13), xlv s. ; — S[e] Cecilie (14),

---

(1) Il est certain que, du 1er janvier au 1er juillet 1439, il n'y eut pas d'ordinations dans le diocèse de Coutances.

(2) Dispenses de bans à l'effet de contracter mariage.

(3) Beuzeville-sur-le-Vey, canton de Carentan.

(4) Lettres par lesquelles l'évêque ou ses vicaires généraux conféraient les bénéfices (cures ou chapelles).

(5) Picauville, canton de Sainte-Mère-Église.

(6) Trelly, canton de Montmartin.

(7) Saint-Maur-des-Bois, canton de Saint-Pois.

(8) Barfleur.

(9) Sainte-Marie-outre-l'Eau, canton de Saint-Sever (Calvados)

(10) Houtteville, canton de la Haye-du-Puits.

(11) La Haye-Pesnel (Manche).

(12) Sourdeval-les-Bois, canton de Gavray.

(13) Montmartin-en-Graignes, canton de Saint-Jean-de-Daye.

(14) Sainte-Cécile, canton de Villedieu.

xxviij s. vj d. ; — S' Germani-Vicecomitis (1), xl s. ; — prioratus de Rotula (2), lv s. ; — de Livervilla (3), xl s. ; — capelle B. Marie des Peseriis (4), xx s. ; — de Gratoto pro majori (5), xxxij s. vj d. ; — S' Mauri de Nemoribus, xxv s.

Somma, xxxj l. xiiij s.

Commissiones titulorum (6).

12 noms, tous à la même somme de 12 s. 6 d.

Somma, vij l. x s.

Approbationes (7).

12 noms qui sont les mêmes qu'à l'article précédent et tous à la même somme de 30 s.

Somma, xviij l.

Queste (8).

Pro questa prioratus de Blouteria (9), xxij s. vj d. ; — S' Thome de S° Laudo (10), xxviij s. vj d. ; — S' Lazari Jherosolimitani (11), xxviij s. vj d. ; — S' Michaelis du Bosc (12), xxviij l. vj d.

Somma, cviij s.

(1) Saint-Germain-le-Vicomte, canton de Périers.

(2) La Rouelle, canton de Cerisy-la-Salle.

(3) Linverville, canton de Saint-Malo-de-la-Lande.

(4) Probablement le nom d'une chapelle située à Bahais dont un seigneur des Peseriz est indiqué comme patron. (*Pouillés de la province de Rouen* publiés par M. Longnon, p. 358.)

(5) Gratot, canton de Saint-Malo-de-la-Lande.

(6 et 7) Titres cléricaux ou titres de rentes constituées en faveur de clercs pour leur procurer le moyen de se faire ordonner.

(8) Lettres d'approbation de quêtes.

(9) La Bloutière, canton de Villedieu.

(10) En la ville de Saint-Lô.

(11) Saint-Lazare-de-Jérusalem.

(12) Saint-Michel-du-Bosc, canton de la Haye-du-Puits.

Dispensationes et cetere littere communes (1).

Pro refutacione presentacionis capelle de Haya
Puthei,   vij s. vj d.

Pro dispensacione Robine, relicte Johannis
Vaspail,   vij s. vj d.

Pro relaxacione Roberti Don, anglici,   vij s. vj d.

Pro dispensacione Nicholai Varroc super deffectu
natalium,   xx s.

Pro decreto diminucionis domus presbiteralis de
Loreto (2),   xxv s.

Pro dispensacione Johannis Filleul super deffectu natalium,   xxv s.

Presque toutes les dépenses (on en compte 44) sont au
taux de 7 s. 6 d.

Somma, xix l.

Commissiones (3).

Pro sigillo viij^{xx} ix commissionum cure dicto tempore
pluribus et diversis cappellanis concessarum, qualibet
valente vij s. vj d., in sigillo et scriptura,
vallent   lxiij l. vij s. vj d.

Somma, lxiij l. vij s. vj d.

Non residencie.

Pro liij non residenciis tempore presentis compoti pluribus curatis concessorum (sic) diversis preciis, in scriptura et sigillo numero quinquaginta trium, lxxvj l. xvj s.

Somma, lxxvj l. xvj s.

(1) Ce chapitre était relatif à des recettes de genres très divers.

(2) Le Lorey, canton de Saint-Sauveur-Lendelin.

(3) Approbation de chapelains ou vicaires pour le desservice des
paroisses.

Recepta pro synodatico et oleo (1) *termino Pasche
anno hujus compoti.*

Decanus Constanciensis, xxij s. ; decanus de Piris,
xx s. ; idem pro oleo, ij s. ; decanus de Cenilleyo,
xiij s. vj d. ; decanus de Cerenciis, xv s. iiij d. ; decanus
Sⁱ Paterni, xxv s. ; idem pro oleo, ij s. ; decanus de
Carentonio, xiiij s. ; idem pro oleo, ij s. ; decanus de
Baptesio, xvj s. vj d. ; idem pro oleo, ij s. ; decanus
Sⁱ Salvatoris, xv s. ; idem pro oleo, ij s. ; decanus de
Hayaputhei, xiiij s. ; idem pro oleo, ij s. ; decanus de
Greneseyo, xij s. ; decanus de Gerseyo, xj s. ; decanus de
Hommeto, xxiiij s. ; idem pro oleo, ij s. ; decanus de
Gavreyo, xxvij s. ; idem pro oleo, ij s. ; decanus de
Perceyo, xix s. ; idem pro oleo, ij s. ; decanus de Talle-
vanda, xvij s. ; idem pro oleo, ij s. ; decanus de Monbreyo, xix s. ; idem pro oleo, ij s. ; decanus de Hagua,
xxiij s. ; idem pro oleo, ij s. ; decanus de Valoniis,
xxx s. ij d. ; decanus de Plano, xxv s. ; idem pro oleo,
ij s. ; decanus de Podiis, xxvij s. vj d. ; idem pro oleo,
ij s. ; decanus de Orglandes, xxij s. ; idem pro oleo, ij s. ;
decanus de Sara, xxiij s. vj d. ; idem pro oleo, ij s. (2).

Somma xxiiij l. v s. vj d.

Tercia grossa, ij^c xlj l. iij s. j d.

(1) Recette pour les droits de *Senne* ou de Synode (il y avait
deux Synodes par an), et de crême (pour les sacrements de baptême
et d'extrême onction), dus par les curés).

(2) Périers, arrondissement de Coutances ; Cenilly, canton de
Cerisy-la-Salle ; Cérences, canton de Bréhal ; Saint-Pair, canton de
Granville ; Carentan, arrondissement de Saint-Lô ; Bauptois,
nom de contrée ; Saint-Sauveur-sur-Douve, arrondissement de
Coutances ; la Haye-du-Puits, Guernesey, Gersey, le Hommet,
Gavray, Percy, Tallevende, autrement le Val-de-Vire ; Montbray,
arrondissement de Saint-Lô ; la Hogue, Valognes, le Plain,
les Pieux, Orglandes, Cères.

De capa (1) nichil receptum est quia terminus ejusdem est in festo Nativitatis Domini, qui nundum cecidit tempore hujus compoti durante, que valet in *summa* cxj l. xiij s. viij d.

Recepta emendarum facta tempore presentis compoti durante, scilicet de emendis tax[æ] estivalis anni xxxix ascendentibus ad sommam ij[c] xxj l. v s., fuerunt recepte vj[xx] x l. xj s. Sic restant recipiende iiij[xx] x l. xv s., de quibus partes in fine hujus compoti scribuntur.

Quinta grossa, vj[xx] x l. xj s.

Recepta pensionum debitarum anno quolibet terminis Pasche et Sancti Michaelis, ascendentium in universo ad cxiiij l. xiij s. iiij d., de quibus pro primo termino, videlicet pro termino Pasche, recepi a partibus sequentibus lvij l. vj s. viij d., videlicet a firmario d'Aubigny, vij l. ; — de Blainvilla, x l. ; — de Litehaire, iiij l. ; — de Meautilz, lxvj s. viij d. ; — de Moyone, l s. ; — de Piqueauvilla, vj l. ; — de Grevilla, c s. ; — ab abbate de Cezarisburgo, ix l. ; — a receptore domini St Salvatoris Lendelin, x l. x s. (2).

Somma, lvij l. vj s. viij d.

Recepta fructuum decimalium dicto reverendo in Christo patri spectantium pro augusto anni XXXVIII, quorum termini solucionum fuerunt assignati in festo

____

(1) La recette de la chape de l'évêque se trouve, en effet, au compte suivant.

(2) Blainville, canton de Saint-Malo-de-la-Lande ; Lithaire, Méautis, canton de Carentan ; Moyon, canton de Tessy ; Picauville, canton de Sainte-Mère-Église ; Gréville, canton de Beaumont-Hague ; Cherbourg.

Purificationis Beate Marie anni predicti et Ascensionis Domini anni XXXIX^{mo}.

Primo decima de Soule (1) fuit de primo denario posita per Philippum Dagoubert ad centum libros ; incariata per eum de xx l., item per eum de x l, et eidem adjudicata pro vj^{xx}x l., de quibus sunt vj l. xiij s. iiij d. defalcandi pro tercia parte incariacionis ; sic restant per me recepti (sic) vj^{xx}iij l. vj s. iiij d.

Decima de Gourfalour (2) fuit pro dicto augusto de primo denario posita ad xiij l. per Petrum Le Neupve ; incariata per eum de xl s., item per curatum loci de xx s. ; item per dictum Le Neufve de xx s. et eidem adjudicata pro xvij l. t., de quibus sunt xx s. defalcandi pro iij^a parte incariacionis ; sic restant xvj l.

Decima S. Ebremondi de Bonofossato (3) fuit pro dicto augusto posita de primo denario ad xv l. per Petrum Le Neupve ; incariata per Johannem Ler de xx s. ; item per Philippum Dagoubert de xl s. ; item per dictum Le Neupve de xx s. ; item per eum de xx s., et eidem adjudicata pro xx l., de quibus fuerunt, pro incariacione defalcandi, xxvj s. viij d. ; sic restant, xviij l. xiiij s. iiij d.

Somma, vij^{xx}xvij l. xix s. viij d.

Sexta grossa, ij^cxv l. vj s. iiij d.

Recepta deportuum (4) ecclesiarum parrochialium, archidiaconatuum Constanciencis, Baptexie et Vallis Virie quorum omnes termini solucionum evenerunt in anno presentis compoti.

Ecclesia de Carentonio (5) vacavit xij^a augusti anno

(1) Soulles, canton de Canisy.
(2) Gourfaleur, même canton.
(3) Saint-Ebremond-de-Bonfossé, canton de Bonfossé.
(4) Revenu de la première année d'une cure vacante.
(5) Carentan.

predicto (1439), cujus deportus fuit traditus magistro Johanni Le Desmandé, curato loci, pro vij^{xx} l., de quibus deducentur pro taxa eidem curato dimissa, xl l.; sic restant pro domino et archidiacono, c l., solvende terminis Pasche et Sancti Michaelis anno XXXIX°, de qua summa competunt domino, pro duabus partibus, lxvj l. xiij s. iiij d., quam sommam lxvj l. xiij s. iiij d. recepi pro domino; et pro dicto archidiacono, xxxiij l. vj s. viij d.., quos eidem archidiacono solvi; quare

pro domino,   lxvj l. xiij s. iiij d.

Ecclesia de Tresly vacavit xiij^a septembris anno XXXVIII°, cujus deportus fuit de primo denario positus ad cx l., incariatus per dominum Johannem Haveron de c s. et eidem deliberatus pro cxv l. t. Taxa est xxxvij l. x s.. que fuit curato dimissa; sic restant pro domino et archidiacono, lxxviij l., de qua summa competunt domino, pro duabus partibus,   lij l.

Ecclesia de Camparnulphi (1) vacavit xiij^a septembris anno predicto, cujus deportus fuit de primo denario positus ad lx l.; incariatus per Colinum Vetule de c s.; item per dominum G^m Drouet de c s. et eidem adjudicatus pro iiij^{xx} l.; unde cadunt pro incariacione c s., et pro taxa curato dimissa, xxx l.; sic restant pro domino et archidiacono xlv l., de qua summa competunt domino pro duabus partibus xxx l., unde recepi   xxv l.

Ecclesia Sⁱ Salvatoris Lendelin (2), pro porcione du Mesnil, vacavit xxix^a octobris anno predicto, cujus deportus fuit de primo denario positus ad xl l.; incariatus per magistrum Gaufridum Canuti, curatum loci, de c s. et eidem deliberatus pro xlv l. Taxa est xxiiij l., que

(1) Cambernon, canton de Coutances.
(2) Saint-Sauveur-Lendelin.

fuit pro domino et archidiacono electa ; sic pro domino
pro duabus partibus, xvj l. ; unde recepi   xv l. x s.

Ecclesia de Monasteriolo (1) vacavit x^a novembris anno
predicto, cujus deportus fuit de primo denario positus ad
xl l., incariatus per dominum Petrum Le Tresor de x l. ;
item per Guillermum de Furno de c s. ; item per eundem
de c s., item per dominum Johannem Parvi de c s. et
eidem deliberatus pro lxv l. Taxa est xlv l., que fuit
electa pro domino et archidiacono, de qua competunt
domino pro duabus partibus,   xxx l.

Ces quatre articles de déports sont reproduits ici à titre
d'exemples. On a donné l'analyse des autres dans l'introduction.

Somma deportuum receptorum, iij^c xlij l. vij s. x d. 1 tiers.
Septima grossa, iij^c xlij l. vij s. x d. 1 tiers.

Recepta pro debita episcopali pro termino et festo
Resurrectionis Domini anni M^{mi} CCCC^{mi} XXXIX^{mi} (2)

Totalis somma debite est xj^{xx}x l. xvj s. super qua
summa parvum collegium percipit xl s. ; item thesaurus
ecclesie Constanciencis, xxv s. ; item custodes dicte ecclesie,
xx s., et receptor hujusmodi debite, pro salario suo, xij l ;
sic restant ij^c xiiij l. xj s., super quibus capitulum Constanciense percipit terciam partem, que est lxxj l. x s. iiij d.
Sic restant, pro duabus partibus libere domino spectan-

---

(1) Montreuil-sur-Lozon, canton de Marigny.

(2) Droit que chaque paroisse du diocèse payait à la cathédrale,
vraisemblablement en vertu de ce canon du concile de Lillebonne :
« Qu'une fois l'an, vers la Pentecôte, les prêtres se rendent avec
leurs processions à la Mère-Église, et que pour illuminer l'église,
il soit offert à l'autel par chaque feu un denier de cire ou la somme
équivalente. »

tibus, vij[xx]iiij l. viij d., que solvimus in recepta hac;
ponuntur sic,   vij[xx]iiij l. viij d.

Somma, vij[xx]iiij l. viij d.

Recepta deffectuum sex denariorum pro tempore presentis compoti.

A domino Symone Silvestri (1), punctuatori deffectuum sex denariorum (2), fuerunt recepte partes sequentes :

Primo pro mense januarii, vj d. ; februarii, x s. ; pro mense marcii, nichil ; pro mense aprilis, iij s. ; pro mense maii, xvij s. x d. ; pro mense junii, xvj s. ;
sic,   xlvij s. iiij d.

Item ab eodem, pro parte debite spectante domino que debita distribuitur secundum lucrum gracie, xlvj s. j d.

Et est sciendum quod de gratia nichil a communiario (3) receptum est hoc anno.

Somma, iiij l. xiij s. v d.
Octava grossa, vij[xx]vij l. xiij s. j d.

Recepta extraordinaria.

Primo a magistro Guillermo de Abbarippa, decretorum doctore, nuper Sigillifero Constanciensi, pluribus vicibus, pro dicto domino episcopo, recepi summam   iiij[c] xx l.

---

(1) Simon Le Sauvage, clerc de Coutances. On signale sa présence à une sentence rendue en matière de foi par l'évêque et par l'inquisiteur, 15 février 1429. (Arch. de la S.-Inf., G. 1162).

(2) A Rouen, le ponctueur s'appelait ordinairement le *defectuarius* ou le *défautier*. C'était lui qui marquait les absences pour en tenir compte dans le règlement des distributions.

(3) Sous le nom de commune, on désignait, à Rouen, les distributions quotidiennes qui se faisaient aux chanoines présents aux offices.

Item a Philiberto de Sainctigny, mesnagerio (1) St Laudi, super sua recepta per eum occasione dicte mesnagerie facta pro dicto domino episcopo, pluribus vicibus, recepi, tam per me quam per alios nomine meo, summam   viij^c lxxiij l. ij s. ij d.

Item a magistro Johanne de Grippone, officiali et Sigillifero Valonie, super debitis per eum racione sue recepte, recepi summas sequentes, videlicet, in mense marcii iiij^c xxxviij, c l. Item ab eodem, in mense aprilis, iiij^c xxxix, iiij^{xx} x l. Item, in mense maii, videlicet xxij^a anno (2) predicto, vj^{xx} l. Item, xv^ta julii inde proximo sequenti, iiij^{xx} l. ; sic   iij^c iiij^{xx} x l.

Item a domino Johanne Elayne super sua recepta similiter recepi   ij^c l. r., six ij^c xij s.

Somma, mil vij^c iiij^{xx} xv l. ij s. vj d.

Nona grossa, mil vij^c iiij^{xx} xv l. ij s. vj d.

Somma totalis recepte, iiij^m ij^c lxv l. x d. 1 tiers.

---

(1) L'économe ou l'intendant d'une terre dépendant de l'évêché.

(2) Jean du Grippon, official de Valognes, avait dû évidemment tenir un compte particulier de sa recette laquelle se trouve ici indiquée en bloc.

Secuntur misie facte per me Johannem de Salione, sigilliferum Constanciensem pro reverendo in Christo patre et domino domino Philiberto de Montejoco, miseracione divina episcopo Constanciensi a prima die januarii anno XXXVIIJ° usque ad primam diem julii anno XXXIX°.

Et primo secuntur pensiones per dictum reverendum in Christo patrem debite et per Sigilliferum Constanciensem solvi consuete.

Primo magistro Johanni Lohier (1), archidiacono Constanciensi (2), seu magistro Guillermo Auber, ejus procuratori, pro eo solvi pro pensione mensium januarii, februarii, marcii, aprilis, maii et junii, pro quolibet dictorum mensium, ix l. xxij d. ad causam pensionis annue centum librarum, mense augusti in quo nichil solvitur non computato, quam idem archidiaconus percipere consuevit super emolumentis sigilli curie episcopalis Constanciensis singulis annis; valent   liiij l. xj s.

Item magistro Guillermo de Albarippa, archidiacono de Baptesyo (2), in eadem ecclesia, pro simili pensione,   liiij l. xj s.

---

(1) Personnage considérable, natif de Fécamp ; il résidait à Rome, et faisait partie du conseil de la Rote. On connaît son avis sur le procès de Jeanne d'Arc. Voir ma note sur Jean Lohier, *Bulletin de la Commission des Antiquités de la Seine-Inférieure*, t. VII p. 294.

(2) Archidiaconé de Bauptois, l'un des quatre du diocèse.

Item magistro Roberto de Fontaines, canonico prebendato apud Mullevillam (1) pro minori porcione, et Jacobo de Campo Rotundo, canonico prebendato apud Hubervillam (2), quorum quilibet, racione sue prebende, percipit super emolumentis Sigilli, annue pensionis ad duas synodos, vj l., quibus pro synodo paschali anno xxxix° solvi
vj l.

Item magistris Guillermo de Albarippa et Guillermo Auber, canonicis Constanciensibus prebendatis apud Sanctum Egidium (3), quibus idem reverendus pater, racione suarum prebendarum, tenetur, singulis annis in synodo paschali, solvi in synodo paschali anni xxxix^{mi}
xx l.

Item magistro Guillermo de Hetelou, capellano capelle Sancte Trinitatis in ecclesia Constanciensi fundate, pro redditu annuo sibi in festo Pasche debito,
lx s.

Item domino Petro de Tames, capellano Beate Marie de Circata (4), in ecclesia Constanciensi, pro redditu sibi debito centum s. annuatim ad duas synodos, racione capelle sue, solvi pro synodo paschali anno xxxix°   l. s.

Item pro duobus conrreriis (*sic*) Pasche et Penthecostes ecclesie Constanciensi, domino absente, debitis, scilicet pro quolibet, x l.; sic,
xx l. (5).

Item octo clericis de gremio (6) Constanciensis ecclesie

---

(1) Muneville-sur-Mer, canton de Bréhal.

(2) Huberville, canton de Valognes. Jacques de Camprond, présent comme témoin à une sentence en matière de foi prononcée par l'évêque de Coutances et par l'inquisiteur, 17 novembre 1429. (Arch. de la S.-Inf., G. 1162.)

(3) Saint-Gilles, canton de Marigny.

(4) La chapelle de Notre-Dame, derrière le chœur de la cathédrale.

(5) *Corredium*, *Convivium*, *procuratio*, sorte de banquet offert aux frais de l'évêque.

(6) On disait à Rouen les clercs du chœur.

qui consueverunt decantare missam Beate Marie cum
nota, quibus tenetur dictus reverendus in Christo pater,
annis singulis, cuilibet eorum in xxx s. ; solvi pro dictis
sex mensibus   vj l.

Somma, viij^{xx} vj l. xij s.

*Stipendia officiariorum et etiam aliquorum advocato-
rum et servitorum dicto tempore soluta.*

Primo magistro Guillermo de Albarippa, vicario et
officiali dicti reverendi in Christo patris, pro vadiis suis
et expensis pro dictis sex mensibus,   iiij^{xx} l.

Item michi Johanni supradicto, Sigillifero, pro meis
stipendiis dicto tempero durante,   iiij^{xx} l.

Item Petro de Vado, custodi carcerum, pro suis stipendiis octo l. annuatim sibi, racione gardie dictarum carcerum, debitarum, pro dictis sex mensibus,   iiij l.

Item Johanni Rousselli, parquerio seu custodi parci,
pro suis vadiis de octo l. annuatim, pro dictis sex men-
sibus,   iiij l. c. s.

Item domino Simoni Silvestri, punctuatori deffectuum
sex denariorum, pro stipendiis suis de octo s per annum,
pro ipsis sex mensibus,   iiij s.

Item domino Johanni de Sancto-Mauricio (1), promotori Constanciensi, pro suis stipendiis pro quibus debentur sibi annuatim quadraginta l. tur., pro dictis vj mensibus,   xx l.

Item Jacobo du Tertre, advocato in curia ecclesiastica,
pro suo salario, pro dimidio anno,   xxx s.

Item Guillermo Episcopi, locumtenenti seneschalus

(1) Jean de Saint-Moris. Il signe ainsi au bas d'actes du 11 février
1428 (v. s.) et du 4 mars 1434 (v. s.). (Arch. de la S.-Inf., G 1162.)
En 1425, il était notaire en la Cour ecclésiastique de Coutances.

(*sic*) Sancti Laudi, advocato in curia seculari, pro suo salario seu sua pensione, pro dicto dimidio anno,   c s.

Item Johanni Le Petiot, advocato in curia seculari, pro pensione sua, pro dimidio anno,   xxx s.

Item Johanni Le Cesne, procuratori dicti reverendi in Christo [patris] in curia seculari, pro pensione sua, similiter pro dimidio anno,   xxx s.

Item Johanni de Valeson, pro dimidio anno, videlicet pro quolibet anno, sex l. t., pro suo salario,   lx s.

Item Belone, ancille dicti reverendi in Christo patris, pro suo salario, pro dicto dimidio anno,   lx s. (1).

Somma, ij^c iij l. xiiij s.

Alie misie in peccuniis traditis et dicto reverendo in Christo patri transmissis ; primo in mense marcii fecit expediri domino priori Sancti Laudi Rothomagensis pluribus vicibus et per plures et diversas personas, pro mictendo et deliberando predicto domino Constanciensi episcopo.

Item pluribus aliis vicibus, et per plures et diversas personas, feci expediri domino priori pro causa in articulo precedenti contenta, prout apparet per compotum inter ipsum dominum priorem et me factum, somma mil vij^c lxxiiij l.

Somma, ij^m vj^c lxxiiij l.

Alie misie extraordinarie.

Primo pro duodecim libris cere cum dimidia qualibet valente vj s., captis ad sigillandum ; valent   lxxv s.

Item pro quinque duodenis pergameni pro scribendo

(1) En marge des six derniers articles réunis par une accolade : « Ita invenitur in compotis precedentibus, et docuit de quictancia, dempto de Du Tertre, pro quo debetur quictancia. »

litteras vicariatus, qualibet valente xiiij s.; valent   lxx s.

Item tradidi Philippote, religiose de tertio ordine Minorum, Constanciis commoranti, cui prefatus reverendus in Christo pater elemosinam dare consuevit,   xx s.

Item, die martii xiiij[a] et mercurii xv[ta], pro expensis illis diebus factis occasione synodi paschalis, que fuit dicta die martis, tam in vino, carnibus, piscibus, speciebus, quam aliis minutis rebus ad victum spectantibus, ix l. xiiij s. xj d. ob., uno vini poto comprehenso, dato illi qui fecit sermonem pro dicto reverendo in Christo patre, dominica in Ramis Palmarum et iiij[or] potis vini domino de Sommerset (1), ex parte ejusdem domini presentatis,   ix l. xiiij s. xj d. ob.

Item super expensis pro veagio Basilee per me, in mense octobris iiij[c] xxxvij, pro pluribus negociis eumdem dominum deffunctum tangentibus, facto, xl salucia auri, valent   lx l.

Item tradidi Hennequino Roulant quinquaginta libras turonenses quas ipse dominus Constanciensis mandaverat de peccuniis suis sibi tradi in recompensacionem plurium serviciorum que dictus Hennequinus sibi per longa temporis spacia impenderat, et ad onera et paupertatem ipsius supportandum; pour ce,   l l.

Item, die jovis xxij[a] mensis octobris, tradidi fratri Guillermo de Vinflans, de conventu Predicatorum de Losanna, qui huc a familiaribus deffuncti domini mei Constanciensis, cui Deus sua propicietur clemencia! ad ejusdem domini denunciandum obitum devenerat, pro suo viagio,   xj l.

---

(1) Edmond de Beaufort, duc de Sommerset, lieutenant-général en France et en Normandie.

Item pro obsequio solenni facto in ecclesia Contanciensi pro dicto reverendo in Christo patre, sine cera
quam tradidit Philibertus, mesnagerius Sancti Laudi,
ponderis ducentarum librarum vel

circiter,   xxxiij l. xiij s. ix d.

Item pro duobus potellis vini ad lavandum altaria die
Jovis Sancta,   vij s. vj d.

Item pro septem potellis olei olivarum pro crismate
conficiendo, potello valente vj s. viij d., valent   xlvj s. viij d.

    *Somma, viij*ˣˣ *xv l. vij s. x d. ob.*

Alie misie occasione viagiorum et processuum.

Primo Roberto Proudomme, nuncio pedestri, pro
eundo Rothomagum pro dicto reverendo patre, pro portando ibidem munimenta processus in camera Consilii
inter ipsum reverendum in Christo patrem et Galterum
de Hongueford (1) pendentis racione coustume Constanciensis, de qua idem manutenet suos homines esse
liberos,   lxx s.

Item quatuor anglicis qui, cum mesnagerio Constanciensi, iverunt apud Carentonium qui secum ferebat
ixᶜ l. x s., mictendos Rhotomagum, cuilibet dictorum
Anglicorum, x s. ; pour ce,   xl s.

Item pro locagio trium equorum, qui illam peccuniam
et dictum mesnagerium ac magistrum dictorum trium
equorum, eundo de Constantiis Carentonium et redeundo, portaverunt,   xx s.

(1) Walter de Hongreford, grand maitre de l'Hôtel du Roi, sire
de Hongreford, Heylesbury, Néville, Villequier, Hybouville, Venuville-l'Esquelles. Henri V lui avait fait don de la baronnie du
Hommet, 20 décembre 1418. (*Mémoires de la Société des Antiquaires de Normandie*, t. XXIII, Rôles de Brequigny, n° 253.)

Item pro expensis in dicto itinere factis,   xij s. vj d.

Item pro una ulna telle et factione octo sacculorum ex illa ad portandum dictam peccuniam,   iij s. iiij d.

Item pro expensis factis per Cariotum Blondel, apparitorem curie episcopalis, eundo quesitum apud Carentonium quandam vetulam in carceribus regiis ut sortilega (sic) ibidem detentam, inclusis xx s. pro locagio duorum equorum pro duobus diebus,   xxx s. ix d.

Item pro expensis mei Sigilliferi, euntis apud Sanctum Laudum pro videndo reparaciones neccessarias ibidem tam in calceya Virie (1) quam in molendinis fiendis; et tunc habui duos equos de locagio per tres dies, videlicet unum de iiij^{or} s. et alium de iij s.; valent xxj s.; et pro meis expensis, xv s.   xxxvj s.

Item solvi Petro de Vado, custodi carcerum, pro defferando quemdam clericum in fovea mortuum (2) et inhumando eum,   vij s. vj d.

Item pro expensis mesnagerii Constanciensis et Johannis Trenchart qui portaverunt apud Carentonium iiij^c [libras], tam pro expensis suis quam pro locagio duorum equorum per duos dies,   xxv s.

Item cuidam Reginaldo Fabro, apud Sanctum Laudum commorantis, quem Constancias ex consilio venire feceram ut iret apud Basileam (3) vel Pragam (4) ad afferendum certitudinem de vita vel morte domini, qui hoc recusavit facere,   iiij s. vj d.

Somma xij l. ix s. v d.

(1) La chaussée de la Vire à Saint-Lô.

(2) On ne condamnait à la fosse perpétuelle que les clercs convaincus de crimes d'une extrême gravité.

(3) Bâle, où se tenait alors le Concile.

(4) Prague, où se trouvait encore l'évêque Philibert de Montjeu pour l'affaire des Hussites.

Somma totalis misie, iij ij* xxxij l, iij s. iiij d. ob.*

*Et pro confectione compotorum presencium, lvij s.
vj d.*

Et recepta est iij ij* lxv l. x d. j tiers.*

*Sic, collatione facta de recepta ad missiam, debet
computans*   *xxx l.*

Auditus, visus et examinatus ac conclusus presens
compotus fuit per nos Petrum Francisci, magistrum intes-
tatorum tocius diocesis et provincie Rothomagensis, exe-
cutorem juris predicti domini episcopi, defficientibus executoribus, vel saltem se onerare nolentibus, et Johannem
Pajot (1), Sigilleferum archiepiscopalis curie, et Petrum
Cochon (2), clericum (ad hoc deputatum) dicti officii testamentorum, in presentia domini Laurencii Jolis, officialis
reverendi in Christo domini Egidii, moderni episcopi
dicti loci Constanciensis, et domini Guillermi Drouet,
presbiteri Constanciensis diocesis. Anno Domini M°
CCCC^mo quadragesimo primo, die xvj^ta mensis maii. —
Signé : P. Francisci, P. Cochon, J. Pajot.

Au dernier feuillet : Sequitur resta emendarum in dicto
compoto superius declaratarum.

(1) Jean Pajot, chanoine de Beauvais en 1433 ; avait été maître
des intestats au diocèse de Rouen. Fut l'un des exécuteurs testamentaires du cardinal de Luxembourg, 12 novembre 1443. Fonda,
à Saint-Godard de Rouen, « une messe à dire chaque samedi à l'autel
de la chapelle Notre-Dame située dessus le sépulcre de saint
Romain, et l'*inviolata* le même jour, devant l'image de Notre-Dame
assise dedens la nef devant le crucefis », 11 juin 1436. (Cart. de
Saint-Godard, f° 20).

(2) Pierre Cochon, notaire apostolique, l'auteur d'une chronique
publiée *in extenso* par la Société de l'Histoire de Normandie.

*Recepta emolumenti sigilli. Prima grossa. ij^c lxix l.
xix s. j d.*

Recepta testamentorum. 101 testaments, entre autres
celui de Colette, femme de Robert Maresc, de 4 l.; R.,
20 s.,   2 s.

*Recepta legatorum et breviculorum fabrice ecclesie
Constanciensis. Somma, lxxv l. vj s. xj d.*

Secunda grossa, iiij^{xx} xij l. x s. vj d.

Recepta emolumentorum sigilli camere. Un seul
article : Dimissorium ad clericatum pro Andrea Car-
rey, v s.

   Commissiones ad banna.

9 noms, tous à 10 s.

   Somma, iiij l. x s.

Collaciones.

Pro collacione de Mesnillo Durant, lx s. ; — minoris porcionis de Gratot, xxx s. ; — de Perquus, xvj s. ; — capelle de Valency, xxxij s. ij d. ; — de Trencheyo, ix s. ; — S. Briolardi de Jarseyo, x l. ; — de Beusevilla in Plano, xlv s. ; — de Hommeto, xij s. ; — de Landa Vaumont, xv s. ; — de Tribusgotis, lxx s. ; — de Grevilla, xxx s. ; — de Bosco Rogerii, xvij s. ; — de Barefleu, xxv s. ; — S. Christofori d'Aubigny, xxv s. ; — minoris porcionis Ste Crucis in Hagua, xx s. ; — minoris porcionis de Gratot, xx s. ; — de Litehaire, xxx s. (1).

Somma, xxxij l. xvj s. vj d.

Queste

Pro questa religiosorum de Perrina, xx s. ; — prioratus S. Fromondi, xxv s. ; — hospitalis cecorum de Cadomo, xx s. ; — S. Lazari Jerosolimitani, xxv s. ; — S. Anthonii, l s. ; — hospitalis de Roncevaulx, xxv s. ; — prioratus de Boucachart, xxv s. ; — S. Thome de S. Laudo, xxv s. ; — S. Leonardi de Andeliaco super Siannam (sic), xx s. ; — de Bris, xx s. ; — de Villadei, xx s. (2).

Somma, xiij l. xv s.

(1) Mesnil-Durand, canton de Saint-Jean-de-Daye ; Les Perques, canton de Briquebec ; Valençay, commune de Ver, canton de Gavray ; Saint-Pierre-du-Tronchet, canton de Villedieu ; Saint-Brolarde en l'île de Gersey ; Beuzeville-au-Plain, canton de Sainte-Mère-Eglise ; le Hommet-d'Arthenay, canton de Saint-Jean-de-Daye ; la Lande-Vaumont, canton de Vire (Calvados) ; Saint-Christophe-d'Aubigny, commune de Saint-Martin-d'Aubigny, canton de Périers.

(2) Prieurés de la Perrine, canton de Saint-Jean-de-Daye, de Saint-Fromond, ibid. ; hôpital des aveugles de Caen ; Saint-Lazare

Dispensaciones et alie littere communes

24 dispenses, toutes au même prix de 10 s.

Pro dispensacione juramenti Colini Le Piquart, ij s. ; — pro refutacione ecclesie de Cambernone, v s. ; — pro responsione brevii ecclesie de Cambernon, v s. ; — pro relaxacione Johannis Jugan, v s. ; — pro licencia erigendi duo altaria in ecclesia S. Petri de Bosco in insula de Gerseyo, xv s.

Somma, vj l. xv s.

Commissiones cure.

182, toutes au même prix de 5 s.
Somma, xlviij l.

Non residencie.

32, toutes au même prix de 27 s. 6 d.
Somma, lxix l. v s.

Tercia grossa, ij^c xxxiiij l. vj s. vj. d.

Recepta emendarum, Somma, cvj l. xvij s. vj d.

Quarta grossa, cvj l. xvij s. vj d.

Recepta pensionum anno quolibet debitarum terminis Pasche et S. Michaelis ascendentium in universo ad summam cxiv l. et xiij s. iiij d. t., de quibus recepit magister Guillermus Auber, sede vacante, Sigillifer, super terminis S. Michaelis ix l., videlicet a firmario de Grevilla, c s. et a firmario de Lachaire (pour Lithaire),

de Jérusalem; Saint-Antoine en Viennois; hôpital de Roncevaux, prieurés du Bourg-Achard, arrondissement de Pont-Audemer (Eure), de Saint-Thomas, à Saint-Lô; Saint-Léonard d'Andely (Eure); Bris, canton de Valognes; commanderie de Villedieu (Manche).

iiij l., et dictus Sigillifer, cv l. xiij s. iiij d. a firmariis seu personis sequentibus.

Somma, cv l. xiij s. iiij d.

Recepta facta pro synodatico et oleo pro terminis Pasche. . . . .

Somma, xxiiij l. iiij s. viij d.

Recepta pro capa dicti domini episcopi debita in festo Nativitatis Domini.

A decano Constanciensi, vij l. ; — de Piris, vj l. xiiij s.; — de Cenilleyo, vj l. iiij s. ; — de Cerenciis, cx s. ; — de S. Paterno, vij l. x s. ; — S. Laudi, xxxij s. ; — de Hommeto, iiij l. vj s. ; — de Perceyo, cxiiij s. ; — de Tallevanda, lxxvij s. x d. ; — de Monbreyo, lxxij s. x d. ; — de Gavreyo, vij l. iij s. ; — de Hagua, cxj s. vj d. ; — de Podiis, vj l. vj s. ; — de Sara, lxxviij s. ; — de Valoniis, vj l. vj s. ; — de Plano, cxvj s ; — de Orglandiis, ciij s. ; — de Carentonio, c s. ; — de Baptesyo, lxx s. ; — S. Salvatoris, lxxij s. ; — de Alno (1), lxxix s. vj d. ; — de Bernevilla, iiij l. viij s.

Somma, cxij l. xiij s. viij d.

Quinta grossa, ij° xlij l. xj s. viij d.

De fructibus decimalibus de Sola, Cursu Faloris, S° Ebremondo de Bonofossato (2) nichil recepit idem

(1) Le doyen de la Haye-du-Puits est ici désigné par le titre de doyen de Laulne, l'une des paroisses du doyenné de Berneville-sur-Mer.

(2) Soulles, Gourfaleur, Saint-Ebremond de Bonfossé.

Sigillifer quia spectant domino deffuncto, et fuerunt tradite in arreragiis dicto domino deffuncto spectantibus.

Sequuntur deportus ecclesiarum vacancium ab ultima junii anno xxxix usque ad xxvj^tam diem mensis septembris; et a die xxvj^am mensis decembris inclusive anno predicto usque ad xviij^am diem mensis junii exclusive anno quadragesimo, per ipsum Sigilliferum dicto tempore durante traditorum et adjudicatorum (*sic*).

*Somma deportuum per dictum Sigilliferum
receptorum, viij^xx iij l. vj s. viij d.
Sexta grossa. clxiij l. vj s. viij d.*

*Recepta debite episcopalis anni xl^mi pro termino
Pasche.*

Debite episcopalis totalis somma, xj^xx x l. xvj s. Super qua summa parvum collegium percipit xl s.; — item thesaurus ecclesie Constanciensis, xxv s.; — item custodes dicte ecclesie, xx s.; receptorque hujusmodi debite percipit xij l. t. Somma omnium onerum, xvj l. v s. Sic restant ij^c xiiij l. xj s. Super quibus capitulum Constanciense percipit tertiam partem, que est lxxj l. x s. iiij d. Sic restant, pro duabus partibus libere domino spectantibus, vij^xx iij l. viij d. Sic,   vij^xx iij l. viij d.

Somma per se, vij^xx iij l. viij d.

*Recepta per dictum Sigilliferum facta pro deffectibus
sex denariorum,* videlicet a domino Symone Silvestri pro mensibus januarii, februarii, marcii, aprilis, maii et junii, xxxviij s. v. d. pro toto; sic,   xxxviij s. vj d.

Et sciendum est quod tempore hujus compoti nichil receptum est de communia et communiario.

Recepta extraordinaria tempore hujus compoti facta.

Primo a decano de Jarseyo (1) super juribus
domini   xvij l. xj s.

Item a firmario de S° Egidio pro termino Nativitatis
Domini anni xxxjx^{us},   lx l.

> *Somma, lxxvij l. xj s.*
> *Septima grossa, ij^c xxij l. x s. ij d.*
> *Somma totalis recepte, xiij^c xxxij l. ij s. j d.*

Secuntur misie de et super receptis per dictum Sigilli-
ferum pro dicto reverendo in Christo patre et domino
domino Egidio, etiam miseracione divina Constan-
ciensi episcopo, a die xxiiij^ta mensis decembris inclu-
sive usque ad xviij^am diem mensis junii exclusive.

Et primo pro pensionibus et vadiis, die xxv^ta mensis
decembris, predicto domino Symoni Sillvestri, punctuatori capituli, pro courreyo Nativitatis Domini tradidit
Sigillifer   x l.

Item, ultima januarii, tradidit idem Sigillifer magistro
Guillelmo Auber, procuratori archidiaconi Constanciensis, pro pensione ipsius archidiaconi, videlicet pro
novem dietis mensis decembris,   lij s. viij d.

Item tradidit magistro Guillemo Auber predicto, pro
pensione dicti Constanciensis, pro mense januarii dicta
die,   ix l. xij d.

Item tradidit magistro Guillermo de Albarippa, archidiacono de Baptesyo, similiter pro ix dietis pensionis sue,
mense decembris,   lij s. viij d.

Item dicto archidiacono de Baptesyo, pro pensione sua
dicti mensis januarii   ix l. xxij d.

---

(1) Le doyen de Jersey.

Item, prima marcii, tradidit prefato Auber, dicti archidiaconi procuratori, pro pensione sua mensis
februarii   ix l. xxij d.

Item, dicta die, prefato archidiacono de Baptesyo, similiter pro pensione sua dicti mensis februarii, ix l. xxij d.

Item vij^a mensis marcii, domino Symoni Silvestri, pro courreyo Pasche, tanquam punctuatori capituli, tradidit   x l.

Item, primo aprilis, prefato Auber, procuratori dicti archidiaconi Constanciencis, pro pensione ipsius archidiaconi, pro mense marcii,   ix l. xxij d.

Item predicto archidiacono de Bapteseyo, pro simili pensione, pro mense marcii predicto,   ix l. xxij d.

Item, die xvij^{ma} mensis aprilis, tradidit domino Jacobo de Campo-Rotondo lx s., qui per dominum episcopum Constanciensem debentur in synodo paschali et ad causam sue prebende,   lx s.

Item domino scolastico dicte Constanciensis ecclesie, pro simili pensione ad causam sui beneficii per dominum episcopum sibi debita,   lx s.

Item magistro Guillermo de Albarippa, canonico prebendato alterius prebende Sancti-Egidii, pro pensione, ad causam sue prebende sibi in dicta synodo per dominum dominum episcopum sibi debita,   x l.

Item magistro Guillermo Auber, canonico, etiam prebendato in Sancto-Egidio, pro simili pensione,   x l.

Item dicto magistro Guillermo Auber, ejusdem archidiaconi Constanciensis procuratori, pro pensione ipsius archidiaconi, pro mense aprilis,   ix l. xxij d.

Item prefato magistro Guillermo de Albarippa, archidiacono de Baptesyo pretacto, pro simili pensione pro dicto mense aprilis,   ix l. xxij d.

Item xx^a mensis aprilis, tradidit magistro Johanni Seffrie, decano Escoyarum (1), promotori et procuratori domini Constanciensis, super vadiis per supradictum dominum sibi assignatis ad causam officii promotoris Constanciensis, summam vj lib. xxiij s. iiij d. t., ut per suam potest apparere quictanciam, sic,   vj l. xiij s. iiij d.

Item dicto magistro Guillermo Auber, procuratori dicti archidiaconi Constanciensis, pro pensione maii, x s. xxij d.

Item dicto magistro Guillermo de Albarippa, pro simili pensione et pro eodem mense maii,   ix l. xxij d.

Item, decima quinta mensis maii, tradidit domino Symoni Silvestri x l. pro courreyo illius diei, que erat dies Penthecostes; pour ce,   x l.

Item, ultima maii predicti, tradidit domino Petro Le Fevre, procuratori capelle seu capellanie in ecclesia Constanciensi fundate, pro pensione eidem capelle in Pascha debita,   lx s.

Item prefato magistro Guillermo Auber, procuratori predicti archidiaconi Constanciencis, pro pensione mensis junii,   ix l. xxij d.

Item predicto magistro Guillermo de Albarippa, pro pensione sua ejusdem mensis junii,   ix l. xxij d.

Item pro stipendiis domini vicarii, pro dimidio anno incipiente xxiij[a] mensis decembris anno XXXIX[o] et finiente xxiij[a] junii anno XL[mo],   l l.

Item pro stipendiis officialis, pro eodem tempore et pro sig(illo) a xxiij[a] decembris usque ad xviij[am] junii; pour ce,   lx l.

Item pro vadiis Petri de Vado, custodis carcerum episcopalium, pro eodem tempore,   lxxvij s. ix d.

(1) Jéan Seffrie, receveur de l'archevêque aux Andelys, à Fresnes et à Corny 1427, 1436 (Arch. de la S.-Inf., G. 546, 547, 548); présenté à la cure d'Angerville-la-Martel par Thomas de Beaumont, sieur de Basqueville, doyen d'Ecouis (Eure). *(Ibid.,* G. 1638.)

Item pro vadiis Johannis Rousseau, custodis parcy pro
dicto tempore,   lxxvij l. ix s.

Somma, ij^c xiij^{xx} xvij l. xvj s ij d.

Alie misie pro processibus et voyagiis.

Primo magistro Thome Maupetit, domino de Mara,
pro certis expensis per eum Carentonio ad causam processus juris patronatus ecclesiarum de Cambernone
et de Audouvilla-la-Hubert coram baillivo de Constantino per eundem factis et in sua cedula super hoc con-
fecta declaratis,   iiij l. xiiij s. j d.

Item magistro Johanni Seffrie, decano predicto, pro
aliquibus litteris et monumentis ac certis aliis per ipsum
declaratis,   lviij s. viij d.

Item domino Nicholao Silvestri, qui ivit Baiocas quesitum crisma et oleum sanctum distribuendum decanis in
synodo paschali   xx s.

Item Colino Droueti, eunti similiter apud Sanctum-
Laudum pro aliquibus necessario faciendis pro dicto
domino,   iiij s. vj d.

Item, xix^a maii, tradidit, de mandato domini vicarii et
consiliarii, predicto Guillermo Episcopi (1) qui, die precedenti, placitaverat causam dicti loci de Cambernon et in
ea ac in causa de Andouvilla scripturas et memorialia
fecerat, j salucium auri; sic,   xxix s. iij d.

Item, eadem die, tradidit Colino Lacquectier, procuratori domini, pro eundo ad bencam tenendam (2) apud

(1) Etait-ce un parent de Jean Levesque, maître en théologie, qui
fut envoyé en 1430 par Raoul Lesage, sieur de Saint-Pierre, de
Valognes en Angleterre, porter au Conseil de Henri VI des nouvelles
de la rébellion de Paris et de l'entrée des Français à Granville ?
Stevenson, *Wars of the English in France*, pp. LIX, LXI.

(2) Je crois que par là il faut entendre tenir les plaids. *Benca*,
Bencus peut être aussi traduit par tribunal ou *cohue*.

dictum locum de Cambernon et ad solvendum consilia-
r(ium ou ios), unum salucium auri et in moneta c s. j d.,
pour ce,   vj l. ix s. iij d.

Item, prima junii, tradidit Johanni Le Petiot, accedenti
Rothomagum pro causis de Cambernone et de Andouvilla, ij salutos auri de mandato domini vicarii, pour
ce,   lviij s. vj d.

Item Roberto Prodomme pro quodom veagio per eum
facto apud Carentonum (1) pro habendo consilium cum
advocatis domini utrum fieret collacio de Andouvilla vel
non,   vj s.

Item Guillermo Le Boullour, clienti regio, pro sua
relacione cujusdam precepti per eum facti pro faciendo
dictam collacionem et pro copia mandati super hoc con-
fecti,   vj s. xj d.

Item dicto Guillermo Le Boulloux, pro copia alterius
mandati baillivi super hoc et ejus relacione,   vij s. vj d.

Item cuidam Gregorio, pro quodam veagio per eum
facto apud Carentonum pro portando dicta mandata et
relaciones,   iiij s. vj d.

Item Roberto Prodomme, pro veagio per ipsum Rothomagum facto pro causa de Andouvilla,   lx s.

Item Petro Potier, tabellioni regio, pro duabus litteris
extractis ex *Libris nigro et albo* (2) capitulo Constanciencis causam de Andouvilla tangentibus, missis Rothomagum.   iiij s.

Item Roberto Prudomme, pro litteris et memorialibus

---

(1) Il est probable que la présence à Carentan des avocats de
l'évêque tenait à ce que Coutances paraissait offrir peu de sécurité,
surtout depuis que les Français s'étaient emparés de Granville.

(2) Les deux pouillés du diocèse de Coutances, le *Livre blanc* et
le *Livre noir* où se trouvaient indiqués les patronages.

a domino Laurencio pro causis de Andouvilla ex Rothomago missis,   ij s. iiij d.

Item supradicto Gregorio pro portando Carentonum
mandatum camere Consilii super recredentia temporalis
domini pro collacione de Audouvilla, iiij s. vj d. ; pour
ce   iiij s. vj d.

Item pro expensis domini Nicholai La Vielle, euntis de
Constanciis Rothomagum, de precepto domini vicarii, et
Thome Maupetit, scutiferi, in mense aprilis, pro appor-
tando certa nova ex sanitate et statu dicti reverendi
patris (1),   lx s.

Somma, xxvij l. xiiij s. v d.

Alie misie in pecuniis traditis.

Die xx^{ma} mensis aprilis, tradidit idem Sigillifer magistris Johanni Seffrie et Dyonisio Le Caron, procurato-
ribus dicti domini Constanciensis et pro ipso, sommam
septuaginta librarum turon., ut per eorum quictanciam,
eadem die confectam apparere potest ; pour ce,   vij^c l.

Somma, vij^c l.

Alie misie extraordinarie.

Primo pro decem libris cere viridis ad sigillandum captis dicto tempore durante, videlicet pro quatuor libris,
xxiiij s.; et pro sex libris, xl s.; sic pro toto.   lxiiij s.

Item pro quatuor potis vini presentatis, ex parte
domini, domino comiti de Sommerset dum venit de
Anglia,   xvj s. viij d.

Item pro duabus manibus papiri,   v s.

Item pro factione orti domus episcopalis Constanciensis,

---

(1) Nous avons vu par l'introduction que Guill. de Duremort était
habituellement malade.

tam pro spinis, paliis, perticis quam pro mercede et
dietis illorum qui dictum ortum clauserunt et prepara-
verunt ac alias, summa iiij l. xix s. ix d.; pour
ce,   iiij l. xix s. ix d. (1)

Item pro quadam duodena pellium pergameni ad
excommunicatorum registra facienda que ante pascha per
singulas parrochias mictuntur et pro
debita,   xiiij s. ij d. (2).

Item, die Jovis Sancta, que fuit xxiiij^{ta} marcii, pro
duobus potis vini ad lavandum altaria ecclesie Constanciensis,   vij s. iiij d.

Item, sabbati secunda mensis aprilis, tradidi, de mandato dicti vicarii, Laurensio Ade, de Blancalanda, qui
nova de domino actulit ex Rothomago, et dicebat se
propter hoc cicius et sub spe mercedis accessisse,   x s.

Item pro cibis et potu in die sancte synodi Pasche et
in prandio in crastino ejusdem synodi,   vj l. xj s. vj d.

Item tradidi magistro Johanni Seffrie, pro Colino Le
Chevalier qui in taxacione etc. vacaverat, ut per quictanciam dicti Colini apparere potest,   xxx s.

Item eidem Seffrie pro Petro Le Potier, tabellione regio,
qui in conficiendo inventarium benorum domini deffuncti (3) vacaverat,   lviij s. vj d.

Item eidem Seffrie, per quictanciam Thome Haie, locumtenentis particularis baillivi de Constantino, qui consimi-
liter in eodem inventario vacaverat,   lviij s. vj d.

Item prefato Seffrie, sua quictancia mediante, et pro
causis in eadem contentis, tradidit   vij l. v s. iiij d.

Item eidem Seffrie, per suam cedulam, quictanciam et

(1) Cette dépense donne une triste idée du jardin de l'évêché.

(2) Les registres des excommuniés et de la débite qui étaient envoyés chaque année dans les paroisses.

(3) Philibert de Montjeu.

pro causis in eadem contentis, scilicet in deducione
eorum que sibi deberi possent per dominum Constanciensem ad causam vacacionis per ipsum Seffrie facte
racione taxacionis reparacionum tam ecclesie Constanciensis quam domorum et aliorum locorum episcopa-
lium etc., tradidit   xxx l. (1).

Item, xvj[ta] mensis aprilis, cuidam panifici qui prepa-
ravit et coxit xl[ta] bucellos frumenti in pane pro prisonariis carcerum episcopalium Constanciensium,   xx s.

Item, xxiiij[a] dicti mensis, tradidit prefato Colino Le Chevalier, de resta, ut dicebat, sibi debita pro vacacione per
eum facta in taxacione reparacionum, ut per suam potest
apparere quictanciam,   xx s.

Item cuidam, cum Floreto Larquier commoranti, qui
ad taxacionem cupri et ferri, de precepto dicti Seffrie, ut
apparet per quictanciam, tradidit   x s.

Item, xj die tertia mensis maii, tradidit supradicto Seffrie, ut per suam apparet cedulam, pro servicio, ut dicit,
per eum facto in taxacione reparacionum supradic-
tarum,   x l.

Item, eadem die, ipsi Seffrie, pro tradendo magistro
Jacobo du Tertre, qui in taxacione dictarum reparacionum, tanquam commissarius, laboraverat, prout apparet
per suam cedulam, sex salutos valentes   viij l. xv s. vj d.

Item pro centum et tredecim bucellis frumenti emptis
dicto tempore durante pro prisonariis existentibus in
carceribus dicti domini episcopi, quolibet bucello valente iiij s. vj d., valent in somma   xxv l. viij s. vj d.

Item pro coitura lxxiij bucellorum frumenti predicti,   xxxvj s. vj d.

(1) C'était un point important à régler pour qu'on sût dans quel
état Guill. de Duremort avait trouvé l'évêché et ce qu'il y avait à réclamer de l'évêque défunt.

Item pro dimidio centum straminis pro dictis prisonariis,   v s.

Item pro defferratura et inhumacione Colini Le Poi-
tevin qui in carceribus iiij[a] die januarii iiij[c]xxxix obi-
erat   vij s. vj d.

Item pro quatuor potis vini presentatis dominis de
Scales (1) et baillivo de Constantino (2) ex parte
domini   xyiij s.

Item pour certaines mises et despenses faictes par mes-
sire Nichole La Vielle, de commandement de maistre
Jehan Seffrie, poyé audit messire
Nichole La Vielle,   xxj l. vj s, vj d. (3).

Item pro expensis dicti Sigilliferi euntis, de mandato
dicti reverendi in Christo patris Rothomagensis, cum
gentibus Statuum (4) et pro expensis clerici sui et equorum suorum et famuli qui equos reduxit et salario ejusdem famuli,   x l.

Item à maistre Guillaume d'Auberive, vicaire de
mondit s[r], auquel n'avoit esté contey que l l. par maistre
Jehan Lamy, l'an de son compte, obstant ce que ledit
d'Auberive n'avoit pas continuellement exercé ledit office,
oultre ladite somme de l l., payé   xx s.

Item audit J. De Sauls pour ses gaiges depuis le xviij[e]
jour de juing mil IIII[c] XL jusques auquel jour j'ay
compté mes gaiges dudit précédent jusques ad ce xxv[e]
jour de septembre mil IIII[c] XLI, auquel temps a

(1) Thomas de Scales, chevalier, sénéchal de Normandie.
(2) Hugues Spencer.
(3) Ce Nicolas La Vielle fut *mesnagier* (ou économe) pour l'évêque
à Coutances de 1432 à 1439. Il devint curé de la Ventelée. (Toustain de Billy, *Hist. ecclésiastique du diocèse de Coutances*, t. I,
p. 255.)
(4) Allusion à une assemblée des Etats de Normandie.

xv moys, au pris de iiijxx l. par an,   c l.
    Item pour la façon de ce present compte,   xxx s.

(Pas de signatures.)

PETRUS Dei gracia, Lexoviensis, et PASQUERIUS,
Ebroicensis episcopi; ANDREAS Marguerie, archidiaconus Parvi Caleti in ecclesia Rothomagensi, et SIMON
de Plumetot, cancellarius Baiocensis, in legibus licenciati, — judices seu commissarii in hac parte per Reverendum in Christo patrem dominum Egidium, eadem
gracia, episcopum Constanciensem, cum illa clausula :
ipsis aut tribus ipsorum, etc., in suis commissionis licteris lacius descripta licteratorie et specialiter commissi
et deputati, — Universis et singulis presentes licteras seu
presens publicum instrumentum inspecturis, visuris, lec-
turis et audituris, salutem in Domino. — Notum facimus
quod, cum alias, videlicet fluxis nunc novem mensibus,
venerabilis vir magister Guillermus de Albarippa, decretorum doctor, archidiachonus de Baptesyo in dicta
Constanciensi ecclesia, de et super nonnullis excessibus,
criminibus et delictis, eciam crimen lese-majestatis, ut a
nonnullis dicebatur et sibi imponebatur, sapientibus,
delatus, auctoritate justicie secularis arrestatus fuisset et
longa per tempora, tam de ordinacione illustris domini
domini comitis de Sommerset, domini nostri regis
locumtenentis generalis, quam alias, apud castrum de
Hambye et alibi prisionarius atque sub arresto detentus,
dictusque Reverendus pater dominus Constanciensis
episcopus eundem magistrum Guillermum, tanquam

suum justiciabilem et subditum, sibi tradi et restitui pu-
niendum et corrigendum, prout juris foret et racionis in
forma juris et alias, peciisset et requisivisset, prout et
quemadmodum ipsi Reverendo patri per eundem dominum comitem ac de ejus restitucione et mandato restitutus fuisset, ipseque Reverendus pater, post hujusmodi
restitucionem sub arresto, eundem de Albarippa deti-
nuisset et detineri fecisset, et postmodum ad presentem
villam et civitatem Rothomagensem, que sue residencie
locus est et esse dignoscitur, ubi clericorum peritorum et
praticorum copiosior adest multitudo, pro causa ejusdem
de Albarippa, que grandis erat, securius et maturius
tractanda, decidenda et terminanda, per suas licteras ad
certam diem, nunc lapsam, cum caucione sufficienti per
ipsum de Albarippa coram eodem Reverendo patre aut
suis in illa parte commissariis data et prestita, eundem de
Albarippa venire et comparere mandasset, prout et ipse
de Albarippa ad jus comparuisset, pro qua quidem causa,
sic in presenti civitate Rothomagensi premissis de causis
tractanda et decidenda atque fine debito terminanda, ipse
Reverendus pater dominus episcopus Constanciensis a
Reverendissimo in Christo patre et domino domino Ludovico de Lucemburgo, Dei gracia Rothomagensi archiepiscopo et Francie cancellario, territorium ad hec exequenda et peragenda sibi accomodari peciisset et obti-
nuisset sub his verbis: — LUDOVICUS de Lucemburgo,
Dei gracia Rothomagensis archiepiscopus et Francie cancellarius, venerabili fratri nostro Egidio, eadem gracia
Constanciensi episcopo, suffraganeo nostro, salutem in omnium autore Domino nostro IHU Christo. Vestra nobis
fraternitas exposuit quod, cum magister Guillermus de
Albarippa, decretorum doctor et archidyaconus de Baptesyo in vestra Constanciensi ecclesia super nonnullis

excessibus crimen lese-majestatis sapientibus et concernentibus atque aliis, velut de hiis suspectus, coram vobis delatus fuerit, de hiis et inde deppendiciis per vos vel alium seu alios ad hoc specialiter commitendos, cognoscere, decidere et determinare in hac nostra Rothomagensi civitate, in qua major quam in predicta Constanciensi vestra civitate peritorum copia facilius invenitur, de nostri tamen licencia et auctoritate desideratis, locum et territorium ad hec exequenda deposcentes, Hinc est quod, vestre fraternitatis peticione actenta, ut que premictuntur facere valeatis per vos aut, vobis prepeditis, per venerabiles fratres nostros Petrum, Lexoviensem, et Pasquerium, Ebroicensem episcopos, suffraganeos nostros, necnon venerabiles viros magistros Andream Marguerie, archidiachonum Parvi Caleti in ecclesia nostra Rothomagensi, atque Symonem de Plumetot, cancellarium Baiocensem, jurisperitos, domini nostri regis consiliarios, et Robertum Barberii, in utroque jure licenciatum, canonicum Rothomagensem, si vestram super hiis commissionem sponte sua, cessante quacunque coactione, succipere voluerint, domum scilicet quam in parrochia S⟦t⟧ Vincencii Rothomagensis inhabitatis, pro loco, de gracia speciali et pro hac causa duntaxat, concedimus, potestatem tamen testes in nostris civitate et diocesi de Rothomagensi citandi penes nos aut officialem nostrum expresse retinentes, et salvis in omnibus juribus, privilegiis, libertatibus et preeminenciis nostris ac nostre dignitatis archiepiscopalis. Datum Rothomagi, sub sigillo camere nostre, anno Domini M° cccc⟦mo⟧ quadragesimo, die decima-sexta mensis septembris. Sic signatum : R. Guerouldi. — Et quia ipse Reverendus pater, certa infirmitate detentus ac indispositus, circa hujusmodi cause cognicionem et decisionem vacare non valebat seu poterat, in sui succursum et subsidium,

ad ipsius cause cognicionem, decisionem et totalem determinacionem, cum potestate et auctoritate ad hoc requi-
sitis, nos commisisset licterasque suas commissorias nobis
porrexisset et tradidisset seu presentari fecisset sub hiis
que secuntur verbis : — Egidius, miseracione divina
episcopus Constanciensis, universis presentes licteras inspecturis salutem in Domino. Quoniam cognicioni et
decisioni cujusdam cause coram nobis in et adversus magistrum Guillermum de Albarippa, decretorum doctorem,
archidiachonum de Baptesyo in ecclesia nostra Constanciensi, justiciabilem et subditum nostrum, tanquam super
quibusdam excessibus crimen lese-majestatis sapientibus
et concernentibus, ut dicitur, suspectum, coram nobis
delatum et per officiarios domini nostri regis nobis tra-
ditum et restitutum sic oneratum, nunc prisionarium
nostrum, moveri sperate, pluribus nostris et ecclesie nostre
prepediti negociis, necnon pro nunc infirmitate causante
de membris nostris, quanquam eundem magistrum Guillermum et ipsam causam de dicta nostra Constanciensi
diocesi ad nos et presentem civitatem Rothomagensem,
ubi litteratorum et peritorum virorum multitudo copiosior habundat, venire fecerimus et evocaverimus, pro qua
causa deducenda et decidenda a Reverendissimo in Christo
patre et domino domino Ludovico de Lucemburgo, Dei
gracia Rothomagensi archiepiscopo et Francie cancellario,
territorium jam, sui gracia et liberalitate, graciose, salvis
suis et sue dignitatis archiepiscopalis juribus et preeminenciis, nobis concessum pecierimus et accommodaveri-
mus, videlicet domum quam in parrochia Sancti Vincencii Rothomagensis inhabitamus, non possumus neque
valemus, considerantes et actendentes materiam hujusmodi grandem et magni ponderis existere et inter ac per
magnos doctores, gnaros et licteratos, tractari debere. Re-

verendos in Christo patres et dominos dominos Petrum,
Lexoviensem, et Pasquerium, Ebroicensem episcopos,
necnon venerabiles et circumspectos viros magistros Andream Marguerie, archidiachonum Parvi Caleti in ecclesia
Rothomagensi, Symonem de Plumetot, cancellarium
Baiocensem, jurisperitos, serenissimi et illustrissimi principis et domini domini Henrici, Dei gracia Francorum
et Anglie regis, consiliarios, atque magistrum Robertum
Barberii, canonicum Rothomagensem, in utroque jure
licenciatum, in juris atque persone nostre sic infirmitate
detente et indisposite subsidium et succursum, requirimus
et rogamus quatinus de hujusmodi causis suisque dep-
pendenciis et connexis, prout in Domino viderent expe-
dire, nomine nostro et pro nobis, cognoscere, decidere et
determinare dignarentur et vellent, cui nostre requisicioni
et supplicacioni suum prebuerunt benigniter assensum
pariter et consensum. Notum igitur facimus quod, de
paternitatibus et solicitis studiis ipsorum Reverendorum
patrum dominorum Lexoviensis et Ebroicensis episcoporum atque periciis, probitatibus et scienciis prenomina-
torum magistrorum in Domino confisi, ipsis aut tribus
ipsorum quoad cognicionem, decisionem et totalem expedicionem et determinacionem hujusmodi cause, sic coram
nobis mote seu moveri sperate, vices nostras commisimus et commictimus per presentes, donec eas ad nos
duxerimus revocandas, dantes eis et eorum tribus potestatem et auctoritatem ipsum nostrum justiciabilem pu-
niendi ac ei penas, multas, juxta qualitatem et quantita-
tem excessuum quibus ipsum culpabilem et diffamatum
invenerint, indicendi ac eum ab eis relaxandi, expediendi
et absolvendi ac penitus et totaliter expediendi (*sic*) et
super hiis sentencias, tam interlocutorias quam diffini-
tivas, ferendi et promulgandi, ceteraque faciendi que ad

et circa premissa neccessaria fuerint seu eciam opportuna,
eciam si majora fuerint superius expressatis, et que nos
faceremus et facere possemus, si presentes interessemus ;
promictentes bona fide nos ratum et gratum atque firmum
habere et perpetuo habituros totum id et quicquid per
prefatos Reverendos patres Dominos et magistros nostros
in hac parte commissarios, aut tres ipsorum actum rite
fuerit in premissis seu quomodolibet gestum, sub nostrorum dicteque nostre ecclesie bonorum obligacione quo-
rumcunque. Quocirca omnibus et singulis subditis nostris, districte precipiendo, mandamus aliosque rogamus
quatinus eisdem Reverendis patribus et dominis, commissariis nostris in hac parte, in premissis pareant, obediant
efficaciter et intendant. In cujus rei testimonium sigillum
nostrum magnum presentibus licteris duximus apponendum. Actum et datum anno Domini M° CCCC^{mo} quadragesimo die decima octava mensis septembris ; — et
insuper ut tantorum patrum ac dominorum vexacio re-
dimatur, causam predictam uni vel duobus ex ipsis in
singulis terminis et actibus judicialibus usque ad diffi-
nitiam sentenciam exclusive cognoscendi et expediendi
commisimus et tenore presencium commictimus. Datum
ut supra. Sic signatum : L. Jolis. — Et ulterius per alias
suas litteras discretum virum dominum Socium Votes,
presbiterum, pro et nomine officii sui, ad comparendum
in judicio contra eundem magistrum Guillermum de
Albarippa sic prisionarium, dictis criminibus, excessibus
et delictis apud eum et alias delatum, ipsumque accusan-
dum et faciendum in negocio quod juris esset et racionis,
constituisset et ordinasset. — Virtute quorum omnium
premissorum coram nobis ad jus comparuissent personaliter partes, ipse videlicet promotor, actor in ipsa causa,

ex una, dictus vero magister Guillermus de Albarippa, reus seu deffendens, partibus ex alia.

APERTA autem eidem magistro Guillermo, prisionario, sic ut predicitur, delato, via justicie, instantibus ipsis partibus decrevissemus et ordinassemus nobilem virum Hugonem Spencier (1), baillivum de Constantino seu ejus locum tenentem generalem, atque Rogerum de Campo Rotundo, procuratorem regium ibidem institutum, omnesque alios et singulos quorum interesse posset, in forma juris, ad certos dies nunc elapsos, videlicet ad diem jovis post festum Omnium Sanctorum pro prima citacione, ad diem jovis post festum hyemale Sancti Martini pro secunda citacione, et ad diem jovis post festum Sancti Andree, apostoli, pro tercia, peremptoria et ultima citacione, citari et evocari ad eorum personas atque domicilia vel generaliter in ecclesia cathedrali Constanciensi, prout citati fuissent et evocati, videlicet ad comparendum coram nobis, auctoritate predicta, per se aut eorum procuratores in domo habitacionis dicti Reverendi patris domini Constanciensis episcopi, sicut predicitur, per prefatum dominum Rothomagensem archiepiscopum pro territorio sibi graciosse (sic) concesso et accommodato, dicturos, proposituros et allegaturos, si sua crediderint interesse, causam seu causas, si quam vel quas dicere, proponere aut allegare vellent per modum accusacionis, denunciacionis aut alias quominus ad ipsius prisonarii expedicionem et deliberacionem procedere deberetur.

QUI QUIDEM baillivus et procurator, sic ad premissa

(1) Plutôt homme de guerre que de justice. Dans l'état des capitaines au service du roi Henri VI, de la Saint-Michel 1433 à la Saint-Michel 1434 : « Saynlow (Saint-Lô). Hugo Spencer, armiger famosus habens iiij lanceas equestres, viiij pedestres et vj archiers ». Jor. Stevenson, *Wars of the English in France*, vol. II, p. 544.

citati et evocati, earumdem nostrarum executori respon-
derunt, videlicet dictus baillivus quod ipse nunquam vi-
derat nec percipere potuerat in dicto magistro Guillermo
quin ipse esset bonus et fidelis domino nostro regi, et
quod, si oppositum reperiisset esse, fecisset de ipso magistro Guillermo justiciam, et ob hoc non intendebat
comparere coram nobis dictis diebus, nec se opponere de-
liberacioni ejusdem magistri Guillermi. Dictus vero procurator domini nostri regis responderat quod ipse credebat
prefatum magistrum Guillermum de Abbarippa fuisse
et esse semper bonum et fidelem domino nostro regi et
quod nichil intendebat dicere aut facere contra eum aut
ejus expedicionem nec coram nobis dictis diebus comparere.

AD QUAS SIQUIDEM dies prefati baillivus et procurator aut
aliquis alius, qui aliquid contra expedicionem seu deliberacionem ejusdem prisionarii dicere aut allegare vel proponere vellent[non] comparuerunt aut comparuit, quam-
vis debite citati, vocati et expectati fuissent. Quare, ad instanciam dictarum parcium, ipsarum dierum qualibet trina
vice, ipsos et eorum quemlibet contumaces reputassemus.
IN QUORUM QUIDEM sic citatorum et evocatorum contumatus
dictus promotor coram nobis, per modum inquisicionis
contra eundem reum seu deffendentem, suam peticionem
sive articulos, concludendo, edidisset tradidisset et for-
masset, dicendo et proponendo quod, nedum de jure
solum, ymo eciam de usu et consuetudine Normannie in
jus versis ac a tali et tanto tempore observatis quod non
erat memoria in contrarium, omnes singule persone,
cujuscunque status, gradus, condicionis, preeminencie
vel ordinacionis existant, in provincia et ducatu Normannie residentes, fidelitatem servare et se innocuos in
omnibus et fideles in consilio et secretis principis exhibere,

nec aliquid incommodum contra ipsum aut ejus subditos procurare vel ejus inimicis consilium vel juvamen; et qui ex hoc inventi essent culpabiles, ex causa manifesta, notabiles traditores principis reputabantur et reputari debebant, et eorum possessiones et bona confiscari et alias puniri consueverant, si super hiis convicti essent.

Item quod, licet ipse magister Guillermus premissa sciret scireque posset et deberet vera esse, nichilominus ipse magister Guillermus de Albarippa, qui a quindecim annis citra in villa Constanciensi, subdita domini nostri regis ducis Normannie, tanquam vicarius et officialis domini episcopi Constanciensis, residet in prefato ducatu, pluries in et contra fidelitatem ab eo ipsi domino nostro regi debitam et consuetudinem prefatam temere veniendo, fecerat et actemptaverat, et primo : cum a dicto tempore quidam brigandus nuncupatus Laignelet, adversarius dicti domini nostri regis carceres regios dicti loci Constanciensis fregisset ecclesiamque Cathedralem Constanciensem, tanquam locum immunitatis, intrasset, ipse reus, per se aut quendam suum factorem, commensalem, familiarem et domesticum, nuncupatum Michaelem Fabri, eidem brigando consilium, auxilium et favorem, salva ejus reverencia, prebuerat ut exiret dictam ecclesiam (*sic*), et tandem eum clandestine villam et ecclesiam exire fecerat et procuraverat, taliter adversarios domini nostri regis in suis maleficiis fovendo et sustinendo et eis non modice adherendo et favorisando ; et hoc fuerat et erat notorium.

Item et quod ipse magister Guillermus de Albarippa, in et contra fidelitatem predictam actemptando, licteras rogatorias officialis Macloviensis, tunc adversarii dicti principis, pro subditis hujusmodi domini ibidem citandis et conveniendis, videlicet Henrico Monachi et pluribus aliis, ejusdem Constanciensis diocesis, receperat, ac mandatum, annexum dictis licteris rogatoriis de exequendo, eisdem adversariis tribuerat et indulserat, plerumque cum aliquibus adversariis seu rebellibus in eodem loco Macloviensi residentibus, et presertim cuidam Johanni Johannis aliqua dicti principis subditis prejudiciabilia et in scriptis et verbotenus miserat et nunciaverat, puta ne ipse Johannes cuidam Hyou Le Boutillier, subdito dicti principis, quasdam licteras de quibusdam hereditagiis traderet et concederet ; et hoc fuerat et erat notorium.

Item quod, ex alio capite, plurimum actemptaverat : nam in manerio episcopali Constanciensi sepe, et de post rebellionem seu subversionem civitatis Parisiensis, quamplures nuncios de hujusmodi civitate Constanciensi et obediencia adversa, tam a parte nepotum domini Philiberti de Montejoco, Constanciensis episcopi, quam alios eidem magistro Guillermo missos clam receperat, cellaverat et detinuerat, eis et cuilibet eorum magnas auri et peccunie summas pro dictis nepotibus tradendo, deliberando et expediendo, et signanter cuidam religioso ordinis fratrum Heremitarum ordinis Augustiensis, nuncupato le Coiffié ; et hoc fuerat et erat notorium.

Item, licet similiter sciret et scire posset prefatum dominum nostrum regem ordinasse, voluisse et velle se et suos subditos parere et obedire Sanctissimo in Christo patri et domino nostro domino Eugenio, divina providencia pape quarto, nullasque licteras a concilio Basiliensi procedentes in suo dominio, absque licencia ejusdem aut dominorum suorum officiariorum, recipi vel exequi, nichilominus ipse magister Guillermus nuper, contra ordinacionem et voluntatem hujusmodi directe veniens, et eidem domino nostro regi inobedientem se exhibens et rebellem, absque hujus(modi) domini nostri regis aut officiariorum suorum licencia, certas licteras a predicto concilio Basiliensi emanatas receperat, quas in capitulo Constanciensi publice porrexerat et exhibuerat, ipsarum lecturam in dicto capitulo requirendo, per quas quidem licteras a dicto concilio emanatas dixerat, asseruerat, clamitaverat et vociferaverat ipsum concilium privasse prefatum dominum papam Eugenium a sua papali dignitate et eum excommunicasse, ex quibus et propter que magnum scandalum in dicto capitulo et civitate Constanciensi, inter bonos et graves tunc prodierat et viguerat, in hoc non modice delinquendo, excedendo et actemptando ; et hoc fuerat et erat notorium.

Item quoque quod predictus de Albarippa, contra juramentum fidelitatis hujusmodi veniendo, absque licentia, scripsit seu scribi fecerat ac nuncios miserat in civitate Lingonensi, postquam a confederacione dicti domini nostri regis habitantes in eadem et partibus circumvicinis se subtraxerant, et signanter ad quendam magistrum Johannem de Saint Moris ; et hoc fuerat et erat notorium.

Item quod ipse reus, tanquam suspectus de premissis, fuerat nuper in castro de Hambeya per illustrissimum principem et dominum Johannem comitem de Sommerset, ipsius domini nostri regis locumtenentem generalem, prisionarius arrestatus, et tandem dicto domino episcopo Constanciensi et ejus juridictioni, prout jus erat, per eum aut de ejus mandato et ordinacione restitutus, quemadmodum in tenore remissionis hujusmodi lacius continebatur, propter que principaliter ipse dominus episcopus fuerat et erat motus presentem processum per viam inquisicionis contra ipsum magistrum Guillermum deducere, defficientibus pro nunc accusatoribus seu denunciatoribus.

Item quod ipse magister Guillermus in premissis omnibus et singulis non modice delinquerat et actemp-

taverat in et adversus serenissimum et illustrissimum
principem dominum Henricum, Francie et Anglie
regem, ducatum Normannie habentem et possidentem,
in et contra fidelitatem de qua in primo articulo fit
mencio, veneratque et erat dictus magister puniendus et
corrigendus juxta canonicas sanctiones. Item quod premissa omnia et singula vera erant, notoria et manifesta
et ea vera esse confessus fuerat dictus reus pluries coram
pluribus et fide dignis; atque super premissis fuerat et
erat publica vox et fama.

Quare peciisset et supplicasset dictus promotor, facta
nobis fide de premissis seu aliquo premissorum, sibi suf-
ficienter pronunciari per nos, declarari pariter et decerni
ipsum magistrum Guillermum graviter in premissis de-
linquisse et actemptasse, indeque puniri et corrigi debere
juxta canonicas sanctiones, et ulterius statui et decerni
quidquid juris esset et racionis.

Lite igitur super premissis a parte dicti rei videlicet
super eorumdem articulorum aliquibus affirmative, super
aliis vero et potissime secundo, quarto et sexto, negative
contestata, altercataque inter ipsas partes qualiter seu quomodo esset in negocio ulterius procedendum, petitoque
ab eodem promotore utrum super articulis per prefatum
reum seu deffendentem negatis testes producere et ulterius probare vellet, qui ad hoc respondisset quod, si ipse
reus super hoc purgacionem in se recipere volebat et vellet,
absque ulterius probacione ad hoc per nos admicteretur,
ipse de hoc erat contentus, ad quod pro parte dicti rei res-
ponsum fuisset quod, licet de jure non esset purgacio in-
dicenda, cum super illis non esset quomodolibet diffa-
matus, nichilominus tamen, ad majorem expedicionem
processus, si nobis placeret, erat se purgare paratus.

Quare, post plura hinc inde altercata, ipsum reum seu

deffendentem cum sexta manu in forma juris se purgare
indixissemus et ordinassemus, licteras citatorias ac alias
quales sibi de jure licebat et quibus indigebat decer-
nendo et sibi concedendo, quam purgacionem facere
recepisset et se obtulisset, et ad ipsam faciendam sex testes
notabiles coram nobis ad se purgandum, in forma juris,
modo premisso, ad certam diem inde sequentem nunc
elapsam, citari et evocari fecisset et procurasset, videlicet
venerabilem patrem dominum Johannem, abbatem
Sancti Wandregisili, ordinis Sancti Benedicti, Rothomagensis diocesis, et honestum virum dominum Guillermum, priorem Sancti Laudi Rothomagensis; magistrum
Johannem Basseti, cantorem, in decretis licenciatum;
Radulfum Rousselli, thesaurarium ecclesie Rothomagensis, utriusque juris doctorem; Johannem de Lenisso-
liis et Thomam Fortin, presbiteros, in decretis licen-
ciatos.

In quorum presencia prefatum reum in et super eisdem articulis negatis, videlicet secundo, quarto et sexto
ipsis prius sibi lectis et expositis ad racionem posuimus
qui, medio juramento coram nobis corporaliter prestito,
jurasset et asseruisset contenta in ipsis articulis minime
commisisse, prefatis testibus sive compurgatoribus post
hec asserentibus et credentibus ipsum reum seu deffendentem veritatem dixisse et jurasse; quare, in negocio et
causa hujusmodi, de consensu dictarum parcium conclu-
sissemus, prout et pro concluso habuissemus et habemus,
eisdem partibus diem lune post festum Sancte Lucie Virginis, ad audiendum jus seu sentenciam nostram diffinitivam in et super premissis a nobis et per nos fieri et
reddi in presenti causa, ulteriusque faciendum quod juris
esset, assignando.

Tandem, anno Domini millesimo quadringentesimo

quadragesimo, indicione quarta, mensis vero decembris
die decima nona, pontificatus Sanctissimi in Christo
patris ac domini nostri domini Eugenii, divina providencia pape quarti anno decimo, comparentibus personaliter in judicio coram nobis dictis actore, ex una, et
reo seu deffendente, partibus ex alia, nostram sentenciam
diffinitivam in et super premissis per nos ferendam audire paratis et volentibus atque petentibus et supplican-
tibus, ulteriusque per nos fieri quid juris esset et racionis,
ad quorum peticiones et supplicaciones, viso processu in
presenti causa, ut premittitur, agitato, aliisque de jure
videndis et supplendis, Deum solum pre oculis habentes,
de jurisperitorum consilio, nostram sentenciam diffinitivam inter ipsas partes in et super premissis protu-
limus in hunc qui sequitur modum :

CHRISTI nomine invocato, cognito per nos Petrum, Dei
gracia, Lexoviensem, et Pasquerium, Ebroicensem episcopos, Andream Marguerie, archidiaconum Parvi Caleti
in ecclesia Rothomagensi, Symonem de Plumetot, cancellarium Baiocensem, et Robertum Barberii, canonicum
Rothomagensem, judices seu commissarios in hac parte
per Reverendum in Christo patrem dominum Egidium,
eadem gracia Constanciensem episcopum, cum illa clausula : ipsis aut tribus ipsorum etc. licteratorie et specialiter commissos et deputatos de quadam causa inquisicionis mota et pendente coram nobis, auctoritate et vice
ejusdem Reverendi patris domini Constanciensis episcopi,
inter discretum virum dominum Socium Votes, presbiterum, in eadem causa, per eundem dominum Constan-
ciencem episcopum, promotorem commissum et deputatum, ex una, et magistrum Guillermum de Albarippa,
decretorum doctorem, archidiachonum de Baptesyo in sua
Constanciensi ecclesia, super nonnullis excessibus, crimi-

nibus et delictis, etiam crimen lese-majestatis, ut dicebatur, sapientibus et concernentibus, apud eundem dominum Constanciensem et alias, fama publica refferente,
delatum, ac eidem per nobilem et potentem virum dominum dominum comitem de Sommerset, domini nostri
regis locumtenentem generalem, sive de ejus ordinacione et mandato, post certum arrestum de ipsius magistri Guillermi persona factum, sicut licteratorie edoc-
tum est, tanquam suum justiciabilem restitutum, ejusdem
Reverendi patris domini Constanciensis episcopi prisionarium elargitum, partibus ex alia, Nos antedicti episcopi, Marguerie et Plumetot, dicto magistro Roberto
Barberii, causa infirmitatis absente, diligenter visis et
actentis hujusmodi restitucione, necnon responsionibus
baillivi Constanciensis atque procuratoris regii ibidem
constituti, necnon articulis ipsius promotoris contra eum
objectis atque liticontestacione ad ipsos articulos respon-
dendo per eundem prisionarium facta, purgacioneque
super negatis sibi per nos judices contumaciis in presenti
processu habitis et obtentis, aliisque de jure videndis et
supplendis que nos et quenquam nostrum movere potuerunt, et communicato nobis peritorum consilio, Deum
solum pre oculis habentes, per hanc nostram sentenciam
diffinitivam, quam, vice et nomine dicti Reverendi patris
domini Constanciencis episcopi, pro tribunali sedentes, in
hiis ferimus scriptis : Guillermum prisionarium ab inpe-
ticione ejusdem promotoris absolvimus, ipsum a carceribus, tanquam super sibi impositis inculpabilem penitus
et innocentem, cum suis fidejussoribus et caucionibus per
eum datis, expediendum liberantes, expensas remictentes,
et ex causa.

In quorum omnium et singulorum fidem et testimonium
premissorum, presentes licteras per notarium publicum

infra scriptum signari et subscribi mandamus, sigillumque
domini Reverendi Patris domini episcopi Constanciensis
eisdem est appensum. Actum et datum sub anno, indictione, mense et diebus predictis, in domo habitacionis
prefati Reverendi patris episcopi Constanciencis sita in
parrochia Sancti Vincencii Rothomagensis, presentibus
venerabilibus et circumspectis viris magistris Gauffrido
de Crotayo, Laurencio de Busco (1), Thoma Josselin, advocatis curie archiepiscopalis Rothomagensis, et Thoma
Fortin, Guillermo de Barra, jurisperitis, Thoma Bre-
branchon et Nicolao Bertin (2), presbiteris, testibus cum
pluribus ibidem adstantibus ad hec vocatis et rogatis.

Marque du   Et Ego Robertus Guerouldi (3),
notaire apostolique.   presbiter Rothomagensis , publicus apostolica et imperiali aucto-
ritatibus, curieque archiepiscopalis Rothomagensis juratus nota-
rius atque cause hujusmodi coram prefatis dominis
judicibus sive commissariis scriba, sentencie diffinitive
hujusmodi, probacioni sive pronunciacioni ceterisque premissis omnibus et singulis dum sic, ut superscribuntur,
agerentur et fierent per dictos dominos judices sive commissarios et coram eis, unacum prenominatis testibus,
presens fui, atque sic fieri vidi et audivi, per has presentes
licteras sive hoc presens publicum instrumentum hujusmodi sentenciam diffinitivam in se continentes sive
continens, hoc signo meo solito et consueto unacum
sigilli domini Reverendi patris appentione, me hic manu

(1) Geoffroy Du Crotay et Laurent Du Busc assistèrent au procès
de condamnation de la Pucelle.

(2) Même remarque en ce qui concerne Nicolas Bertin.

(3) Robert Guerould fut pendant plusieurs années secrétaire du
chapitre de Rouen et rédigea les délibérations capitulaires.

propria subscribente, signavi, requisitus et rogatus, in testimonium premissorum.

Sceau de l'évêque perdu.

ACTE CONSTATANT LA REMISE FAITE, PAR ORDRE DE SOM-
MERSET, DE LA PERSONNE DE GUILLAUME D'AUBERIVE,
AUX OFFICIERS DE L'ÉVÊQUE DE COUTANCES (9 AOUT
1440).

Universis presentes litteras inspecturis et audituris salutem in Domino. Notum facimus quod, anno Domini
millesimo quadringentesimo quadragesimo, die nona
mensis augusti, venerabilis et discretus vir dominus
Johannes Pesnot, presbiter, curatus ecclesie parrochialis
Sancti Albini de Nemoribus (1), Constanciensis diocesis,
commorans in castro de Hambeya receptorque reddi-
tuum ejusdem castri pro potentissimo domino domino
comite de Sommerset, coram nobis personaliter constitutus, asseruit se nuper, in absencia nobilis viri Thome
Browe, scutiferi, locum tenentis dicti castri, quasdam litteras clausas, a dicto domino comite signoque manuali
ipsius domini comitis signatas, recepisse, quibus manda-
batur venerabilem et circumspectum virum magistrum
Guillermum de Albarippa, decretorum doctorem, canonicum ecclesie Constanciensis et archidiaconum de Baptesio in eadem ecclesia Constanciensi, in dicto castro per
certum temporis spacium ex ordinacione dicti domini
comitis detentum, gentibus seu officiariis Reverendi in
Christo patris ac domini domini Egidii, miseracione

______

(1) Saint-Aubin-des-Bois, canton de Saint-Sever (Calvados).

242

divina Constanciensis episcopi, tradi et expediri manda-
batur ; qua de causa ipse dominus Johannes Pesnot, dictis litteris obedire cupiens, eundem archidiaconum,
quem secum de predicto castro ad civitatem Constanciensem adduxerat, in manibus nostris reposuit, quem
sic repositum et per nos susceptum arrestavimus in clausura civitatis Constanciensis donec alias per venerabilem
et discretum virum magistrum Radulphum d'Argouges,
officialem Constanciensem apud Valonias aut alias (sic)
per ipsum deputandum, virtute ejusdem mandati super
hoc a dicto Reverendo, in Christo patre emanati, de sua
disponeretur personâ. Quod omnibus et singulis quorum interest seu interesse potest certificamus per presentes, in cujus rei testimonium sigillum curie nostre
his presentibus duximus apponendum. Datum Constanciis, anno et die predictis. — Crispy xii d.

Sceau de l'officialité perdu.

Premièrement.

Recepte.

Le lundi, ixe jour de novembre, pour aler à Paris par
devers Monsieur de Bethefort, poursuir ledit congié
d'eslire, par la main du prieur de St Gervais (1) qu'il
presta audit couvent,   xij l.

Autre recepte faite par moy pour aler à Vernon pour impétrer ledit congié.

Le mercredi, ixe jour de décembre, de l'omosnier,
lesquiex il presta au couvent la somme de   vj l.

Ce jour, semblablement, du trésorier et du chantre,

----

(1) Baronnie de Saint-Gervais, aux faubourgs de Rouen, siège
d'un important prieuré dépendant de l'abbaye de Fécamp.

de chacun c s., qui valent x l., desquiex je n'ay receu
que   viij l. viij s. viij d.

Du dit prieur de St Gervais,   lx s.
Du Culerier (1),   xl l.
Dudit Culerier, le ij^e jour de janvier,   c l.

Despence faicte par moy sur la dicte recepte.

Premièrement.

Le lundi, ixe jour de novembre, pour le vidimus du
patent fait à la viconté de Rouen,   vij s. ij d.

Item, ce jour, pour une voicture qui mena ij poincons
plains d'escriptures de Rouen à Fescamp, à eulx baillié
en rabatant de v s. quilz devoient gaingnier, xxij s. vj d.

Item, pour le vin aux portiers de Rouen qui ouvrirent
la porte à xj heures pour ce qu'elle estoit fermée, à eulx
baillié,   xvj d.

Item, pour notre disner à Rouen,   vj s. iiij d.

Ce jour, après disner à Fleury (2),   vj s.

Item, au souper et à coucher à Escouyez (3),   xj s.

Le mardi ensuivant, à disner à Maigny (4), vj s. iiij d.

Ce jour, au souper à Villeneuve (5),   xij s.

Le mercredi ensuivant, xj^e jour dudit mois de novembre, à disner à Pontoise,   vij s. ij d.

Item, ce jour, à St Denis, pour repaistre,   vij s. ij d.

Item, ce jour, pour j cheval loué depuis Pontoise jusques à St Denis,   v s.

(1) Jean Le Cullerier, receveur ordonné et commis par Henri V
à recevoir le revenu de l'abbaye le 8 septembre 1420. Sa commission fut renouvelée le 1er juillet 1422.

(2) Fleury-sur-Andelle, arrondissement des Andelys (Eure).

(3) Ecouis, arrondissement des Andelys (Eure).

(4) Magny-en-Vexin, arrondissement de Mantes (Seine-et-Oise).

(5) Villeneuve-en-Chevrie, arrondissement de Mantes (Seine-
et-Oise).

Item, ce jour, à Paris, pour une paire de souliers, pour notre varlet, v s.

Item, pour unes semelles à mes souliers, ij s. viij d.

Item, ce jour, au souper, pour pain, xviij d.

Item, pour iij pintes de vin, ij s. vj d.

Item, pour mellens et harens, ij s. ij d.

Pour œufs, x d.

Pour burre, v d.

Pour vj fagos et iiij bourrées, ij s. j d.

Pour demi-livre de chandelle, xij d.

Le xij^e jour ensuivant, que maistre Guillaume Euvrye et maistre Nicole Le Masle dignèrent avec nous, pour j xij^e de petit pain, iij s.

Pour vin, ij s. vj d.

Pour une pomme de choux, v d.

Pour beuf et mouton, pour tout le jour, vj s. x d.

Pour j xij^e d'alouetes à disner, ij s. ix d.

Pour lart à faire tesmoings (1), xvj d.

Pour buche, xij d.

Item, ce jour, au souper où furent lesditz maistres G. Euvrye et N. Le Masle, qui furent aveques nous à Monsieur de Bethefort, pour un xij^e d'alouetes, ij s. vj d.

Pour lart à faire tesmoings, xij d.

Pour saffren à jaunir le haricot, iiij d.

Pour poires d'angoisse, ij d.

Pour pouldre le duc à mettre dessus, iiij d.

Pour bourrées et fagos, xx d.

Pour trois pos de vin, v s.

Pour demi l. de chandelle. x d.

Le vendredi ensuivant, xiij^e jour de novembre, à disner où furent maistre Guillaume Euvrie, procureur de la

____

(1) *Témoins* dans le sens de lardons est difficile à expliquer.

Nacion de Normandie, maistre Nicole Le Masle, le
bedeau de la Nacion qui assemblèrent la Nacion de Normandie pour notre besoingne,

Pour pois,	viij d.
Pour j xij⁰ de petit pain,	iij s.
Pour buche,	xx d.
Pour harens sors,	xv d.
Pour demi quarteron de harens frès,	ij s. vj d.
Pour œufs,	x d.
Pour burre,	viij d.
Pour vj mellens,	iij s.

Pour j demi livre de burre à faire le chaudume (1) pour
les meslens, xvj d.

Pour une quarte de vin blanc,	xx d.
Pour v pintes de vin vermeil,	iiij s. ij d.

Ce dit jour, à souper, où furent lesdiz maistres Guillaume et maistre Nicole pour gardons et vandoises (2)
pour friture. xx d.

Item, pour farine à les enflemer,	iiij d.
Pour huille à les frire,	xv d.

(1) Chaudume, chaudumée sorte de sauce à laquelle on apprêtait
le poisson.

(2) La vandoise, d'après Philibert Monet (*Inventaire des deus
langues françoise et latine*, Lyon, 1636), le Dictionnaire de Trévoux, le Glossaire de Roquefort, n'était autre que le *dard*. Il y a
plus de doute pour le *gardon* : gardon, dit Ph. Monet, qui rapproche ce mot de vandoise, poisson de même espèce (que la vandoise), meilleur que la vandoise : leuciscus primæ notæ. Le Dictionnaire de Trévoux le désigne moins favorablement : petit poisson
d'eau douce et chair blanche, peu estimé. Léger Duchesne (*Leode-
garius de Querius*) ne fait qu'un de la vandoise et du gardon :
« Gobio, vel us goujon, gardon ou vandoise » (*In Ruellium de
stirpibus epitome, Parisiis*, 1544). Le gardon n'est autre que le
poisson blanc connu principalement sous le nom d'able, ablet, ou
ablette.

Pour bourrées et fagos,   xv d.

Pour iiij quartes de vin,   vj s. viij d.

Pour saulce vert,   iiij d.

Pour demi livre de chandelle,   x d.

Le samedi ensuivant, pour le desjuner du procureur de la Nacion de Normandie et le bedel qui furent avecques moy chiex Monsieur de Betheford,   iiij s. vj d.

Item, au disner où furent lesdits maistres après ce que nous fusmes retournez de par devers Monseigneur de Betheford, pour une xij^e de petit pain,   iij s.

Pour vj harens frès, vj harens sors et
iiij merlens,   vj s. viij d.

Pour demi livre de burre,   xv d.

Pour œufs,   x d.

Pour buche,   x d.

Pour poire,   j d.

Pour j pinte de vin blanc,   viij d.

Pour ij quartes de vin vermeil,   ij s. iiij d.

Pour poires,   iiij d.

Pour pouldre de duc en lieu de formage,   iiij d.

Ce jour à souper pour gardons et vendoises à faire fritures,   xx d.

Pour fleur à les enflemer,   iiij d.

Pour huile à les frire,   vj d.

Pour saulce vert,   iiij d.

Pour bourrées et fagos,   xx d.

Pour papier et enque,   viij d.

Pour ij quartes de vin,   iij s. iiij d.

Pour demi livre de chandelle,   x d.

Le dimenche ensuivant, pour ce que nous ne disnasmes mie à l'ostel,

Ce jour baillié à maistre Guillaume Duval qui parti

de Paris pour aler à Fescamp devers vous, j escu d'or qui valoit   xxxij s. vj d.

Ce jour, au souper, pour demi xij^e de petit pain, xviij d.

Pour un quartier de mouton duquel l'espaule fut mengée avecques une pièce qui fut mise au haricoq pour ce que le bedeau y souppa, et le demourant pour l'endemain,   vj s. vj d.

Pour saffren à jaunir le baricoq,   iiij d.

Pour buche,   xx d.

Pour ij quartes de vin,   iij s. iiij d.

Pour demi livre de chandelle,   x d.

Le lundi ensuivant, au disner où furent Messieurs le procureur de la Nacion, maistre Thomas Le Moyne, N. Le Masle et le bedeau qui furent à Monsieur de Betefort proposer notre besoingne, pour pain,   iij s.

Pour ij pièces de beuf avec le demourant du quartier de mouton de souper,   iij s. iiij d.

Pour j bruquet (1) de veel,   vij s. vj d.

Pour une jeune poule,   iiij s. ij d.

Pour cameline (2),   iiij d.

Pour j quarte de vin blan, au matin, avant qu'ils alassent proposer devant Mons. de Bethefort,   xvj d.

Pour buche au matin,   xx d.

Pour moustarde,   ij d.

Pour j quarteron de poire à cuire,   x d.

Pour pouldre de duc (3) en lieu de formage,   iiij d.

---

(1) Peut être pour *Bréchet*, poitrine de veau.

(2) Littré cite ce texte rapporté par Ducange au mot *camelotum* : « Quiconques s'entremettra de faire sauce appelée cameline, qu'il la fasse de bonne cannelle, bon gengembre, bons cloux de girofle. »

(3) Legrand d'Aussy et Littré citent bien la poudre du duc, mais ils ne disent pas en quoi consistait cette friandise.

Pour une quarte de vin blanc à disner,   xvj d.
Pour v pintes de vin vermeil,   iiij s. ij d.
Pour choux blans,   v d.
Ce jour, à souper, pour une xij^e d'alouetes,   iij s.
Item, pour lart à larder le bruquet et le poulet et pour faire des tesmoings aux alouetes,   ij s. vj d.
Pour buche,   xx d.
Pour iiij pintes de vin,   ij s. vj d.
Pour demi livre de chandelle,   xx d.
Le mardi ensuivant, au disner, pour demi xij^e de pain,   xviij d.
Pour iij pièces de char,   vj s. ij d.
Pour choux blans,   iiij d.
Pour buche au matin,   xx d.
Pour une quarte de vin,   xx d.
Ce jour, au souper, où furent maistre Guillaume Euvrye et son compaignon, lequel Euvrye geta (1) une supplique pour bailler à Monsr de Betheford et une autre à son confesseur, pour pain blanc,   vj d.
Pour j xij^e d'alouetes,   ij s. vj d.
Pour cinq pintes de vin,   iiij s. ij d.
Pour navez,   iiij d.
Pour moustarde,   ij d.
Pour bourrées et fagos,   xx d.
Pour une livre de chandelle,   xx d.
Le mercredi ensuivant, au disner où furent (sic) maistre N. Le Masle, pour demi xij^e de pain,   xviij d.
Item, pour buche,   xx d.
Pour porée,   ij d.
Pour harenc sor,   xviij d.

(1) Jeter une supplique, c'est l'écrire, la mettre en état d'être présentée. Les architectes employaient le même terme pour indiquer les dessins de leurs projets de construction.

Pour iiij merlens frez,   iij s. ix d.

Pour demi livre de burre,   xiiij d.

Pour une pinte de vin blanc,   viij d.

Pour iij pintes de vin vermeil,   ij s. vj d.

Ce mercredi, au souper, où fut le scribe de l'Université, pour iij merlens,   iij s. iiij d.

Item, pour œufs,   x d.

Item, pour demi quarteron de poires,   iiij d.

Pour buche,   x d.

Le jeudi ensuivant, au disner où fut maistre M. Le Masle, pour ce qu'il fut avecques moy à Monsieur de Bethefort, pour pain,   .   xviij d.

Pour iiij pièces de char, pour tout le jour, iij s. ix d.

Pour poire,   iiij d.

Pour j pinte de vin blanc,   viij d.

Pour iij pintes de vin vermeil,   ij s. vj d.

Pour moustarde,   ij d.

Pour buche,   x d.

Ce jour, au souper, pour iij pintes de vin,   ij s. vj d.

Pour buche,   x d.

Pour demi livre de chandelle,   x d.

Le vendredi ensuivant, xxe jour de novembre, que maistre Thomas Le Moine, maistre Guillaume Euvrie et maistre Nicole Le Masle avec un tabellion furent pour nous devers Mons. de Bethefort, pour ce à eulx donné à disner,

Pour le desjeuner desdiz maistres,   xx d.

Pour j xij^e de pain à disner,   iij s.

Pour harens sors et frez,   iiij s. iiij d.

Pour vj meslens,   vj s.

Pour pois,   viij s.

Pour œufs à disner,   x d.

Pour une raye,   iij s. iiij d.

Pour huile à la frire,   xviij d.

Pour saffren,   x d.

Pour demi quarteron de pouldre fine,   ij s. ij d.

Pour demi once de pouldre de canelle,   xx d.

Pour pouldre de duc,   xx d.

Pour j quarte de vin blanc,   xx d.

Pour vij pintes de vin vermeil,   vj s. viij d.

Pour buche à disner,   xx d.

Pour fleur à frire la raye,   iiij d.

Pour moustarde,   ij d.

Pour ongnons,   iiij d.

Pour pommes,   iiij d.

Pour burre,   viij d.

Ce jour au souper, pour chandelle,   xij d.

Pour œufs,   x d.

Pour demi xij^e de pain,   xviij d.

Pour buche,   xv d.

Pour v pintes de vin,   iiij s. ij d.

Le samedi ensuivant, que les dessus dits furent devers Mons. de Betheford et Monsr le chancellier,

Pour iiij merlens,   vj s.

Pour j^e xij^e de harenc, que frès que sor,   ij s. vj d.

Pour œufs,   x d.

Pour pain,   xviij d.

Pour porée,   ij d.

Pour j quarteron de burre,   viij d.

Pour bois,   xx d.

Pour trois pintes de vin vermeil,   ij s. vj d.

Pour verjus et vinaigre,   v d.

Pour poires,   iiij d.

Ce jour à souper, pour bois,   v d.

Pour une quarte de vin,   xx d.

Pour chandelle,   xij d.

Le dimenche ensuivant, pour deux pièces de beuf et une de mouton, iiij s. ij d.

Pour vj pains, xviij d.

Pour choux, ij d.

Pour ij quartes de vin présentées à maistre Thomas le Moine et G. Euvrye, iiij s. ij d.

Pour iij pintes de vin, pour notre disner, ij s. vj d.

Pour bois, tant pour cuire notre viande que pour nous chauffer, xv d.

Item après disner, pour faire boire maistre Guillaume Euvrie, xx d.

Pour moustarde, ij d.

Pour v pintes de vin à souper, iiij s. ij d.

Le lundi ensuivant, pour char tant de beuf que de mouton, iiij s. ix d.

Pour pain, ij s. iij d.

Pour choux et moustarde, iiij d.

Pour poirres, v d.

Pour buche, ij s.

Pour iv pintes et chopine de vin, iij s. ix d.

Pour chandelle, xij d.

Le mardi ensuivant, pour char, ij s. xj d.

Pour pain, xij d.

Pour choux, v d.

Pour moustarde, ij d.

Pour poires, v d.

Pour iij pintes de vin, ij s. vj d.

Pour j quartier de fromage, ij s. j d.

Item pour char de provision, vij s. xj d.

Pour vin, au souper, xx d.

Pour bois, xx d.

Le mercredi ensuivant, pour mellens à disner, ij s. vj d.

Pour vj harens, xv d.

Pour pain, x d.
Pour vin, iij s. iiij d.
Ce jour, à souper, pour navez, ij d.
Pour burre et moustarde, v d.
Pour trois harens frez, xij d.
Pour bois, x d.
Pour poires, ij d.
Pour pain. vj d.
Pour ij quartes de vin, iij s. iiij d.
Pour chandele, xij d.
Le jeudi ensuivant que l'Université proposa pour nous, pour donner à disner au proposant et aux maistres, pour char de bœuf et de mouton, vij s.
Pour pain, vj s.
Pour j connin et j. oyseau de rivière, ix s. iij d.
Pour lard, xij d.
Pour choux, viij d.
Pour poires, iiij d.
Pour moustarde, ij d.
Pour espice et saffren, xviij d.
Pour iiij. quartes de vin, vj s. viij d.
Au souper, pour mouton tant bouilli que rosti, iij s. ij d.
Item pour bois, tant pour disner que pour souper, iij s.
Item pour v. pintes de vin, iiij s. ij d.
Le vendredi ensuivant que disna avecques nous maistre Nicole le Masle et le procureur de la Nacion :
Pour pain, v s.
Pour iiij harens frez, xv d.
Pour harens sors, xv d.
Pour choux et moustarde, iiij d.
Pour burre, xv d.
Pour viij œufs, xx d.
Pour pouldre de duc, xx d.

Pour poire à cuirre, iiij d.
Pour bois, xxij d.
Pour oignons, ij d.
Pour chandelle, xij d.
Pour v pintes de vin, iiij s. ij d.
Pour ij quartes de vin présentées à Mons. le recteur de l'Université, vj s.
Au souper, pour iiij harens, xv d.
Pour v œufs, xij d.
Pour vin, iij s. iiij d.
Le samedi ensuivant, à disner, pour pain, iiij s. ij d.
Pour œufs et burre, ij s. ij d.
Pour harens, iij s. iiij d.
Pour poires, ij d.
Pour vin, iiij s. ij d.
Pour bois, xx d.
Pour j quarte de vin au vespre et j pain, ij s.

Le dimenche ensuivant, vigille S. Andrieu, que maistre Thomas Hobe devoit aller quérir les responses du propos qu'il avoit fais pour l'Université et pour nous, disna et soupa avecques maistre Guillaume Euvrie, maistre N. Le Masle et le bedeau de la Nacion :

Pour beuf et mouton, vij s. vj d.
Pour j capon, iij s. ix d.
Pour pain, ij s. vj d.
Pour une piéce de veau, iij s. iiij d.
Pour fleur à faire j pasté, x d.
Pour gresse de bœuf, iiij d.
Pour choux, vj d.
Pour poires et moustarde, iiij d.
Pour buche, iij s. ix d.
Pour ix pintes de vin, vij s. x d.
Pour œufz, v d.

Ce jour, au souper, pour mouton,iiij s. vij d.

Pour allouetes et lard,iiij s. ij d.

Pour chandelle,xij d.

Pour pouldre et saffren,xij d.

Pour oingnons,ij d.

Pour vin,vij s. viij d.

Le lundi, desrain jour dudit mois, que nous fusmes devers Mons. de Betheford, pour avoir response par le proposant de l'Université, et dinasmes, maistre Guill. Euvrye, maistre N. Le Masle, maistre Jehan et moy, à la taverne, pour icelui disner,xiij s.

Pour vj petits pains,xviij d.

Pour j chapon,iiij s. ij d.

Pour une xij^e d'allouettes avec le lard,iiij s. vij d.

Pour vin,iiij s. x d.

Pour œufz et espices,xiij d.

Pour bois,xx d.

Le mardi ensuivant, premier jour de décembre, que nous partismes de Paris pour nous en venir, pour pain et j pinte de vin,xxv d.

Ce jour, pour boire à Espinay (1),viij d.

Pour souper, à Conflans (2),vij s. vj d.

Le mercredi ensuivant, pour passer la rivière d'Aise (3),vj d.

Ce jour, pour dejuner à Triel,ij s.

Item pour disner à Meullent,vj s.

Item pour souper à Mante,vij s. vj d.

Le jeudi ensuivant, pour desjuner audit lieu, iiij s. x d.

Item pour j batel pour nous porter,xx s.

---

(1) Epinay-sur-Seine, arrondissement de Saint-Denis (Seine).

(2) Conflans-Sainte-Honorine, arrondissement de Versailles.

(3) Rivière d'Oise.

256

Item pour feurre à mectre dedans le dit batel avecques une bouteille de vin, vj s. viij d.

Pour disner à la Roche (1), iiij s.

Ce jour, à souper à Vernon, xij s.

Le vendredi ensuivant, pour j batel pour nous apporter de Vernon à Andely, xvj s.

Pour nous desjuner audit lieu de Vernon, vj s. x d.

Pour disner à Andeli, iij s. iiij d.

Item pour une guide qui nous conduit depuis Andeli jusques au Pont-St-Pierre (2), vj s. vj d.

Pour souper, au Pont-St-Pierre, xj s.

Item pour une guide qui nous amena par nuit dudit lieu jusques à Rouen, v s.

Le samedi ensuivant, pour noz despens à Rouen, xv s.

Ce jour, à souper à Barentin (3), tant pour nous que pour noz chevaulx, x s.

Le dimenche ensuivant, pour disner à Beauquesne (4), pour nous et pour noz chevaulx, vij s. vj d.

Autres mises extraordinaires faites audit voyage.

Premièrement.

Baillié à maistre Jehan du Val, j escu qui vault xxij s. vj d.

Item pour les labeurs et peines que avoit fait maistre Guillaume Euvrie, tant pour escripre que autres choses, à lui ij escuz qui vallent lv s.

Item pour les peines que Pierre Tailleu et ses gens avoient prins pour nous, à eulx donné, xx s.

Item pour ij chevaulx pour aler de Rouen à Fescamp,

(1) La Roche-Guyon, canton de Magny (Seine-et-Oise).
(2) Pont-Saint-Pierre, arrondissement des Andelys (Eure).
(3) Canton de Pavilly (Seine-Inférieure).
(4) A Sainte-Marguerite-sur-Fauville (Seine-Inférieure).

tenus par nous vj jours, et gaignèrent chascun jour v s.,
valent,   lx s.

Item pour le loyer d'un varlet qui fut avecques nous
trois sepmaines à Paris, pour ce,   l s.

Item pour j clerc que je envoyay à Fescamp pour porter
lettres, à lui baillé,   xxx s.

Autres mises faites pour le voyage de Vernon.

Primo.

Le samedi, xije jour de décembre, que nous partismes,
maistre Jehan du Val, moy et j varlet, pour aler de Rouen
à Vernon devers Mons. de Betheford pour ij paires de
souliers pour maistre Jehan et pour moy,   xj s. viij d.

Pour desjuner à Rouen,   x s.

Pour repaistre au Pont-St-Pierre,   vij s. vj d.

Item pour souper et coucher à Andeli,   xj s.

Dimenche ensuivant, à desjuner à Pormor (1),   iiij s.

Item à disner à Vernon,   vij s. vj d.

Item pour notre souper audit lieu,   x s.

Le lundi ensuivant, pour envoyer notre varlet à la
Roche quérir Damp Philipe, à lui baillé,   ij s. vj d.

Ce jour, pour faire escripre une supplicacion,   v s.

Pour disner,   xj s.

Pour vin et viande présentés chiex Mons. Raoul Le
Sage (2),   lxx s.

Item pour souper à cause d'avoir conseulx,   xxv s.

Le mardi ensuivant, pour disner, où fut Damp Philipe
et autres notables personnes amis de notre eglise.   xx s.

Pour souper où furent les dessus diz ,   xv s.

---

(1) Canton des Andelys (Eure).

(2) Raoul Le Sage sieur de Saint-Pierre l'un des conseillers du
roi d'Angleterre.

Le mercredi ensuivant, pour notre despense de toute la journée,   xxij s. vj d.

Le jeudi ensuivant, présenté au secrétaire du Roy, chappons et connins, pour ce,   xlv s.

Ce jour, pour envoyer notre varlet à Fescamp,   xv s.

Pour quarreller ses soulliers,   ij s. vj d.

Pour noz despens ce jour, en tout,   xx s.

Le vendredi ensuivant, xviiij^e jour dudit mois, pour avoir donné à disner à j des chambellans du prince, xxv s.

Item pour faire faire plusieurs supplicacions et plusieurs escriptures à maistre Pierre de Mineray,   xv s.

Item pour papier,   ij s. vj d.

Le samedi ensuivant, pour noz despens de toute la journée,   xv s.

Le dimanche ensuivant, pour faire disner avec nous celui qui nous devoit faire notre lettre pour nostre congié, pour toute despence du disner et du souper,   xxxv s.

Lundi ensuivant, pour disner, avec nous le secrétaire du Roy,   xl s.

Ce jour, pour nostre lettre de congié, tant pour maistre Jehan Milet (1), que pour les clercs, iiij escuz d'or qui valent chacun xxvij s. vj d., ainsi,   cent x s.

Item pour nous en venir par eaue depuis Vernon jusques à Andeli, pour ce,   xv s.

Pour pain pour mectre ou batel,   xx d.

Item pour feurre pour mectre ou batel,   ij s. vj d.

Item pour souper à Andeli,   xij s. vj d.

Le mardi ensuivant, pour j varlet qui porta noz besaches pour l'absence du nostre, à lui baillé,   v s.

Pour disner au Pont-St-Pierre,   viij s.

Pour repaistre à Rouen,   v s.

(1) Nom d'un secrétaire du roi.

Le mercredi xiiij^e jour dudit mois, pour disner à Rouen, damp Philipe, maistre Jehan, j varlet et moy,   xij s. vj d.

Ce jour, pour ij fers de cheval à Barentin,   xx d.

Item pour souper et gésir au Bosc Heriçon (1), tant pour nous que pour noz chevaux,   xv s.

Le jeudi ensuivant, pour repaistre à Beauquesne, vj s.

Item pour le louage de trois chevaulx pour Damp Philippe, maistre Jehan et moy, et les avons euz par vj jours, chacun cheval pour jour v s., valent   iiij l. x s.

Le samedi, xxvj^e jour dudit moy, que m^e Jehan, moy et j valet partismes de Fescamp pour aler à Rouen quérir les conseulx pour venir célébrer et faire l'élection, pour souper et coucher à Beauquesne, tant pour nous que pour noz chevaulx,   xv s.

Le dimanche ensuivant, pour disner à Barentin,   x s.

Ce jour, à souper, à Rouen,   viij s.

Lundi, xxviij^e dudit mois, que nous partismes de Rouen, iceulx conseilz maistre Nicaise Mourisse, maistre Robert Doulce, maistre Nicole Charles, maistre Robert Néel, Colin de la Fresnoye, et chacun son clerc, avec ce maistre Jehan du Val et moy, pour disner à Rouen, pour bœuf et mouton,   xiij s.

Pour ij pastez de chapons,   xx s.

Item pour iiij pos de vin,   viij s.

Item pour faire ouvrir la porte aux Angloiz,   v s.

Item pour entrer à Caudebec au vespre que la porte fut fermée, baillié aux portiers,   v s.

Ce jour, pour souper audit lieu de Caudebec, pour pain,   iiij s.

Pour vin, tant présenté à meistre Jehan Doulle, que

---

(1) Hameau de la parroisse de Croixmare, canton de Pavilly (Seine-Inférieure).

pour notre despense de souper, pour chevaulx et belle chiére,   vj l. x s. iiij d.

Le mardi, xxixe jour dudit mois, pour iiij fers de cheval à Caudebec,   x s.

Item pour disner audit lieu, tant pour nous que pour les chevaulx,   lx s.

Item pour trois bouteilles de vin d'Ausoie (1) de v pos,   xxv s.

Item pour espices apportéez de Rouen à Fescamp baillées au celéer (2),   vj l. viij s. ix d.

Item pour le louage de xij chevaux, pour vj jours qui coustent, chacun cheval pour jour v s., valent   xviij l.

Item pour j fer de cheval,   xv d.

Item pour les portiers de Fescamp pour le vin,   vij s. vj d.

Samedi, ij^e jour que nous partismes de Fescamp pour retourner à Rouen, Messieurs les conseulx maistre, Jehan et moy à xij chevaulx, pour souper à Caudebec tant pour despence de bouche que pour les chevaux et pour vin présenté à maistre Jehan Dolle,   vj l. iij s. iiij d.

Ledit jour, pour vj fers à cheval,   xv s.

Item pour desjuner audit lieu,   lxiiij s.

Ce jour, à Rouen, quant nous fusmes venuz, pour disner et prendre congié,   xlv s.

A Mess. les conseulx et aux notaires qui ont esté à Fescamp pour le fait de l'élection, c'est assavoir maistre Raoul Doulce, maistre Nicole Charles, maistre Nicaise Morice, Robert Néel et Collin de la Fresnée, à chacun baillié xij l. x s., valent   lxij l. x s.

(1) Contrairement à l'opinion de Legrand d'Aussy je pense que ce terme désigne un crû des environs d'Auxerre et non pas un crû d'Alsace.

(2) Le cellérier.

Pour leurs clercs, qui leur ont esté donné pour leur vin, xlv s.

Pour la despence d'aucuns d'eux en l'ostel de S. Gervais.

En ces mises, non comprins le voyage que feismes Damp Philippe, Messieurs Laurens, le prieur de Mante, son clerc Bardin, et moy avec ung cheval qui nous fu destroussé à Paris et avecques, nos biens et nos cedules faisant mencion de noz diz despens, par quoy ne povons rendre bon compte senon en conscience, de quoy nous nous actendon à vous et à vos noblez discrecions, en regardant que ledit voyage commenchié le viij^e jour de janvier [dura] jusques au xxvj^e jour dudit moys, auquel eusmes plusieurs griefz et grans empeischemens.

FIN

TABLE

OCTAVE HOMBERG

L'ÉCOLE
DES
COLONIES

PARIS
A LA LIBRAIRIE PLON
M.CM.XXIX

L'ÉCOLE DES COLONIES

OCTAVE HOMBERG

L'ÉCOLE DES COLONIES

PARIS

LIBRAIRIE PLON

LES PETITS-FILS DE PLON ET NOURRIT

IMPRIMEURS-ÉDITEURS — 8, RUE GARANCIÈRE, 6^e

L'ÉCOLE DES COLONIES

INTRODUCTION

Les colonies! Ce mot contenait jadis surtout un élément de curiosité, une attraction pittoresque, — il évoquait les sections de nos grandes expositions de 1889 et de 1900, où nos colonies se faisaient connaître à la métropole par des souks tunisiens, par des bazars exotiques, par des pousse-pousse, par des reproductions en carton-pâte des mosquées ou des temples. Une fois réembarqués les joueurs de tam-tam, les Ouled-Naïls, les marchands de soieries annamites, ou les petits pêcheurs de sous, qui commençaient à grelotter sous nos ciels d'automne, l'idée coloniale pliait bagages, en même temps que l'on roulait les toiles des dioramas. Les colonies n'apparaissaient donc guère que comme un décor, et bien rares étaient ceux qui soupçonnaient, derrière cette mise en scène, toute une vie coloniale active et féconde.

Aujourd'hui, le public, plus conscient, mieux averti, est presque rassasié de pittoresque; certes, il aime encore voir défiler sur l'écran des cinémas les cortèges d'éléphants et les ruines d'Angkor. Mais cela ne lui suffit plus, il prend plus de plaisir, — et un plaisir qui lui semble mieux enrichir son esprit — à suivre les films où sont reproduites les formes diverses que revêt l'*effort français* aux colonies : missions automobiles qui établissent à travers l'Afrique des voies nouvelles, grandes plantations où naissent et se transforment toutes les matières premières tropicales qu'exigent les besoins de la vie industrielle moderne. Dans les expositions les stands les plus visités sont ceux où le public peut voir ces produits, les photographies de ces plantations, et même les graphiques où s'inscrit l'effort des planteurs. Attiré d'abord vers les colonies par le pittoresque de la nature tropicale, ensuite par l'admiration des efforts qu'y livrent les nôtres, le public français est arrivé maintenant au point de comprendre la raison, l'enjeu de ces luttes, pour tout dire la valeur économique de nos colonies.

Il a reçu cette leçon du meilleur des maîtres, le seul dont on ne puisse éluder l'enseignement : la nécessité.

Ce qu'on a appelé la vie chère et qu'il serait juste de nommer la vie difficile, car ce sont moins les marchandises qui ont monté que notre pouvoir d'achat qui a diminué, — cette vie rendue étroite et dure par l'énorme appauvrissement qu'a subi la France du fait de la guerre, — le souci de récupérer cette substance dont notre pays s'est vidé, de reconstituer notre force de production, et avec elle cette aisance heureuse dont nous jouissions sans même nous en apercevoir, comme on use sa santé sans l'apprécier, avant qu'on l'ait perdue, — c'est tout cela qui nous fait aujourd'hui nous tourner vers les colonies, comme vers un réservoir quelque peu mystérieux mais qu'on soupçonne large et rempli de richesses nouvelles, qui viendront compenser tout ce que nous a coûté une guerre atroce et dévastatrice, que nous avons subie et soutenue pour conserver des biens encore supérieurs à tous ceux de l'ordre matériel : notre liberté, notre indépendance, notre rang, qui doit rester le premier dans la civilisation du monde.

C'est pour cela qu'on se penche aujourd'hui avec une curiosité nouvelle qui n'est plus seulement de surface, vers l'œuvre tenace et grandiose des hommes d'État et des chefs militaires qui, après notre défaite de 1870, nous ont assuré, en dépit de l'ignorance et parfois même de l'hostilité de l'opinion publique, les magnifiques possessions qui font de la France la seconde puissance coloniale du monde.

*
* *

Le Premier Empire, après avoir donné à la France une gloire sans pareille dans l'histoire de l'humanité, rétabli ses finances, assuré son administration sur des bases solides, laissait notre pays frappé à mort dans sa natalité, atteint de neurasthénie, fatigué de l'effort. Nos colonies, toutes ces France lointaines qui avaient été la manifestation la plus émouvante de la vitalité et de l'audace françaises sous l'ancienne monarchie, étaient presque entièrement perdues. Il n'en subsistait guère que des épaves. Notre marine ?

des épaves aussi. La France ne conservait que sa pensée. Affranchie des disciplines traditionnelles, généreuse, audacieuse, mais tumultueuse quelquefois et trop insouciante des réalités dans ses audaces mêmes, cette pensée française au dix-neuvième siècle brilla d'un vif éclat mais valut à notre patrie, dans les milieux politiques étrangers, bien des méfiances, et de permanentes hostilités. En Europe nous étions encerclés de suspicions et condamnés au repliement sur nous-mêmes. Mais il était des besognes ingrates, en apparence improductives, que l'inimitié des autres peuples devait nous laisser le soin d'accomplir, nous engager même à tenter, vers lesquelles un Bismarck qui avait « l'esprit européen » mais qui n'avait que celui-là, nous poussa même ensuite comme dans un piège où nous devions laisser ce qui pouvait nous rester de forces.

Les corsaires barbaresques écumaient-ils la Méditerranée? L'Europe nous laissa débarquer à Alger.

La vie des chrétiens et des Européens était-elle menacée en Annam? Les navires français furent autorisés à faire respecter l'Europe. Nous voici revenus en Afrique et en Asie, parce qu'il y avait à défendre sur ces terres lointaines les idées généreuses pour lesquelles la France est toujours prête à donner non seulement son or, mais son sang. A peine y sommes-nous installés qu'une logique plus forte que toutes les combinaisons des politiques nous contraint à étendre, à asseoir notre occupation. Partout où flotte notre drapeau, en Algérie, au Sénégal, en Cochinchine, nous voulons établir l'ordre, la justice et la paix. Autour du faible rayon de nos premiers postes règnent la brutalité, l'oppression, toutes les exactions, toutes les misères des régimes fondés sur la force. Les faibles, les malheureux nous appellent : noirs asservis comme des bêtes de somme par les El Hadj Omar et les Mahmadou Lamine, Annamites paisibles et faibles des rizières que les mandarins rançonnent juste dans la limite où ils peuvent encore continuer à peiner, que les pirates du Dé Tham et autres bandits viennent razzier périodiquement, de toutes ces multitudes s'élève une longue et déchirante plainte. Elle ne peut nous laisser insensibles : nos chefs militaires, les Faidherbe, les Galliéni, les Mangin et tant d'autres auxquels les balles et les fièvres ne laissèrent pas le temps de devenir illustres, s'enfoncent, suivis d'une poignée de braves, dans la brousse, le marécage ou la forêt. Sont-ils soutenus par nos gouvernements successifs, à tout le moins par l'opinion publique ? Il n'en est rien ! Qu'on se rappelle Bugeaud attaqué si souvent à la tribune de la Chambre, la conquête de l'Algérie maintes fois mise en péril, maintes fois exposée aux plus lamentables renoncements, qu'on se rappelle la chute de Jules Ferry, qu'on se rappelle les insultes, les outrages, les haines, dont furent abreuvés ces vaillants, dans le Parlement, dans la Presse, alors qu'ils écrivaient, de leur sang, la plus belle, la plus généreuse des épopées françaises.

Mais il y avait une plus haute, une plus sereine justice. A tant d'efforts et de souffrances elle réservait une rançon. Toutes ces terres lointaines où nous avons porté notre drapeau, appelés, aidés par les faibles, et à seule fin de donner à ceux-ci la justice et la paix, se sont révélées riches d'inépuisables trésors. Le monde commence à le savoir. Il nous engageait à poursuivre notre œuvre, lorsqu'elle lui semblait simplement périlleuse, lorsqu'il n'y avait que des coups à

recevoir; mais aujourd'hui où il y a des richesses à recueillir, on nous envie, on nous
jalouse, on nous accuse d'impérialisme.
Vraiment! tant d'hypocrisie nous ferait rire,
si nous n'avions tant de morts à pleurer!

Le sang français versé sur la terre d'Afrique
et sur la terre d'Asie devait faire lever —
comme jadis le sang des martyrs sur le sol
romain — une moisson de héros. La guerre
de 1914-1918 est appelée à juste titre une
guerre mondiale, parce que de toutes les
parties du monde des combattants se lancèrent
au secours de leurs métropoles européennes
menacées. Le spectacle sans précédent, fourni
par ce conflit, a été celui de voir pour la première fois les indigènes de l'Asie et ceux de
l'Afrique venir d'eux-mêmes en foule au
secours de la France et de l'Angleterre, et
accomplir en sens inverse, par masses compactes, le long chemin qu'avaient suivi avant
eux, pour leur apporter la civilisation, les
pionniers de ces grandes Puissances. Songez
à ce que représente un tel dévouement :

accepter à l'avance le risque de mourir en pays étranger, faire taire en son cœur les voix des fétichismes et de l'ignorance, plus fortes que celle de la crainte, affronter la mer inconnue peuplée de démons, aller vers des climats rudes, froids, privés de ce soleil familier dispensateur de chaleur et de lumière, manger des nourritures que la loi religieuse interdit; il nous faut tenir compte de toutes ces acceptations pour payer pleinement à nos alliés de couleur la dette de gratitude que nous avons contractée envers eux.

Ce furent d'abord, de par la loi de recrutement même, les fils de nos vieilles colonies, nos concitoyens, qui furent enrôlés sous nos drapeaux : 35 000 d'entre eux, sur 50 000 mobilisés, vinrent en Europe de la Réunion, des Antilles, de la Nouvelle-Calédonie, de l'Inde, des quatre communes du Sénégal. Magnifiques départs! J'ai tenu entre les mains un petit livre écrit par un avocat de Saint-Pierre (la plus septentrionale, la plus froide de nos colonies, celle que l'on cite toujours avec sa voisine Miquelon). Dès le 6 août 1914 s'embarquèrent pour la France 32 de ces vaillants. Dans ce premier contingent voisinaient un lieutenant de réserve âgé de cinquante-trois ans et père de dix enfants, qui devait être tué quelques mois plus tard sur les hauts de Meuse, et un jeune homme de dix-sept ans, « autorisé par son père », note brièvement notre auteur. Et cette brave petite population perdue dans l'Atlantique Nord nous envoya 594 combattants, on peut dire la totalité de ses hommes en état de tenir un fusil.

L'Afrique du Nord (Algérie, Tunisie, Maroc) nous donna 266 000 soldats dont 91 000 engagés volontaires. Parmi ceux-ci 25 000 s'enrôlèrent au Maroc, dans ce Maroc tout frémissant encore des combats sévères que nous avions dû livrer et où nous avions pris pied seulement en 1907. Les chiffres ici ont leur éloquence : sur ces 266 000 Africains de race blanche, 80 000 ont été tués, 110 000 ont été blessés, 2 000 seulement furent faits prisonniers. Dans ces régiments d'élite on se battait jusqu'à la mort, on ne se rendait pas.

Mais la guerre se prolongeait ; on payait cher toutes les imprévoyances, toutes les utopies du temps de paix. Pour permettre à la nation de forger les canons et les munitions dont le défaut nous avait empêchés de poursuivre l'éclatante victoire de la Marne, pour permettre

à nos alliés de s'équiper et de s'entraîner eux
aussi en vue des luttes décisives, il avait fallu
se terrer, étirer le front français de la Somme
aux Vosges. Mince cordon d'héroïsme et de
souffrances! Comment ne fut-il pas rompu?
C'est alors qu'intervinrent puissamment les
grandes colonies que la France avait su depuis
quelques années à peine attacher à ses destinées, non par la force mais par le cœur.
L'Afrique occidentale française nous envoya
164 000 soldats, l'Afrique équatoriale 18 000,
l'Indochine près de 50 000, Madagascar 41 000.
Il n'y eut pas de colonie si petite, comme
Djibouti, ou si lointaine, comme Tahiti, qui
ne voulurent nous donner elles aussi un peu
de leur sang : 275 000 combattants au total
pour les nouvelles colonies.

Qu'on ajoute à ces chiffres les effectifs des
troupes blanches qui constituaient l'armée
coloniale régulière (il convient de le faire
puisque l'emploi de ces troupes sur le front
métropolitain ne fut possible qu'en raison du
loyalisme absolu de toutes nos colonies),
on atteint ainsi le total de 700 000 *combattants*. Sur ce chiffre, 5 000 officiers et
205 000 hommes sont morts pour la France.
Trente pour cent de morts! Cette proportion

donne la mesure du sacrifice colonial sur la terre dévastée de la Patrie.

Et voici comment ces soldats savaient combattre. Quelques citations au hasard : Tirailleur Coulibaly, du 44ᵉ bataillon : « Pendant l'attaque du 20 juillet 1918 (ce devait être un soldat de Mangin) a fait preuve d'un courage et d'un sang-froid admirables, tirant comme à la cible, a abattu plusieurs ennemis ; n'ayant plus de cartouches, a parcouru le champ de bataille, ramassant toutes les munitions des morts et des blessés et les distribuant à ses camarades malgré le feu violent des mitrailleuses. »

Autre exemple pris sur un autre coin du champ de bataille dans cette radieuse matinée du 20 juillet 1918, qui fut l'aube de la délivrance : Le sergent Ousman Sall, du 28ᵉ bataillon sénégalais, « a entraîné vigoureusement et avec une grande bravoure ses tirailleurs à l'assaut. A été blessé. Tous les officiers ayant été mis hors de combat, s'est avancé vers son capitaine blessé, et lui a dit : « Tu vois, mon capitaine, moi déjà blessé, « mais moi marcher tout de même ; les Séné- « galais jamais reculer, moi commander la « compagnie. » Puis, brandissant son fusil, il se plaça en avant de la vague et, poussant le cri « En avant, Sénégalais », qui fut entendu de toute la ligne, malgré les bruits du combat, il entraîna dans un magnifique élan toute la vague d'assaut. »

Ne dirait-on pas un troupier de France ? Tout y est : même dévouement, même esprit de corps, et aussi cette petite pointe de jactance que ne désavouerait pas un Celte aux yeux bleus et aux cheveux blonds. Le sergent Ousman Sall, comme je ne sais quel héros d'un récit du général Baratier, comme tous les soldats de l'armée noire, aurait pu dire : « Moi, y a noir, mais y a cœur blanc. »

On voit, par ces exemples, quelle fraternité d'armes absolue a uni pendant tant de mois de souffrances et de deuils, tous les fils de la grande France des cinq parties du monde. Ils avaient tous le même cœur, et ce sont les terres où sont nés ces camarades de combat, celles où ils ont grandi dans le culte de notre drapeau que certains ont songé à vendre à l'encan, au plus offrant, pour nous tirer de nos difficultés présentes et passagères, pour nous acquitter envers un créancier, dont les fils, en guerre eux aussi cependant, s'instruisaient à l'abri dans des camps paisibles et lointains, tandis que coulait ce sang qui épargnait le leur. Pensée sacrilège, pensée d'oubli criminel, que seule a pu dicter à des Français une ignorance dont ils devraient rougir. On ne vend pas ses frères, et surtout ces frères doublement chéris que sont les frères d'armes.

Derrière les troupes combattantes, il y avait les services du front, le service de santé avec ses brancardiers, ses infirmiers, ses hôpitaux, le service des étapes, avec ses routes, ses transports automobiles, les services de ravitaillement ; toutes ces formations de l'armée exigeaient des hommes en grand nombre. Les pourvoir par des prélèvements sur les unités en ligne, c'était affaiblir le front. Les pourvoir insuffisamment, c'était risquer d'arrêter quelques-uns des organes vitaux de cette machine délicate et complexe qu'est une armée en campagne. Notre commandement dosa adroitement les hommes que lui fournissaient nos colonies suivant leurs forces physiques et leurs aptitudes : sur 92 bataillons sénégalais, 89 étaient en ligne. Sur 17 bataillons indochinois, 2 étaient en ligne, 15 employés aux services de l'arrière (infirmiers, automobilistes, particulièrement).

Dans ces emplois nos petits Annamites, doux, adroits, mécaniciens nés, étaient parfaits. Le péril et par suite l'honneur ne se mesuraient pas, à la fin de la guerre, à la même échelle qu'au début des hostilités. L'artillerie à longue portée, les bombardements de l'aviation ennemie, faisaient sur les routes, dans les cantonnements de l'arrière-front, plus de ravages que les balles dans les unités de première ligne.

Enfin derrière « le front » il y avait l'usine, aussi nécessaire à l'armée que son pain, et derrière l'usine il y avait la terre, cette bonne terre de France, que les humbles paysannes de chez nous surent si bien travailler en l'absence de leurs gars partis pour longtemps, ou pour toujours. Au tour électrique, comme à la charrue, nos colonies fournirent des ouvriers : 200 000 travailleurs au total qui vinrent vivre dans nos campagnes et dans les faubourgs de nos villes industrielles ; 200 000 hommes, l'effectif d'une quinzaine de divisions ! Ce travail aussi fut un service sans prix !

Après les combattants et les travailleurs, les matières premières. Si notre pays a pu *tenir*, c'est aux colonies encore qu'il le doit : pour fabriquer des explosifs, pour lubrifier les machines sans nombre des usines de guerre, il fallait des matières grasses en quantités énormes ; chaque année sur les quais de Dakar, de Rufisque et de Kaolack, s'élevèrent en monceaux plus hauts les sacs d'arachides du Sénégal. Pour l'intendance il fallait des cuirs, des conserves, de la viande frigorifiée : Madagascar en chargea des convois entiers de navires. Pour la population civile rationnée fallait-il du sucre ? les Antilles augmentèrent leur production. Du riz ? on s'aperçut que celui de l'Indochine valait bien celui d'Amérique. Du café ? les plantations de Madagascar se développèrent. Du cacao ? la Côte d'Ivoire se spécialisa dans cette culture qui fera bientôt sa richesse. En moins de trois ans, de 1916 à 1918, les colonies expédièrent sur la France près de 2 millions de tonnes de matières premières.

Ainsi les colonies qui s'étaient déjà, au point de vue moral, intégrées dans la vie française, au cours de ces années de lutte, apparurent aux yeux des moins avertis dans toute la richesse, dans toute la variété de leur valeur économique. A les voir venir vers nous, ces filles lointaines, aussi riches qu'aimantes, nous les avons mieux connues, et nous savons désormais que les sacrifier à je ne sais quelle alliance de raison, serait méconnaître nos intérêts autant que trahir leur attachement. Un tel marchandage serait non seulement un abandon sacrilège, mais il constituerait en même temps la plus sotte et la plus irréparable des renonciations. Car les heures difficiles ne sont pas terminées ; ne reste-t-il pas de problème à résoudre ? Et quel problème ! Celui de notre relèvement national.

Je lisais un jour, dans la remarquable étude que M. Grosjean a consacrée à M. de Vergennes, le dernier grand ministre de Louis XVI, la phrase suivante :

« Pour pourvoir aux frais de la guerre, le choix s'est offert entre deux moyens : l'impôt ou l'emprunt. C'est au second qu'on avait eu recours, — solution facile qui voilait les sacrifices et éloignait l'instant où il faudrait demander des ressources nouvelles et larges aux contribuables, si une paix blanche ne les donnait pas. Le traité de Versailles ne stipulant à notre profit ni cession, ni indemnité, le trésor fut réduit à une pénurie croissante, et l'ordre financier continua à être pour long-temps rompu. »

Le lecteur pourrait supposer que je viens de citer un extrait de cet ouvrage, où les événements récents sont mis en regard avec ceux qui ont précédé la Révolution. Il n'en est rien : cette phrase concerne la situation de la France en 1783, au moment où nous avions prêté, sans songer à les recouvrer, deux milliards à l'Amérique, pour lui permettre de conquérir son indépendance.

Mais, à ce moment, les Indes françaises étaient abandonnées; nous avions envoyé 17 soldats à Lally-Tollendal pour sauver un empire qui comptait 30 millions d'habitants, et 326 recrues de renfort à Montcalm qui luttait avec 5 000 hommes contre 60 000 enne-mis; Choiseul écrivait à Voltaire sur un ton ironique et léger : « Si vous comptez sur « nous pour les fourrures cet hiver, je vous « avertis que c'est en Angleterre qu'il vous « faudra vous adresser. »

Le traité de Versailles de 1919 nous a valu au point de vue européen certaines décep-tions, qu'on ne saurait, bien entendu, comparer aux dommages que le traité de 1763 signé au même lieu, nous avait infligés au point de vue colonial. Notre situation est surtout meilleure, parce que ce qui nous reste d'intact, d'agrandi même, de pacifié et de fort, ce sont nos colonies en face d'une Europe dont les frontières artificielles et les divisions laisseraient craindre encore de redoutables conflits si l'esprit européen, auquel un homme d'État français vient de faire précisément appel, ne devait s'affirmer désormais assez fort pour que les querelles de voisinage ne fussent résolues par l'arbitrage dans la paix et selon la justice.

A ceux qui trouveraient trop étroit notre jardin metropolitain, lequel cependant peut toujours être mieux cultivé en profondeur, s'ouvrent ces terres lointaines, où flotte aussi notre drapeau, et qui sont encore la France, plus riches de possibilités, recélant un mystérieux avenir.

*
* *

Les vieilles sociétés ressemblent souvent aux vieilles familles. En apparence l'on s'entend à peu près, les traditions, le passé commun créent des liens forts et profonds. Mais pourtant, des paroles malheureuses ont été prononcées, des jalousies se sont installées au foyer, d'anciennes querelles, de nouvelles rivalités sévissent, et on ne les combat guère, car souvent « les vieilles familles s'ennuient ».

La France d'avant 1848 et peut-être la France d'avant-guerre était ainsi. La politique s'agitait autour de certains mots, à peine soutenus par des idées et des convictions ; l'opinion entretenait une opposition verbeuse, qui jamais d'ailleurs n'allait très loin, entre l'administration et les administrés, et dans une société où l'on était sans doute un peu les uns sur les autres, mais heureux à tout prendre, chacun se faisait assez bien sa place, en maugréant pour bien peu de chose.

Mais, le tocsin de 1914 a sonné, la fleur du pays a été fauchée, « l'année a perdu son printemps, » comme le disait Démosthène ; en 1918 nos armées ont défilé sous l'Arc du vainqueur d'Arcole et de Marengo. Il faut qu'un esprit nouveau pénètre dans la maison où est marquée ineffaçablement la place des absents. Ouvrons les portes et les fenêtres ; laissons le souffle de Verdun entrer dans nos poumons et dans notre cœur. Ayons le regret et même le remords de nos anciens dissenti-ments, et que les embrassements que l'on se donnait dans les rues le jour de l'armistice ne soient pas les effusions d'un jour.

Nous avons des possibilités, nous avons des colonies. A quoi bon? C'est la confiance, c'est l'estime les uns des autres, c'est la con-corde qui sont nécessaires avant tout et par-dessus tout.

Peut-être le lecteur me permettra-t-il de faire en terminant un retour sur l'ensemble de la campagne civique que j'ai entreprise depuis déjà de longues années.

La France, après un choc traumatique d'une violence inouïe, s'est redressée profon-dément meurtrie et blessée, pour rechercher à tâtons son équilibre financier dans des chemins inconnus, bouleversés, douteux, qui parfois semblent descendre jusqu'aux abîmes pour remonter ensuite sans doute, mais sans que l'on puisse dégager exactement où ils conduisent, et n'est-ce point l'essentiel?

La stabilisation monétaire dont je m'étais.

attaché, un des premiers, à montrer la nécessité, a permis seule de replacer notre pays dans une voie droite et sûre, dans une de ces avenues « à la française » digne de nos traditions, de notre nature éprise de clarté et de loyauté, qui a plus que le goût, le besoin impérieux de ce qui est sain, clair et ordonné.

Ensuite, par ma campagne contre « la grande injustice » j'ai tenté de décharger en partie notre pays du faix que l'on a mis indûment sur ses épaules au moment même où il s'affaiblissait le plus et n'avait point les forces nécessaires pour le rejeter.

Mais sans doute le dernier mot n'est pas dit sur cette question.

D'ailleurs il faut compter surtout sur notre propre effort; c'est par des actes positifs, c'est par un accroissement de richesses que nous nous redresserons peu à peu de toute notre taille.

Que notre empire colonial nous apporte donc, — et c'est la troisième étape de la campagne civique que je poursuis, — une brillante revanche. Relevons-nous, en réunissant en un faisceau de plus en plus cohérent et solide, toutes les possibilités de « la France des cinq parties du monde », et dirigeons-nous, grâce à cet effort, d'un pas allègre vers les horizons brillants qui sont réservés à un peuple qui, comme le peuple français, joint à une incroyable endurance morale et physique une modération dans les besoins, et un robuste équilibre que nulle autre nation au monde ne possède au même degré.

Pour parfaire cette grande œuvre de relèvement national, déjà bien amorcée, nous avons en nous-mêmes toutes les qualités intellectuelles et morales nécessaires, c'est ce que je voudrais essayer de montrer dans ce nouveau livre, pour que les Français, à pied d'œuvre désormais devant la mise en valeur de leurs colonies, prennent confiance dans leur destin, en ayant *d'abord* et *toujours* confiance en eux-mêmes, dans leur talent et leur mission de colonisateurs.

PREMIÈRE PARTIE

L'ESPRIT COLONIAL

CHAPITRE PREMIER

LE FRANÇAIS A L'ESPRIT COLONIAL

> « On n'a pas dit avant 1789
> que les Français ne sussent pas
> coloniser. »
>
> (Baron PICHON)

Je me suis attaché à montrer ailleurs (1), d'une part quels splendides titres de noblesse possèdent nos colonies, fondées et organisées par tant de héros au grand cœur, d'autre part quelles merveilleuses ressources d'ordre économique, encore à peine exploitées, recèlent ces territoires qui prolongent et complètent à travers tout le vaste monde la France métropolitaine.

(1) Voyez *la France des cinq parties du monde*. Paris, Plon, in-16, 1927, et édition in-8º illustrée, 1928.

25

Aujourd'hui, c'est au cœur même de notre activité colonisatrice que je voudrais pénétrer. C'est l'analyse psychologique de l'esprit colonial que je vais tenter, m'efforçant de montrer les qualités intellectuelles et morales que l'action coloniale exige, mais qu'en même temps elle développe pour en assurer le bénéfice aux Français d'aujourd'hui et de demain et régler ainsi sur un rythme supérieur notre vie de grande nation.

Et d'abord, je m'attaquerai à ce sophisme :

« Les Français n'ont pas l'esprit colonial. »

Que faut-il donc entendre par esprit colonial?

Est-ce l'esprit de conquête? Est-ce l'art de vider de sa substance une terre neuve où l'on s'est installé par la force, à l'aide d'un armement supérieur? La France — quelles que soient les calomnies dirigées contre elle à ce sujet — n'a pas cet esprit-là. Son histoire est un livre ouvert, dont il suffit de tourner les feuillets pour répondre à de telles attaques. Partout y éclate que le besoin d'expansion de notre race a été toujours animé par un esprit de curiosité et, au sens très largement humain du mot, par un esprit de charité, au lieu d'être inspiré par un appétit de conquêtes.

Le pur esprit de conquête, qu'il soit le désir de

la gloire ou la recherche du lucre, n'a jamais rien fondé de durable. Racine, d'un trait de feu, a marqué au front le conquérant

Qui n'a que son orgueil pour règle et pour raison (1).

Des conquérants de cet ordre, on n'en trouve pas dans l'histoire de France. Le plus célèbre capitaine des temps modernes, Napoléon, celui dont le souvenir ou plus exactement la légende a fait si souvent traiter la France de nation belliqueuse, a lui-même affirmé en Égypte des principes de politique sincèrement bienveillante et respectueuse à l'égard des peuples soumis. Il était trop Latin pour oublier le *parcere subjectis*.

Voici par exemple ce qu'écrivait Bonaparte à Kléber le 19 messidor an VI : « Il faut accoutumer ces gens (d'Égypte) peu à peu à nos manières et à notre manière de voir et, en attendant, leur laisser entre eux une grande latitude dans leurs affaires intérieures, surtout ne point se mêler de leur justice qui, étant fondée sur des lois divines, tient entièrement au Coran (2). »

Voilà le principe même que nous avons toujours observé dans nos relations ultérieures avec les peuples musulmans, lorsque nous eûmes conquis

(1) RACINE, *Alexandre.*
(2) *Correspondance*, t. IV, n° 2778

l'Algérie, la Tunisie, et le Maroc. Un détail plus connu mérite d'être rappelé ici. Bien avant que Léon Roches obtînt en 1842 la fameuse déclaration des grands chefs religieux de l'Islam, la *Fattoua* en vertu de laquelle il est permis aux musulmans d'obéir à des chrétiens, Bonaparte obtint une déclaration semblable des ulémas de la grande mosquée du Caire. Voici ce que dit à ce sujet Las Cases dans le *Mémorial de Sainte-Hélène* : « La décision de la grande mosquée du Caire, en faveur de l'armée française, fut un chef-d'œuvre d'habileté de la part du général en chef ; il amena le synode des grands cheiks à déclarer, par un acte public, que les musulmans pouvaient obéir et payer tribut au général français (1). »

Dans cette période de sa vie, Bonaparte lui-même a donc fait preuve d'esprit colonial au sens le plus moderne du mot : il a su, pour faire accepter son autorité, employer d'autres moyens que la force et ceux-là mêmes que les indigènes du pays conquis sont le plus enclins à respecter, d'après leurs traditions et leurs croyances.

En résumé, le colonisateur songe avant tout à l'avenir, à la durée de son occupation, alors que le conquérant s'interdit à lui-même, en n'em-

____

(1) LAS CASES, *Mémorial de Sainte-Hélène*, édit. Garnier, in-18, t. I, p. 175.

ployant d'autre moyen que la force, de penser à cet avenir : il faut à celui-ci des résultats immédiats ; il dit volontiers : « Qu'ils me haïssent, pourvu qu'ils me craignent. » Le premier, au contraire, veut obtenir l'obéissance par un consentement spontané et ce qu'il recherche, c'est l'affection, non la haine.

Mais l'esprit de conquête peut être animé d'un autre mobile que le désir de la gloire, il peut être déterminé par la simple soif du lucre : ici encore, les conquérants ne songent qu'au moment présent, à leur seule jouissance immédiate ; ils ne font rien pour préparer l'avenir et le temps se venge vite de n'avoir pas été appelé dans leurs calculs.

L'histoire des empires coloniaux du Portugal et de l'Espagne vient attester la fragilité de telles conquêtes. Alors que les deux grands pays de la péninsule ibérique eurent des princes, des chefs d'escadre, des conquistadors qui furent capables d'élargir par leur audace les limites du monde connu à la fin du moyen âge, ils ne surent tirer de ces précieuses découvertes que des profits matériels immédiats et passagers qui contenaient en eux-mêmes le principe de leur épuisement : cette raison supérieure, c'était une sorte de prime à la paresse, la satisfaction du moindre effort.

Si l'on se transporte, à l'aide des livres d'autrefois, dans cette Espagne du seizième et du dix-septième siècle, où les galions d'Amérique apportaient périodiquement un flot d'or et d'argent, l'on voit à la porte des couvents une plèbe paresseuse et sordide de mendiants patentés (le mot « mendiant de couvent » désignait une profession véritable) venir quémander chaque jour sa pitance ; on voit des grands d'Espagne venir cacher dans ces mêmes couvents une large partie de leurs rapines et de leurs concussions. Quand le roi fit rendre gorge au duc de Lerme, il fallut plusieurs jours pour enlever la vaisselle d'or qu'il avait mise à l'abri dans un de ces couvents. L'or « sordide et vermeil » restait enfoui dans des coffres aux lourdes serrures. Il ne servait à rien qu'à permettre le faste à quelques grands seigneurs, la paresse à tout un peuple.

Et pendant ce temps, dans les chaînes des Andes, des races anciennes, au passé millénaire et glorieux, étaient réduites en esclavage dans les mines et disparaissaient peu à peu sous les sévices, dans la misère et le désespoir. Jamais l'or ne prouva d'une façon plus tragique sa stérilité, je dirai même sa malfaisance. L'or tuait le goût du travail productif, joyeux et fécond ; il tuait la race des malheureux voués à l'esclavage pour le seul crime d'être nés sur le sol où était enfouie cette divinité barbare ; il tuait même la race des conquérants en la frappant à jamais dans sa volonté, dans sa puissance de créer.

Heureusement ce n'est pas dans l'histoire de la France que l'on trouve de telles pages. Et c'est cependant notre pays que l'on accuse trop souvent d'être une nation de conquérants. Pourquoi? C'est peut-être pour avoir été gouverné pendant quelques années par le plus grand homme de guerre des temps modernes. Mais est-ce là, en bonne justice, une raison suffisante?

Dans notre histoire, Napoléon apparaît comme un accident, glorieux, certes, — et nous sommes fiers de cette gloire, — mais comme un être « hors série ». Dans la longue suite de nos rois, on voit peu de princes disposés à porter la guerre chez d'autres peuples ; ils eurent une besogne plus pressante à accomplir, poussés par le génie même de cette race qui de la mer du Nord à la Méditerranée, de l'Océan au Rhin et aux Alpes, tendait de toutes ses forces obscures et profondes de vie, vers l'unité politique. Aussi se firent-ils avec continuité les serviteurs de ce génie et les artisans de cette unité, S'ils bataillèrent, ce fut pour élever cette belle, harmonieuse et vaste demeure qui s'appelle la France. Et encore beaucoup d'entre eux ont-ils préféré la politique aux armes pour accomplir la séculaire mission que la monarchie française s'était donnée.

*
* *

Ce n'est presque jamais chez nos princes qu'il faut chercher l'affirmation de cet esprit colonial français que l'on a qualifié assez justement d'esprit « missionnaire », c'est-à-dire ce besoin d'entrer en rapports avec d'autres hommes pour les connaître, pour commercer avec eux, surtout pour leur apporter ce que nous croyons être le bien. Cet esprit est au contraire commun dans les milieux modestes de notre pays, dans le peuple même. Tout Français qui part pour l'étranger est à la fois curieux et bienveillant. Il est bienveillant parce qu'il possède une « gentillesse » naturelle et la conviction profonde qu'il est supérieur à toutes les races qu'il rencontrera. Cette pointe de fatuité lui donne la conviction, profonde autant qu'enfantine, que tout le monde est prêt à l'aimer, et il fera tout pour plaire, c'est-à-dire pour ne pas être déçu dans cette conviction.

Ces traits de caractère, nous les trouvons cités par les plus anciens écrivains qui aient parlé des Gaulois. On peut dire qu'ils surent toujours gagner

à eux, « coloniser » leurs vainqueurs. Comparez
ce que Tacite dit des Gaulois à ses remarques sur
les Germains, vous verrez où vont ses sympathies.
Il aurait pu reprendre le *Græcia capta* en le trans-
posant en *Gallia capta*.

Pendant tout le haut moyen âge, bien avant les
Croisades, à une époque où les voyages étaient si
longs, si pénibles, si périlleux parfois, nous sommes
surpris de rencontrer sur les routes qui reliaient
l'Occident à l'Orient, et en particulier dans la vallée
du Danube, un courant continu de voyageurs et de
pèlerins. Nous possédons un grand nombre de ces
« itinéraires », véritables « guides bleus », où sont
notés les étapes, les relais, les auberges. Contrairement à une assertion trop répandue encore, ce ne
furent pas les Croisades qui nous ouvrirent les
portes d'or de l'Orient. Il serait plus juste de dire
que ces portes, entre-bâillées déjà, furent ouvertes
toutes grandes par ces expéditions. Sans doute il
s'agissait de délivrer le tombeau du Christ, de l'enlever aux mains des infidèles, mais sur ce pieux
dessein se greffait tout l'esprit d'aventure et de
rayonnement de la race.

C'est cette facilité à s'adapter qui détermina
tant de chevaliers français à se fixer en Orient, en
Syrie, en Palestine, en Chypre, à Rhodes. Partout
nous retrouvons leurs traces : églises, châteaux

forts, sur ces terres ensoleillées, où la France, grâce
à eux, conserva à travers les siècles jusqu'à nos
jours un si brillant prestige. Notre langue, notre
droit codifié dans les célèbres *Assises de Jérusalem*,
survécurent à la puissance politique de ces petites
principautés franques. On peut même dire que,
depuis les Croisades, les grandes familles françaises
ne cessèrent jamais d'avoir en service quelques-
uns de leurs cadets sur les galères des chevaliers
de Rhodes et de Malte. Dans les villes côtières que
l'Islam avait reconquises, nous conservions des
consuls et des « députés de la nation ». Lorsqu'à
la veille de la guerre mondiale, au hasard d'une
croisière dans le Levant, nos vaisseaux de guerre
venaient relâcher dans un de ces ports, nos officiers
étaient à la fois surpris et émus de voir monter à
leur bord ces « députés de la nation française »,
qui venaient apporter à nos états-majors et à nos
équipages le tribut d'une séculaire fidélité.

Au milieu du quinzième siècle, alors que la
France sortait, exsangue et ruinée, de la plus
affreuse épreuve de son histoire, la guerre de Cent
ans, le fils d'un marchand pelletier de Bourges,
Jacques Cœur, veut apporter un peu de richesse,
un peu de joie dans son pays en deuil. Il se tourne
vers l'Orient, vers le seul pays de soleil qui fût alors
accessible à nos marchands. Il parcourt la Syrie,

noue des relations précieuses dans ces fondouks
de pisé où venaient s'entasser toutes les marchandises rares de l'Orient, les épices, l'ambre, la soie,
les perles, les tapis fins, l'ivoire, les parfums, toutes
les richesses qui avaient suivi au pas ler' des caravanes la longue « route de la soie », toutes celles qui
avaient descendu le Nil sur les felouques aux
grandes voiles triangulaires, que dirigeaient des
esclaves nubiens. En échange de tous ces produits
de l'Asie et de l'Afrique, Jacques Cœur n'hésitera
pas, bravant préjugés et ordonnances royales for-
melles, à exporter de l'or et de l'argent. Il pense,
au rebours des hommes de son temps, qu'entasser
des lingots précieux n'est pas accumuler des richesses. Créer de la richesse, c'est travailler, commercer, créer des communications nouvelles, ce
n'est pas rester immobile devant une balance de
changeur ou un coffre plein, c'est s'assurer une borne
place à ces carrefours où se croisent les grands courants d'échanges internationaux. Certes, l'Islam
interdisait encore aux chrétiens des établissements
territoriaux sur ces terres soumises aux imans du
Prophète ; il édictait à l'égard de leurs navires,
de leurs représentants de commerce, des règles
étroites, soupçonneuses, souvent gênantes ; mais,
avec un peu de souplesse et beaucoup de persévé-
rance, on pouvait tout de même franchir la porte

étroite et traiter des opérations fructueuses. Il fallait aussi respecter la parole donnée, « les règles du jeu », même avec les mécréants. Le capitaine d'une de ces galères ayant enlevé à Alexandrie un jeune esclave more qui s'était réfugié à son bord, Jacques Cœur fit rendre cet esclave au Soudan d'Égypte, afin de ne pas exposer les navires chrétiens à des représailles. Une telle compréhension des nouvelles nécessités commerciales, une telle souplesse, une si adroite manière de traiter les indigènes, — toutes qualités qu'un de mes meilleurs collaborateurs et amis, M. René Bouvier, vient de mettre excellemment en lumière dans un *Jacques Cœur* (1) tout récent et plein de vie, — ne sont-ce pas là quelques-uns des traits où nous reconnaissons le plus sûrement l'esprit colonial?

Dès que la découverte de l'Amérique offrit à la hardiesse de nos marins des routes nouvelles, nous voyons de multiples marins normands, bretons, basques tenter sur des barques de faible échantillon le voyage du Brésil et des Antilles (les isles du Pérou, comme on les appelait alors). A l'aller et au retour, ces navigateurs commerçaient le long des côtes d'Afrique avec les noirs du Sénégal, de la Guinée, du Sierra Leone ; ils vivaient avec eux

---

(1) *Jacques Cœur*, par M. René BOUVIER, 1 vol. in-8º, Champion.

en excellente intelligence. Faut-il rappeler que Catherine de Médicis leva une expédition pour fonder un empire français au Brésil, que Villegagnon tenta d'y créer un royaume?

Mais la plus belle affirmation de cet esprit missionnaire français fut sans aucun doute la merveilleuse épopée qu'a retracée M. John Finley, un grand savant américain, dans son livre célèbre : *les Français au cœur de l'Amérique.* L'auteur rappelle comment ce fut, non pas dans les ports espagnols et portugais, non pas en Angleterre mais à Saint-Malo, que naquit « la hantise de l'Ouest ». Jacques Cartier, Roberval, Champlain, Lescarbot, quelle foi était la leur ! Voici ce que disait Lescarbot aux Français : « Il faut dilater les bornes de votre pitié, justice et civilité, en enseignant ces choses aux nations de la Nouvelle-France. » Pitié, justice et civilité, quelle admirable devise et comme elle résume bien l'esprit colonial français ! Le jour où l'enseignement officiel voudra donner à nos enfants la fierté d'appartenir à une telle patrie, il faudra bien leur parler de ces « coureurs des bois », Nicolet, Le Caron, Lalemant, Louis Joliet, le Père Marquette, Cavelier de la Salle.

Quelle admirable floraison de dévouement jaillit alors du sol français ! Peu à peu, sur les pas des premiers pionniers, vinrent s'établir des commerçants, des colons. M. Finley fait d'eux ce portrait plein de finesse et de saveur : « Dans les circonstances ordinaires, c'étaient des hommes charmants et de bonne humeur, parfaitement polis, se distinguant en cela avantageusement des hommes de la frontière, et religieux, tout en aimant le plaisir et la danse. Enfin, bien qu'à la longue ils se fussent assimilé certains traits de caractère empruntés aux Peaux-Rouges et que même, ne sachant plus compter les mois et les années, ils mesurassent le temps, comme le faisaient les Indiens, d'après les crues du fleuve ou le degré de maturité des fraises, ils avaient conservé beaucoup de qualités aimables... »

N'ont-ils pas eu l'esprit colonial, les hommes qui fondèrent le Canada et la Louisiane, donnèrent à cet immense continent une civilisation et lui imprimèrent une marque si forte qu'au dire de leur dernier historien, M. John Finley, « les Français ne pourront jamais perdre moralement ce pays, à moins qu'ils ne l'oublient? » Puisse la honte d'une telle ignorance être épargnée à ce pays ! Lorsqu'il sera, d'ici vingt ans, un grand pays colonial, il saura les noms de tous les artisans de cette grande France américaine qui est si noblement fière, elle, de tant leur devoir !

*
* *

J'ai dit ailleurs, et je n'y reviendrai pas, comment, déjà sous l'ancien Régime, la France avait constitué le plus bel empire colonial, le plus complet qu'il fût possible de concevoir. Mais ce qu'il faut noter ici, c'est que ce magnifique empire, ayant été presque entièrement perdu à la fin du règne de Napoléon Ier, fut en grande partie reconstitué *à peine un siècle après*, sous l'irrésistible poussée des aspirations de la race.

Ce qui est le plus frappant, c'est que cette œuvre splendide, — qui défie toute comparaison, — a été accomplie sans que la grande masse de l'opinion publique en ait eu conscience. Cela prouve sans doute qu'une telle œuvre était fatale, dictée en quelque sorte par notre instinct le plus profond, mais cela prouve aussi que jusqu'à ce jour, tout comme le brave M. Jourdain faisait de la prose sans le savoir, *nous avons été des coloniaux sans nous en douter.*

Qu'on se rappelle en effet combien, il y a moins de cinquante ans, il était de mode de nous dénigrer à cet égard, de dire de nous-mêmes : « Nous autres, Français, qui n'avons pas l'esprit colonisateur, » et d'admettre, de vanter même la complète supériorité des Anglais sous ce rapport !

Sous la Restauration et sous Louis-Philippe, nous assistons à une éclipse complète de l'esprit colonial ou du moins de ses manifestations. Nous voyons se produire le curieux phénomène du repliement de tout un peuple : son horizon se limite désormais au cercle étroit de la bourgeoisie parisienne. La France, c'est le quartier du Marais. Et cependant une force supérieure à l'opinion publique nous engage dans des voies nouvelles. La conquête de l'Algérie, engagée par la Restauration, continuée par le roi-citoyen, devient la première pierre d'un Empire colonial nouveau.

L'expédition d'Alger ne fut pas engagée sans beaucoup d'hésitations : successivement les cabinets Villèle et Martignac en repoussèrent le principe. Le plus récent et le meilleur historien de la prise d'Alger, M. Esquer, a dû consacrer un chapitre de cinquante pages à ces tergiversations. Le prince de Polignac pensa d'abord à faire venger par Méhémet-Ali les insultes diverses faites à notre pavillon. Quand le gouvernement commença ses préparatifs, Chateaubriand et le vice-amiral Verhuel à la Chambre des pairs, de Laborde à la Chambre des députés, toute la presse libérale critiquèrent vivement le cabinet Polignac. La haine, la crainte, la hantise de l'Angleterre animent ces polémiques : la nation n'a pas encore brisé les moules où Napoléon lui a imposé de couler ses pensées.

Et voici comment les *Débats* représentaient l'Afrique à leurs lecteurs : « Alger est une ville triste, une rude terre : des barbares, des soldats, des citadelles. Tout cela entouré de déserts où rugit le lion, le chacal, la hyène, où se traîne le serpent boa, comme au temps de Régulus, et dans les plus riches maisons de petits scorpions dont la piqûre est mortelle ; puis, quand l'été est venu, des sauterelles, véritable plaie d'Égypte, qui se pressent, intrépides comme les armées de Gengis-Khan, qui dévorent jusqu'à l'écorce des arbres. Pour tout dédommagement, vous n'avez, par intervalles, que la caille fatiguée, quand, transfuge de nos bruyères parfumées, elle s'abat sur le rivage, incapable d'aller plus loin... Outre ces maux généraux, parmi lesquels j'ai oublié les sables du désert et les périls qu'on va chercher à dos de chameau ou sur les pas légers du dromadaire, et le « simoun », espèce d'ouragan de terre, peste de chaque jour, « corruption, » comme l'appelle l'Écriture... il n'y a que deux bonnes choses dans ce pays : l'opium, cette poésie de la brute, et l'essence de rose. »

Voilà ce que le journal le plus savant et le mieux

informé de l'époque connaissait de l'Algérie, en matière géographique aussi bien qu'ethnographique et économique. Aussi, peut-on penser qu'exaltés par des descriptions aussi alléchantes, marins et soldats de l'expédition n'aient guère eu le sentiment de partir vers une guerre « fraîche et joyeuse » !

De plus, on l'a remarqué très justement (1), nos soldats, au début des opérations, étaient armés de fusils à pierre, dont la portée était inférieure aux armes des Arabes. Les officiers supérieurs et généraux, nés avant 1780, ne possédaient aucune instruction générale : ils avaient passé leur jeunesse à l'époque de la Révolution, qui avait détruit à peu près tous les établissements d'enseignement ; pendant leur âge mûr, ils avaient été incapables de concevoir un autre esprit que l'esprit de conquête et ils connaissaient les lendemains des coûteuses victoires. Le baron Pichon craignait que la conquête d'Alger ne devînt, « comme toutes nos entreprises depuis quarante ans, une démolition qui tourne au profit des autres et à notre détriment ». Les souffrances, les revers des guerres de l'Empire avaient tué le sentiment qui doit être à la base de toute vocation coloniale : la foi. Comme l'a écrit

(1) E.-F. GAUTIER, *l'Algérie et la métropole;* Paris, Payot, 1920, in-18, p. 58 et suiv.

très justement le même baron Pichon : *On n'a pas dit avant* 1789 *que les Français ne sussent pas coloniser.* Cette méfiance de nous-mêmes, c'était le fruit amer de la faillite de l'esprit de conquête.

Héritage coûteux, difficile à gérer, d'un gouvernement déchu, la conquête de l'Algérie, blâmée périodiquement à la Chambre, et par Bugeaud lui-même, alors qu'en 1837 il était encore député, fut poursuivie par la monarchie de Juillet et par la France. Les fils du roi des Français y firent noble figure, une armée nouvelle s'y forgea peu à peu, où brillèrent à nouveau toutes les qualités militaires de notre race.

Mais ce n'est pas, en France, l'armée qui fait l'opinion : elle ne parle pas publiquement, on ne publie les lettres et les mémoires des généraux qu'après leur retraite ou leur mort. La masse de la nation ne considéra ces campagnes d'Algérie que comme des tournois colorés et un peu lointains, comme des sujets de tableau très décoratifs : *la prise de la Smalah...* Vernet, Decaen, Delacroix. Le sens et la portée des événements qui se déroulaient en terre africaine échappaient presque entièrement aux bons bourgeois de France. Les littérateurs n'en parlaient pas. Lisez Balzac (son œuvre porte cependant ce titre : *la Comédie humaine!*) : il n'y est nulle part question de l'Algérie.

Il en fut ainsi jusqu'à la guerre de 1870 : jusque-là, en effet, hommes d'État, littérateurs, hommes d'affaires semblent s'être volontairement imposé des œillères pour ne regarder que l'Europe. Certes, jamais on n'eut à pareil degré « l'esprit européen » ! Tous les vieux rêves diplomatiques du dix-septième et du dix-huitième siècle, la hantise des souvenirs napoléoniens, limitaient à l'Europe les facultés d'observation et même les puissances d'imagination de tous ceux qui détenaient le pouvoir ou dirigeaient l'opinion. Il fallut attendre que Bismarck eût brisé tous ces rêves confus d'hégémonie européenne, en prenant, en tournant contre nous la barrière du Rhin ; il fallut attendre même — ô ironie ! — les encouragements du chancelier de fer, pour que la France pensât à chercher dans les entreprises coloniales la revanche de sa cruelle défaite militaire. Alors seulement quelques hommes d'État — et en bien petit nombre — furent à même de concevoir l'ampleur et la beauté d'un plan d'action nouveau.

Et cependant on eût bien étonné les plus hardis de ces précurseurs, si on leur eût fait entrevoir le splendide achèvement d'aujourd'hui. Pour ceux-là, même pour un Jules Ferry, pour un Paul Bert, le dogme subsistait que l'Angleterre était reine et maîtresse et que la seule prétention permise à la

France était celle de constituer — prudemment et sans trop porter ombrage à « la perfide Albion » — quelque chose qui approchât, de loin, de son Empire.

Or ne sommes-nous pas en droit d'affirmer à l'heure présente que si, pour l'étendue, le nombre des habitants, le cube et la valeur des marchandises produites ou transportées, notre Empire colonial n'est, sans doute possible, que le second, il est peut-être le premier à d'autres égards?

Ne voyons-nous pas en effet l'Empire britannique non pas se désagréger, ce serait beaucoup trop dire, mais enfin perdre tous les jours davantage cette unité compacte qui est non seulement l'expression, mais la manifestation de la force? Les diverses possessions britanniques forment de moins en moins un bloc. Elles nous apparaissent comme les anneaux d'une chaîne, d'une chaîne solide certes, mais où chaque anneau devient plus jaloux chaque jour de son individualité, tend à s'affranchir du poids très lourd dont pèsent sur lui tous les autres. Est-il nécessaire de rappeler des preuves de ces tendances nouvelles? C'est la politique navale de certains Dominions, comme l'Australie, qui ne semble pas voir la question du Pacifique avec les mêmes yeux que les Lords de l'Amirauté, c'est le Parlement de l'Union sud-africaine, dont les tendances ne s'accordent guère avec celles du *Colonial Office,* ni même avec celles du *Foreign Office,* c'est le Canada qui revendique les droits actifs et passifs d'une représentation diplomatique propre auprès des puissances étrangères.

Les colonies françaises nous présentent un tout autre spectacle. Malgré leur extrême diversité de position, de races, de religions, de produits, toutes tendent vers une intégration de plus en plus étroite avec la mère patrie. Lorsqu'au moment du grand péril de la terre de France, nous fûmes en situation de nous poser avec le poète cette angoissante question :

Après tout ces États qu'Alexandre a soumis,
N'est-il pas temps, Seigneur, qu'ilcherche des amis (1)?

les premiers amis qui vinrent à notre aide furent ces peuples mêmes dont nous avions achevé — et pour certains (le Maroc) dont nous n'avions pas encore achevé — la soumission.

La conscience de l'unité française, partout où flotte le même drapeau, existe et se développe. Je me suis attaché pour ma part à prêcher que métropole et colonies sont termes qui ne doivent jamais s'opposer et qu'il n'y a qu'une France.

(1) RACINE, *Alexandre.*

Nous devons même, tant la tendance de l'esprit français vers l'unification est forte, veiller à ce qu'on ne tombe pas dans l'excès contraire, et qu'on sache respecter, sur la diversité des longitudes et des latitudes, les diversités de races qui ne peuvent toutes se plier aux mêmes institutions.

Mais quand on voit régner la paix française partout où flottent nos trois couleurs, quand on voit se produire chaque jour tant de manifestations de solidarité souvent touchantes, il faudrait vraiment être animé de l'esprit de contradiction le plus paradoxal, le plus fou et aussi le plus coupable pour oser encore soutenir que les Français n'ont pas l'esprit colonial.

Ils l'ont certes au plus haut degré, mais ils n'en ont pas encore pleinement conscience.

Pour éveiller cette conscience, que peut-on faire de mieux que d'analyser l'esprit colonial et de montrer tous les bienfaits qu'il peut apporter non seulement à nos diverses France coloniales, mais encore à la France métropolitaine elle-même?

CHAPITRE II

DE QUOI EST FAIT L'ESPRIT COLONIAL

Les Français sont des coloniaux sans le savoir, tout comme ils ont des colonies qu'ils ignorent. Essayons donc de le leur prouver à eux-mêmes par la simple analyse du génie colonial. En reconnaissant dans cette image quelques lignes distinctives de leur propre caractère national, nos compatriotes seront ainsi contraints de s'avouer un peuple colonisateur, digne de gouverner un vaste empire. Car pour soutenir l'effort de volonté qu'exige une telle tâche, il convient qu'une nation soit assurée de posséder les qualités morales qui rendront légitime son autorité même.

Le premier trait distinctif de l'esprit colonial est la curiosité. Peut-être le Français est-il curieux parce que son pays a beaucoup de fenêtres sur le monde, et surtout sur la mer. Quand un pays possède le développement de côtes que présente le nôtre, ses habitants ne peuvent se sentir enfermés ;

ils doivent, fatalement, aller voir ce qui se cache au delà de l'horizon. Dès l'antiquité romaine, les populations du littoral de la Manche se rendaient en Angleterre ; au moyen âge, Normands et Bretons allaient pêcher sur les côtes du Canada et sur les bancs de Terre-Neuve ; au seizième siècle, ils armaient pour le grand commerce sur la côte occidentale d'Afrique, le Brésil et les Antilles. Enfin la Méditerranée n'avait pas de secrets pour les marins provençaux.

En outre, la terre de France s'est elle-même ouverte de tous temps à de grands courants de circulation humaine qui ont permis à ses habitants indigènes d'écouter les récits de voyageurs, et d'éveiller à ces récits leur imagination et leur curiosité. Les vallées du Rhône et de la Seine virent passer les Grecs qui allaient chercher l'étain aux îles Cassitérides ; tout le Midi, tout le Sud-Ouest furent accueillants aux Grecs et aux Romains ; enfin nos grandes plaines de l'Est et du Nord n'opposèrent jamais d'obstacles aux invasions des peuples de l'Europe centrale et orientale qui marchaient vers l'Ouest, en suivant le soleil. Ni les Alpes ni les Pyrénées ne sont des barrières ; il est trop aisé de les tourner en suivant les côtes par la mer.

A pays accueillant, esprits ouverts. Les plus

vieux documents de nos archives attestent chez nos
compatriotes le goût des voyages : nous en avons
cité quelques-uns dans le précédent chapitre, et
nous pourrions mentionner encore le titre d'un
manuscrit, bien souvent reproduit au moyen âge
et qui dit à lui seul l'attrait des récits de voyages
sur l'esprit de nos ancêtres : *le Livre des Merveilles*.
Au reste, s'il est vrai que l'esprit d'un enfant nous
montre en raccourci, au cours de son développement, l'histoire des lents progrès intellectuels d'un
peuple, ne devons-nous pas noter ici la passion
dont témoignent nos enfants de France pour les
récits de voyages et les contes venus des pays lointains? Les *Voyages extraordinaires* de Jules Verne
ont dû leur succès au fait qu'ils donnaient une
pâture à cette sorte de faim ; et, bien avant eux,
les *Mille et une Nuits* avaient connu le même
succès. Il n'est pas jusqu'aux fables de La Fontaine,
si françaises de forme, si champenoises à certains
égards, et même image si fidèle, comme Taine l'a
montré, de la cour de Louis XIV, qui ne répondent
à ce besoin permanent de l'esprit français : la plupart des sujets que traitent les fables appartiennent
au folk-lore oriental ; ils étaient connus dès le
moyen âge, comme le prouvent ces recueils d'anec-
dotes, « d'essemples » comme on disait alors, à
l'usage des prédicateurs, dont on possède tant de

manuscrits, et qui fournirent aux premiers imprimeurs une « copie » si abondante. On pourrait illustrer une bien curieuse édition des fables de La Fontaine avec les petites gravures sur bois qui accompagnent ces récits dans nos premiers livres imprimés du quinzième et du seizième siècle.

En vieux français, les mots *aventure, aventureux,* avaient un sens favorable, presque laudatif, et il a fallu attendre le dix-neuvième siècle aux bourgeoises prudences (il est vrai que la France, après la Révolution et l'Empire, pouvait être, à juste titre, lasse d'aventure), pour donner une acception péjorative au mot aventurier. On a oublié d'admirer l'audace contenue dans ce terme pour ne retenir et condamner que l'absence possible de scrupules. C'est aussi au dix-neuvième siècle que l'on a vu blâmer la curiosité, — surtout chez les enfants. Comme si la curiosité n'était pas la clef du savoir !

Toutes ces fragiles et prudentes barrières sont aujourd'hui emportées par l'admiration qu'inspirent aux jeunes esprits les merveilleuses inventions modernes et les courageuses randonnées de nos contemporains ; ce n'est pas au siècle de l'automobile, de la T. S. F., de l'avion et du cinéma que l'on peut mettre sous le boisseau la curiosité de jeunes intelligences avides : on m'a dit que dans une sorte de referendum, tenté dans les écoles de petites filles, en Meurthe-et-Moselle, sur cette question : « Quelle est la femme que vous voudriez être, » une majorité écrasante répondit : « Madame Delingette ! »

Excellent plébiscite, et dont l'éducation officielle devrait tenir compte d'une façon pratique. Certes les modernes manuels de géographie, tout enrichis de photographies, ne ressemblent plus guère aux tristes nomenclatures d'après lesquelles jadis nous apprenions à parquer les humains sans plus entre des latitudes numérotées ; mais je voudrais voir le professeur de géographie faire sa classe devant un écran de cinéma ; je voudrais voir aussi les programmes d'examen s'alléger de toute une poussière de connaissances inutiles, réservées aux érudits. Il appartient à l'enseignement officiel de développer ce goût de notre race, cette curiosité qui aime à regarder le monde avec des yeux neufs. N'est-ce pas le plus beau des livres pour qui sait voir ?

Mais, et c'est un autre trait de notre caractère national, notre curiosité est tout éclairée de sympathie. Gœthe disait : « Pour comprendre, il faut aimer. » Peu de nations savent d'instinct appliquer cette maxime si profonde. Les Anglais aussi sont curieux : leur langue le prouve, elle est infiniment riche en termes désignant, avec des nuances précises, toutes les sensations visuelles.

Or ce ne sont pas là des synonymes ; je crois en effet qu'il n'y a pas de synonymes : dans la vie des mots s'exerce une sélection, comme entre les êtres vivants, et les inutiles sont éliminés par ceux qui servent. Tout ce qui est histoire naturelle enchante nos amis d'outre-Manche : ce sont des botanistes hors ligne, de délicieux poètes et peintres de la nature ; mais dans le monde, ordonné comme un vaste parc, ce que pensent les hommes ne les intéresse guère, si ces hommes ne sont pas nés dans le Royaume-Uni. Les non-Britanniques ne sont que des *natives*, les diverses variétés d'une espèce animale très répandue : que ces spécimens puissent avoir des façons différentes de penser, de sentir, de vouloir, peu importe. Pourquoi chercher à connaître de telles particularités? Elles ne présentent aucune importance et le touriste de Cook, s'il vient à constater de semblables singularités, sans d'ailleurs avoir rien fait pour les observer, se borne à murmurer : *funny people*, drôles de gens !

Nous, Français, nous avons le besoin de tout comprendre et nous sommes curieux de psychologie. Cet esprit d'analyse, ce goût de la psychologie sont-ce des survivances lointaines de ces générations de légistes, nourris de droit romain, qui ont, à travers les siècles, fourni l'armature intellectuelle et sociale de notre pays? Sont-ils une résultante de cette formation religieuse très forte qui poussait nos pères à se passionner pour des discussions théologiques et à les soutenir même, hélas! les armes à la main? Après le droit et la religion, la littérature a déterminé ce goût de notre esprit : toutes nos lettres françaises sont animées de cette recherche passionnée des lois de l'esprit et du cœur humains. Notre littérature, qu'elle soit classique ou romantique, est une littérature profondément humaine : elle a souvent visé à l'universel, et connu, pour cela peut-être, un succès également universel. Molière, traduit et joué par des étudiants annamites, obtient un vif succès à Hanoï ou à Saïgon.

Ainsi formé, l'esprit français a le goût de la recherche intellectuelle, il aime savoir quelle vie anime d'autres cerveaux et veut connaître au delà des seules apparences.

Une nouveauté n'excite pas, comme chez le touriste de Cook dont nous parlions tout à l'heure, la raillerie ou le mépris scandalisé. Nous avons le goût de la nouveauté, et ce goût détermine des modes pour lesquelles de temps à autre « s'emballe » le public. Un ambassadeur du sultan du Maroc

vient-il à la cour de Versailles? Voilà toute la cour
qui joue les Mamamouchis et Molière qui écrit le
ballet du *Bourgeois gentilhomme*. Un envoyé du
Grand Seigneur est-il reçu aux Tuileries? Les bou-
tiques des marchands se remplissent de « turque-
ries » charmantes. Nous fûmes ainsi Persans avec
Montesquieu, Hurons et Chinois avec Voltaire,
nous fûmes hier Japonais avec Mme Chrysanthème,
Russes avec Chaliapine et Nijinsky, aujourd'hui
nous sommes nègres avec Mlle Joséphine Baker.

Tout cet exotisme, en grandes vagues venues
alternativement des quatre coins de l'horizon, nous
emporte et nous ravit quelques jours ou quelques
mois. Nous nous plongeons dans ces vagues comme
dans un bain capable de nous rafraîchir l'esprit,
de le rajeunir, de le recréer. Lisez les récits de
voyages écrits par des Français (ils forment une
bibliothèque immense et qui ne néglige aucun coin
du monde), vous y rencontrez toujours ce qu'on
a pu appeler « la gentillesse » de notre race, cette
indestructible tendance à vouloir séduire en étant
gracieux, ce besoin « d'apprivoiser les sauvages »
qui nous a fait si souvent traiter nous-mêmes de
funny people par les Anglo-Saxons. Nous aimons
tellement plaire que nous sommes toujours prêts
à aimer les autres pour être payés de retour. C'est
souvent un marché de dupes : car ce n'est pas aux

charmeurs qu'on est le plus fidèle en amitié politique comme en amour. Le séducteur parti, le charme souvent se dissipe, et nous sommes quelquefois tout éberlués de certaines infidélités que nous constatons à notre retour.

*
* *

Cette sympathie, fille de notre curiosité, mais déjà supérieure à elle, se transforme souvent en un sentiment beaucoup plus utile et plus profond : en générosité. On l'a maintes fois écrit, le Français a l'esprit missionnaire ; il veut donner aux autres peuples ce qu'il croit avoir découvert. Pendant de nombreux siècles où notre peuple vécut d'une vie religieuse si intense, le vrai, le beau et le bien se confondaient à ses yeux dans une seule chose, la religion chrétienne, et notre pays donna naissance à de multiples convertisseurs, quelquefois à des convertisseurs acharnés. Il faut bien reconnaître d'ailleurs qu'aujourd'hui encore la forme de vie que recommande cette religion serait pour bien des peuples, s'ils pouvaient y accéder, un incontestable progrès intellectuel, moral et social. La monogamie qui donne une dignité à la femme, la famille devenant la véritable cellule sociale, le respect de la vie et du bien d'autrui, sont des conquêtes précieuses que beaucoup de groupements humains ne possèdent pas encore.

Au reste cet esprit missionnaire s'épanouit parfois en magnifiques fleurs d'amour : lorsqu'on voit des jeunes gens et des jeunes filles de la douce France partir en Afrique, en Océanie, en Asie pour soigner des lépreux, on demeure saisi d'un respect et d'une émotion qui nous font participer quelque peu de leur religieuse ferveur. Il en est, de ces religieux et de ces religieuses, qui s'ingénient à chercher toujours les plus malheureux, les plus déshérités du monde. C'est le sentiment qui guidait le Père de Foucauld quand il s'avançait toujours plus avant dans le désert, en cherchant ce qu'il appelait, d'un mot si curieux et qui revient si souvent dans ses lettres, « l'abjection. »

De nos jours, tout près de nous, au sein même de notre vie factice et fiévreuse, il est encore des âmes ardentes qui se préparent, avec la ferveur d'un renoncement total, à d'aussi sublimes dévouements. Elles ont au cœur une espérance divine qui les soutient sur les routes lointaines que beaucoup ne referont jamais vers leur famille et leur patrie.

D'autres servent avec le même dévouement, le même désintéressement la « nouvelle idole », la science ; voyez ces jeunes médecins qui s'enfoncent dans la grande nuit de la forêt équatoriale pour y étudier, y combattre la maladie du sommeil et tous les fléaux qui, décimant nos populations noires, éclosent à l'ombre de ces arbres géants, comme de vénéneuses orchidées.

Contemplez ces autres qui, sur les pas de nos colonnes, s'installent dans le grand Atlas marocain, et y fondent une de ces petites cellules de charité rayonnante, qui seront la base la plus sûre du prestige, de l'autorité française. Regardez enfin ces équipes de médecins et d'infirmières qui s'embarquent au premier appel s'il faut aller combattre la mort, que ce soit la peste à Tien-Tsin ou la fièvre jaune à Dakar. Beaucoup n'ont pas au cœur l'espoir d'une récompense céleste, et ce n'est pas, quoi qu'on dise, seulement pour un bout de ruban rouge qu'on va livrer de tels combats : il faut un aliment à la flamme qui les entraîne ; ils servent la science et ils servent la patrie, avec la même foi que les Croisés servaient leur Dieu, mais ils servent aussi ce besoin si français de secourir des êtres qui souffrent ; ils sont, même athées, les fils d'une civilisation tout imprégnée de « charité » ; ah ! je les reconnais tous, ils sont bien de chez nous !

Mais panser les plaies, secourir les malades n'est pas la seule forme que puisse revêtir la « générosité française » ; le grand et regretté dramaturge

François de Curel a traité cette question de main de maître dans *le Repas du lion*. L'assistance directe aux malheureux n'est pas la seule forme de la charité, c'est aussi faire du bien que fonder des entreprises, et créer de la richesse par du travail. Que de fois ai-je visité dans mes voyages aux colonies des entreprises de culture, fondées par des capitaux et des techniciens français, pour discipliner la fécondité de la nature tropicale, et lui faire rendre des produits qui pussent entrer dans les grands courants d'échanges entre les hommes. Là aussi, sous la véranda, après une longue et pénible journée de travail, à l'heure où l'on attend du crépuscule bref un peu de fraîcheur bienfaisante, à l'heure où les villages de travailleurs indigènes retentissent de chants de femmes et de jeux d'enfants, j'ai trouvé dans les yeux des chefs autre chose que la fierté d'une réussite difficile, autre chose que la dureté qu'imposent la responsabilité et le commandement : un reflet lumineux de bonté. Et ces planteurs pensaient : j'ai créé une richesse nouvelle dans un coin de jungle ; grâce à moi, des familles groupées ici mangent à leur faim, gagnent en raison directe de leur effort, elles ne sont plus soumises à des usuriers ou à des chefs indigènes qui enchaînaient leur labeur. Elles connaissent une sécurité du lendemain qu'elles n'avaient pas hier, et, quand je passe, les yeux ne se détournent pas, je reçois des sourires d'enfants ! Ces planteurs aussi étaient des hommes de ma race.

Seuls les peuples accueillants à l'étranger sur un sol largement ouvert, les peuples curieux et bienveillants sont capables de concevoir ainsi le besoin de coloniser et leur rôle de colonisateurs. Prenez au contraire le Germain, toujours le même dans ses forêts, depuis Tacite ; il saura « faire de la guerre une industrie nationale », pour piller périodiquement ses voisins, mais il sera incapable de fonder sur des terres neuves de belles entreprises pour élever vers plus de bonheur une portion jusque-là misérable de l'humanité.

Pour manifester pleinement aux autres peuples une agissante et généreuse sympathie, il convient de posséder une autre qualité encore : la clairvoyance. « Il ne faut pas donner à tort et à travers », disent les bonnes gens de chez nous, ce qui signifie : il ne faut rien gaspiller, même son cœur. Sans clairvoyance, nous risquerions de mal utiliser les conquêtes précieuses de notre curiosité bienveillante. A quoi bon étudier des êtres différents de nous, des sociétés autres que la nôtre, gagner leur cœur par nos services réels, si nous ne faisons pas servir les connaissances acquises ainsi, à les diriger vers le mieux, à écarter de leur route les expériences fâcheuses où conduisent les fausses doctrines?

Avons-nous le droit de considérer les hommes, leur travail, leurs aspirations, leurs rêves même, comme nous observerions l'activité d'une colonie de termites ou d'une ruche d'abeilles? Non, chez un homme moderne, le sens de la solidarité humaine parle trop haut pour nous permettre une impassible indifférence devant la vie d'êtres semblables à nous. Si l'on nous dit qu'une mortalité effroyable décime les enfants noirs, que la famine menace aux Indes des millions d'habitants, nous sentons s'élever en nous un besoin de secourir ces malheureux. C'est le réflexe de notre sensibilité, mais notre intelligence l'approuve : car la conclusion de tout ce que nous pouvons apprendre, c'est la notion de la solidarité étroite qui relie les hommes entre eux sur toute la surface du monde.

C'est pour l'homme moderne, bien plus que pour ses contemporains, que le sage antique a pu écrire : je suis homme et rien d'humain ne m'est étranger. Une catastrophe au Japon, et les cours de la soie monteront à Lyon et à Milan. Une guerre dans le Pacifique, et les gigantesques usines d'Akron et de

Détroit seront peut-être obligées de fermer leurs portes. Que le ver rose du coton ravage le Texas, il y aura du chômage dans nos filatures et nos tissages du Nord, de la Normandie et des Vosges. Nos besoins sont si complexes, nous avons, comme à plaisir, tellement compliqué notre vie, le moindre fait économique détermine de telles incidences, que tous les peuples sont solidaires de leurs efforts ; une seule loi les courbe tous, la loi du travail. Que l'un d'eux, comme frappé de vertige, veuille briser cette chaîne qui les rive les uns aux autres, il souffrira durement comme un esclave évadé, mais traqué. De plus il apportera un trouble grave dans le reste de la pauvre fourmilière humaine. Ainsi avons-nous vu la Russie se mettre à l'écart du monde : ce grenier à blé est vide, ces terres noires dont on nous enseignait jadis l'inépuisable fécondité ne produisent plus assez pour permettre à leurs détenteurs d'acheter à l'Europe de quoi se vêtir, de quoi se chausser. Sur le terrain de parcours de la fourmilière humaine il existe désormais une région interdite, les courants se sont détournés, il a fallu chercher d'autres voies ; expériences lentes, hésitantes, qui ne s'acquièrent pas sans piétinements, ni contremarches.

Si un peuple, par l'ancienneté de son histoire, par l'ampleur de ses connaissances, est en mesure d'éviter à d'autres ces leçons qui se payent si cher, son devoir sera de veiller à les lui épargner. Voulez-vous un exemple? A cette heure, la Chine traverse une épreuve que la France a connue au temps de la guerre de Cent ans : elle en est exactement à l'âge des grandes Compagnies ; sous nos yeux, de notre temps, c'est là-bas le quatorzième siècle. Aucun peuple européen isolé ne pouvait écarter de ces quatre cents millions d'hommes le fléau d'une semblable anarchie. Sans doute ; mais un peu d'entente entre les puissances eût empêché peut-être ces massacres, ces famines, ces lamentables migrations dont les échos et même les images nous parviennent chaque jour. Par défaut de clairvoyance, certaines nations prisonnières d'intérêts égoïstes ont empêché cette action commune que recommandait la France. Toutefois la leçon, il faut l'espérer, ne sera pas perdue pour nous, là où nous avons conservé la liberté d'agir seuls. Nous saurons épargner ce péril à l'Indochine, même si certains de ses fils, grisés de mots, voulaient tenter une aventure qui serait fatalement aussi douloureuse et aussi décevante.

Nous, Français, nous avons le droit de dire que nous savons ainsi prévoir, car ce droit nous l'avons payé assez cher. A l'inverse de ces peuples qui sont souvent en retard d'une idée, nous semons les pensées nouvelles, quelquefois même d'un geste trop audacieux : en politique européenne, nous avions prévu le vertige des ambitions allemandes, et le peuple qui a percé l'isthme de Suez, attaqué le premier l'isthme de Panama est fondé à déclarer qu'il avait deviné les transformations de la politique économique mondiale. Appliquons donc notre clairvoyance à guider les peuples placés sous notre tutelle : sachons discerner dans leurs aptitudes celles qu'il convient d'encourager, dans leurs traditions celles qu'il faut maintenir. Ne brisons pas les cadres sociaux où ils vivent, avant d'être assurés qu'ils peuvent en former d'autres et meilleurs. Ne détrônons pas leurs dieux si leurs cerveaux ne peuvent concevoir nos formes de religion et si nous risquons de les laisser désemparés devant un ciel vide.

D'ailleurs ne savons-nous pas que les religions diverses ne sont que des étapes plus ou moins avancées sur une même route, celle que suivent tous les hommes angoissés par ce qu'ils ignorent et surtout par le grand inconnu de la mort? Nos ancêtres grecs et romains ont été des animistes comme le sont aujourd'hui les Noirs du Niger et du Congo ; entre les chênes de Dodone et les bois sacrés d'Afrique il n'y a aucune différence essentielle, non plus qu'entre les devins, les augures, et les griots.

A cette clairvoyance si nécessaire dans les relations entre les peuples, je crois que les Français peuvent prétendre grâce à cet ensemble de dons intellectuels qu'on n'hésite pas à leur reconnaître : le sens des réalités joint à cette finesse d'intuition qui sait dégager l'avenir au delà du présent, le réel derrière les apparences. Nous ne clamons pas sur les toits, comme les Allemands, que nous sommes de grands philosophes, — et peut-être, en effet, sommes-nous rarement des métaphysiciens. Mais ce n'est pas, en politique, les métaphysiciens qu'il faut suivre ; il vaut mieux prendre pour guides des psychologues, car c'est l'âme humaine, ou l'âme collective des peuples, qu'il s'agit de connaître, pour ne pas la heurter, et pour tenter de la diriger d'une main légère...

Avoir le sens clairvoyant de la solidarité humaine, témoigner à d'autres peuples une sympathie agissante, ce n'est pas renoncer pour cela à sa propre individualité nationale, c'est tout au contraire suivre les voies du plus noble patriotisme.

En fait, tout voyage en pays proche ou lointain nous fait mieux comprendre et mieux aimer nos compatriotes et notre terre natale. Il faut n'être jamais sorti de France pour nier la réalité de l'idée de patrie. Si un Français est obligé de vivre à l'étranger, il deviendra patriote dans certains cas avec fureur, avec une hâte impatiente de ne plus entendre certaines langues, de ne plus voir certains paysages ou certaines architectures. S'il vit dans une colonie française il songera souvent avec le même regret à la douceur de l'air, au charme de notre pays, à la grâce de nos vieilles villes, patinées d'histoire, mais il connaîtra aussi cette émotion profonde que le sol où il vit, où il peine, où il souffre peut-être, est là encore, à des milliers de kilomètres de son berceau, un sol français.

Dans cette émotion il n'entrera pas le plus souvent une fierté de conquérants, mais plutôt la conscience d'un accroissement, d'une acquisition. Montesquieu a très bien noté cette nuance lorsqu'il écrivait : « La conquête est une acquisition ; l'esprit d'acquisition porte avec lui l'esprit de conservation et d'usage, et non pas celui de destruction. » C'est en ce sens que le colonial se sent un conquérant : c'est-à-dire le citoyen d'une patrie plus grande et plus riche, patrie qui n'est faite de la destruction d'aucune autre mais de l'élévation, sur un plan supérieur, de matériaux épars, du ressemblement sous notre drapeau d'éléments inorganisés.

Du reste, ne voyons-nous pas dans le monde végétal un phénomène analogue? Quand un arbre s'accroît, plein de sève, de son tronc s'élancent des branches nouvelles qui montent vers la lumière ou étendent son ombre ; quelquefois de ses racines mêmes s'élancent des drageons ; la vie jaillit, triomphante, du sol, comme pour peupler l'espace_ et les autres arbres, comme respectueux de cette force, ne lui disputent pas l'air et la lumière où il s'épanouit.

Il en va de même des nations : celles qui portent en elles une force intarissable de vie éprouvent le besoin d'essaimer des colonies. C'est la loi même de tous les êtres vivants : qui n'avance pas recule, s'étiole et meurt. Pour un peuple européen, cette nécessité vitale est plus forte encore depuis que les progrès des moyens de locomotion ont réduit les distances, rapetissé le monde, multiplié les besoins en offrant la commodité chaque jour plus grande de les satisfaire. Nos colonies ne sont plus de ces « domaines », de ces propriétés de luxe que certains recherchaient autrefois pour la gloire plutôt que pour le profit : elles sont chaque jour plus nécessaires à notre économie nationale ; les mettre en valeur c'est accomplir une œuvre indispensable à l'existence même de la mère patrie, à son indépendance, à sa pérennité.

*
**

Curiosité, sympathie, générosité, clairvoyance, patriotisme, voilà des traits indéniables de l'esprit français. Or, ce sont les éléments principaux qui composent l'esprit colonial. Il est donc aussi absurde qu'injuste de répéter nous-mêmes cette calomnie répandue par des nations rivales et intéressées dans le débat : les Français ne sont pas des colonisateurs.

Jamais au contraire, le champ ne fut plus large, le moment ne fut plus opportun pour exercer dans le vaste monde ces qualités diverses dont nous pouvons être fiers. La curiosité? On nous objectera : le monde entier est connu, il a été parcouru en tous sens, décrit maintes fois, que voulez-vous découvrir? Nous répondrons : il a été reconnu en surface, il est presque complètement ignoré en profondeur, dans les ressources de son sol, les richesses de son sous-sol, dans les possibilités infinies qu'il nous offre, dans les expériences multiples que la curiosité de l'homme, éclairée par la science, peut aujourd'hui tenter.

Le sol de nos immenses colonies a été à peine prospecté. Quelles richesses encore insoupçonnées ne recèle-t-il pas? En veut-on une preuve récente? Le maréchal Lyautey, qui sait voir grand et loin, fait à Casablanca un vaste port, — et aussitôt les timorés s'alarment : ce port démesuré va rester vide! Mais aussitôt un hasard heureux fait découvrir d'énormes gisements de phosphates qui alimentent le port et exigent même le renforcement des installations. Nous n'avons pas d'ailleurs le privilège de ces découvertes. Au Katanga, les Belges exploitent le cuivre et voilà que tout d'un coup ils tombent sur du radium et se trouvent posséder le plus riche gisement de ce corps étonnant et infiniment précieux.

En dehors même de l'homme qui peut se mouvoir librement, n'y a-t-il pas le monde végétal, lié au sol par ses racines, immobile, et auquel seuls les vents permettent de se disséminer en emportant graines et pollens! Il est en notre pouvoir d'accomplir à la surface du monde, grâce à cet esprit d'expérimentation dont la curiosité est le ressort, des transformations prodigieuses, en acclimatant dans des terres nouvelles et fécondes des espèces végétales venues d'autres climats. Songe-t-on que l'aspect de nos champs de France, le visage même du sol européen ont été modifiés ainsi au cours des siècles par des arbres, des cultures amenées de lointains pays? Le poirier, le pommier, l'abricotier, la rose, la pomme de terre, le tabac, la vigne, — et tant d'autres richesses de nos champs et de nos jardins, — ne sont pas nés spontanément sur le sol français. L'histoire n'a que bien rarement conservé les noms des hommes qui nous les ont apportés. Quelles richesses, quelles industries nouvelles nous est-il peut-être réservé de créer si, guidés par une curiosité inlassable, nous étudions la vie des plantes multiples que nourrit la nature tropicale ! Faut-il des exemples? Nous avons assisté à de véritables migrations de plantes : l'hévéa, l'arbre à caoutchouc, originaire du Brésil, a fait la fortune de la Malaisie, des Indes néerlandaises, et commence à assurer celle de l'Indochine. Un plant de café, apporté à grand'peine par un officier, a donné la richesse aux Antilles. La quinine sauve des milliers de vies humaines chaque année ; l'huile tirée du chaumulgoa permettra bientôt de vaincre un des plus vieux fléaux de l'humanité, la lèpre. La canne à sucre a été introduite par l'homme à Java, le coton en Amérique et en Égypte. Quelles cultures, dans cent ans, couvriront les rives du Niger et du Mékong? De quelles fibres coloniales seront alors tissés nos vêtements?

Alors que la science d'aujourd'hui nous prouve, par les merveilles (si vite banalisées que l'admiration qu'elles appellent s'en émousse) de la télégraphie et de la téléphonie sans fil, que tout un monde invisible de radiations agissantes et fécondes existe par delà l'univers perceptible à nos sens ou plutôt mêlé intimement à lui, peut-on dire que ce qui paraît encore stérile l'est en réalité? C'est peut-être le désert aujourd'hui le plus aride d'apparence, qui se révélera demain comme la source ou le réservoir d'énergies susceptibles de transformer nos conditions d'existence.

Quant à la sympathie, à la générosité, à la clairvoyance, elles n'ont jamais été plus nécessaires à un peuple gardien d'une vieille civilisation et qui veut en sauver les trésors. Partout désormais sur la planète, les peuples sont en contact avec les Européens qui les dominent ; « la lente ascension des peuples de couleur » s'accélère chaque jour, grâce à nous, grâce aux travaux que nous exécutons sur leur sol, commandés par nos cerveaux, achevés par leurs bras ; il dépendra de nous, de notre bienfaisance avisée et clairvoyante, que nous restions parmi eux comme des chefs respectés et aimés, ou que nous soyons balayés par de terribles remous de haines et de rancunes.

Enfin, le patriotisme, sous sa forme la plus haute, la plus large, l'esprit colonial, n'a jamais été plus utile à notre pays, dont nous pouvons, au lendemain d'une terrible épreuve, mesurer la faiblesse, s'il est abandonné, s'il s'abandonne lui-même à ses seules ressources. Pour les vivres, les matières premières, il est tributaire en grande partie de l'étranger. Pour que ses usines travaillent à plein, il est obligé de vendre au dehors les produits de ses industries. Sur quels marchés? Partout s'élèvent des barrières douanières, dans tous les pays d'Europe et d'Amérique une âpre concurrence tend à éliminer nos fabrications. Il faut donc nous créer des débouchés nouveaux ; les peuples qui vivent sous nos couleurs deviendront nos clients le jour où nous aurons développé leurs facultés d'achat, en assurant leur bien-être. Ainsi tout concorde à nous diriger dans les voies de l'action coloniale : nous devons y marcher d'autant plus résolument que nous sentons en nous-mêmes les forces intellectuelles et morales qui garantissent le succès — et ce succès, c'est la richesse dans l'indépendance, c'est tout l'avenir de notre patrie.

CHAPITRE III

LE FRANÇAIS DANS SES COLONIES

Les Français ont eu de tout temps l'esprit colonial, car leurs qualités sont celles-là mêmes qui permettent le mieux à une nation de comprendre les autres peuples et de s'en faire aimer. L'histoire nous apporte maintes preuves de cette affirmation et nous en avons cité quelques-unes : mais ce n'est pas le passé qu'il faut aujourd'hui regarder, c'est avant tout le présent ; sur toute la surface du monde, Européens ou représentants de civilisations à forme européenne (Américains et Japonais) sont en contact direct avec des peuples différents, primitifs ou attardés. Ce sont les rapports entre les uns et les autres que désignent, en fin de compte, ces mots de « colonisation », de « politique coloniale », d' « expansion coloniale » qui sont chaque jour plus souvent répétés. Comment se pose le problème de ces rapports, quelles solutions diverses les peuples colonisateurs lui ont-ils données, quels sont les avantages des conceptions françaises à ce sujet? C'est ce que nous voudrions examiner maintenant.

*
* *

Quelles sont les caractéristiques de la civilisation européenne? C'est une civilisation fondée sur le progrès des sciences et sur le travail. Depuis des siècles, l'Europe a amassé un prodigieux capital de connaissances scientifiques et, depuis une centaine d'années, ce capital s'est merveilleusement enrichi. Le progrès des sciences mécaniques, physiques, chimiques, a déterminé un essor parallèle de l'industrie qui utilise à des fins pratiques toutes les découvertes spéculatives. Au point de vue du bien-être, notre civilisation atteste d'incontestables progrès : l'Européen (et une fois pour toutes nous désignons par ce terme non seulement les hommes nés en Europe, mais leurs élèves d'autres continents, par exemple les Américains et les Japonais, qui sont quelquefois eux-mêmes devenus des maîtres dans certaines sciences) est parvenu à prendre sur la nature une incontestable puissance ; il sait imposer sa volonté à toutes les forces qui frappent de terreur les peuples primitifs, désarmés contre elles ; il peut discipliner entre des digues les inondations des fleuves les plus puissants, abri-

ter un port contre les vagues de la mer ; il crée la
foudre dans ses usines électriques, prévoit le cours
des astres et leur conjonction, il s'affranchit des
distances, parcourt toujours plus vite la terre, la
mer et le ciel ; il sait faire jaillir l'eau dans le désert,
utiliser les minéraux, les plantes, et chaque jour
il réduit par ses découvertes la part de l'inconnu
dans un monde qui, jadis, était à ses yeux plein de
mystères et de terreurs qu'il divinisait.

Toute cette « civilisation » fondée sur le progrès
des sciences a pour base le *chiffre*, la mesure exacte
et précise ; c'est une civilisation « quantitative »,
et c'est une civilisation dont la grande loi est le
travail. L'homme est devenu l'esclave des commodités qu'il acquiert peu à peu : ses besoins se sont
multipliés et l'histoire des derniers siècles nous
montre de nombreux produits tels que le sucre, le
tabac, le poivre, le chocolat, qui étaient, il n'y a
pas si longtemps, des denrées de luxe, et qui sont
aujourd'hui nécessaires dans le plus modeste ménage ouvrier. Pour obtenir ce « nécessaire » chaque
jour plus complexe, tout homme en Europe doit
travailler ; entre son effort et les multiples besoins
qu'il s'est donnés, une seule commune mesure :
l'argent. Il est soumis à l'argent ; s'il n'a pas d'autre
idéal que son bien-être, il divinise cet argent qui
lui permet de se procurer tout ce qu'il peut désirer ;

il lui arrive même, possédant plus qu'il ne faut pour jouir largement de la vie, de continuer à travailler comme un forçat pour acquérir plus de richesse encore, car il voit alors dans l'argent un *moyen*, — non de se procurer des satisfactions égoïstes, — mais de créer des entreprises nouvelles qui seront utiles à son pays ou à l'humanité.

La civilisation européenne est donc devenue une civilisation à base scientifique, à fins utilitaires, fondée sur le travail et sur l'argent. N'est-elle et surtout ne doit-elle être que cela? Avant le prodigieux essor des sciences et de leurs applications industrielles, il existait, et cela n'est pas si loin, une autre forme de civilisation européenne qui n'est pas, pour notre honneur, encore entièrement disparue. La lumière et, si j'ose dire, le parfum de cette civilisation fut le christianisme, Cette doctrine religieuse proposait à l'homme certaines qualités personnelles et sociales, elle enseignait que la vie est une étape vers un but qui la dépasse ; chacun devait faire de sa pensée une sorte de jardin secret où il avait le devoir de cultiver certaines fleurs spirituelles, certaines vertus. Au point de vue social, cette doctrine était particulièrement forte en ceci qu'elle interdisait l'*envie* et l'*orgueil*, ces deux plaies des démocraties modernes, qu'elle conseillait de supporter certaines inégalités fatales entre les hommes, en faisant de la souffrance un mérite sans prix pour la vie future, et s'efforçait de diminuer ces inégalités mêmes par l'exercice de la charité.

Ce n'est pas en vain qu'une telle religion a profondément imprégné l'Europe pendant des siècles et ceux-là qui prétendent le plus volontiers en être affranchis observent encore nombre de ses préceptes, ne serait-ce qu'en se conformant à des codes législatifs tout inspirés de ses disciplines et de la forme de justice qu'elle a voulu faire régner entre les hommes.

Il est incontestable que l'histoire de l'Europe affirme les merveilleux progrès intellectuels moraux et sociaux que cette religion a fait accomplir au monde occidental depuis la fin de l'empire romain : le dix-septième siècle français, par exemple, attestait une civilisation qui, pour n'avoir ni avions ni sous-marins ni trains électriques, fait encore belle figure dans l'histoire et où nous trouvons maints sujets d'admiration, peut-être même de regrets.

L'utilité sociale de telles doctrines est-elle à jamais périmée? Ne peuvent-elles encore, en certaines parties du monde, faire un peu de bien à des malheureux parmi lesquels leur diffusion représenterait un progrès? Qu'on regarde par exemple la situation de la femme dans le monde musulman : est-elle supérieure à ce qu'elle était, avant le christianisme, dans l'empire romain? Chez les peuples primitifs de l'Afrique, de l'Océanie, de la Chine même et de l'Inde, cette situation est encore plus misérable. Quel est, dans le vaste monde, pour des centaines de millions d'êtres, le sentiment de la dignité humaine?

On peut hardiment affirmer qu'à l'heure actuelle, la civilisation européenne n'est plus seulement juxtaposée à d'autres civilisations, mais qu'elle les pénètre et qu'en même temps elle est pénétrée par elles. Il n'y a plus immobilité, il y a mouvement : mouvement des échanges matériels multiples, des échanges intellectuels chaque jour plus nombreux, éveil des idées dans la pensée des individus eux-mêmes, développement ultra-rapide de ces idées européennes dans des cerveaux formés par d'autres disciplines séculaires. Le problème de la colonisation dans le sens large, fort, émouvant de ce mot, n'est donc plus un problème de statique (observation purement scientifique et désintéressée des races et des civilisations autres que la nôtre), mais un problème de dynamique : direction à donner à tous ces mouvements qui s'éveillent, pour les discipliner dans cette harmonie supérieure, sans quoi ils se heurteraient fatalement un jour en conflits générateurs de désastres et de ruines qui

seraient pour l'humanité, si sincèrement désireuse
de progrès, la plus douloureuse des régressions.

*\
**

Nous avons, nous Français, des leçons à prendre
autour de nous et dans l'histoire, avant de choisir
la solution que nous donnerons à ce problème :
bien des peuples ont essaimé à travers le monde :
que sont devenues leurs colonies, quelles ont été,
à l'usage, les meilleures méthodes pour se faire
accepter d'abord et se faire aimer, si possible, — ce
qui est en définitive le meilleur moyen de durer?

Si, pour ne pas allonger cet exposé, nous laissons
de côté l'antiquité (les Grecs en Asie Mineure
et les Romains en Afrique), la première expérience
importante fut tentée par l'Espagne dans le Nouveau Monde. Fait à noter, la découverte de ce
continent fut entraînée en partie par des circonstances politiques : pendant tout le moyen âge les
relations entre l'Europe et l'Asie avaient été fré-
quentes par les voies de terre : à partir du
quinzième siècle l'Islam barre ces voies aux chrétiens d'Occident et c'est à ce titre que la prise de
Constantinople par les Turcs est considérée justement comme un tournant de l'histoire du monde.

C'est pour chercher un accès nouveau à l'empire de Cathay que Christophe Colomb prit la mer et ses premières découvertes lui apparurent comme des îles détachées du grand continent dont les routes anciennes étaient désormais interdites ; ce ne fut qu'après son troisième voyage (1498) qu'il osa affirmer : « Je suis convaincu que cette terre (la côte nord de l'Amérique du Sud) est un continent très grand, inconnu jusqu'alors ; j'ai de bonnes raisons pour penser ainsi. » Ce rôle de l'Islam dans l'orientation toute nouvelle de l'Europe est un fait qu'il importe de souligner à l'heure où les Soviets s'efforcent de barrer à l'Europe la route de l'Asie ; il ne faut jamais perdre de vue que certaines circonstances politiques peuvent entraîner un prodigieux bouleversement de la vie économique mondiale. A nous de prévoir de telles éventualités et de savoir y parer, si elles nous menacent.

Pour juger avec équité l'œuvre de l'Espagne dans le Nouveau Monde, il ne faut pas isoler cette œuvre de l'ensemble des conceptions philosophiques, politiques et économiques que présente l'Europe au début du seizième siècle. Partout ce n'est qu'intolérance religieuse, autodafés, persécutions, indiscipline ; l'or paraît la seule richesse digne d'être convoitée, entassée. Au point de vue de l'hygiène et de l'assistance médicale, l'ignorance est presque totale ; les crimes que commirent les Espagnols à l'égard des Indiens coupables d'adorer le soleil, d'autres peuples les commettaient chaque jour sur leur propre territoire : ce n'est pas dans ce siècle forcené qu'il faut chercher en France, en Italie, aux Pays-Bas, en Angleterre des exemples de tolérance.

Mais, pour communs que fussent alors ces crimes, ils n'en sont pas moins odieux : quelle tristesse nous inspire le récit de ces premiers contacts entre l'Europe, représentée par la lie des ports espagnols, et les indigènes de l'Amérique, si doux, si accueillants, qui considéraient ces aventuriers comme des êtres semi-divins et se prosternaient à leurs pieds en leur offrant des présents de bienvenue ! Les récits des premiers explorateurs avaient créé en Europe une sorte de mirage colonial : le rôle du colon était de récolter l'or que possédaient les indigènes ou que roulaient les alluvions des fleuves. Cette « récolte » (si l'on ose employer pour de tels procédés ce mot si digne de respect, quand il désigne le dur et lent travail de la terre) s'opérait par des esclaves. Pour trouver de l'or les Latins, comme le dit si justement le colonel Langlois dans un ouvrage récent (1), cherchèrent l'esclave ;

(1) *L'Amérique précolombienne et la conquête européenne*, p. 368 ; in-8°, Paris, de Boccard, 1928.

en quelques années la population autochtone d'îles florissantes comme Haïti fut presque entièrement détruite (46 000 habitants en 1510, 1 000 en 1517).

Bientôt la plus grande partie de la population valide fut employée dans les mines, et le reste prit la fuite dans les bois. Lorsque, un peu plus tard, certains nouveaux venus comprirent que le sol fertile pouvait fournir, s'il était mis en culture, des richesses autrement durables que celles de mines, ils durent avoir recours à l'importation d'esclaves noirs ; et si parmi eux plusieurs, comme comme Las Casas, firent preuve d'incontestables sentiments d'humanité, ils témoignèrent aussi d'une ignorance, d'une incompréhension de la mentalité indigène, qui frappèrent de stérilité les manifestations mêmes de leur bienveillance.

Confondre la colonisation avec l'exploitation des mines, et exploiter les indigènes avec ces mines, dans ces mines, telle fut la coupable erreur de cette époque, tel fut le premier et bien triste essai de colonisation européenne ; il suffit de le rappeler pour le rejeter. Mais cet exemple est encore à méditer, car il posa pour la première fois un problème qui ne peut être écarté de nos jours encore : celui de l'utilisation de la main-d'œuvre indigène par les Européens. Qu'il s'agisse de cultures industrielles ou de mines, la difficulté reste la même : le blanc ne peut guère travailler de ses mains en pays tropical ; dans quelle mesure peut-il, doit-il contraindre au travail des populations qui, par manque de besoins, ne conçoivent pas la nécessité de ce travail? Le seizième siècle ne pouvait fournir à cette question une réponse satisfaisante ; il appartenait au vingtième siècle de la trouver et de dire : dans la mesure où ce travail contribuera non seulement au bien-être matériel, mais aussi au progrès intellectuel et moral des indigènes eux-mêmes. **La loi du travail**, en effet, tant que ce travail ne devient pas excessif et abrutissant, est une loi bienfaisante pour l'humanité ; et si le christianisme nous la donne pour un châtiment, elle apparaît aussi une nécessité pour qui vit en dehors de l'Éden.

A l'opposé de cette politique d'exploitation, nous trouvons une politique en apparence plus généreuse mais aussi décevante : la politique d'assimilation.

Donner à tous les indigènes d'une colonie le statut politique et social des Européens qui ont conquis et administrent cette colonie aboutit à une véritable abdication : et celle-ci n'est humaine et juste qu'en apparence ; elle est inhumaine et injuste dans tous les cas où les indigènes ne sont pas encore en état de s'administrer eux-mêmes et de se passer d'instructeurs, c'est-à-dire de cadres administratifs et économiques européens. Sans aller chercher des exemples parmi les peuplades du centre africain qui connaîtraient vite les pires désordres (anarchie, esclavage) si les puissances coloniales les laissaient s'administrer elles-mêmes et reprendre la vie qu'elles menaient avant l'intervention de ces puissances, il nous suffit de voir ce qu'est devenue sous nos yeux la Chine depuis qu'elle a répudié le simple concours de l'Europe : massacres, famines, migrations de populations entières, ruine de tous les travaux d'art, voilà le prix dont les Chinois payent leur égalité internationale. Est-ce un réel avantage pour eux, même s'ils obtiennent un bulletin de vote comme rançon de toutes ces calamités? L'Europe a une mission à remplir dans le monde : sauver de la misère matérielle tous les peuples qui souffrent, qui sont mal nourris, mal vêtus, mal logés, les élever au-dessus de la vie animale qu'ils mènent par insouciance et par ignorance, et éveiller en eux la notion de la dignité humaine. Avant que pareille œuvre soit achevée, elle n'a pas le droit d'abdiquer sa mission, partout où elle l'a assumée.

Entre ces deux solutions : exploiter les indigènes (ce qui équivaut à les supprimer) et leur reconnaître toutes les libertés (ce qui revient à les abandonner à eux-mêmes, à abdiquer toute action bienfaisante auprès d'eux), les Anglo-Saxons ont choisi une formule moyenne : cohabiter avec les indigènes et les dominer avec mépris. La puissance dominante (Angleterre aux Indes ou dans ses colonies africaines, colons anglo-saxons en Australie, Américains aux Philippines) assure l'ordre public : en échange de ce service, elle lève l'impôt, construit et entretient l'outillage public, recrute de la main-d'œuvre pour ses entreprises privées et admet les indigènes à l'honneur d'acheter ses marchandises. Sans doute les Anglais ne se désintéressent pas absolument du sort des indigènes et il y a chez eux aussi des œuvres admirables de protection et d'assistance ; mais lisez les enquêtes de M. Maurice Pernot aux Indes, de M. Pierre Benoit en Australie, de Titayna aux îles Philippines et vous serez frappés de ce mépris, à peine dissimulé, qui est témoigné vis-à-vis des *natives* alors même qu'on se préoccupe de leur condition et de leur sort.

Il importe ici de noter que cette mésintelligence des populations indigènes est le fait des peuples dont la civilisation matérielle est la plus raffinée : alors que l'ouvrier américain ou australien est dans une condition heureuse au point de vue des commodités de la vie, alors qu'il possède automobiles Ford, dancings avec jazz, terrains de sport, plusieurs heures par jour et deux jours par semaine pour vivre en plein air, c'est en Australie, aux Hawaï et aux Philippines que les races autochtones protestent de la manière la plus tenace et la plus navrante contre une colonisation qui les comprend si peu et leur fait si mal leur part.

Aucune de ces commodités mirifiques, de ces joies prétendues précieuses ne les retient à la vie. Un peu de bonté, de vraie charité les y engagerait peut-être. Ne serait-ce pas aussi que toutes ces prétendues conquêtes de la civilisation et cette civilisation elle-même paraissent ennuyeuses, mortellement ennuyeuses à certaines races?

Il ne reste qu'une politique coloniale digne d'être retenue : la politique d'association avec l'indigène. Les Hollandais aux Indes néerlandaises ont prouvé, par la stabilité de leur occupation et par les bénéfices qu'ils en ont retirés, la valeur de cette méthode : nulle ne répond mieux à la générosité, à la curiosité, à la « gentillesse » françaises. Dans toutes nos colonies, ce principe s'impose à nous, avec des modalités d'application différentes, suivant l'état de développement historique des peuples groupés sous nos drapeaux, mais cette variété des méthodes n'est pas pour déplaire à des esprits aussi souples que des esprits français.

***

D'une façon générale, et si nous laissons de côté les vieilles colonies qui jouissent d'ailleurs d'un régime d'administration semblable à celui de la France métropolitaine, les indigènes de la France extérieure se répartissent comme suit : les populations musulmanes de l'Afrique du Nord, les Noirs, musulmans ou fétichistes, de l'Afrique occidentale et de l'Afrique équatoriale, les indigènes de Madagascar et ceux des établissements français de l'Océanie, enfin les Indochinois (Annamites, Cambodgiens, Moïs, etc...).

Il n'est pas besoin d'insister sur la diversité des races qui peuplent l'Afrique française du Nord : Berbères autochtones, descendants des premières invasions arabes du huitième siècle, de l'invasion turque du seizième siècle. Ces différentes populations sont islamisées à des degrés très différents : d'une façon très faible chez les Chleuhs de l'Atlas ou les Touareg du Sahara, d'une façon profonde dans certaines villes marocaines, particulièrement à Fez. Entre ces deux limites, il y a place pour toutes les nuances du sentiment religieux, pour toutes les confréries musulmanes, pour toutes les sectes particulières (l'Afrique n'est-elle pas la vieille terre nourricière des hérésies?). Il n'y a donc pas, en Afrique du Nord, un Islam, une unité religieuse absolue, une doctrine à la fois mystique et politique pouvant propager des ordres hostiles aux Roumis, certaine d'opposer partout avec la même force son mépris silencieux à notre action. Dans l'hostilité, qui prend apparence religieuse, de certains milieux tunisiens à notre égard, il y a beaucoup moins peut-être de religion que d'inspiration politique venue des centres européens de propagande communiste. En revanche, la part de la propagande communiste est beaucoup plus faible dans les critiques ou les réserves qu'expriment parfois à notre sujet, toutes portes closes, quelques vieux Fasis. A nous de dépister avec soin tout ce que l'étranger peut jeter en Afrique du Nord comme ferments de haine ; il nous appartient de surveiller de très près toutes les publications rédigées en langues indigènes pour les musulmans ou les israélites et qui, imprimées à Lausanne, à Tunis ou à Paris, répètent l'éternel appel à la révolte d'un parti qui ne saurait se réclamer de la liberté, après l'avoir si cruellement opprimée. Si cette précaution est prise avec une fermeté et avec une vigilance soutenues, si les voyageurs indésirables sont régulièrement expulsés, nous n'aurons pas beau-

coup à craindre en Afrique du Nord d'un Islam si
dénué de cohésion, dont l'intransigeance s'est usée
au cours de tant d'années de contact avec les Roumis, et qui est au reste virtuellement décapité
depuis que les Jeunes-Turcs ont, par fierté laïque
et républicaine, porté un coup si rude à la grande
force politique qu'était le Khalifat.

Enfin, l'état économique et social de l'Afrique
du Nord nous donne bien des moyens de nous
assurer le loyalisme des indigènes. Il y a beaucoup de « meskines » à secourir, de pauvres hères
qui assiègent nos dispensaires, nos hôpitaux, que
d'admirables Françaises visitent chez eux, pour
soigner leurs femmes et leurs filles. Certes, la reconnaissance est lente à germer dans ces cœurs
fatalistes, mais il ne faut pas désespérer de les toucher, de les gagner un jour. C'est par l'assistance
médicale que nous les atteindrons le mieux et aussi
par les œuvres de mutualité agricole, car beaucoup
de ces Berbères aiment la terre avec la même ferveur que nos paysans de France.

Le nord de l'Afrique est à peu près la seule partie
de la France extérieure où nous puissions faire de
la petite colonisation, où des cultivateurs expéri-
mentés, venus de nos diverses provinces françaises,
puissent réussir en s'établissant à leur compte, où
nous puissions en un mot faire de la *paysannerie*

française. Tout notre effort doit donc tendre à multiplier ces villages où l'on retrouve avec tant d'émotion le visage souriant des pays de France : là, Européens et indigènes travailleront, soit en commun sur le même domaine, soit en voisins liés chaque jour davantage par cette solidarité qu'imposent le travail de la terre, l'hostilité ou la faveur des éléments, suivant les saisons. Une très forte armature de colons venus de France ou de pays européens amis, — Pologne, Tchécoslovaquie, Serbie, — une inlassable politique de travaux publics favorisant l'agriculture (hydraulique, routes et transports), voilà ce que nous devons souhaiter au bloc africain français formé par le Maroc, l'Algérie et la Tunisie. Si ces conditions sont réunies, nous pouvons être assurés de l'avenir de ce pays dans la paix et la concorde ; il est et restera bien français.

En Afrique occidentale et équatoriale, nous trouvons aussi des populations très différentes des sédentaires et des nomades, des musulmans et des animistes (terme plus juste que celui de fétichistes), des agriculteurs et des pasteurs, des pêcheurs sur les fleuves et le long des côtes, des chasseurs dans la savane et la forêt. Il y a les descendants de races guerrières qui pourraient s'enorgueillir d'une généalogie plus ancienne et aussi bien établie aujourd'hui par l'histoire que certaines de nos vieilles familles princières d'Europe ; à côté d'eux, l'on trouve des « races de captifs », craintifs encore et que les premiers méprisent toujours sans qu'il leur soit désormais permis de les opprimer. C'est un musée, une mosaïque de peuples qui diffèrent entre eux de mille manières, par la couleur de la peau, les traits de la face, le langage, les coutumes religieuses et sociales, le degré d'intelligence et la valeur morale.

Pour un Européen curieux d'apprendre, la variété des types humains que nous présente l'Afrique est un sujet d'études illimitées et, de cette variété, résultent pour nous deux obligations : d'abord chercher à connaître les Noirs avec qui nous avons affaire, ensuite ne jamais prescrire ou prendre des mesures trop générales ; ce qui est bon avec des Mossis ne l'est pas avec des Bambaras ; ce qui convient avec les Peulhs du Fouta Djalon ne vaut rien avec les Kountas ou les Songhaïs de Bourem ou de Gao. Fixer aux chefs administratifs locaux le but à atteindre, mais leur laisser toujours le choix des moyens d'exécution, telle doit être notre méthode. Comme second principe, nous ajouterions volontiers : aller très doucement dans la façon dont nous introduirons parmi les populations noires nos idées européennes. Notre sentiment de la justice n'est pas toujours le leur, nos moyens de récompense ou de punition produisent parfois l'effet exactement opposé à celui que nous sommes en droit d'en attendre. L'administrateur, ou le colon qui arrive dans un coin de brousse, ne doit pas s'aventurer trop tôt à commander, s'il veut être obéi ; il sera sage en tenant compte de l'expérience de ses prédécesseurs, mais, d'une façon générale, il réussira, s'il est juste, bienveillant et ferme. Il a une admirable besogne à accomplir ; beaucoup de ces populations africaines sont, par suite d'une alimentation plutôt irrégulière qu'insuffisante, dans un état navrant de misère physiologique : par imprévoyance, par incapacité de mettre en réserve un peu de superflu, la disette succède en quelques mois à l'abondance ; la mortalité infantile fait d'effroyables ravages ; par ses tares héréditaires, par ses maladies endémiques, par l'insuffisance de son vêtement et de son logement, cette race est menacée de mort, si nous ne la sauvons pas. Il s'agit de cela d'abord, et nous devons, dans ce sens, avec fermeté et dans certains cas avec adresse, faire notre métier de *chefs*. Si nous agissons ainsi, nous obtiendrons des satisfactions certaines, car le Noir est susceptible d'attachement et de gratitude pour ceux qu'il respecte et qui lui ont manifesté de l'intérêt.

Pendant des siècles, la plupart des groupements humains qui peuplent aujourd'hui l'Afrique française n'ont pas connu la paix, mais seulement les guerres, les razzias, l'oppression. Ils ont ignoré la fixité sur le même coin de terre, la propriété individuelle, et souvent même la famille, car ils vivaient dans une sorte de communisme de clans et de tribus. Nous avons tout cela souvent à leur apprendre, comme nous devons leur enseigner à construire des véhicules pourvus de roues et à faire usage de la charrue. Isolés du monde, privés à peu près complètement de cet instrument merveilleux de perfectionnement intellectuel qu'est l'écriture, ces hommes doivent parcourir la longue route de progrès que nous avons mis des siècles à suivre pour arriver où nous sommes parvenus. Quelles précautions attentives doivent être les nôtres ! Fixons pour premier but à nos efforts — c'est une bien longue étape à franchir — de faire d'eux des *paysans* et des *artisans* comme étaient ceux de France autrefois.

A propos de Madagascar, nous serions obligés de répéter — bien que cette île ne soit pas africaine à tant d'égards — ce que nous avons dit plus haut de la variété des races en Afrique française. Là aussi, nous trouvons des nobles et des serfs, des castes, des préjugés, mille différences entre les hommes. Mais dans l'ensemble, ces populations possédaient, au moment de notre conquête, des institutions plus évoluées que celles des Noirs africains. Nous citerons par exemple les « conseils de village » où l'autorité française a très justement pensé qu'elle pouvait trouver de précieux éléments de collaboration. Il nous paraît certain, d'autre part, que l'instruction publique donnée aux Malgaches obtiendra des résultats plus rapides que dans nos colonies riveraines du Niger et du Congo.

A l'égard des habitants de nos possessions d'Océanie, le premier de nos devoirs, celui qui, pour le moment, prime tous les autres, c'est l'obligation de développer l'assistance médicale sous toutes ses formes. Là aussi, les races autochtones meurent, et, dans la plus belle nature qui soit au monde, s'étalent — fleurs monstrueuses — les pires fléaux de l'humanité. Mais dès maintenant aussi, une publicité intelligente devrait être faite en France, en faveur de la Nouvelle-Calédonie, terre fertile, climat très doux, colonie de peuplement, si nous ne laissions pas toujours partir pour l'Argentine et le Mexique nos Basques et nos Bas-Alpins, et si nous les dirigions vers cette terre privilégiée à qui nous n'avons guère envoyé que des forçats.

L'Indochine nous présente, parmi toutes nos

colonies, celle où, au moment de notre arrivée, la race était la plus cultivée, la plus affinée par de longs siècles de civilisation. Civilisation qui offre avec la civilisation européenne scientifique, industrielle, quantitative de nos jours d'infranchissables différences, mais n'est pas sans rapports au contraire, par le souci des choses de l'esprit, de la vie intérieure, par le culte de la famille, avec la civilisation française d'autrefois. D'ailleurs, il est à remarquer que nombre d'évêques et de missionnaires français s'entendirent fort bien avec les Annamites, depuis Mgr Pigneau de Béhaine jusqu'à Mgr Puginier, et la vénération, les superstitions populaires dont est encore entourée la tombe de l'évêque d'Adran laissent à penser que les grands mouvements périodiques de xénophobie venus de Chine, qui emportèrent en d'affreux supplices la vie de tant d'autres prêtres catholiques et français, étaient déterminés par des raisons politiques plutôt que par d'irréductibles hostilités de pensée et de sentiments.

Là encore, notre occupation se légitime par d'incontestables services rendus que l'on oublie peut-être un peu vite lorsqu'on la critique. Les razzias continuelles des pirates, les exactions des mandarins, réduisaient le peuple des rizières au plus lamentable esclavage. Si l'exemple du rôle

joué en Chine par quelques anciens camarades de
Faculté pousse de jeunes étudiants annamites à
lever l'étendard d'un patriotisme vaniteux, nous
estimerons mieux servir les intérêts réels de leurs
compatriotes en ne permettant pas aux bâtisseurs
de cités idéales de donner une forme à leurs chi-
mères, de les sculpter avec de la boue et avec du
sang. Avec quelle sincérité et quelle bienveillance
au contraire ne les suivrons-nous pas (d'ailleurs
ne les avons-nous pas même devancés dans cette
voie?) s'ils veulent étudier les monuments de leur
passé qu'ils avaient complètement oubliés et laissé
envahir par la jungle, s'ils s'efforcent de rénover
un art véritablement national, et de restituer en
pleine lumière les parties encore obscures de leur
histoire? Nous sommes prêts à leur réserver dans
nos écoles l'accueil le plus affectueux, s'ils se pro-
posent d'y venir chercher autre chose que de vaines
doctrines politiques et des querelles de mots, s'ils
veulent y acquérir ces sciences précises pour lesquelles ils sont si bien doués et grâce auxquelles ils
pourront devenir, soit les bienfaiteurs de leur race,
soit nos collaborateurs pour les grandes œuvres
d'utilité publique dont le programme reste à accomplir, afin de mettre en pleine valeur les
richesses sans nombre de leur sol. Dans nos entreprises privées elles-mêmes (je l'ai déclaré nette-

ment et sans doute le premier parmi les financiers français), je suis d'avis qu'une place devrait être faite à l'élément indigène dans les organes d'administration et de direction. Il ne convient pas que mines, rizières, plantations, usines, tout ce qui représente la valeur du sol indochinois soit entièrement entre des mains européennes et que l'Annamite instruit, intelligent ou riche arrive à se sentir un étranger sur son propre sol. Sans doute a-t-il beaucoup plus profité que le Français lui-même de la plus-value matérielle immense que nos ingénieurs et nos capitaux ont déjà apportée à l'Indochine, mais le profit n'est pas tout et celui qui possède assez devient vite plus assoiffé d'égards que d'argent.

Instruction scientifique pratique et communauté d'intérêts, telle me paraît être la liaison que l'on peut établir entre la civilisation annamite et la civilisation européenne moderne : lorsque les jeunes Annamites seront ingénieurs ou administrateurs de nos sociétés, ils verront que la civilisation européenne présente quelques avantages. Mais j'aimerais aussi qu'il leur fût prouvé par un enseignement approprié que nous ne sommes pas des barbares : tout en étant très savants en chimie, en mécanique ou en électricité, nous possédons un art, une littérature, une philosophie qui peuvent être comparés, et certes, sans nous faire rougir, aux disciplines similaires de la Chine. Une petite investigation dans l'histoire comparée des religions leur prouverait qu'entre le christianisme et le bouddhisme il y a bien des points voisins, — étrangement voisins parfois, — et que les différences des dogmes ne doivent pas nous empêcher de discerner ce qui, dans toute religion, atteste cette aspiration de toutes les âmes humaines vers le divin qui est pour notre esprit un titre incontestable de noblesse et de grandeur.

Telle est, dans ses grandes lignes, la situation des Français en face des indigènes de leurs diverses colonies : on voit par cet exposé que nulle part cette situation ne présente de difficultés qui ne puissent être aisément surmontées par les qualités de l'esprit français dont nous avons tenté l'analyse. Partout il faut de la curiosité, de la clairvoyance et surtout de la bonté. Ces qualités, nous en trouverons des réserves inépuisables dans le vieux fonds de civilisation traditionnelle que nous portons en nous, si nous ne laissons pas étouffer cette vieille civilisation dans notre cœur par cette sorte d'orgueilleux vertige qu'inspire aux primaires la multiplicité des découvertes scientifiques.

Ce qui nous manque davantage peut-être, c'est, entre Français résidant aux colonies, le sens de la solidarité des Blancs, qu'ils soient commerçants, colons ou fonctionnaires, en face des indigènes. Ces différences paraissent énormes à nos yeux et ne voit-on pas, même entre fonctionnaires, sévir cet « esprit de bouton », ces rivalités de bureaux, contre lesquelles Galliéni et Lyautey n'eurent jamais trop de sarcasmes? Elles sont nulles aux yeux des indigènes : pour eux nous sommes tous, si l'on me permet cette expression vulgaire, dans le même sac. Substituons aux excès de notre individualisme le sens de la solidarité entre Français résidant aux colonies, entraînons-nous au *team-work*, et nous aurons une force de plus en mains pour notre action coloniale.

Je voudrais aussi que le même esprit de solidarité s'affirmât entre la France métropolitaine et la France coloniale. Ce qui nous manque le plus pour être pleinement, magnifiquement une grande puissance coloniale, c'est la conscience de cette grandeur de notre pays. Nous l'avons eue au temps de Napoléon, lorsque nos armées occupaient l'Europe. Or jamais nous n'avons couvert en Europe à la fois une place comparable à celle que nous tenons aujourd'hui dans le monde. Il faut tout tenter inlassablement pour donner à la France cette conscience de sa grandeur coloniale.

Enfin cet esprit colonial ne doit pas être un esprit de chauvinisme étroit : dans toutes les parties du monde où nous affrontons, avec d'autres peuples européens, le jugement quotidien de races différentes, nous ne devons jamais nous réjouir de ce qui peut arriver de fâcheux à des concurrents ; toute insulte faite à un autre Européen nous atteint, diminue notre prestige. C'est pour cette raison que j'ai préconisé, dans des conférences faites en Belgique et en Hollande, des ententes coloniales entre grandes nations. Une liaison me paraît nécessaire par exemple entre le gouverneur général de l'Indochine et celui des Indes néerlandaises, comme entre les chefs du Congo belge et de l'Afrique équatoriale française. Ce n'est pas seulement la peste et la lèpre que peuvent se transmettre des peuples voisins ; il est, dans le domaine politique, des porteurs de germes plus redoutables ; il convient de s'entendre pour dépister ceux-ci comme ceux-là.

Devant ces grands courants d'échanges intellectuels et matériels que désigne le mot de colonisation, je voudrais que ne fût jamais perdue de vue la primauté des forces morales, et que fût partout entendu et toujours présent à nos esprits cet appel du poète hindou Tagore : « Je vous en supplie, ne nous envoyez pas seulement des formules administratives et des machines, *envoyez-nous des âmes.* »

CHAPITRE IV

Plus encore qu'une richesse matérielle, les colonies peuvent être, pour un peuple digne d'en posséder, une richesse morale.

L'esprit colonial, c'est avant tout le goût de l'action : c'est l'énergie qui aime l'effort et recherche l'obstacle pour le vaincre. C'est tout l'opposé de la résignation, du laisser-aller, de la nonchalance. C'est le remède à cette ataraxie qui guette les vieux peuples. La volonté de mettre en valeur des terres neuves, telle est la réponse virile à cet « à quoi bon? » que murmurent en nous certaines fatigues et peut-être certaines lâchetés. Oh ! je les connais bien ces murmures : quelquefois, ce sont les voix les plus douces qui les laissent entendre à notre oreille, les voix mêmes, pourrions-nous croire, de la patrie : la lumière vermeille d'un paysage d'automne en Normandie, en Touraine, en Ile-de-France, ce sont nos futaies royales, l'air frais de nos jardins, la patine de nos vieilles pierres, dans le plus humble village de chez nous dont le temps a fait peu à peu la beauté.

Combien sont puissants ces charmes qui paraissent faits pour nous retenir ! Mais rester leur prisonnier, c'est s'enchaîner au passé, regarder vers la mort, et non vers la vie. Les colonies, tout au contraire, éveillent en nous une espérance, attirent nos regards vers l'avenir, elles nous rendent une sorte de jeunesse. Elles enseignent à leurs maîtres qu'ils n'ont pas le droit de s'arrêter sur la route ; elles sont pour les peuples ce que sont les enfants dans une famille : une raison nouvelle de vivre, de lutter.

Regardez l'exemple de la Hollande : son rôle en Europe n'est plus celui que tenaient au dix-septième siècle les Provinces-Unies, mais sa place dans le monde n'a cependant pas décru ; grâce aux Indes Néerlandaises, ce vieux peuple n'a pas connu de crépuscule. Voyez aussi l'aurore radieuse, pleine de promesses, que le Congo donne à la jeune Belgique : ce royaume, malgré les terribles épreuves que lui valurent sa fierté, sa noblesse de cœur, est en plein essor ; il bouillonne de forces impatientes. Et maintenant, comparez l'estuaire de l'Escaut à celui du Tage, les ports de Belgique et de Hollande à ceux d'Espagne et de Portugal et vous aurez la

sensation directe de ce que perd un peuple lorsqu'il perd ses colonies.

Allons-nous, nous Français, laisser s'énerver et
dépérir toutes ces qualités de notre race dont la
somme, nous l'avons vu, forme l'esprit colonial?
N'avons-nous plus de curiosité, de bienveillance,
de générosité? Pouvons-nous, même si nous le
voulions, renoncer à ces traits qui dessinent moralement notre visage? Pourquoi renoncer à ce don
gratuit des siècles? Aucune raison, sinon la veulerie
ou la fatigue, ne pourrait nous conseiller un tel
renoncement.

Rien toutefois ne nous autorise autour de nous
à craindre un pareil fléchissement de la volonté
nationale. Ne voyons-nous pas, au contraire, nos
jeunes gens s'entraîner à développer leurs forces
morales, leur sens de la discipline, de la camara-
derie, leur goût de l'effort dans ces groupements
de boys-scouts où l'on a pour idéal à la fois de
vivre plus près de la nature et de former des chefs?
J'ai eu l'occasion d'être tenu au courant de ce mouvement qui transforme si heureusement aujour-
d'hui la jeunesse française : même si les exercices
scolaires doivent légèrement en souffrir, je ne
regretterai point, pour ma part, qu'ils soient un
peu sacrifiés à la vie de plein air, à l'art de savoir
dresser un camp dans une clairière de forêts, dans

une lande perdue. Ces jeunes gens réapprennent
l'habileté manuelle que l'homme civilisé a oubliée
au milieu de trop de facilités ; ils s'entraînent à
négliger les petits conforts de la ville, de la maison. Mais je me permets de leur donner un conseil,
sans doute superflu, étant donné l'intérêt que leurs
chefs portent, je le sais, aux questions coloniales :
que sous leurs chapeaux de feutre et leurs chemises
kaki, ils pensent moins au Far-West de Mayne-
Reid et de Fenimore Cooper qu'au Soudan de Galliéni, au Maroc de Lyautey, à l'Indochine de Fran-
cis Garnier et d'Henri Rivière. Le Far-West, c'est
très bien... pour les Américains. Les Français ont
le leur, infiniment plus varié d'aspects, infiniment
plus séduisant que la grande et monotone prairie
américaine.

Éclaireurs de France, c'est un beau titre, mais
sur quelles routes, mes jeunes amis, voulez-vous
le mériter? Il en est qui s'offrent à vous, à votre
désir de l'effort physique gaiement supporté, à
votre besoin de créer vous-même votre confort, à
votre volonté d'être en contact direct avec la nature pour mieux la connaître et faire d'elle votre
alliée. Ce sont les routes coloniales, où vous retrou-
verez parfois d'autres éclaireurs qui vous auront
devancés, — car vous n'avez pas la prétention de
découvrir le monde. De petites croix de bois ja-

lonnent ces routes que vous prendrez, mais elles n'ont pas été ouvertes avec des souffrances et avec du sang pour rester désertes et stériles. Il tient à vous qu'elles s'animent ; ces souffrances et ce sang attendent une rançon ; c'est la jeunesse française qui l'acquittera, j'en ai la certitude.

La vie coloniale est dure, nous l'avons vu : les difficultés qu'elle oppose à l'homme sont multiples, imprévues, quelquefois terribles ; pour les vaincre, il faut presque toujours tirer entièrement de ses propres qualités, de sa vigilance, de son sang-froid, de son ingéniosité, de sa ténacité, toutes les parades nécessaires ; dans la brousse et dans la jungle, il ne faut compter que sur soi-même. Quand nous lisons certains récits de voyages effectués par nos grands coloniaux, nous restons émerveillés de leur réussite ; les René Caillié, les Monteil, les Binger, les Péroz, les Doudart de Lagrée, les Pavie ont reculé les limites de l'audace, de l'endurance humaine. Ils ont pris pour eux la plus dure part et, pour suivre les voies tracées par eux, il n'est plus nécessaire d'avoir leur héroïsme. Mais il faut encore, pour réussir aux colonies, des qualités autres et plus viriles que dans la métropole, où parfois l'habileté suffit à servir l'ambition.

Nous avons dit ailleurs cette constante maîtrise de soi qu'exige la vie coloniale, le coup d'œil qui sait évaluer l'obstacle à franchir, la décision qui sait réunir promptement les moyens de le surmonter, créer ces moyens mêmes s'ils font défaut, la ténacité que rien ne rebute, l'art de ne pas s'égarer dans les détails et de suivre toujours la direction choisie. Combien l'entraînement constant à cette discipline physique et morale peut-il être précieux à ceux qui, après un séjour colonial, rentrent dans la métropole ! S'ils ont la force physique et les loisirs de se consacrer aux affaires de leur pays, que de services ne peuvent-ils pas rendre, soit dans le domaine des intérêts privés, soit sur le terrain des intérêts publics? N'avons-nous pas souvent dans nos méthodes commerciales et industrielles bien des traditions surannées, timorées, à éliminer ou à simplifier, bien des initiatives à prendre, bien des énergies à galvaniser? Dans nos méthodes politiques et administratives, avons-nous toujours le sens des réalités vivantes, les seules qui comptent? Savons-nous résoudre avec promptitude et avec ordre les questions urgentes, savons-nous faire du travail utile? Que de mots, de discours, de papiers, de rapports, de commissions qui ne servent à rien, qu'à partager à l'infini ces responsabilités dont le métropolitain a peur et dont le colonial se joue allégrement, car il en a l'habitude et sait qu'il vaut mieux agir, faire quelque chose, même imparfait,

que de chercher indéfiniment une perfection théorique, en se berçant du vain espoir de contenter
tout le monde.

Il faut le reconnaître, si les créateurs et les ani-
mateurs de notre nouvel empire colonial avaient
suivi sur place les méthodes métropolitaines, nos
colonies ne seraient pas parvenues au degré de
développement qu'elles ont atteint en quelques
décades, parfois en quelques années, et qui fait
l'admiration de nos rivaux. La France gagnerait
beaucoup à être dirigée suivant les mêmes méthodes, car elle est loin d'avoir effectué dans le
même laps de temps les mêmes progrès. C'est aux
colonies, par la vie coloniale, par l'esprit colonial,
que se formera l'équipe d'hommes capables de
débarrasser la France de toutes les entraves qui la
retiennent dans sa marche à l'avenir. Un jour vien-
dra où de tels hommes s'imposeront, apporteront
dans nos entreprises, dans nos usines, dans nos
assemblées politiques, dans les conseils du gouvernement même, cet « air du dehors » qui leur fait si
cruellement défaut, cette connaissance de la place
réelle qu'occupe la France dans le monde, cette
notion juste de ce qui est essentiel et de ce qui est
accessoire, ce mépris des querelles stériles, en un
mot cette volonté d'action et ce sens des réalités
qui sont les ressorts de la vie coloniale.

Penchons-nous donc sur nos colonies comme un père veille sur ses enfants, en pensant aux réserves de forces morales qu'elles promettent à la patrie ; dans une famille nombreuse, tous les enfants n'ont pas le même caractère, les mêmes dons, les mêmes forts et les mêmes faibles ; c'est le devoir des parents de discerner l'originalité de chacun et de savoir judicieusement la développer. Mais quelle que soit cette diversité (qu'il se gardera bien de vouloir étouffer, car elle peut engendrer une émulation précieuse), le père saura inspirer à tous ses fils le sens de la solidarité qui les unit, le respect et l'amour du nom qu'ils portent, de la continuité de la famille une et indéfectible ; s'il réussit dans cette tâche, il pourra se flatter d'avoir créé une richesse plus féconde que s'il avait accumulé des titres de rentes ; il aura préparé pour la patrie le plus précieux des héritages. Ainsi fera la France avec ses colonies, si elle sait comprendre et vouloir.

Pour le comprendre et le vouloir, il suffit de regarder ce que fut, lors de notre dernière crise nationale, lorsque la famille France était en péril, lorsque brûlait la maison natale, l'apport de l'esprit colonial. Où avaient été formés les meilleurs de nos chefs de guerre? à quelle école, sinon à l'école des colonies?

Voici **Joffre**, ce chef qui réussit cette gageure de donner du calme au peuple le plus impressionnable, le plus nerveux du monde, et dans quelles circonstances? Après Charleroi, après nos frontières envahies, après la longue retraite de la Somme à la Marne, où tant d'hommes exténués eurent à peine de quoi se nourrir. Il émanait de ce chef de guerre une puissance de paix et de force qui préserva l'opinion de tout égarement funeste et l'armée du désespoir. Mais sa carrière coloniale ne l'avait-elle pas préparé à cette décisive épreuve? Il était entré à Tombouctou quelques jours après le désastre de la **colonne Bonnier** et avait ramassé sur le champ de massacre de Tacoubao les cadavres mutilés et sanglants de ses camarades.

L'épopée soudanaise, dont il avait été dans sa jeunesse un des artisans, avait trempé sa patience, sa force de supporter, sa volonté de ne jamais renoncer. De telles actions marquent un homme et c'est grâce à elles sans doute que Joffre sut garder son sang-froid à l'heure où tant d'autres l'auraient perdu.

A côté de lui, voici son camarade du Soudan et de Madagascar, **Galliéni**. Si la qualité dominante du généralissime était la patiente ténacité, le gouverneur de Paris montrait, à côté de cette fermeté, une clairvoyance, une rapidité de décision que lui avait données, elle aussi, la pratique coloniale. Le 3 septembre 1914 dans l'après-midi, le général Galliéni, après avoir visité les avant-postes de l'armée Maunoury, rentrait au lycée Victor-Duruy où il avait établi son quartier général, lorsqu'on lui communique des renseignements affirmant que les colonnes ennemies, après avoir débouché de Compiègne, infléchissent leur marche vers le sud-est, vers Meaux. *Aussitôt*, il murmure aux officiers qui l'entourent : « Je n'ose pas y croire, *ce serait trop beau!* » Ce serait trop beau !... Déjà la décision est prise, le réflexe colonial a joué. *Dès le 3 septembre au soir*, Galliéni s'enferme, cartes en mains, avec le général Clergerie, son chef d'état-major et le colonel Girodon ; une heure après, les ordres pour l'armée Maunoury sont prêts : elle se tiendra en mesure de marcher vers l'Est dès l'après-midi du 4 septembre et d'attaquer le 5 sur la rive droite (Nord) de la Marne.

Le 27 août, en prenant son commandement, le général Galliéni avait eu à mettre de l'ordre dans cet immense camp retranché, où rien jusque-là n'avait été préparé pour un siège éventuel. Entre les divisions françaises harassées qui refluaient vers

Pontoise, les troupes du Maroc qui venaient de débarquer, les divisions qu'on ramenait de l'Est par un mouvement de rocade rapide, aucune cohésion n'existait encore ; en une semaine, de l'ordre était remis dans cette universelle confusion, le camp retranché s'organisait méthodiquement, chaque jour plus fort que la veille. Avec des pilotes militaires en congé, des pilotes civils disponibles, une aviation était créée de toutes pièces ; c'est elle qui allait découvrir ou confirmer de ses yeux le mouvement inattendu des colonnes de von Klück. Depuis les questions les plus importantes, artillerie, fortifications, ravitaillement des armées, jusqu'aux plus infimes, — arasement de la zone militaire, coupures des routes, mobilisation des taxis, — tout était prévu, réglé ; aucun détail n'était négligé par le chef qui, dans son premier voyage au Soudan, avait prescrit à chaque officier de sa mission d'emporter dans sa cantine quelques paquets de cartouches. Sans cela, que fût devenue cette mission après la surprise du marigot de Dio ? Aurions-nous eu la pacification du Tonkin, celle de Madagascar et la victoire de la Marne ? Cet art d'utiliser au maximum tous les moyens dont on peut disposer, même s'ils sont insuffisants et médiocres (ils le sont toujours aux colonies), cette habileté à faire, comme on dit vulgairement,

« flèche de tout bois », c'est un art colonial et c'est à cet art-là que Paris dut en grande partie de rester intact, alors que ses palais, ses musées, ses bibliothèques, ses quartiers chargés d'histoire, ses maisons, — nids de tant de laborieuses vies, — eussent pu devenir les points d'appui d'une guerre de rues et des ruines fumantes, l'enjeu de je ne sais quel redoutable chantage exercé par le vainqueur sur la ténacité française.

Tant que les Parisiens auront un peu de mémoire et de cœur, septembre ne pourra jamais toucher de ses flèches d'or les arbres de leurs quais et de leurs avenues, sans que leur reconnaissance évoque le souvenir du grand chef qui leur conserva leurs foyers.

A côté de lui, et hélas ! aujourd'hui aussi au champ des Morts, voici un autre grand soldat, dont les titres à la reconnaissance de la patrie sont impérissables : Mangin. Celui-là comprit tout jeune la tâche terrible à laquelle était vouée sa génération : la guerre. Parmi tous les grands chefs qui permirent à la France de la gagner, beaucoup se préparèrent par l'étude, par la stricte discipline d'une vie d'obéissance et de commandement ; aucun plus que Mangin *ne se destina à la guerre en faisant la guerre.* L'École des Colonies fut pour lui l'école de la volonté appliquée à la conduite de la guerre.

Dans cet admirable ouvrage où sont recueillis ses premiers cours à l'École de guerre, et où l'on trouve tout au long, plus de dix ans à l'avance, l'esquisse de la bataille libératrice de 1918, Foch a écrit : « Pas de victoire possible sans le *commandement vigoureux, avide de responsabilités et d'entreprises audacieuses*, possédant et inspirant à tous la résolution et l'énergie d'aller jusqu'au bout. » Tout jeune, Mangin avait compris que seule la vie coloniale permettait en temps de paix à un officier de s'entraîner à commander ainsi. Loin de nous la pensée de diminuer la gloire des professeurs d'art militaire, des stratèges et des tacticiens qui formèrent ces états-majors instruits, sans lesquels les armées modernes seraient d'immenses troupeaux inorganisés. Mais parmi ces grands chefs nécessaires, on a trouvé peu d'hommes de guerre, nés pour la guerre, faisant la guerre avec la fougue, la chaleur rayonnante, le tempérament entier d'hommes nés pour cette besogne de feu. Mangin était de ceux-là. Dans le vainqueur de Douaumont et de Soissons, c'est toujours le sous-lieutenant de Diéna que l'on retrouve ; tandis qu'après la prise de ce village, écrit Archinard en 1891, on le conduisait à l'ambulance, « le caporal Birama Sidibé, cruellement blessé, chantait à tue-tête les louanges de son chef. » Et pareillement, la veille

du 24 octobre 1916, traversant les rues de Verdun qu'ils allaient dégager, les tirailleurs sénégalais jetaient en l'air leurs coupe-coupe, en criant : « Douaumont ! Douaumont !... »

A côté de ces grands noms, que d'autres faudrait-il citer ! Celui qui vient d'abord sur toutes les lèvres, c'est celui de Lyautey : il faut lire, dans ses *Lettres du Tonkin et de Madagascar*, ce que fut pour lui la révélation coloniale, comment, à plus de quarante ans, toute sa pensée, toute son activité furent transformées par un séjour au Tonkin et par l'influence quotidienne de Galliéni. Nous devons le Maroc à cet élève de « l'École des colonies » venu, en pleine maturité seulement, suivre de telles leçons. Mais à quoi bon citer d'autres noms, risquer de choquer des modesties et faire œuvre certainement incomplète? Il vaut mieux relire un passage de ce maître livre, *les Morts qui parlent*, écrit par un de ces grands et clairvoyants Français de la métropole qui mirent leur honneur à servir — et avec quel talent ! — les héros ignorés de notre action coloniale, Eugène-Melchior de Vogüé : « Il y aura désormais au delà des mers, depuis le Congo jusqu'à la Chine, un vaste trésor humain d'intelligence, de dévouement, de résolution, où la France pourrait puiser pour tous ses besoins. »

Il me serait aisé d'opposer à l'apport des colonies dans la pensée française en temps de guerre, tous les bénéfices qu'elles ont donnés à notre esprit national dans les arts et les disciplines acceptées de la paix. Il faudrait aller de Bernardin de Saint-Pierre à Loti (je ne saurais citer de vivants), en passant par Leconte de Lisle et Baudelaire. Dans les lettres, notre sensibilité moderne est riche en grande part des notes nouvelles que ces écrivains, nés ou voyageant aux colonies, ont su faire vibrer en elle. Dans les arts, il en est de même : des « Chinoiseries » de Watteau aux toiles de Gauguin et aux fétiches du Congo, en passant par Delacroix, Decamps, Fromentin ; à maintes reprises, notre sensibilité visuelle a été rafraîchie, vivifiée, parfois entièrement renouvelée grâce à des apports coloniaux. Mais je ne puis ici reprendre une question qui a été magistralement traitée à la *Revue des Deux Mondes* par M. Hanotaux (1) ; il est, après lui, inutile d'insister. Ce que je voudrais maintenant rechercher, — la valeur de la leçon coloniale étant telle que j'ai essayé de la montrer, — c'est s'il existe en France une « conscience coloniale » capable de comprendre et de répandre cette leçon si précieuse que donne à la métropole « l'esprit colonial ».

(1) *L'Apport intellectuel des colonies de la France* (*Revue des Deux Mondes* du 15 janvier 1927).

Cette conscience coloniale — et ceci surprendra peut-être quelques lecteurs — est peut-être plus répandue chez nous qu'on ne le croit généralement. Il faut toujours pour juger la France ne pas limiter ses observations à Paris, et dans Paris à ce que l'on appelle, d'un mot qui devrait nous faire sourire pour son étonnante prétention : « le monde ». Il est trop vrai que, dans Paris, trois ou quatre édifices à peine rappellent au passant que nous possédons le second empire colonial du monde. Il faut des occasions exceptionnelles pour que les enfants émerveillés (et quelles vocations cependant pourraient naître de cette admiration !) puissent regarder défiler ou accomplir un service d'honneur des spahis en burnous flottants, des tirailleurs sénégalais ou tonkinois. Nous n'avons pas su encore organiser à Paris une semaine coloniale véritablement digne de ce nom, comparable à ces cortèges si riches d'évocations et d'enseignements que l'on peut voir à certaines dates parcourir les rues et les places de Belgique. Nous n'avons pas de musée colonial. Au point de vue colonial, Paris est un livre fermé.

Il s'en faut cependant qu'à Paris, dans le Paris qui travaille, il n'y ait pas de multiples centres officiels et privés de propagande coloniale ; je pourrais citer douze agences ou conseils officiels, trente-huit comités, ligues, unions ou sociétés fondées et dirigées par l'initiative privée. Mais tous ces efforts, dont certains sont très méritoires et très vivants, manquent de liaison entre eux ; la plupart ont atteint en surface les limites de leur influence et ne prêchent guère qu'à des initiés et à des convertis, comme le curé qui s'en prend à ses ouailles fidèles de l'insuffisante assistance à sa messe. Une impulsion supérieure leur fait défaut pour coordonner leur action et l'étendre en profondeur dans toutes les couches sociales. Dans cette dispersion des bonnes volontés, et des ressources qu'elles mettent en œuvre, apparaît nettement l'indiscipline foncière de notre race, fille de son individualisme.

En province, les initiatives individuelles sont moins noyées, plus en vue, que dans l'innombrable foule parisienne. La sage, la laborieuse, la studieuse province oublie moins vite, ignore moins, comprend mieux que Paris l'importance du « support colonial ». Beaucoup de villes lui doivent sa richesse ; les ports, en premier lieu, Marseille, Bordeaux, Nantes, le Havre, Dunkerque, sont des albums grands ouverts offrant au passant, avec les marchandises entassées sur leurs quais ou dans leurs entrepôts, avec les vieux hôtels décorés de mascarons symboliques, de magnifiques estampes coloniales. Ensuite, certaines villes de l'intérieur qui vivent des transformations que donnent leurs industries à certaines grandes matières premières d'origine coloniale : à Mulhouse, Roubaix, Tourcoing, Lyon, Clermont-Ferrand, on sait, on apprend aux enfants ce que sont le coton, la laine, la soie, le caoutchouc ; l'homme de la rue, même s'il n'est pas ouvrier, ou employé dans une usine, n'ignore pas que la situation matérielle de ses concitoyens et, par incidence inévitable, la sienne propre, sont en grande part déterminées par la production, les arrivages, les cours de ces matières premières que nos colonies nous fournissent ou pourraient nous fournir. Aussi ne faut-il pas s'étonner de trouver en province de nombreux comités coloniaux, fondés généralement par l'initiative privée, par le dévouement de Français instruits et clairvoyants. A Bordeaux, Marseille, le Havre, Mulhouse, Nancy, des instituts, des offices coloniaux privés forment des centres d'éducation coloniale, agissants et rayonnants.

Il existe donc en France de multiples éléments précieux, de nombreuses bonnes volontés pour former une « conscience coloniale ». Mais cette conscience n'est pas générale, coordonnée, dirigée : si les cellules nerveuses, ont dit quelques savants en histologie, ne sont pas reliées entre elles par un réseau continu de prolongements nerveux, l'organisme ne meurt pas, mais il sommeille.

Telle est l'idée coloniale en France. Pourquoi? Parce que lui font défaut les trois forces qui assurent dans un pays d'opinion la liaison, la cohésion morales dans la majorité des citoyens : le gouvernement, l'enseignement, la presse.

Le gouvernement d'abord. Dans nos usages politiques, ces usages qui exercent, en démocratie, une si grande influence, le ministère des Colonies n'est pas considéré comme un grand ministère par les chefs politiques du pays, par les hommes d'État qui distribuent les portefeuilles, lorsqu'ils sont appelés à constituer un ministère. La répartition des départements ministériels se fait, au lendemain d'une crise parlementaire, en tenant compte avant tout de la nécessité de rallier une majorité autour du gouvernement nouveau : il convient donc d'établir un savant équilibre entre certains groupes de la Chambre et du Sénat représentés par des personnages consulaires. Dans ce dosage, l'attribution du ministère des Colonies n'est pas toujours faite en s'inspirant de la recherche d'une compétence reconnue, d'un tempérament d'apôtre. C'est un peu cela cependant qu'il faudrait chercher. La Belgique a mieux compris que nous cette nécessité et beaucoup de Français — surtout beaucoup de parlementaires français

— ont été surpris de voir que le premier ministre du Royaume ami et allié tient à honneur d'être ministre des Colonies plutôt que ministre des Affaires étrangères, des Finances ou de l'Intérieur.

Nous parlerons seulement ici, bien entendu, *en théorie*, car dans la pratique, nous avons vu les services de la rue Oudinot dirigés longtemps par un homme d'expérience, de talent, ayant la foi coloniale, M. Albert Sarraut. Il n'en est pas moins vrai qu'aux yeux de beaucoup de parlementaires et d'électeurs, le ministère des Colonies n'est pas un ministère de premier plan ; il n'a pas la vedette ! Cette défaveur est, à elle seule, lourde de conséquences ; elle laisse croire à trop de Français que les colonies n'ont pas beaucoup d'importance dans la vie générale de la nation.

Il est vrai qu'à côté de certains ministres des Colonies, complètement ignorants de la France extérieure, il y a toujours eu pour les guider des fonctionnaires de la plus haute valeur, des « premiers commis » dans la grande tradition de Colbert. L'un d'eux, M. Albert Duchêne, directeur des affaires politiques au ministère des Colonies, vient d'écrire sur l'histoire de notre administration centrale coloniale un livre (1) riche d'érudition et

---

(1) *La Politique coloniale de la France*, in-8°, Paris, Payot, 1928.

de vues profondes. Il ressort nettement de la lecture de cet ouvrage que la raison d'être de cette administration centrale est la nécessité d'établir des liens étroits entre le gouvernement de la métropole et les colonies. Cette nécessité s'est imposée bien lentement aux dirigeants de la France : il a fallu attendre le 20 mars 1894 pour que les colonies françaises fussent pourvues d'un ministère particulier, disons toute notre pensée, d'une *tête*. Jusque-là, les Frances extérieures étaient les *disjecta membra* que prenaient sous leur autorité divers autres ministres au hasard de leurs goûts. Depuis lors, l'œuvre de cette administration centrale, comme l'a dit justement M. Duchêne, a été considérable, spécialement pendant la guerre. Mais si bonne qu'ait été déjà la besogne accomplie, elle est minime devant celle qui s'impose encore : organiser, équiper notre empire colonial, en vue des inappréciables services économiques qu'il faut en attendre ; maintenir, entre la métropole et ses filles lointaines, ces liens moraux qui seuls assurent l'unité de la plus grande France. Comment le ministère des Colonies pourra-t-il, dans un pays gouverné par l'opinion publique, mener à bien une telle œuvre, s'il se désintéresse de cette opinion qui seule peut lui fournir, par l'intermédiaire de ses représentants, les moyens de l'accomplir?

Nous considérons donc que le ministère des Colonies doit faire un effort soutenu pour éveiller en France une conscience coloniale profonde, pour donner une impulsion énergique à tous les services officiels qui poursuivent ce but en les réorganisant, s'il y a lieu, dans le sens de la concentration des efforts et des moyens, et en s'appuyant sur les multiples bonnes volontés et organisations privées dont nous avons signalé l'existence sporadique.

Le gouvernement dispose d'un très puissant levier qu'il a bien mal employé jusqu'ici : l'enseignement. J'ai écrit — et je n'y reviendrai pas — quelle part ridiculement mesurée est faite à l'histoire et à la géographie économique de nos colonies dans les programmes de nos trois ordres d'enseignement.

Quelques légers progrès ont été accomplis récemment dans l'enseignement secondaire : à notre connaissance, rien n'a été fait dans l'enseignement primaire ni dans l'enseignement supérieur. Il faudra cependant y venir, comme on a bien fini, en 1894, par créer un ministère des Colonies.

Enfin, je ne trahirai aucun secret d'État en disant que le gouvernement peut, s'il le veut, quand il le veut, avoir une certaine influence sur la presse, surtout lorsqu'il s'agit de faire comprendre à nos journaux la nécessité de traiter certaines questions d'intérêt national. C'est l'honneur du très grand nombre d'écrivains de talent que compte la presse française, et cela dans tous les partis, que de servir de tout cœur les grandes causes sur lesquelles est appelée leur attention. Si une voix qualifiée leur faisait remarquer quelle disproportion existe dans leurs journaux entre les informations relatives aux crimes, aux faits-divers, et celles consacrées à toutes les grandes œuvres qu'accomplissent chaque jour à travers le monde des initiatives et des entreprises françaises, je suis sûr que, sans avoir recours à une limitation de la liberté de la presse, le gouvernement pourrait trouver dans les journaux une aide puissante pour l'œuvre d'éducation nationale au point de vue colonial, qu'il est désormais indispensable de poursuivre. Un bureau d'informations coloniales de presse, dirigé par des journalistes de profession bien au courant de la politique coloniale, ayant voyagé dans nos possessions extérieures, alimenté par les grands services publics coloniaux, pourrait rendre à cet égard les plus précieux services ; il serait extrêmement aisé de le créer. Envoyez aux journaux de la « copie » et des photographies intéressantes ; ils seront toujours enchantés de les reproduire... surtout pendant les mois d'été.

En résumé, le Français a l'esprit colonial ; cet esprit colonial peut jouer dans notre vie métropolitaine elle-même un rôle des plus précieux pour notre relèvement national. Mais le Français n'a généralement pas une « conscience coloniale » et partant une légitime « fierté coloniale ». Voilà ce qu'il faut créer avant tout : dans notre pays si centralisé au point de vue politique et administratif, il importe que Paris, siège du Parlement, métropole au vieux sens grec du mot, donne l'éveil à cette conscience et provoque cette fierté. Il ne faut pas que Paris soit, à ce point de vue, inférieur aux grandes villes industrielles, aux grands ports ; il ne convient plus que l'idée coloniale lui arrive par parcelles, comme son charbon, en remontant la Seine sur de lourdes et lentes péniches.

Je suis assuré que sous la haute impulsion du maréchal Lyautey, qui a prouvé ses qualités d'animateur, l'Exposition coloniale de 1931 aura, sous ce rapport, des conséquences nationales de la plus haute importance. Mais un effort temporaire, si brillant, si éclatant qu'il soit, est insuffisant ; il faut qu'il laisse des traces, et c'est à cet égard que je voudrais tant voir créer à Paris un institut colonial digne de ceux d'Amsterdam et de Bruxelles-Tervueren, digne surtout de la variété, de l'ancienneté, de la richesse de la France extérieure.

Nous réussirons à créer en France cette conscience et cette fierté coloniales si tous ceux qui éprouvent en eux de tels sentiments *s'unissent* pour propager la foi qui les anime : Gouvernement, Parlement, services officiels, initiatives privées : il faut, avant tout, faire converger ces forces qui, trop souvent, s'ignorent et parfois s'annihilent. Groupons nos moyens, ne les employons pas en ordre dispersé ; il ne s'agit pas ici de vanités personnelles à satisfaire, il s'agit de la grandeur et du salut de la France.

DEUXIÈME PARTIE

QUELQUES REPRÉSENTANTS
DE L'ESPRIT COLONIAL FRANÇAIS

Il me tarde maintenant, pour illustrer ce qui précède, pour donner de la vie à cette synthèse qui par moments a pu paraître un peu théorique, de parcourir rapidement cette admirable galerie de portraits que forment nos grands coloniaux. Les plus beaux vers d'Hernani ne suffiraient pas à camper d'aussi nobles figures. Il y a dans cette galerie, non seulement les auteurs de la France coloniale actuelle, ceux qui revêtaient le képi rouge classique et le dolman serré à la taille et chargé de brandebourgs des armées de Louis-Philippe, non seulement la pauvre veste en lambeaux d'un Brazza ou la robe de laine d'un Père de Foucauld, mais aussi tous les auteurs de la France coloniale de jadis, tous ces marins de Dieppe ou de Bretagne, toutes ces physionomies si curieuses, si peu connues encore, qui ont été si souvent trahies par les chroniques contemporaines, et qui vont depuis un Champlain au seizième siècle jusqu'à un Montcalm ou à un Dupleix, à un Kléber en Égypte, à un Laborde à Madagascar. Mais bien que la France ait eu cet unique privilège de se constituer à deux reprises un empire colonial, qu'elle ait perdu entièrement le premier pendant la Révolution et l'Empire, quand elle était encerclée par l'Europe et plusieurs fois envahie, nous ne prendrons que des exemples contemporains, qui montreront, en choisissant pour chacun d'eux les qualités caractéristiques de l'esprit français, comment ces qualités s'identifient avec l'esprit colonial lui-même.

Comme exemple de l'esprit de curiosité, nous avons retenu René Caillié, petit paysan des Deux-Sèvres qu'une sorte de démon intérieur conduira à seize ans avec soixante francs pour tout viatique, sur la côte brûlante du Sénégal, et de là, par de longues et pénibles étapes, à Tombouctou, au Sahara, au Maroc. En marge de notre analyse de l'esprit de clairvoyance, nous tenterons une esquisse de ce grand précurseur de notre politique africaine, Faidherbe. Comme modèle de générosité, il serait difficile de trouver dans l'histoire coloniale d'aucun peuple une figure aussi noble, aussi pure que celle du Père de Foucauld. D'autre part, peu d'hommes témoignèrent aux indigènes de l'Afrique française une sympathie plus agissante que le commandant Lamy, le fondateur d'El-Goléa, le chef qui donna sa vie pour éteindre le dernier foyer d'esclavagisme du continent noir : l'empire de Rabah. Enfin, nous consacrerons un hommage particulier d'admiration à celui dont le patriotisme sut faire la France si grande, — avant de la sauver sur la Marne, — à Galliéni, à ce constructeur d'empires dont on retrouve partout la main créatrice : au Soudan, au Tonkin, à Madagascar. Celui-là, celui que Lyautey se plait à citer comme son maître, c'est celui qui résume le mieux le génie colonisateur de notre race, celui qui peut nous permettre de répondre aux ignorants et aux envieux, à tous ceux qui nous accusent d'incapacité coloniale : « Pas colonisateurs, les Français? Quel autre peuple au monde a-t-il donc eu un Galliéni? »

D'où venaient-ils, ces hommes qui jetèrent un tel éclat sur le nom français? L'un, Caillié, était fils d'un boulanger de village, au pays d'Aunis, l'autre, Faidherbe, d'un ouvrier lillois. Le vicomte Charles de Foucauld naquit à Strasbourg mais était issu d'une très ancienne famille du Périgord, le commandant Lamy et le maréchal Galliéni, tous deux Méridionaux, étaient fils d'officiers. Artisanat de villages ou de grandes villes, vieille noblesse, petite bourgeoisie, tous les milieux sociaux de notre pays, toutes les régions de la France ont concouru à nous fournir cette pléiade. Cette diversité d'origine nous montre que l'esprit colonisateur n'est pas en France l'apanage exclusif d'une élite, mais apparaît au contraire comme une de ces sources intarissables qui cheminent invisibles dans le fond solide de notre race, comme le courage militaire, le goût artistique, l'amour de la liberté, et jaillissent parfois toutes vives et merveilleuses aux heures et aux lieux que fixe notre destin. Quelle confiance en l'avenir cette constatation ne doit-elle pas nous donner ! Quelle est la ferme, le château, le modeste appartement de fonctionnaire ou d'officier où peut-être en ce moment se forme dans un jeune cœur une vocation coloniale? C'est à cet enfant inconnu que je dédie les pages qui suivent où je vais tenter d'évoquer de grandes ombres.

CHAPITRE PREMIER

Allons choisir notre premier exemple parmi les plus humbles et les plus malheureux.

Le 19 novembre 1799 naissait à Mauzé, petit village des Deux-Sèvres, un enfant qui devait devenir un des plus célèbres explorateurs de l'Afrique : René Caillié. C'était dans la pauvre maison d'un boulanger, et cette naissance fut, sans doute, entourée de plus de larmes que de sourires : le père n'était pas là ; quelques semaines auparavant, il avait été écroué à la prison de La Rochelle, comme prévenu d'un vol de deux écus au préjudice d'un cabaretier. On ne revit plus ce pauvre homme au village : condamné à douze ans de travaux forcés, il devait, peu après la naissance de René, son sixième enfant, être rivé à la chaîne des forçats et mourir au bagne de Rochefort sans avoir achevé sa peine.

René Caillié connut-il son père? cela est peu probable, s'il le vit ce fut de loin, parmi les forçats qui halaient quelque frégate sur la Charente ou transportaient dans l'arsenal telle lourde pièce de charpente. Ineffaçable souvenir de honte et de douleur ! En 1811 la mère meurt à son tour, usée de chagrins et de dures besognes. René est recueilli par sa grand'mère, au bourg de Mauzé : fut-il montré au doigt, le fils du bagnard, par ses petits camarades? Cela n'est pas certain, car la faute du père était loin d'être prouvée, et l'eût-elle été, que le châtiment avait été trop terrible pour ne pas en effacer l'opprobre. Mais quelle dure marque est imprimée, pour toute une vie, sur une âme d'enfant, par une telle infortune ! Celui-ci pourrait-il être expansif et joyeux? Comment échapper à tant de souvenirs douloureux qui le hantent, comment s'évader du passé, sinon en rêvant à l'avenir, comment s'affranchir de ce milieu où chacun connaît la blessure secrète de sa vie, sinon en fuyant vers les terres lointaines où personne, personne ne saura qu'il est le fils de François Caillié le forçat?

Ce fut un bon maître d'école, M. Mirambaud, qui fournit au petit orphelin douloureux la clef de son évasion en lui prêtant des livres de voyage. « L'histoire de Robinson surtout enflammait ma jeune tête, écrira plus tard René Caillié ; je brûlais d'avoir comme lui des aventures ; déjà même je sentais naître dans mon cœur l'ambition de me signaler par quelque découverte importante »

Le goût de l'aventure, le désir obscur d'effacer par une réussite brillante la tache de son nom, voilà les premiers ressorts de cette jeune âme qui se tend. Et bientôt s'éveille en elle une curiosité insatiable : « On me prêta des livres de géographie et des cartes : celle de l'Afrique, où je ne voyais que des pays déserts ou marqués inconnus, excita plus que toute autre mon attention. Enfin, ce goût devint une passion pour laquelle je renonçai à tout : je cessai de prendre part aux jeux et aux amusements de mes camarades ; je m'enfermai le dimanche pour lire les relations et tous les livres de voyages que je pouvais me procurer. Je parlai à mon oncle, qui était mon tuteur, de mon désir de voyager : il me désapprouva, me peignit avec force les dangers que je courrais sur mer, les regrets que j'éprouverais loin de mon pays, de ma famille ; enfin il ne négligea rien pour me détourner de mon projet. Mais ce dessein était irrévocable ; j'insistai de nouveau pour partir et il ne s'y opposa plus.

« Je ne possédais que soixante francs ; ce fut avec cette faible somme que je me rendis à Rochefort, en 1816. Je m'embarquai sur la gabare la *Loire* qui allait au Sénégal. »

Il possédait soixante francs pour tout viatique, mais il avait seize ans et cette jeunesse valait une fortune.

Jamais peut-être ne vit-on aussi impérieux appel de la curiosité. Ce que veut ce petit apprenti cordonnier c'est mettre des noms sur les blancs de la carte d'Afrique ; les pays déjà connus, ceux dont il a lu les descriptions enchanteresses ne l'attirent pas. Ce n'est pas la fortune qu'il cherche sur les routes du monde : il veut voir de ses yeux ce que nul Européen n'a contemplé avant lui. Il lui faut des terres neuves.

C'est à lui maintenant de découvrir une partie de continent mystérieux dont on ne sait que de prestigieuses légendes : ces fleuves qui naissent et meurent dans les sables et dont le cours supposé était parfois remplacé par des légendes comme celle-ci : *Hic sunt leones*, cette ville de « Tombut » surtout où s'échangent toutes les richesses de la Nigritie.

Arrivé en Afrique en 1816, ce fut seulement onze ans plus tard, le 19 avril 1827 que René Caillié put se mettre en route pour tenter son grand voyage vers l'intérieur du continent.

Des souffrances matérielles supportées par lui, René Caillié ne nous dit presque rien, sinon cette petite phrase souvent répétée : *nous arrivâmes à l'étape bien fatigués*. Nous ne trouvons à ce sujet de développement un peu étendu que pour excuser, semble-t-il, son long séjour à Timé en août-novembre 1827 : « Vers le 10 novembre la plaie de mon pied était presque fermée ; j'avais l'espoir de profiter de la première occasion et de me mettre en route pour Jenné : mais, hélas ! à cette même époque, de violentes douleurs dans la mâchoire m'apprirent que j'étais atteint du scorbut, affreuse maladie que j'éprouvai dans toute son horreur. Mon palais fut entièrement dépouillé, une partie des os se détachèrent et tombèrent ; mes dents semblaient ne plus tenir dans leurs alvéoles ; mes souffrances étaient affreuses ; je craignis que mon cerveau ne fût attaqué par la force des douleurs que je ressentais dans le crâne ; je fus plus de quinze jours sans trouver un instant de sommeil. Pour mettre le comble à mes maux, la plaie de mon pied se rouvrit, et je voyais s'évanouir tout espoir de partir. Que l'on s'imagine ma situation ! seul dans l'intérieur d'un pays sauvage, couché sur la terre humide, n'ayant d'autre oreiller que le sac de cuir qui contenait mon bagage, sans médicaments, sans personne pour me soigner que la bonne vieille mère de Baba, qui, deux fois par jour, m'apportait un peu d'eau de riz qu'elle me forçait de boire, car je ne pouvais rien manger ; je devins bientôt un véritable squelette : enfin j'étais dans un état si cruel, que je finis par inspirer de la pitié même à ceux qui étaient le moins disposés à me plaindre. »

Mais c'est dans une telle extrémité que notre Français atteint sans effort les plus hauts sommets de l'héroïsme : « Malgré l'état affreux où je me trouvais je ne renonçais pas à continuer mon voyage : j'aimais mieux mourir en route que de retourner sur mes pas sans avoir fait de plus grandes découvertes. Étant seul dans ma case, je me livrais à mes réflexions, et je cherchais les moyens que je pourrais employer pour me rendre sur le Niger, où j'espérais m'embarquer pour aller à Tombouctou, et arriver un jour à cette ville mystérieuse, objet de mes recherches. *Je ne me suis pas reproché un seul instant la résolution qui m'avait conduit dans ces déserts, où je semblais avoir été appelé à souffrir mille maux.* » Ainsi plus tard Galliéni après avoir été, au combat de Dio, coupé de toutes ses communications avec le Sénégal, après avoir perdu dans ce guet-apens la plus grande partie de ses bagages, n'hésitera pas un instant à poursuivre sa marche vers le Niger. René Caillié, sur les routes africaines qu'il ouvre à son pays, se montre, au point de vue du courage, le digne précurseur des officiers français qui, soixante ans après, viendront ici conquérir et pacifier un empire.

Parvenu à Tombouctou, il aura une seconde fois l'occasion d'hésiter, au moment de choisir son itinéraire de retour. On devine toutes les craintes que pouvait légitimement éveiller alors le mot Sahara dans l'esprit d'un voyageur européen. Quels que fussent les périls déjà surmontés, les difficultés déjà vaincues, le retour par le Niger paraissait moins dangereux, car c'était une route déjà connue. Mais dans cette âme de petit paysan français était né un sentiment nouveau : la fierté scientifique. Il sentait d'instinct la place qui lui était réservée désormais dans le monde savant : ayant réalisé son rêve il comprend qu'il a accompli une grande œuvre et qu'il se doit à lui-même de la défendre. Il prit la décision la plus virile et voici comment il nous expose lui-même les motifs de son choix : « J'avoue que la traversée du Sahara, dans une saison aussi sèche, m'effrayait beaucoup : cependant, après de mûres réflexions, je me décidai définitivement à surmonter les dangers auxquels la grande sécheresse m'exposerait, et à m'aventurer avec une caravane dans les sables mouvants du désert. En effet, je pensais que si j'effectuais mon retour par Ségou, Sansanding et nos établissements de Galam, les envieux du succès d'un voyage dont l'entreprise m'avait fait déjà tant d'ennemis révoqueraient en doute mon arrivée et mon séjour à Tombouctou ; au lieu qu'en revenant par les États barbaresques, le point de mon arrivée imposerait silence à l'envie. »

Ce que furent au Sahara les souffrances de notre héros est impossible à décrire : tempêtes de sable, tortures de la soif, insultes continuelles de grossiers compagnons de voyage, nourriture toujours insuffisante et souvent écœurante, aucune épreuve n'eut raison de sa volonté.

Au-dessus de cette résistance physique, ce qu'il faut admirer le plus en René Caillié ce sont, avons-nous dit, ses qualités intellectuelles et morales. Parvenir au cours d'un voyage de dix-sept mois (19 avril 1827-7 septembre 1828) à ne jamais trahir sa véritable nationalité, soutenir sans défaillance le rôle du personnage d'emprunt qu'il avait choisi, supporter sans impatience les curiosités chaque jour renouvelées de peuplades diverses, toutes soupçonneuses et la plupart fanatiques : la continuité d'un tel effort atteste une maîtrise de soi dont peu d'hommes eurent l'occasion de donner pareille preuve.

Comment réussit-il, dans de telles conditions, à mener à bien une si dangereuse entreprise? Comment a-t-il pu prendre en cours de route ces notes brèves qui lui permirent plus tard de reconstituer, jour par jour, cet itinéraire de milliers et de milliers de kilomètres, d'une précision telle qu'il est facile de le tracer sur une carte? Ce fut grâce à une prudence toujours en éveil : « J'avais soin de tenir à la main une feuille du Coran, sur laquelle je posais mon papier pour prendre mes notes, et lorsque je voyais quelqu'un venir à moi, je les cachais et je paraissais lire un verset du Coran. » Ces notes étaient réunies ensuite dans « un portefeuille du pays en cuir de veau non tanné » et placées dans le sac où il transportait sa pacotille d'échange. Des papiers portant une écriture autre que l'arabe pouvaient constituer contre lui une accusation d'espionnage et surtout la preuve du crime inexpiable d'être un faux musulman. « Je portais toujours dans mon sac un arrêt de mort, et combien de fois ce sac a dû être confié à des mains ennemies ! »

Pour qui n'a jamais accompli de long voyage en pays tropical, il est difficile d'imaginer l'effort de volonté que représente chaque jour le soin de noter les observations faites au cours de l'étape. La monotonie du paysage, la chaleur, la solitude morale, engourdissent l'esprit le plus vif d'une paresse presque invincible. Or la relation de voyage de René Caillié nous prouve qu'il garda pendant ces dix-sept mois une curiosité et une attention

toujours lucides. Les productions du sol, les cultures, les dispositions des villes et celles mêmes des
habitations, les coutumes des indigènes, leurs
habits, leurs danses, leurs croyances, leurs maladies,
René Caillié note tout ce qu'il voit et toujours avec
une précision qui ne saurait donner lieu aujour-
d'hui encore à aucune retouche. Depuis les plus
importants problèmes géographiques tels que le
cours du Niger et la description de Tombouctou et
les plus graves événements historiques comme l'as-
sassinat du major Laing, jusqu'à la nature des
roches sur lesquelles il tombe épuisé, mourant de
soif, à la fin de ses étapes sahariennes, il n'est
aucun fait intéressant qu'on puisse l'accuser
d'avoir négligé. Pour qualifier une telle curiosité
dans les conditions où René Caillié traversa
l'Afrique, on est véritablement forcé d'employer le
mot héroïque.

Et l'on est en droit de se demander : fut-il
récompensé, non pas certes par ce que les ambitieux
ordinaires peuvent attendre des autres hommes :
honneurs, décorations, fortune, mais par ces joies
que les âmes d'élite espèrent seulement d'elles-
mêmes, de la satisfaction d'avoir vécu, réalisé
leur rêve? Autrement dit : fut-il heureux? Nous
n'en sommes pas assurés.

Il s'était proposé deux objectifs géographiques :

atteindre le Niger et Tombouctou. Un but moral, acquérir un grand nom dans la science par l'éclatante réussite d'un périlleux voyage. Lorsqu'il atteignit le Niger il connut un moment de joie. C'était le 11 juin 1827 à Kouroussa : « Je m'assis un moment pour contempler à l'aise ce fleuve mystérieux, dont les savants d'Europe sont si curieux de connaître les particularités... Le lendemain je retournai sur les bords du fleuve ; je ne pouvais me lasser de l'admirer. »

Voilà, certes, un moment de bonheur, mais le Niger n'était pas le véritable but de notre héros : déjà Mungo-Park, qu'il cite plusieurs fois, avait atteint le Niger et constaté qu'il coulait vers l'est contrairement à tant de légendes. Or Mungo-Park n'avait pu descendre le fleuve jusqu'à Tombouctou. C'est là que René Caillié avait donné rendez-vous à la gloire. Au moment d'atteindre cette fiancée si désirée, il eut un instant d'allégresse, mais qui lui laissa vite un sentiment de déception. Le 20 avril 1828, il arrivait en vue de cette ville « au moment où le soleil touchait à l'horizon. Je voyais donc cette capitale du Soudan, qui depuis si longtemps était le but de tous mes désirs. En entrant dans cette cité mystérieuse, objet des recherches des nations civilisées de l'Europe, je fus saisi d'un sentiment inexprimable de satisfaction ;

je n'avais jamais éprouvé une sensation pareille
et ma joie était extrême. Mais il fallut en compri-
mer les élans : ce fut au sein de Dieu que je confiai
mes transports ; avec quelle ardeur je le remerciai
de l'heureux succès dont il avait couronné mon
entreprise !... *Revenu de mon enthousiasme, je trou-
vai que le spectacle que j'avais sous les yeux ne répondait pas à mon attente;* je m'étais fait de la grandeur et de la richesse de cette ville une tout autre
idée : elle n'offre, au premier aspect, qu'un amas
de maisons en terre, mal construites ; dans toutes
les directions, on ne voit que des plaines immenses
de sable mouvant, d'un blanc tirant sur le jaune et
de la plus grande aridité. Le ciel, à l'horizon, est
d'un rouge pâle ; tout est triste dans la nature ;
le plus grand silence y règne ; on n'entend pas le
chant d'un seul oiseau ».

Telle qu'elle lui apparut, telle qu'elle est restée,
Tombouctou fut pour René Caillié une déception :
elle est toujours une déception pour le voyageur
non prévenu ; mais du moins cette gloire scientifique qu'il espérait acquérir comme prix, comme
rançon de toutes ses souffrances physiques et morales, René Caillié eut-il la joie de la conquérir, de
la savourer? Ici encore, malgré l'accueil du vice-
consul de France à Tanger, malgré la réception
enthousiaste de la Société de Géographie de Paris,

et de l'affectueux parrainage de son président
Jomard, malgré les audiences royales, les pen
sions, le ruban de la Légion d'honneur à vingt-
huit ans (pour lui, fils de forçat), René Caillié ne
connut pas un triomphe sans amertume. Certains
— il n'est personne de plus cruel que les savants —
l'avaient accusé d'imposture et c'est sur un aveu
bien douloureux que finit la relation du prodigieux
voyage : « J'avouerai que ces injustes attaques
me furent plus sensibles que les maux, les fatigues
et les privations que j'avais éprouvés dans l'intérieur de l'Afrique. »

Bientôt d'ailleurs la révolution de 1830 venait
changer la famille régnante, écarter du pouvoir
les ministres qui lui portaient intérêt, détourner
surtout l'attention publique vers des hommes et
des événements nouveaux. Au milieu de cette
tourmente René Caillié connut l'inconstance de la
gloire, mais il oublia peut-être cette dernière déception dans la joie toute neuve pour lui d'aimer et
d'être aimé. L'enfant orphelin, le jeune homme
errant avait rencontré un tendre regard, de douces
mains de femme, et bientôt il eut la joie d'avoir
une petite terre en son pays d'Aunis, une maison
qu'animaient des rires d'enfants. Mais il était trop
usé pour jouir longtemps de ce modeste bonheur :
il mourut le 15 mai 1838, rêvant encore de cette

Afrique, dont l'attrait agit comme un charme, comme un envoûtement, sur la plupart de ceux qui l'ont une fois aimée.

*
* *

Je voudrais que le nom de René Caillié et le merveilleux exemple de sa vie fussent familiers aux enfants de France. Le récit de cette existence, d'une unité si parfaite, constitue le plus bel éloge que l'on puisse écrire de « l'esprit de curiosité ». Cette flamme ardente, qui soutint un petit paysan de chez nous à travers les savanes du Soudan et les sables du Sahara, est-elle à jamais éteinte, ne peut-elle allumer encore dans de jeunes esprits des vocations utiles à la France? Mais ce nom est-il seulement cité dans les manuels d'histoire? La gloire, si capricieuse avec les vivants, ne devrait-elle pas quelquefois passer la revue nocturne, et changer les places respectives des morts?

CHAPITRE II

UN EXEMPLE DE GÉNÉROSITÉ :
LE R. P. DE FOUCAULD

Charles-Eugène de Foucauld connut dans sa jeunesse toutes les facilités qui avaient été refusées par le sort à René Caillié : famille honorée, fortune, douces affections attentives. Un seul point commun dans ces deux destinées : l'un et l'autre enfants furent orphelins de bonne heure : René Caillié à douze ans, Charles de Foucauld dès sa cinquième année. Une seule impression pénible mais ineffaçable dans les souvenirs du jeune vicomte : ce jour d'été de 1870 (il avait douze ans) où il dut quitter Strasbourg devant l'envahisseur, sa main dans celle de son grand-père, vieil officier en retraite, qui pleurait

Ses origines comme ce souvenir vouaient Charles de Foucauld à la carrière des armes. Il s'y prépara sans grand labeur ; reçu dans les derniers à Saint-Cyr, il ne gagna guère de rangs en cours d'études, et s'acquit parmi ses camarades une réputation d'épicurienne mollesse qui lui valut peu d'estime, si sa générosité et sa franchise lui gagnèrent quelques amitiés. A Saumur il partageait la chambre d'Antoine de Vallombrosa, futur marquis de Morès, qui, lui aussi, devait périr assassiné au désert. Mais dans cette petite chambre on ne parlait pas du Sahara et l'on préférait organiser en cachette des soupers fins. Même vie de désordres à Pont-à-Mousson puis à Sétif ; bientôt le colonel du 4e chasseurs, trop souvent bafoué, voulut mettre un terme à ces fantaisies ; le jeune officier ne céda pas et se fit placer en non-activité.

Tant de dons du cœur et de l'esprit allaient-ils être gâchés par la paresse et le goût du plaisir? Voici un premier sursaut : en 1881, Foucauld apprend que ses camarades sont partis en colonne dans le Sud-Oranais contre Bou-Amama. Il ne peut supporter la pensée qu'ils marcheront sans lui au péril et à l'honneur, il obtient l'autorisation de les rejoindre ; son égoïsme est vaincu. Dans cette dure expédition il supporte gaiement fatigues et privations, vivant comme ses hommes qu'il admire et qu'il aime. Cette campagne affranchit de ses bas instincts ce jouisseur égoïste et inutile : la plus belle raison de vivre lui était apparue : vivre pour les autres.

Voulant mieux connaître les Arabes, il donne sa

démission et s'installe à Alger pour préparer un grand voyage au Maroc. Le voici rendu au premier stade de l'esprit colonial : la curiosité. Il rencontre à la bibliothèque du palais de Mustapha Pacha un homme bien original, Oscar Mac Carthy. Celui-ci avait couru toute l'Algérie, seul, bourrant ses poches de notes et de cartes, assuré de trouver une sauvegarde dans sa pauvreté même. Quelle leçon pour Charles de Foucauld, qu'un tel exemple ! Mac Carthy lui présente le rabbin Mardochée dont la vie — racontée par le Père de Foucauld dans une note qu'a publiée M. René Bazin — nous semble un conte des *Mille et une Nuits*. C'est avec ce juif que l'ancien officier de chasseurs d'Afrique partit le 10 juin 1883 pour le Maroc où il allait, pendant onze mois, lever 2 250 kilomètres d'itinéraires nouveaux, vérifier 689 kilomètres déjà connus, rapporter 3 000 observations d'altitude, et déterminer une centaine de longitudes ou de latitudes.

Qui n'a pas visité les Mellahs du Maroc ne sait pas à quel degré de misère peuvent se trouver réduits des êtres humains. En 1883 et 1884 la France n'avait pas encore apporté à cette importante fraction de la population marocaine les avantages matériels que leur a donnés notre occupation. Jamais le vicomte de Foucauld n'avait vu d'aussi près ni aussi longtemps la faim, la maladie,

l'ignorance, pour tout dire d'un mot l'abaisse-
ment de la dignité humaine. Bien que son journal
de route contienne peu de notes à ce sujet il n'est
pas douteux qu'il fut profondément ému par un
tel spectacle.

Cette émotion devait cheminer en lui et se transformer un jour tout naturellement en pitié. Plus
tard, lorsqu'il sera devenu « l'ermite du Sahara »,
il recevra souvent des lettres, des visites du Maroc, il gardera en un mot une dilection particulière pour ce pays, qu'il avait jugé plus riche encore
que l'Algérie, plus attrayant pour la colonisation
européenne. Dans la population musulmane avec
laquelle il réduisait le plus possible par prudence,
le nombre des points de contact, il sut se faire
quelques amis précieux, par exemple Sidi Edris,
fils d'un puissant marabout du Tadla, et le hadj
Bou Rhim, de Tisint dans l'Atlas, qui lui servit
de guide à Mogador. A ces deux musulmans, l'explorateur révéla sa qualité de chrétien. Ils furent
fidèles à la parole donnée et lui rendirent les plus
grands services. Ainsi donc, dans ces populations
misérables ou fanatiques, il était possible de trouver de nobles sentiments, un sens élevé du devoir.
Il était permis d'espérer beaucoup d'elles ; c'était
déjà concevoir la possibilité de les élever au point
de vue moral... en les aimant.

Au cours de sa longue route, le voyageur avait couru de graves périls ; il nous est impossible ici de ne pas citer certains passages de *la Reconnaissance du Maroc* qui rappellent plusieurs extraits du journal de René Caillié que nous avons cités plus haut. Voici comment il exécutait ses levés d'itinéraires :

« Tout mon itinéraire a été levé à la boussole et au baromètre. En marche j'avais sans cesse un cahier de cinq centimètres carrés caché dans le creux de la main gauche ; d'un crayon long de deux centimètres, qui ne quittait pas l'autre main, je consignais ce que le chemin présentait de remarquable, ce qu'on voyait à droite et à gauche, je notais les changements de direction, accompagnés de visées à la boussole, les accidents de terrain avec la hauteur barométrique, l'heure et la minute de chaque observation, les arrêts, les degrés de vitesse de la marche, etc... J'écrivais ainsi presque tout le temps de la route, tout le temps dans les régions accidentées. Jamais personne ne s'en aperçut, même dans les caravanes les plus nombreuses ; je prenais la précaution de marcher en avant ou en arrière de mes compagnons, afin que, l'ampleur de mes vêtements aidant, ils ne distinguassent point le léger mouvement de mes mains ; le mépris qu'inspire le juif facilitait mon isolement. La description et le levé de l'itinéraire emplissaient ainsi un certain nombre de petits cahiers ; dès que j'arrivais en un village où je pouvais avoir une chambre à part, je les complétais, et je les recopiais sur des calepins qui formaient mon journal de voyage. Je consacrais les nuits à cette occupation ; le jour on était sans cesse entouré de juifs ; écrire longuement devant eux leur eût inspiré des soupçons. La nuit ramenait la solitude et le travail. »

On ne peut sans émotion lire le témoignage aussi modeste d'un héroïsme aussi tenace et aussi caché. A vingt-six ans, Charles de Foucauld, comme René Caillié, venait d'inscrire son nom au livre d'or de la Science, mais il allait franchir une étape morale que le vainqueur de Tombouctou n'avait pas abordée : l'étape de l'entier dévouement aux plus humbles parmi les humbles, du sacrifice total en faveur de tous ceux que l'Islam, en apparence seulement égalitaire, en fait si insensible et si dur, abandonne à une misère sans espérance.

Ce n'est pas ici le lieu de rappeler par quelles voies Charles de Foucauld atteignit ce point culminant de la charité ; la rencontre de l'abbé Huvelin fut décisive sur l'évolution de sa vie spirituelle, le voyage en Terre Sainte, les séjours à la Trappe de Notre-Dame des Neiges, à celle de Cheïkhlé et dans un couvent de Nazareth jalonnent cette lente ascension morale, à la fois fervente et réfléchie, qui conduit l'ancien officier à la prêtrise peu après avoir atteint quarante-trois ans. Ce qui nous attire le plus ici dans cette destinée, c'est l'ardent amour que cette âme d'élite voua aux indigènes de notre Afrique française.

Il se fixe d'abord, le 28 octobre 1901, à Béni-Abbès, dans cette vallée de la Saoura que les indigènes appellent la rue des Palmiers, et qui est le grand chemin du Sud-Oranais au Sahara, celui où probablement passera un jour le rail du Transsaharien. Aux soldats de la petite garnison, moralement abandonnés, le Père apporte le réconfort d'une amitié inattendue et inépuisable.

Mais c'est bien vite auprès des indigènes que l'influence du « marabout » commence à se faire sentir, à produire un rayonnement moral. Le Père avait limité son aride domaine par une ligne de cailloux posés simplement sur le sol : bientôt tout ce qui était à l'intérieur de cette ligne apparut aux passants comme sacré : « Le nomade déchargeait son chameau de l'autre côté des cailloux frontières, la pauvre femme arabe, rentrant de la corvée quotidienne de bois, y jetait son fagot ; le boucher y déposait un paquet de peaux saignantes de chevreaux : eh bien ! même si l'absence durait plusieurs heures, ou une nuit entière, le caravanier retrouvait intacte sa marchandise ; la femme son faix de racines de palmier, le boucher son ballot de cuir frais (1). »

Le 9 janvier 1902 l'ermite note dans son journal qu'il a racheté un esclave ; il ne fait nulle pression sur lui pour lui faire abandonner la religion musulmane. Il voudrait en racheter bien d'autres, leur condition lui « fend l'âme » écrit-il. Pour y parvenir il se contente de pain et d'eau : sept francs par mois ! Il demande une aide à sa famille, à ses amis, et voici dans son carnet une phrase qui brille comme un pur diamant : « Je veux habituer tous les habitants, chrétiens, musulmans, juifs et idolâtres, à me regarder comme leur frère, le frère universel. Ils commencent à appeler la maison la Fraternité (la *khaoua* en arabe), et cela m'est doux. »

Son ardente charité voudrait, après le rachat des esclaves, assurer gîte et nourriture aux voyageurs pauvres, aux infirmes et vieillards abandonnés, enseignement aux enfants, visites aux malades. Il lui faudrait des aides, mais les Pères trappistes de Staouëli eux-mêmes sont effrayés par l'austé-

---

(1) René Bazin, *Charles de Foucauld*, p. 208.

rité de la règle qu'il a adoptée, et que nul ne pourrait suivre près de lui. A défaut de compagnons, l'ermite demande des prières et il trouve des accents émouvants pour les réclamer. « Priez pour ce Maroc, pour ce Sahara qui sont, hélas ! un tombeau scellé ! »

Charles de Foucauld pour gagner solidement les cœurs des indigènes à notre suzeraineté voulait les affranchir de tout ce que l'Islam leur dicte de mépris contre nous, les Nazaréens. Les convertir au christianisme? Oui, il n'avait pas peur du mot, car l'idée lui paraissait utile à la France. Mais ce prosélytisme, le prêtre de Béni-Abbès voulait l'exercer moins en paroles que par l'exemple en se faisant respecter et aimer. Il écrivait : « Les musulmans du Sahara reçoivent leur fausse religion uniquement par *confiance* en leurs ancêtres, en leurs marabouts, en ceux qui les entourent, uniquement par *l'autorité* de ceux-ci sur eux, et sans l'ombre d'un raisonnement ni d'un contrôle... Nous devons donc tâcher de gagner davantage leur *confiance*, d'acquérir plus *d'autorité* que ceux qui les entourent et les endoctrinent. »

Ces paroles sont la sagesse même ; tous les officiers clairvoyants de notre armée coloniale, pour obtenir une stricte discipline, ont toujours recommandé à leurs subordonnés de gagner le respect de leurs soldats indigènes, par la dignité de leur vie, la correction de leur attitude et de leurs propos, le contrôle permanent de leur caractère. Laperrine a écrit à ce sujet d'admirables instructions, elles sont la vérité ; que l'on soit colon, officier, fonctionnaire, c'est par de telles méthodes que nous résoudrons la plus délicate des questions coloniales : faire accepter notre autorité dans le cœur de nos sujets indigènes. Sans justice, sans dignité, sans maîtrise de nous-mêmes, nous pourrons être, momentanément, craints, forts, obéis, nous n'aurons pas assuré pleinement l'avenir de nos France lointaines, nous aurons bâti sur le sable.

En 1904, le Père de Foucauld accompagne son ami Laperrine dans une tournée « d'apprivoisement » des Touareg qu'entreprend le grand Saharien. Il subit l'attirance du désert, Béni-Abbès lui paraît déjà trop civilisé ; il cherche le silence, l'éloignement plus complets afin de venir plus près de Dieu. D'autre part les explorateurs qu'il fréquentait à Paris, lorsqu'il rédigeait ses notes sur le Maroc, comme ses anciens camarades de l'armée d'Afrique n'ont pu manquer de lui dire que les Touareg sont moins fortement islamisés que les Arabes de l'Algérie et du Maroc. Le missionnaire pense sans doute avoir moins de difficultés à les convertir. De plus l'ancien officier espère pouvoir par son action personnelle consolider notre prestige dans une région tout nouvellement soumise et dangereuse encore ; il a écrit magnifiquement « c'est toujours le parti qui vous inspire un peu de crainte qu'il convient d'adopter ». Enfin, même devenu cénobite, l'ancien lauréat de la Société de géographie ne peut méconnaître que le Sahara central est encore, à presque tous les points de vue scientifiques, une *terra incognita* où il y a sûrement mille observations précieuses à recueillir. Dans l'été de 1905 il s'installe à Tamanrasset.

La misère des Touareg sédentaires, ceux que l'on appelle les « imrads », dans les petits villages de culture du Mouydir et du Hoggar, est peut-être plus affligeante encore pour l'Européen que celle des juifs du Maroc, ou des « harratins » des oasis sahariennes. Dans une note rédigée à l'intention des missionnaires voyageant au Sahara, le P. de Foucauld a écrit quels étaient les principes à observer (c'est-à-dire observés par lui) dans les relations avec les indigènes : « Il faut d'abord acquérir leur estime par une vie exemplaire et sainte, ensuite obtenir leur amitié par la bonté, la patience, les petits services de toute sorte qu'on peut rendre à tous, petites aumônes, remèdes, hospitalités... être discret, réservé..., ne pas entrer sans nécessité

dans leurs villages, tentes ou maisons, à moins
d'y être appelé... Il n'y a pas lieu de chercher à
apprendre aux Touareg l'arabe, qui les rapproche
du Coran ; il faut au contraire les en détourner. »

Telle était sa méthode ; pendant onze ans il
l'appliqua avec une infinie charité, et avec ce *tact*
supérieur, de grande race, qui lui a dicté les lignes
qui précèdent. Il distribuait des images coloriées,
des aiguilles, car les femmes ne cousent le plus
souvent qu'avec des épines, il voudrait leur apprendre à filer la laine, à faire du tricot, lutter en
un mot contre leur « terrible oisiveté ». Comme il a
plaisir à noter dans son journal, après un court
voyage en France en 1909 : « L'apprivoisement
marche à grands pas ! »

A un jeune médecin-major qui venait en tournée
au Hoggar, il conseillait *d'être toujours gai*. « Il
faut toujours rire, même pour dire les choses les
plus simples. Moi, comme vous le voyez, je ris toujours, je montre mes vilaines dents. Ce rire met de
la bonne humeur chez le voisin, l'interlocuteur, il
rapproche les hommes, leur permet de se mieux
comprendre, il égaie parfois un caractère assombri,
c'est une charité. »

Comme il avait bien compris les Touareg, ces
grands enfants ! En se faisant aimer d'eux, il avait
merveilleusement réussi à faire aimer la France,

il était devenu une force française dans ce pays perdu. Souvent les indigènes venaient lui apporter leurs litiges à trancher, tant ils avaient de confiance en sa justice. Les enfants l'aimaient : les voyageurs qui vont maintenant au Hoggar si aisément en automobile (on peut désormais faire enregistrer sa valise à la gare de Lyon pour Tamanrasset) ont causé avec quelques-uns de ces enfants devenus hommes. Le souvenir du Père est resté très vivant, très aimé, dans ces montagnes. On appelle encore « bouche du marabout » une sorte de brèche dans la hauteur qui limite à l'est la plaine de Tamanrasset, et dont la forme est semblable à la bouche édentée du Père de Foucauld. Mais ce fut surtout pendant la guerre que l'ancien officier rendit le plus de services : il était un merveilleux agent d'influence et de renseignements. Ce rôle, bien connu aujourd'hui grâce au livre de M. René Bazin et à quelques autres écrits, le désignait aux coups des ennemis de la France, et le vouait à la mort pour son pays et pour sa foi.

Nous ne saurions ici reprendre le récit de ces derniers mois et de ces derniers moments du Père de Foucauld à Tamanrasset. Il nous a suffi de réunir quelques lignes de ses écrits pour faire jaillir devant nos yeux, merveilleux de chaleur et de lumière, ce foyer de bonté que fut le cœur du Père de Foucauld. Jamais Européen n'aima les indigènes avec plus de générosité, c'est-à-dire en leur donnant plus de lui-même. Aux habitants des oasis sahariennes, le Père de Foucauld, voua son intelligence, son temps, son cœur, sa foi, toutes ses ressources, enfin c'est pour eux qu'il donna sa vie. Il les aima jusqu'au suprême sacrifice. Quelles purent être ses dernières pensées, au moment où captif et gardé à vue contre une tour de son petit fortin de terre, il sentait la mort rôder autour de lui? Il priait, a dit un témoin ; il priait avec calme, avec la certitude sereine d'avoir fait son devoir. Peut-être revoyait-il ce jour d'octobre 1901, où aux approches de Taghit, un groupe de cavaliers maghzen, sous les ordres du capitaine de Susbielle, était venu à sa rencontre au galop, dans la lumière. Le capitaine avait dit à ses hommes : « Vous allez voir un marabout français ; il vient par amitié pour vous : recevez-le avec honneur. » Et les soldats avaient mis pied à terre en signe de respect, certains avaient baisé le bord de la gandourah du prêtre qui leur apportait tant « d'amitié ». Telle avait été la bienvenue du Sahara... Il avait été reçu comme un chevalier.

Ce n'est pas la balle d'un traître qui a arrêté l'action bienfaisante du Père de Foucauld : les grandes forces spirituelles qu'il a apportées sur cette âpre terre d'Afrique ont reçu peut-être de sa mort plus de puissance ; leur sens est plus clair à nos yeux sous cette rosée de sang. Charles de Foucauld, explorateur du Maroc, apôtre du Sahara, c'est le dernier chevalier de notre histoire nationale, le chevalier de la générosité française, le dernier croisé.

CHAPITRE III

L'ESPRIT DE SYMPATHIE : LE COMMANDANT LAMY

Les touristes assez heureux pour fuir durant l'hiver les pays de brumes, peuvent aujourd'hui franchir en deux étapes, dans de confortables voitures automobiles, la distance qui sépare Ghardaïa d'El Goléa.

Cette dernière oasis est un enchantement des yeux : à la lisière des dunes roses et blondes du Grand Erg, elle offre au regard ses cent mille palmiers, les fleurs et les fruits de ses jardins où courent des eaux vives. Un vieux ksar rouge, aux murailles de terre battue, domine cette verdure et cette fraîcheur, fier comme un burg du Rhin. Au coucher du soleil le voyageur monte au minaret de la mosquée, et voit se succéder, sur les dunes, les plus rapides et les plus féeriques jeux de lumière : sombre vermeil des derniers rayons, jonchées de cyclamens et de lilas sur le sable fin et dans le ciel de cristal. De cette haute tour on domine toute la vie heureuse et familière des indi-

gènes : enfants qui jouent dans les jardins, femmes
qui font sécher les dattes sur les terrasses. Tout
près tinte une cloche argentine, celle du petit couvent des sœurs Blanches ; dans l'air du soir, roses
et jasmins donnent tous leurs parfums. Et en revenant au confortable hôtel que la compagnie Trans-
atlantique a fait édifier, on traverse une place
appelée « place du Commandant-Lamy ». Ce nom,
qui devrait être célèbre en France parmi les plus
glorieux, c'est celui de l'officier qui créa cette prospérité, cette beauté, et dort son dernier sommeil
en terre d'Afrique bien loin de là, tout près du confluent du Chari et du Logone, après avoir donné
son sang pour faire du Tchad un lac français.

Petit-fils d'un officier de cavalerie et fils d'un
officier de marine, Amédée Lamy était né en 1858,
dans cette jolie petite ville de Mougins, qui s'élève
à quelques lieues de Cannes sur une colline isolée,
dont les pentes en gradins portent des champs de
jasmins et de roses, des bosquets d'oliviers et de
cerisiers. Admis au Prytanée militaire de La Flèche
à l'âge de dix ans, cet enfant devait recevoir,
comme Charles de Foucauld, exactement son contemporain, une impression profonde de la guerre
franco-allemande : il passa en effet les vacances
de 1870 seul avec quelques camarades dans les
grands bâtiments déserts du Prytanée. Ses lettres

à son père, qui avait repris du service à la mer, nous le montrent anxieux du drame qui se jouait autour de lui.

Appliqué, travailleur, il obtient le premier prix de géographie au concours général et reçoit à cette occasion le *Voyage* de Barth au Sahara, au Niger et au Tchad : vingt-deux ans plus tard il suivra les traces du grand explorateur allemand et sera assez heureux pour donner à la France les territoires qu'il aura parcourus. Entré à Saint-Cyr à dix-neuf ans, il fait ses premières armes en Tunisie en 1881 où il se distingue au combat d'Oued Zane. C'est également en Tunisie qu'il s'initie aux questions de politique indigène, sous les ordres du chef du service des Renseignements le colonel de la Roque, officier éminent qui joua un rôle fort utile dans l'organisation de notre protectorat sur le royaume du Bey. Ce premier séjour dans la France africaine avait marqué l'âme du jeune officier d'une empreinte ineffaçable. Quel est donc le charme de cette terre capable de rappeler toujours à elle ceux qui lui ont donné leurs premières années d'action?

De janvier 1885 à avril 1886 le lieutenant Lamy sert au Tonkin. Il reçoit une légère blessure au combat de Bac-Viey, le 12 février 1885, et obtient la croix de chevalier de la légion d'honneur, à vingt-sept ans, pour sa brillante conduite au combat de Hoa-Moc. Mais déjà ses camarades notent chez lui d'autres qualités que la bravoure, celles-là mêmes que nous nous plaisons à montrer ici comme des traits essentiels de l'esprit colonisateur des Français. Voici par exemple le témoignage du commandant Hélo : « Lamy s'occupait très assidûment de pénétrer le milieu annamite et de s'initier aux mœurs des populations que nous venions de soumettre. Il professait volontiers cette saine théorie que *s'il est glorieux de donner des colonies à notre patrie, il est beaucoup plus important d'apprendre aux vaincus à l'aimer.* Son esprit de justice et sa bonté naturelle le servaient d'ailleurs merveilleusement dans ce but et lui conciliaient plus qu'à aucun autre le cœur des Annamites. Sa générosité, qui s'exerçait souvent à l'insu de tous, le rendait très populaire parmi nos nouveaux sujets, auxquels il savait d'ailleurs montrer, quand il le fallait, la fermeté nécessaire pour leur faire comprendre que chez lui douceur n'était nullement synonyme de faiblesse. »

Voilà un magnifique portrait de ce que l'on pourrait appeler « l'officier-type » de nos campagnes coloniales, de ces artisans modestes de notre grande France des cinq parties du monde, qui surent allier toujours la bonté à la justice et se faire aimer après s'être fait respecter. A l'heure où certains partis politiques s'attachent à travestir un tel rôle, il convient d'opposer avec plus de fermeté que jamais des témoignages véridiques à ces affirmations mensongères, encouragées par des nations avides de recueillir une succession qui n'est cependant pas encore ouverte.

Revenu en Algérie en juin 1886, le lieutenant Lamy menait pendant deux ans la vie de garnison à Aumale; le 1er mai 1888, il était choisi comme officier d'ordonnance par le général Poizat, commandant la division d'Alger. Auprès de ce chef qui lui témoignait une affection paternelle et qu'il accompagnait dans toutes ses inspections et même dans ses voyages privés, Lamy, promu capitaine en 1889, prit pendant plusieurs années une connaissance approfondie de toutes les grandes questions africaines. A plusieurs reprises nous voyons passer dans ses lettres des allusions au Transsaharien, et l'espoir de participer à une opération projetée pour occuper In-Salah. Le Parlement ajourna tous ces projets, mais au début de février 1891, le capitaine Lamy fut désigné pour aller organiser une compagnie méhariste à El-Goléa.

A son arrivée l'oasis comptait fort peu d'habitants. « Il y a des jours, écrit-il, où je n'en rencontre pas dix, soit dans le voisinage, soit dans l'oasis.

Si ce n'était un certain nombre d'individus du Touat et du Gourara qui viennent ici chercher du travail, on ne trouverait pas un chat en dehors du camp, pas âme qui vive entre les huttes et les groupes de palmiers épars qui constituent l'oasis. » Ces « quelques groupes de palmiers épars » formaient pendant quelques mois de l'année seulement l'habitat des Chaâmba Mouadhi, tribu que le capitaine définit ainsi : « Ce sont des sauvages vivant dans un pays extraordinairement inclément et n'ayant comme moyens d'existence que des choses défendues : telles que le pillage, la traite des noirs et la contrebande de la poudre ; nous leur avons supprimé tout cela, aussi le pays est-il troublé, inquiet, remuant. »

Comment les « apprivoiser », à tout le moins leur faire accepter sans coups de fusil notre présence? D'abord en adoptant leur propre tactique : la mobilité. Dix ans avant Laperrine, et quelques jours seulement après son arrivée à El-Goléa, Lamy a fixé avec une clairvoyance véritablement extraordinaire quelles devaient être nos méthodes d'occupation. Il écrit au général Poizat le 16 avril 1891 : « Les Bédouins se figurent que nous avons tous du sang de maçon dans les veines et que nous ne saurions faire un pas dans leur pays sans construire un blockhaus ou un bordj dont ils se moquent pas

mal et qu'un simple détour leur permet d'éviter...
Il est temps de prendre une autre attitude : *on ne
tiendra les nomades qu'en se montrant plus mobile
qu'eux*. Plus nous battrons l'estrade, plus les
Mouadhi reconnaîtront notre supériorité et reste-
ront tranquilles au fond de leurs ravins ou dans
les replis de leurs dunes de l'Erg. »

Pour donner cette mobilité à la petite troupe
confiée à ses ordres, Lamy montre une inlassable
activité : il surveille l'équipement et envoie chercher des selles targuies jusqu'à Ghadamès, il mul-
tiplie les reconnaissances dans toutes les directions
pour entraîner les hommes et les animaux, lever
des cartes précises, reconnaître le débit des puits
et pouvoir ainsi se passer des guides avec lesquels
aucun secret d'opérations ne peut être gardé. Lui-
même donne l'exemple de ce sévère entraînement :
« Je ne suis arrivé qu'à des résultats médiocres,
écrit-il, je suis encore obligé de manger plus de six
dattes à mes repas : c'est désolant !... quant au vin,
il est inconnu des véritables Sahariens ; je n'en ai
pas bu une goutte depuis des années et je ne m'en
porte pas plus mal ; je dirais presque au contraire. »

Mais pour assurer la paix dans l'oasis et la partie
du désert dont il a la garde, Lamy compte plus
sur les services qu'il rendra aux indigènes que sur
les opérations militaires. « Je considère les puits

artésiens surtout comme un moyen de retenir les Mouadhi. Lorsque les nomades posséderont de beaux palmiers, des arbres fruitiers et des légumes, ils y regarderont à deux fois avant de tout abandonner et de partir en dissidence. » « Les tuyaux de sondage que vous enfoncez dans notre sol sont autant de piquets de fer auxquels vous nous attachez, » me disait l'un d'eux il y a quelques jours ; et d'un second cette autre image bien saharienne : « Les tuyaux en fer des puits artésiens sont comme les anneaux en cuivre que nous mettons dans le nez de nos méhara et les séguias d'écoulement sont comme les brides qui partent de cet anneau ; avec elles, vous nous ferez marcher et vous nous dompterez comme nous domptons nous-mêmes nos animaux. »

Bien plus, le bruit de ces travaux s'étant répandu au Touat et au Gourara, on voyait chaque jour arriver de ces pays à El-Goléa des caravanes de pauvres hères qui venaient demander du travail : pour 1 fr. 50 par jour ils étaient prêts à devenir d'excellents ouvriers. C'était déjà la vérification du principe de Lyautey : un chantier vaut un bataillon, et c'est un « précédent » qu'il est bon de rappeler aux adversaires systématiques du Transsaharien : le jour où les gens du Tafilalet, exactement semblables aujourd'hui aux Chaâmba de 1891, sauront trouver, assurés pour eux, travail, salaires, nourriture dans la vallée de la Saoura, ceux-là mêmes qui sont bandits aujourd'hui fourniront nos meilleurs auxiliaires. Quant aux Chaâmba, ils ont fait mieux encore : de bandits, ils sont devenus gendarmes ; ils ont assuré le recrutement des compagnies sahariennes grâce auxquelles est garantie la police du désert.

En février 1893 se termine le séjour du capitaine Lamy à El-Goléa. En deux ans il avait si complètement transformé cette oasis qu'il peut être à bon droit considéré comme son véritable fondateur : il avait foré avec succès trois puits artésiens donnant au total plusieurs milliers de litres d'eau à la minute. Il avait ainsi déterminé en bien peu de temps une évolution considérable dans l'esprit des indigènes, pour le plus grand progrès de notre œuvre de pacification morale et de la mise en valeur économique du pays : le passage d'une fraction importante de la population d'une vie entièrement nomade à une vie demi-sédentaire. Créateur de méthodes militaires nouvelles, son exemple formait la préface précieuse de l'œuvre qu'allait reprendre et étendre à tout le Sahara, quelques années plus tard, le commandant Laperrine, action qui devait porter notre drapeau au Hoggar, assurer la liaison de l'Afrique et du Soudan, faire de l'Afrique du Nord un bloc français. En outre, par sa façon de commander où la plus grande bienveillance s'associait à la plus ferme autorité, il avait fait rayonner notre influence et accru notre prestige dans tout le Sahara du Nord : peu de temps avant son départ, Bou Amema lui avait adressé des offres de soumission, à la condition de se rendre à lui-même et à lui seul. Enfin, c'est là, au cours de ces multiples randonnées à méhari, vers ce grand Sud mystérieux et attirant, où se constituait à la même date un autre empire français, qu'il forma le projet d'affirmer lui-même l'unité de la France africaine par un voyage direct d'Alger au Tchad et au Congo. Désormais, à travers tous les devoirs de sa vie militaire, la préparation de ce voyage va occuper toute sa pensée, et lui apparaître comme la grande œuvre que lui a réservée le destin.

Mais il dut attendre cinq années pour réaliser ce projet.

Après une mission au Gabon en 1893-1894, Lamy organisa pendant l'hiver 1894-1895, en recrutant en Algérie des conducteurs kabyles, les transports de l'expédition de Madagascar et de juin 1895 à mars 1897 il prend une part brillante à la conquête et à la pacification de la Grande Ile.

Lamy rentre à Paris en juillet 1897. M. Le Châtelier le met en rapports avec l'explorateur Foureau, avec le commandant de Lagarenne de la maison militaire du président de la République, et l'engage à demander le montant du legs des Orgeries (300 000 francs confiés à la Société de Géographie par cet ancien inspecteur général des ponts et chaussées pour permettre des missions de jonction entre l'Algérie et le Soudan). En septembre, le commandant est affecté à un régiment de Paris et le mois suivant à la maison militaire du président Félix Faure.

Le chef de l'État avait chargé Lamy de le tenir au courant des questions africaines, comme aujourd'hui M. Doumergue suit de près les questions coloniales. Fuyant les salons, où il avait la terreur qu'on cherchât à le marier, le brillant officier d'ordonnance passait son temps à fouiller les bibliothèques et à courir les ministères en quête de documents et de nouvelles. Il adressait à ses anciens chefs, le général Poizat, le général de la Roque, son projet d'expédition et ceux-ci ne lui ménageaient pas leurs paternelles critiques.

Le 11 juillet 1898, Lamy annonce à sa mère deux bonnes nouvelles à la fois : il est fait officier de la Légion d'honneur et le ministre de la Guerre autorise sa mission. Répondant quelques jours après à ses craintes bien naturelles, il lui dit : « Vous devez me donner l'exemple du courage et de l'abnégation... dans notre famille, nous ne cherchons pas à gagner des grades ou des décorations dans des salons dorés ; c'est dans la brousse et à la pointe du sabre que nous obtenons nos récompenses. »

Après avoir fait ses adieux à ses anciens chefs et à sa famille, Lamy arrivait à Alger au début de septembre 1898. Il lève son détachement d'escorte dans son régiment de tirailleurs : tous les hommes veulent partir ; à Miliana les officiers sont obligés de les enfermer dans leurs chambrées pour les empêcher de se faire tous inscrire et le jeune chef écrit ces paroles prophétiques : « En cas de danger pour la France ou de guerre européenne, combien en trouverait-on comme cela dans l'Afrique du Nord? Peut-être 50 000... Pourquoi ne profiterait-on pas de ces dispositions naturelles pour créer des régiments de *réserve* de tirailleurs algériens? Au moment de l'appel pour une convocation en temps de guerre, il ne manquerait pas un homme, j'en mets la main au feu. » Pas un de ces hommes ne demandait où leurs officiers allaient les mener, ni combien de temps durerait leur absence. Un chef qu'ils connaissaient, qu'ils aimaient, les appelait : ils répondaient : « présent ! »

La mission se composait de 5 officiers, de 374 hommes dont 200 tirailleurs, 2 canons et

1 025 chameaux portant près de 5 à 6 000 colis
de vivres et de munitions ainsi que les réserves
d'eau. A la fin d'octobre elle quittait Aïn-Cedrata,
le dernier poste français, et s'engageait vers le sud,
par le Gassi-Touil et le Tassili des Azdjer.

Dès les premiers jours, Lamy sentit la lourdeur
de ce convoi ; mais celui-ci était proportionné à
l'effectif, et cet effectif était calculé en fonction
de l'objectif que le gouvernement avait fixé à la
mission. Il s'agissait d'atteindre d'abord Zinder
et, de là, de marcher vers le Tchad où la mission
saharienne devait rejoindre la mission Voulet-
Chanoine partie du Niger et la mission Gentil
venue du Congo. Là ces trois forces réunies et formant le détachement militaire le plus puissant
qu'on eût vu en Afrique centrale devait écraser
l'empire de Rabah, le marchand d'esclaves, et
assurer fortement, définitivement, la liaison complète du Sud Algérien, de l'Afrique occidentale
et de l'Afrique équatoriale françaises. Cette possession du Tchad prenait aux yeux du gouvernement et des exécutants la valeur d'un symbole
dont on ne peut méconnaître la grandeur : c'était
l'accord final de la marche triomphale que jouaient
nos soldats et nos explorateurs depuis plusieurs
années dans le Centre africain ; c'était affirmer,
au-dessus de la Méditerranée, la continuité de la

France depuis la mer du Nord jusqu'au Congo.

Au début de février 1899 le Tanezrouft est franchi, non sans perdre beaucoup de chameaux. A In-Azaoua, un abondant convoi de ravitaillement a rejoint l'expédition mais il n'y a plus assez de bêtes de charge pour l'enlever, et après quelques jours de repas plantureux, force fut de brûler une partie de ces approvisionnements et tout ce qui n'était pas strictement indispensable : uniformes de rechange, appareils photographiques, armes de chasse : il fallait ne laisser aucun trophée aux Touareg qui devenaient menaçants, devinant que les heures difficiles étaient venues. Le 11 mars à Iferouane, il fut nécessaire de leur infliger une sévère leçon. Nouveau combat et nouveau bûcher quelques jours plus tard à Aouderas. Le 28 juillet, la mission misérable et glorieuse parvient à Agadès : elle n'a perdu que trois indigènes et un seul Français. Foureau et Lamy essayent vainement d'obtenir du sultan des animaux porteurs. Qu'importe ! il n'y a plus que 400 kilomètres à faire pour atteindre Zinder et l'on a parcouru déjà 2 000 kilomètres. Un premier départ échoue par la trahison des guides qui tentent d'égarer la colonne loin de la ligne des puits. Il faut revenir à Agadès et séjourner de nouveau dans cette ville du 19 août au 17 octobre. Ce fut seulement le 2 novembre qu'elle parvint à Zinder. Il ne restait plus un seul chameau du grand convoi parti d'Algérie.

C'est à Zinder que Lamy apprit dans ses détails le drame qui avait, le 14 juillet, coûté la vie au lieutenant-colonel Klobb, le 16 juillet au capitaine Chanoine, le 17 juillet au capitaine Voulet. Conformément aux ordres du ministre des Colonies, il prit le commandement de ce qui restait à Zinder de la mission Voulet et, laissant une garnison dans cette ville, prit la route du Tchad le 26 décembre 1899.

Ce fut devant Goulfei, tout près de l'embouchure du Chari dans le Tchad, que se fit le 24 février la jonction de la mission Foureau-Lamy et de la mission Joalland-Meynier et, devant Kousseri, le 21 avril, la réunion de la mission Gentil à l'ensemble des deux précédentes. Le difficile *Kriegspiel* était terminé : restait à battre Rabah dont les bandes, au contact de nos compagnies depuis plusieurs mois, devenaient chaque jour plus menaçantes. Aussitôt Lamy donnait ses ordres pour l'attaque qui eut lieu le lendemain 22 avril. Après trois heures de dur combat, au moment où le commandant Lamy, accompagné du lieutenant de Chambrun, entrait à cheval dans le « tata » de Rabah, un bref retour offensif de l'ennemi se produit : les deux officiers sont gravement blessés,

Lamy surtout, par une balle qui lui a fracassé le bras gauche et a pénétré dans la poitrine, près du cœur.

Voici la fin de ce grand soldat telle que l'a racontée le capitaine Reibell, son lieutenant et son ami, dans une lettre au général Poizat.

« Le commandant était couché sur un lit bas ; son visage était d'une pâleur mortelle ; ses yeux, dont l'éclat si vif et si particulier, derrière les verres du lorgnon, était d'ordinaire à peine soutenable, semblaient comme voilés. On avait enlevé sa veste ; sa chemise était maculée de sang ; le bras gauche, brisé, était entouré de bandelettes ; la balle avait pénétré ensuite dans la poitrine, d'où elle n'avait pu être extraite. Je fus épouvanté de l'altération des traits du blessé. Comme je lui serrais la main droite avec effusion, il me demanda si nos pertes étaient nombreuses et, toujours soucieux avant tout de la conservation de ses troupes, il me prescrivit de faire faire l'appel et de lui rendre compte du nombre des morts, de l'état des blessés. J'ajoutai que Rabah avait été tué. « Est-ce bien « vrai ? » me répondit-il, sans paraître croire à cette nouvelle. »

« Peu après, le commandant mourait sur une pirogue qui le ramenait à Kousseri : le funèbre cortège des morts et des blessés n'arriva qu'à la nuit noire. Nous nous étions portés, pleins d'angoisse, au-devant de lui. Le premier mot qui nous accueillit : « Il n'est plus ! » me frappa en plein cœur...

« Les obsèques eurent lieu le 23 avril, à huit heures du matin. Elles furent solennelles autant que le permettaient les conditions locales et grandioses dans leur simplicité...

« Les civières, sur lesquelles étaient transportés le sergent Rocher du 1er tirailleurs, le capitaine de Cointet et le commandant Lamy, fermaient la marche. Les corps, enveloppés de bandelettes, à la manière indigène, étaient recouverts de grands drapeaux tricolores leur servant de linceuls. Sur la civière du commandant étaient déposés son dolman et son képi de grande tenue, qu'il avait précieusement conservés au milieu de notre naufrage, son sabre et sa croix d'officier de la Légion d'honneur. Toutes les troupes présentes à Koucheri avaient pris les armes.

« Il nous avait paru conforme aux habitudes de notre chef, toujours si simple et si modeste, qu'il reposât au milieu des soldats qu'il aimait, sans que rien distinguât sa tombe de la leur, si ce n'est la croix de bois blanc qui devait la surmonter... Nous étions orphelins, désormais. »

Il est resté au milieu de ses soldats, tout près

du point où la mort l'avait frappé. Maintenant, à ce confluent du Chari et du Logone, s'élève la petite ville qui porte son nom : Fort-Lamy.

Parmi tous les héros de notre épopée coloniale, celui-ci fut le plus modeste, le plus brave, le plus humain. La bonté rayonnait de lui et les simples indigènes qui l'approchaient, tirailleurs algériens ou malgaches, Annamites, Sénégalais, suivaient avec amour ce sillage de lumière. Ce fut une grande âme, sans aucune ombre, une âme digne d'être célébrée par un Plutarque, car jamais cœur ne fut plus désintéressé : l'argent, la gloire même, rien ne comptait pour lui que la joie de faire son devoir et celle de faire le bien. Quand une nation est capable de fournir un type humain d'une grandeur morale aussi parfaite, elle peut être fière d'un tel exemple comme d'un titre de noblesse, et elle a le droit d'avoir confiance dans ses destinées.

CHAPITRE IV

UN PRÉCURSEUR CLAIRVOYANT : FAIDHERBE

En 1888, un officier d'ordonnance du général Faidherbe, grand chancelier de la Légion d'honneur, introduisit auprès de ce vieillard, chargé d'ans et de gloire, un petit matelot français qui, à bord de la canonnière le *Niger*, avait participé au voyage audacieux du lieutenant de vaisseau Caron vers Tombouctou. Dans le visage rude du vieux soldat, les yeux si durs et si froids à l'accoutumée s'embrumèrent d'émotion. « Alors, demanda-t-il, vous avez vu le Niger? — Oui, mon général. » Un long silence et l'ancien gouverneur du Sénégal reprit : « Vous êtes bien heureux ! Vous avez accompli le rêve de toute ma vie. »

Tel est l'homme et voilà un des rares mots qu'il ait prononcés où nous puissions lire dans son cœur : ce grand chancelier de la Légion d'honneur, ayant commandé en chef devant l'ennemi, avouant à un petit gabier de vingt-cinq ans qu'il l'admire et, secrètement, l'envie, quelle noblesse et quelle leçon ! Faidherbe a beaucoup écrit, des œuvres d'une véritable tenue scientifique (ethnographie, sociologie, géologie, histoire), mais, tant ce Lillois était maître de lui-même, il est difficile de trouver dans son œuvre un pareil élan où le cœur se trahit. Son ouvrage sur le Sénégal, dicté à son lit de mort, est strictement impersonnel ; il ne raconte jamais « telle chose m'advint ». Il parle de lui en disant « le gouverneur ». Ce testament d'un soldat est d'une sobriété romaine, mais nous tenons maintenant, grâce à la petite anecdote qui précède, le flambeau qui éclaire cette noble vie.

Faidherbe est en politique africaine, on peut même dire, d'une façon plus générale, en politique coloniale, le grand précurseur de notre œuvre présente. Galliéni, Lyautey, sont directement et indirectement ses élèves. Or ce titre glorieux de précurseur ne se mérite que par la clairvoyance. Seule cette qualité enlève à une œuvre, si utile soit-elle, ce qu'elle peut présenter de momentané, d'accidentel. Elle place ceux qui furent favorisés de ce don sur le plan supérieur où l'action ne vieillit pas, reste éternellement jeune et féconde. Si personne ne fut d'aspect plus froid que ce polytechnicien, personne n'aima d'un cœur plus chaud les noirs de l'Afrique, ne détesta avec plus d'ardeur ce fléau de l'esclavage qui reste la honte de la politique coloniale de l'Europe sous l'ancien régime, et que la France contribua si glorieusement au cours du dix-neuvième siècle à faire disparaître du continent africain. En affirmant que notre politique indigène devait avoir pour but d'assurer le progrès économique des populations, que nos colonies tropicales devaient être des colonies de commerce et non des colonies de peuplement, en respectant les autorités locales, les cadres sociaux de nos nouveaux sujets, en ne voulant jamais les déraciner, les changer de plan ni de milieu, Faidherbe a répandu et mis en action des doctrines non seulement généreuses, mais justes, celles mêmes qui enlèvent à l'action coloniale française ce caractère de force qui frapperait de précarité toute autorité moins clairvoyante et moins humaine.

De plus, toute son œuvre a été orientée vers cette occupation de la vallée du Niger dont il devinait la fécondité et l'importance économique pour notre patrie. Il avait très bien discerné, longtemps avant la conférence de Berlin, que l'Afrique centrale serait le champ clos des ambitions européennes ; il voulut gagner de vitesse, par l'établissement d'une ligne de postes assurée entre le Sénégal et le Niger, non seulement l'Angleterre, mais encore cette Allemagne, dont il devinait les jeunes ambitions frémissantes.

Toute l'Afrique française d'aujourd'hui et **de** demain a été *vue* par Faidherbe dans toute la fleur de ses merveilleuses promesses, il est vraiment **le** « précurseur ».

*
* *

Faidherbe naquit à Lille le 3 juin 1818 ; successivement boursier au collège de Douai, élève à l'École polytechnique (1838) et à l'école de Metz (1840), il commença sa carrière africaine en 1843 en Algérie, où il servit pendant trois ans. Il fut ensuite sur sa demande désigné en 1848 pour servir aux Antilles où il construisit aux Saintes le fort Joséphine. Pendant ce séjour, il entra en rapport avec Schœlcher et, auprès de ce cœur généreux, s'enflamma contre la plus révoltante injustice des temps modernes : l'esclavage des noirs.

Après un court et brillant passage en Algérie, Faidherbe arriva au Sénégal en 1852 comme sous-directeur du génie. A cette date notre occupation était aussi précaire, sinon plus précaire que sous l'ancien régime. Elle se bornait aux stations côtières de Saint-Louis et îles voisines : Gorée et Albreda. Nous n'avions pas relevé Podor de ses ruines, et sur le Haut-Fleuve nous nous étions bornés à fonder Bakel en 1818. Nous étions tou-

jours volontairement soumis aux « coutumes »
qu'exigeaient de nous les chefs locaux, sans se
priver pour autant d'insulter à nos convois sur le
fleuve ; en un mot notre occupation était filiforme.
Elle n'avait aucune assise solide au point de vue
territorial.

Dans une expédition du commandant Protet
contre les Maures Trarza, le capitaine Faidherbe
se fit remarquer au combat de Dialmatch, et les
commerçants de Saint-Louis, sentant qu'ils avaient
rencontré en lui l'homme capable d'assurer la défense et le progrès de la colonie, adressèrent une
requête au ministre de la Marine pour qu'il fût
nommé gouverneur. Le 16 décembre 1854, Faidherbe — récemment promu chef de bataillon —
recevait ce commandement. Il était âgé de trente-
six ans : le Sénégal avait pour la première fois un
chef.

Depuis cette date du 16 décembre 1854, Faidherbe exerça ses fonctions de gouverneur, sauf de
courtes permissions en France, jusqu'au 4 décembre 1861. Après un nouveau passage en Algérie pendant lequel il reçut les étoiles de général
de brigade, il fit un second séjour au Sénégal du
14 juillet 1863 au 11 juillet 1865. Ce sont ces neuf
années dont nous allons résumer ci-après l'activité féconde, laissant de côté ici le rôle joué par le

général Faidherbe en Algérie, et ne faisant qu'une brève allusion à son action pendant la guerre franco-allemande de 1870-1871.

La politique de Faidherbe, pour assurer de larges assises territoriales à notre domination, consista d'abord dans l'art d'opposer les uns aux autres les différents peuples qui habitaient au sud du fleuve Sénégal dans l'hinterland de la côte atlantique.

La direction la plus dangereuse pour nous était celle du nord, où sur la rive droite du Sénégal s'étendaient les terrains de parcours des Maures Trarza, et enfin le Kaarta et le Bélédougou qui subissaient l'influence des chefs nigériens.

Ce fut en premier lieu contre les Maures Trarza que Faidherbe porta son effort, en leur enlevant d'abord par une rapide campagne le Oualo qu'ils tenaient sous leur dépendance.

Le gouverneur déclara le Oualo pays français ; il le divisa en cinq cercles et administra le pays, non pas directement avec des fonctionnaires français — il n'en avait pas — mais au moyen de chefs indigènes choisis par lui. Ainsi fut appliquée dès 1855 cette formule du protectorat, qui devait par la suite se montrer si efficace au cours des progrès de notre action coloniale.

Les Maures Trarza tentèrent vainement de réagir par des attaques contre Richard-Toll et Saint-Louis. Toutes furent repoussées dans des conditions particulièrement brillantes.

A partir de ce moment des croisières de notre petite flottille fluviale du Sénégal interdisent aux Maures de passer sur la rive gauche tandis que de nombreuses razzias leur enlèvent une grande quantité de bétail : le ravitaillement des guerriers restés dans le Oualo devenant très difficile, la plupart de ceux-ci remontent vers le nord et une tranquillité relative règne à Saint-Louis jusqu'au début de 1856. En février de cette nouvelle année, Faidherbe reprit les opérations par une pointe hardie sur le lac Cayar et par une série de coups de main dans la région de Richard-Toll. Dans le bloc des tribus maures affamées, des dissensions se produisent : celle des Tendra se soumet la première, les autres nous demandent une trêve. Peu à peu, malgré quelques « retours de flamme » vite étouffés, notre occupation s'affirmera et les coutumes seront remplacées par un « droit de sortie » fixe ne dépassant pas 3 pour 100 *ad valorem*.

Tout en poursuivant pendant la saison sèche et sur le bas fleuve ces opérations contre les Maures, Faidherbe devait sur le haut fleuve, en profitant des hautes eaux, faire front contre un ennemi plus redoutable encore : El Hadj Omar.

Celui-ci était le fils du chef du village d'Aloar, dans le Fouta-Toro, près de Podor. Il naquit à la fin du dix-huitième siècle et dès son enfance sut répandre autour de lui qu'il avait le don de faire des miracles. En 1825 il sollicita des musulmans de Saint-Louis des subsides en vue de se rendre à La Mecque. Aidé par eux, il traversa l'Afrique, gagna la ville sainte, y séjourna longtemps et revint lentement vers son pays, suivi d'une caravane chargée d'objets de piété, gris-gris et corans, qu'il échangeait avantageusement contre des produits de consommation plus directement commerciale. Sa sainteté, l'ardeur de sa prédication lui valaient en outre de multiples cadeaux de tous les bons musulmans qu'il rencontrait sur sa route. Il amassait à la fois réputation et richesse matérielle, les deux plus grandes forces qu'en Afrique un ambitieux puisse mettre au service de ses desseins. En 1840, il est dans le royaume de Ségou, où son succès inquiète le roi qui tente de le faire supprimer. En 1852 et 1853, il passe à l'action qu'il a soigneusement préparée : il s'empare du Bambouk, brûlant les villages avec des fusées, ce qui lui vaut parmi les noirs la renommée de lancer la foudre. Bientôt, le Kaarta est également à lui.

S'il est craint de certains chefs, la masse des petits voit en lui un libérateur. Il les affranchira, se disent-ils, de toutes les oppressions des Maures ; mais il rêve d'une gloire plus haute : il sera le chef de la guerre sainte contre les infidèles. En 1855, il jette le masque, fait piller les postes de nos traitants sur le haut fleuve, investir les forts de Bakel et de Podor.

Faidherbe, après être allé reconnaître la situation sur place à Bakel, décide de donner de l'air à ce poste et de le couvrir à l'est dans la direction dangereuse. A cette fin, il fonde en septembre 1855 le fort de Médine.

Au printemps de 1857, El Hadj Omar, qui venait d'être battu sur la frontière du Kaarta par une armée venant du Macina, se rabattit vers l'ouest sur le Sénégal. Bientôt tous les chefs des environs de Médine passent de gré ou de force dans ses rangs. Le fort de Médine est menacé.

Cet ouvrage est un quadrilatère flanqué de bastions à chaque angle, construit sur une petite hauteur assez abrupte qui domine le fleuve sur la rive gauche. Il n'a guère changé d'aspect depuis les événements mémorables qui s'y déroulèrent. On y accède en remontant une rue que bordent les maisons pour la plupart abandonnées et ruinées des anciens négociants. (Tout le commerce s'est aujourd'hui concentré à Kayes qui est une ville florissante en plein essor.) Le silence dans ce petit village désert de Médine est absolu et laisse parler le souvenir.

Le fort était commandé en 1857 par un mulâtre de Saint-Louis, nommé Paul Holl, et il avait auprès de lui seulement sept Européens, vingt-deux soldats noirs, trente-quatre laptots (bateliers indigènes) ; quatre pièces armaient les bastions.

Le 19 avril au matin, Paul Holl fut averti que le prophète établi à Sabouciré allait venir l'attaquer. Le lendemain 20 avril, en effet, l'ennemi formé en trois colonnes marche sur la place à 5 h. 30 du matin. Des masses profondes où notre tir amoncelle des cadavres se ruent à l'assaut, essayant de placer contre les courtines de hautes échelles de bambou. C'est en vain... l'attaque brusquée échoue, abandonnant sur le terrain plus de 300 morts et le gros de l'armée recule jusqu'aux chutes du Félou ne laissant qu'un rideau d'observation devant le fort. Ce rideau très serré interdisait non seulement à la garnison, mais surtout aux 6 000 malheureux indigènes qui s'étaient réfugiés dans l'ouvrage, tout ravitaillement en vivres. Il fallut se rationner terriblement pour la nourriture, et se contenter d'arachides crues, faute de bois. La place ne tint que grâce à l'admirable énergie de Paul Holl qui avait juré avec le sergent Desplats de se faire sauter plutôt que de se rendre. Et le siège dura exactement quatre-vingt-dix jours !

A Saint-Louis, Faidherbe, sans nouvelles de Médine, part le 5 juillet, sur le *Podor*, avec quatre-vingts soldats réguliers et quarante noirs. Il s'échoue près de Kayes, à proximité du *Guet-N'dar*, aviso que commandait l'enseigne Des Essarts, et qui s'était crevé sur une roche. L'héroïque enseigne était resté sur son vaisseau à demi englouti, depuis un mois, repoussant par son feu les attaques des Toucouleurs (1).

Le gouverneur fait débarquer sur la rive droite tous les hommes qu'a amenés le *Podor*, ainsi que ceux arrivés sur le *Basilic* qui vient de rallier. Tout cela forme une colonne de 500 hommes environ que Faidherbe jette à l'arme blanche dans la direction de Médine. Le 18 juillet au matin la petite colonne aperçoit Médine, à trois kilomètres : le drapeau tricolore flotte toujours sur le fort, mais pourquoi ce silence des armes à feu? L'explication était simple : il ne restait plus à la garnison que deux cartouches par homme et deux gargousses pour chacune des quatre pièces. Les trous de loups des Toucouleurs s'étaient

(1) Des Essarts frappé d'un accès pernicieux la veille de l'arrivée de Faidherbe, fut transporté sans connaissance à bord du *Podor*, où il mourut dans la nuit.

rapprochés à vingt-cinq mètres des murailles.

A la vue de leurs libérateurs, les assiégés sortent des murs et chargent les sofas d'El Hadj Omar, qui se retirent avec une lente et réelle bravoure. Les réfugiés se répandent à l'extérieur, affamés, cherchant des herbes crues à dévorer.

Dès le lendemain la poursuite était reprise : le gouvernement continua pendant un mois la besogne de répression nécessaire. Le 27 août la colonne rentra à Saint-Louis (1).

Depuis lors, les attaques d'El Hadj Omar, pour être encore vigoureuses, donnent l'impression d'être mal coordonnées, de manquer de souffle ; elles cesseront en août 1860. A cette date, El Hadj Omar se reconnaît vaincu, ses émissaires viennent à Bakel demander la paix. Faidherbe accepte leurs propositions, la frontière entre les États d'El Hadj et ceux placés sous notre protectorat, est fixée au Bafing, la rive droite étant abandonnée au prophète.

Plus au sud, puissamment aidé par le comman-

____

(1) Le général Faidherbe fit élever en 1862 une colonne de marbre noir devant l'entrée du fort à la mémoire des héros mentionnés ci-après : « Roger Descemet, lieutenant d'état-major né à Saint-Louis, tué à la délivrance de Médine 1857 ; Paul Holl, commandant de Médine, né à Saint-Louis, se couvrit de gloire en défendant son poste contre El Hadj Omar en 1857, mort à Médine en 1862 ; René Des Essarts, enseigne de vaisseau, capitaine du *Guet-N'Dar*, mort glorieusement à Khay *(sic)* en cherchant à secourir Médine en 1857. »

dant de Gorée, le chef de bataillon du génie Pinet-Laprade, Faidherbe jugea nécessaire d'affirmer notre autorité et notre force dans ces pays du Cayor, du Baol, de Sine et de Saloum où nous n'avions accompli, en fait, aucun progrès depuis le dix-huitième siècle. De 1859 à 1864, une série d'opérations heureuses permirent de rattacher ces États à nos possessions du Sénégal.

*
* *

Telle fut l'œuvre politique de Faidherbe ; elle montre d'abord une merveilleuse activité. Soutenu par un gouvernement qui ne craignait pas les hommes sachant prendre leurs responsabilités lorsque était en jeu le prestige de notre drapeau, Faidherbe sut transformer en quelques années la situation morale et matérielle de la France au Sénégal. Il fit cesser ce paradoxe d'une grande nation européenne payant tribut à des roitelets nègres. Il transforma une occupation filiforme, composée de comptoirs sur la côte de l'Atlantique et le long du Sénégal, en une série de protectorats s'étendant profondément sur la « grande terre », pouvant servir de base de départ pour l'exploitation et la conquête (qu'il désirait pacifique) du Centre africain, si longtemps fermé à la civilisation.

Ces résultats, qui en quelques années comblèrent l'écart accumulé en ce coin de terre africaine entre la civilisation locale et celle du reste du monde, furent obtenus à l'aide de principes et de moyens entièrement nouveaux, conçus par ce grand colonial. Une politique d'abord, clairvoyante, ferme et souple à la fois avec les indigènes — cette politique du protectorat qui, respectant les coutumes et les hiérarchies locales, nous libérait du souci et des charges d'une administration directe. Les instruments de cette politique ensuite : c'est-à-dire la création de troupes indigènes qui, conformément au même principe, fait supporter à la colonie nouvelle les frais de la paix qu'on lui apporte. Faidherbe est le créateur de cette armée noire sans laquelle la France n'aurait jamais pu ouvrir l'Afrique à la civilisation. Le 1er bataillon de tirailleurs sénégalais créé par décret impérial du 21 juillet 1857 fut porté à cinq compagnies en 1860, à six en 1861. A Faidherbe est dû un souvenir de gratitude pour la part si brillante que prirent les troupes noires dans la guerre de 1914 et par tous les jeunes Français de notre temps qui doivent à ces mêmes troupes un allégement de leurs charges militaires.

Il n'est aucune partie d'une sage administration

que Faidherbe n'ait traitée avec un soin minutieux et une pénétration attentive. Assainissement, développement, alimentation en eau de la ville de Saint-Louis ; création du *Moniteur du Sénégal* et de l'*Annuaire du Sénégal*, où étaient publiés tous les travaux, toutes les statistiques, tous les documents officiels intéressant le développement de la colonie (et les propres travaux du gouverneur sur l'histoire ou l'ethnographie africaine) : on demeure confondu d'admiration devant les formes si diverses d'une activité inlassable.

Préparant l'avenir avec autant de clairvoyance qu'il avait mis de fermeté à améliorer le legs du passé, Faidherbe s'attacha à faire des indigènes nos collaborateurs en répandant l'instruction parmi eux. Sa plus originale création fut l'*école des otages* fondée en 1855 et organisée définitivement en 1861. Cette institution rendit les plus grands services jusqu'en 1871 où elle fut supprimée. Les cent trois élèves qu'elle forma en quinze ans parmi les fils de chefs devinrent par la suite les meilleurs auxiliaires de notre pénétration africaine. A côté d'elle, une école laïque franco-musulmane créée en 1857, de nombreuses écoles coraniques exactement surveillées (on en comptait une vingtaine à Saint-Louis seulement, sans parler de celles des stations du fleuve) contribuèrent à élever le niveau intellectuel des indigènes et à répandre le prestige et l'autorité de la France. A la distribution des prix de 1860 aux élèves de l'école des otages et de l'école laïque réunies, Faidherbe s'exprima en ces termes : « L'heure de l'Afrique a sonné... La barbarie y est assaillie de toutes parts par la civilisation. Noirs sénégalais, pénétrez-vous bien de cette idée, que nous sommes appelés à devenir les maîtres, disons mieux, les bienfaiteurs de ce pays, ne résistez pas au mouvement, vous seriez brisés. Acceptez le bien qu'on veut vous faire. » Voilà le langage d'un véritable chef, d'un *fondateur d'empire,* car c'est au début d'une occupation qu'il importe de graver dans les âmes des indigènes nouvellement soumis ces impressions ineffaçables de force et de justice qui se traduiront par la suite en loyalisme, en confiance et en respect.

Faidherbe ne voulait pas faire de ces indigènes instruits par nous des « déracinés ». Il raconte dans son livre, *le Sénégal,* comment il rencontra une fois à Grand-Bassam, en 1853, un indigène profondément misérable que jadis l'amiral Bouët Villaumetz avait amené en France, fait instruire au lycée Louis-le-Grand et qui gagnait péniblement sa vie en servant d'interprète entre les soldats du poste et les habitants du village. Un tel spectacle lui serra le cœur et Faidherbe ajoute : « Il était mal de se jouer ainsi d'une existence humaine. »

Dans un autre passage de ses *Souvenirs*, il est question d'un métis, frère d'une pauvre petite princesse indigène, morte de privations au siège de Médine, qui, devenu officier d'état-major en France, et, profondément peiné d'avoir été refusé en mariage par des jeunes filles blanches, se brûla la cervelle. Faidherbe lui avait offert de le prendre avec lui, à la colonie, à sa sortie de l'École d'état-major, mais le jeune officier avait refusé.

D'après cette anecdote racontée avec une émotion contenue, on devine que le gouverneur avait compris dans toute sa gravité cette question des métis qui est une des plus délicates et des plus importantes parmi toutes celles que pose notre action coloniale.

Depuis les essais tentés par le gouvernement de la Restauration, l'agriculture avait été fort négligée au Sénégal. Faidherbe fit reprendre en 1856 par un agronome qualifié, Eugène Simon, les anciennes pépinières et plantations de Richard-Toll : en 1858, celles-ci offraient 10 000 pieds d'espèces diverses (surtout arbres fruitiers). Il encouragea par des primes — mais sans résultats très appréciables — la culture du coton et celle de l'indigo. Sa haute formation scientifique le poussait à ne négliger aucune des richesses naturelles qui pouvaient contribuer à la prospérité de la colonie. C'est ainsi qu'il éleva dans sa propre demeure des chenilles de vers à soie qu'il avait rapportées du Kenieba et envoya à l'Académie des Sciences les cocons provenant de ces chenilles. Cette soie eut l'honneur d'un compte-rendu de la savante compagnie. Mais il ne semble pas que ces essais encourageants aient été poursuivis depuis 1860.

Au point de vue commercial, il ne négligea aucune occasion de faire connaître les produits de sa colonie et participa à *titre personnel* (ainsi que Mme Faidherbe, qui envoya des tapis maures) à l'exposition organisée en 1865 par les Anglais de Sierra-Leone (1).

Nous trouvons dans son ouvrage sur le Sénégal des idées fort originales, à cette date, sur l'élevage des éléphants et leur emploi, après domestication (idée reprise par la suite par M. Bourdarie, en France, et mise en pratique par les Belges dans l'Uellé) et sur la culture du karité dont le beurre est chaque jour plus apprécié dans les exportations de notre Afrique occidentale.

Au point de vue minier, il entreprit en 1858, par ordre du ministère, l'exploitation des terrains

______

(1) Il y obtint une médaille d'argent.

aurifères de Kenieba dans la vallée de la Falémé, mines qui hantaient depuis le dix-huitième siècle les rêves de notre administration centrale des colonies. Mais faute de moyens matériels et en raison des lourdes pertes causées par le climat parmi les Européens, cette exploitation fut abandonnée en 1860.

Ce n'est pas ici le lieu de rappeler toutes les explorations entreprises par ordre de Faidherbe ; qu'il nous suffise de dire que grâce à ces voyageurs, dont une commission présidée par le gouverneur lui-même centralisait et mettait au point les travaux, la cartographie du Sénégal et celle de la Sénégambie firent de merveilleux progrès.

Au terme de son second séjour, Faidherbe, prolongeant par la pensée son action dans l'avenir, écrivait ces lignes où se trouve tracé le sens suivant lequel devait se développer logiquement l'action de la France en Afrique : « Il faut, après avoir repoussé El Hadj Omar du bassin du Sénégal, s'il ose s'y présenter à nouveau, aller fonder un établissement vers Bammakou, sur le Haut-Niger, et le relier à Médine et à Senoudébou par une ligne de postes distants de vingt-cinq à trente lieues, et dont le premier doit être à Bafoulabé, confluent du Bafing et du Bakhoy. »

La logique profonde des événements, plus forte

que celle des individus et que la volonté des gouvernements, allait pousser la France sur les voies
nouvelles que Faidherbe avait devinées.

Nous ne saurions ici retracer dans le détail le
rôle joué par Faidherbe en 1870-1871. Mais l'action décisive exercée par les coloniaux pendant la
guerre de 1914-1918 ne doit pas nous laisser
oublier « le précédent » illustre de Faidherbe. Rappelé d'Algérie, où il exerçait le commandement
de Batna, par le gouvernement de la Défense nationale, le général prit le commandement de l'armée
du Nord qui, à l'abri de la frontière belge alors
respectée, et de quelques places fortes anciennes,
recueillait les débris des armées françaises échap-
pées au désastre de Sedan et faisait peser une
menace sur le flanc droit de l'envahisseur.

Avec méthode et lucidité, Faidherbe réorganisa
cette armée ; avec audace, il porta sa première division vers Saint-Quentin ; elle s'empara de Ham
et poussa une pointe sur La Fère. Puis, avec des
forces plus considérables, Faidherbe tenta de reprendre Amiens et livra la bataille de Pont-
Noyelles. Si ce combat ne permit pas de reprendre
la ville, du moins eut-il ce résultat d'arrêter la
marche des Allemands sur la Normandie et de sauver Le Havre. Voulant délivrer Péronne qu'assié-
geait l'ennemi, il livra devant Bapaume une action

heureuse mais trop tardive. Bapaume fut repris, mais Péronne, écrasé de bombes par l'ennemi, avait capitulé.

Sortant de Saint-Quentin pour arrêter, et à tout le moins retarder le corps von Gœben qui se dirigeait sur Paris, Faidherbe tenta cette diversion avec un courage personnel qui faillit le faire tomber entre les mains de l'adversaire. Il était réservé à d'autres Africains, Galliéni et Joffre, dans une épreuve semblable, de sauver la capitale de la France. Du moins Faidherbe avait-il, avec des troupes improvisées, ajouté à l'histoire de l'année terrible des noms de batailles où palpitait sinon le souffle, du moins l'espoir d'une victoire.

Faidherbe nous montre en un tableau saisissant et complet tous les traits distinctifs d'intelligence et de caractère qui constituent « le grand colonial ». Du soldat, il eut l'audace qui le conduisit à plusieurs reprises dans des régions où aucun blanc (depuis La Coubre) n'était passé avant lui. Du missionnaire, il eut cette grande bienveillance de cœur qui fit de lui l'adversaire irréductible de l'esclavage, le fondateur des premiers villages de liberté, des premières écoles pour élever les indigènes au sens d'une plus haute dignité humaine. Du savant, il eut la curiosité toujours en éveil, attirée par toutes les variétés infinies d'études que présente la nature tropicale et aussi l'activité méthodique qui ne perd aucune heure pour le travail. Du politique, il eut la claire vision des réalités, la connaissance des hommes, la divination de l'avenir. Il fut tout cela à la fois, et en réunissant tant de talents dans un équilibre parfait, il a créé le prototype du « grand colonial français », que devait incarner Galliéni.

CHAPITRE V

LE PLUS GRAND COLONIAL FRANÇAIS : GALLIÉNI

Nous avons tenté d'illustrer par quelques portraits les études que nous avions consacrées aux diverses qualités d'intelligence et de cœur dont l'ensemble constitue, à notre sens, l'esprit colonial français. Nous ne saurions mieux terminer cette série, qu'en réservant quelques pages au plus grand colonial de notre histoire, à celui qui sut réunir en une seule gerbe toutes les plus hautes vertus de notre race : la curiosité d'un Caillié, la clairvoyance d'un Faidherbe, la sympathie d'un Lamy, la générosité d'un Foucauld. Nul autre exemple, au surplus, ne saurait mieux démontrer les admirables services que sont en mesure de rendre à la France les hommes formés à l' « École des Colonies ». Plus grand que les statues élevées au Sauveur de Paris sur l'esplanade des Invalides et sur les champs de bataille de la Marne, le nom de Galliéni doit rester au cœur de chacun de nous comme un foyer de fierté patriotique, et de confiance dans les destinées de cette France, dont il sut préserver la civilisation séculaire après avoir fondé pour elle, aux quatre coins du monde, les assises d'un merveilleux avenir.

Le 24 avril 1849 naissait à Saint-Béat, le pays des marbres lisses et veinés, Joseph-Simon Galliéni. Son père était lieutenant au 21e d'infanterie légère, la famille de sa mère avait toujours vécu dans cette vallée pyrénéenne, de tout temps marche frontière, « où quelque vieux légionnaire commandait un détachement de soldats (1). » Admis très jeune au Prytanée militaire, le futur maréchal de France fut comme Lamy, un *Brution*. Comme Lamy, il ne connut guère, dans son enfance laborieuse et disciplinée, les beautés de son pays natal ; mais issu d'une race montagnarde il garda toute sa vie des jarrets solides, et un absolu mépris de la fatigue physique. La douleur même, à la fin de ses jours, n'avait aucune prise sur son intelligence ni sur sa volonté.

Entré à Saint-Cyr en 1868, Galliéni fut nommé sous-lieutenant le 14 juillet 1870, le jour de la déclaration de guerre. A la lecture du décret impérial devant le premier bataillon de France sous les armes, un vent de folie passa dans la cour Wa-

(1) Gheusi, *Galliéni*, Fasquelle, 1922, p. 9.

gram sur ces jeunes têtes ; mais le capitaine Boulanger — le futur général — eut à ce moment une idée de génie, il commanda : « *Officiers!* par le flanc droit, marche ! » Cet ordre rétablit aussitôt la correction parfaite de l'attitude : ces jeunes gens venaient, par un seul mot, de recevoir le sacrement de l'épée.

Notre héros avait choisi comme corps d'affectation l'infanterie de marine. Sa division, la fameuse « division bleue » Martin des Pallières, se couvrit de gloire, en défendant, avec l'énergie désespérée que l'on connaît, le village de Bazeilles. Le jeune sous-lieutenant eut son képi traversé par une balle : on conserve aujourd'hui cette relique à Saint-Béat, dans la petite maison natale, transformée en musée du souvenir. Fait prisonnier à Sedan, Galliéni connut pendant six mois en Allemagne les tristesses de la captivité. Comme Eugène-Melchior de Vogüé, comme tant d'autres, il conçut alors le ferme dessein de vouer sa vie à obtenir de la destinée d'éclatantes revanches pour la France meurtrie.

De cette première campagne Galliéni rapporta une amitié fidèle et glorieuse : celle du lieutenant Kitchener, le plus grand soldat de l'empire britannique, qui s'était engagé sous nos couleurs.

Le Sénégal et le Soudan.

Son premier séjour colonial fut la Réunion (1873), puis, en fin 1876, il fut affecté sur sa demande aux tirailleurs sénégalais. En terre d'Afrique il se forme à l'école du meilleur disciple de Faidherbe, le colonel Brière de Lisle. Chargé de nombreuses missions sur le Sénégal, puis collaborateur direct du colonel à la direction des affaires politiques de la colonie, Galliéni se prépare méthodiquement à poursuivre l'œuvre nécessaire de pacification et de civilisation qu'imposent à la France les maux dont souffrait alors l'Afrique noire : la tyrannie des potentats, l'esclavage, les luttes les plus sanglantes. L'entraînement logique des faits, la loi interne de l'action que nous commande notre présence même, doivent nous conduire sur le Niger : Galliéni nous ouvrira cette route.

Pendant l'hivernage de 1879, alors que la fièvre jaune ravage nos postes, il commence par reconnaître la vallée du Haut-Sénégal jusqu'à Bafoulabé où un fort est construit au mois de décembre. A peine de retour à Saint-Louis, le jeune capitaine (il a été promu à ce grade le 22 mars 1878 à moins de vingt-neuf ans) reçoit du colonel Brière de Lisle la mission de parcourir le pays compris entre Médine et le Haut-Niger, de négocier avec Ahmadou, tyran de Ségou, fils du fameux El Hadj Omar, et chef nominal de ces régions, un traité d'amitié et si possible de protectorat. En fait, l'autorité d'Ahmadou ne s'exerçait réellement que dans la vallée du Niger ; toute la zone à parcourir jusque-là était un chaos, en pleine anarchie, de nationalités et de religions diverses où il était difficile de reconnaître amis et ennemis.

En janvier 1880, Galliéni organise sa mission avec soin : quatre Européens : les lieutenants Piétri et Vallière, les docteurs Tautain et Bayol, ce dernier chargé de résider à Bamako, ce point une fois atteint, comme représentant du gouvernement français. Une escorte peu nombreuse fut triée sur le volet : trente spahis et tirailleurs sénégalais composant une force sûre et disciplinée. Comme le jeune chef s'efforçait toujours, avant l'action, de réduire au minimum la part du hasard, il répartit entre ses officiers 4 000 cartouches qui furent cachées dans leurs cantines. S'il avait omis cette précaution, pas un homme de cette expédition ne serait rentré à Saint-Louis.

Partie de Saint-Louis le 30 janvier 1880, la mission remonte en chalands le Sénégal jusqu'à Bakel, gagne par terre Médine et Bafoulabé, et quittant le 2 avril ce dernier poste français, s'enfonce en pays inconnu. Chemin faisant Galliéni signe des traités de protectorat avec les principaux chefs du pays ; dans le Fouladougou, il recoupe l'itinéraire de Mungo-Park, et parvient à Kita où il signe, le 25 avril 1880, un traité plaçant la région sous le protectorat de la France et acceptant l'établissement d'un fort français. Par cet acte, nous obtenions toute la vallée du Bakhoy, route naturelle pour atteindre le Niger. Pendant que se poursuivaient ces négociations, le lieutenant Piétri exécutait une soigneuse exploration du Baoulé, autre route d'accès au grand fleuve dans l'ouest de Bamako.

Après être parti de Kita le 13 avril, la mission passa trois jours au confluent du Bakhoy et du Baoulé, puis s'engagea dans le Bélédougou, pays peu sûr parcouru par des bandes de pillards. Des incidents divers et chaque jour plus fréquents : refus de guides, de vivres, tentatives de vol, permettent au chef de penser qu'il est épié, suivi, menacé. A Guinina, le 8 mai, il faut établir un bivouac très serré et éclairer toute la nuit les abords du village à l'aide de fusées et de feux Coston. Aucune attaque ne se produit cependant. Le lieutenant Piétri est parti en premier échelon vers Dio et Bamako, il n'a rien signalé, mais des spahis, lancés en fourrageurs dans la matinée du 9, rendent compte qu'ils ont éventé entre Guinina et Dio un fort parti armé, de deux milliers d'hommes environ. La nuit du 9 au 10 mai se passe à Guinina avec les mêmes précautions et dans les mêmes inquiétudes. Le 10 mai, le chef de Guinina consent à fournir des guides et engage sa parole que la mission ne sera pas attaquée avant Dio. Ses propositions sont acceptées et à cinq heures du soir ce village est atteint sans coup férir.

Nouvelle nuit d'alerte en bivouac à 600 mètres au delà de Dio. Le 11 mai, à treize heures, la petite troupe et le lourd convoi de 180 ânes se mettent en marche dans la direction de Diokou, dernière étape avant Bamako. La distance parcourue n'était encore que de deux kilomètres environ, lorsque l'avant-garde s'engage dans une forêt dense. Le guide, sous prétexte d'éviter un passage difficile pour les animaux, s'écarte du sentier et conduit la colonne dans un terrain raviné par les eaux, miné de trous et bosselé d'énormes termitières. Au moment où Galliéni lui donne l'ordre de reprendre la route, des centaines de Béléris sortent en hurlant de leur embuscade. Partout retentissent les coups sourds du tam-tam de guerre. Dès le premier instant le guide a payé de son sang sa félonie, mais l'arrière-garde, sous les ordres du docteur Tautain, est sérieusement accrochée et le convoi, placé au milieu de la colonne, est déjà enlevé. Les tirailleurs et les spahis sont merveilleux de sang-froid, de discipline et de bravoure : beaucoup se jettent devant Galliéni, pour couvrir leur capitaine de leur poitrine. Ils tirent et aussitôt se portent en avant. Au bout d'une demi-heure d'âpre combat à bout portant et à l'arme blanche, le groupe de tête parvient à gagner le ruisseau où l'on entend encore les feux de l'arrière-garde. Là, le docteur Tautain — âgé de vingt-trois ans et qui reçut la croix pour sa merveilleuse bravoure — s'est vu entièrement cerné. Il n'a auprès de lui que l'interprète Alassane et dix tirailleurs ; en quelques instants trois sont tués et cinq grièvement blessés. Il fixe comme point de direction aux survivants les ruines d'un tata abandonné vers lequel se dirige d'ailleurs le groupe de Galliéni, et saute en croupe du cheval d'Alassane. L'interprète se dégage au galop parmi les assaillants et ramène le docteur sain et sauf auprès du chef de mission.

Pendant que l'ennemi se disperse pour le partage du butin, les nôtres parcourent soigneusement le champ de bataille et ramassent tous les blessés. Ils sont au nombre d'une vingtaine et nous avons autant de morts. Les mulets valides leur sont réservés. En comptant les âniers qui ont rallié, la

mission est réduite à quatre-vingts hommes, dis-
posant d'une vingtaine de fusils à tir rapide.

Si cruelles que soient nos pertes, là où d'autres
auraient songé à la retraite, Galliéni ordonne de
poursuivre droit vers l'est la marche vers le Niger,
sans chercher désormais des guides ou des sentiers
frayés : il est à plus de six cents kilomètres de tout
poste français, il n'a plus de marchandises pour
payer les vivres de ses hommes ou pour gagner la
faveur des chefs indigènes. Il n'a presque plus de
munitions. Qu'importe tout cela à ce grand caractère : il n'hésite pas un instant. S'arrêter, retourner en arrière c'est renoncer et s'avouer vaincu.
Il veut vaincre : il forcera le succès.

« Il m'est impossible de décrire ici tous les épi-
sodes de cette marche vers le Niger, à travers un
pays inconnu et accidenté, au milieu d'ennemis
acharnés à notre ruine et qui nous ménageaient
l'une de ces morts horribles et mystérieuses, telles
que nous les relate trop souvent malheureusement
le martyrologe des explorations africaines. Que le
lecteur se rappelle seulement que nous pénétrions
alors dans le massif de hauteurs formant la ligne
de partage des eaux entre les bassins du Sénégal
et du Niger, et que nous avions ainsi à franchir,
pendant plus de cinquante kilomètres, une série
de chaînons parallèles, aux flancs généralement

abrupts et rocheux, laissant entre eux de profondes dépressions où coulaient des ruisseaux aux berges élevées. Qu'il se figure notre malheureuse caravane, cheminant ainsi, sans autre guide que le soleil, s'arrêtant sans cesse pour éloigner les Bambaras, qui nous fusillent à distance, mais n'osent, malgré notre petit nombre, nous aborder et nous attaquer de près. »

Telle est la simplicité avec quoi Galliéni, dans son *Voyage au Soudan français* expose cette situation tragique : un lion blessé suivi par les chacals. Sans parler de lui-même un seul instant, il n'a d'éloges que pour ses hommes et voici en quels termes pleins d'émotion contenue, de gratitude et de confiance : « Quand j'avais quitté Saint-Louis, plusieurs de mes camarades m'avaient blâmé de me lancer ainsi seul vers le Niger avec une escorte exclusivement composée d'indigènes, émettant des doutes sur la fidélité de mes noirs auxiliaires. *La liste de mes morts et de mes blessés, glorieuses victimes de leur dévouement à la cause française* a donné une preuve éclatante de l'injustice de ces soupçons. L'expérience est faite désormais, et je déclare hautement pour ma part que ces auxiliaires indigènes, interprètes, soldats ou autres, ne m'ont jamais marchandé leur concours le plus fidèle, le plus énergique, dans toutes les missions que j'ai accomplies sur le territoire sénégambien. Agir sans eux me paraît impossible, et ils me semblent devoir être les principaux instruments de l'œuvre de civilisation qui doit conduire la France à Tombouctou et au cœur du Soudan. »

Ce passage a été dicté par deux des plus belles qualités coloniales : la générosité et la clairvoyance.

Après une nuit pénible dont la première partie est employée à gagner un peu d'avance sur les poursuivants, la colonne épuisée parvient à Guiningoumé où le sang-froid de Galliéni en impose aux habitants et permet d'obtenir quelques vivres. A midi la marche est reprise et le 12 mai, à une heure, le chef arrive devant Bamako conduisant une troupe hâve, déguenillée, couverte de boue et de sang. Il a la joie de retrouver sains et saufs les lieutenants Piétri et Vallière, ainsi que le docteur Bayol. Mais combien cette entrée à Bamako différait-elle de celle qu'avait rêvée Galliéni ! Où étaient les beaux burnous rouges des spahis, les vareuses neuves des tirailleurs? Où étaient, hélas ! les braves gens qui avaient donné leur vie pour que la mission atteignît le Niger? Mais comme celle-ci nous paraît plus belle dans son héroïque dénuement qu'en tenue de parade !

A la nouvelle du combat de Dio, le chef de Bamako avait renoncé à signer un traité de protectorat avec la France ; craignant à la fois les représailles d'Ahmadou et celles des Bambaras il ne nous croyait plus assez forts pour les préserver de tels risques. Il déclara à nos officiers : « Il vous est arrivé un grand malheur, auquel je ne puis porter remède : tout ce que je puis faire, c'est de vous laisser partir avec ce que vous possédez encore. »

La mission dut s'apprêter à repartir au plus vite. Renonçant à s'embarquer sur le Niger pour gagner Ségou, résidence d'Ahmadou, elle prit, le 13 au matin, la route de Nafadié (rive gauche du Niger, à quarante-cinq kilomètres au sud de Bamako) où elle parvint, après une marche forcée, le 14 mai à midi. Il ne restait plus qu'une vingtaine de cartouches par homme et *trente grammes* de quinine en tout. « Ce fut un moment solennel celui où réunissant mes compagnons de route dans une sorte de conseil de guerre, tenu en vue des montagnes du Bélédougou, et à quelques pas à peine de nos malheureux blessés, je proposai de franchir le Niger malgré notre dénuement absolu et de continuer notre voyage vers Ségou... *Aux yeux des indigènes, le parti le plus énergique est toujours le meilleur.* » Voilà un de ces mots qui permettent d'apprécier la trempe d'une âme, et de quel acier était faite celle de Galliéni !

A Nafadié le docteur Bayol, dont la mission

pouvait être considérée comme terminée, puisque nous n'avions pu réussir à fonder un établissement à Bamako, prend le chemin du retour par la vallée du Bakhoy que le lieutenant Vallière venait d'explorer. Les âniers du convoi, dont la présence n'avait plus d'objet, devaient le suivre à quelques étapes sur la même voie. Mais Galliéni ne voulut se séparer d'aucun de ses soldats, dont pas un, au surplus, n'eût accepté de l'abandonner.

Le 15 mai au matin, l'expédition ainsi allégée quittait Nafadié emportant ses blessés, soit sur les chevaux des officiers soit sur des brancards, et le jour même elle traversait le Niger à proximité du village de Djoliba. A cinq heures du soir elle avait mis le fleuve entre elle et les Béléris. Bien accueillie sur la rive droite, au village de Tourella, les jours suivants marchant d'abord à l'est puis au nord-est, elle se dirige vers Ségou. Le 1er juin au petit village de Nango, à une trentaine de kilomètres seulement de cette ville, but ultime de la mission, celle-ci est priée par un représentant d'Ahmadou de s'arrêter et de se reposer jusqu'au moment où le sultan aura pris ses dispositions pour la recevoir.

C'est là, dans ce petit village de Nango, qu'après avoir fait preuve de tant d'énergie dans l'action et au combat, Galliéni devait montrer une fer-

meté encore plus haute pendant dix mois de mortelle attente. Ahmadou, comme l'avait déjà noté
Mage qui avait été retenu sans objet près de lui
durant de si longs jours, n'avait qu'une politique :
« Tergiverser sans cesse, conserver un mutisme
obstiné et laisser dans un doute constant et embar-
rassant ceux que leur mauvaise chance mettait.
en rapports avec lui. »

Comment décrire ces trois cents jours de demí-
captivité que vécurent alors les quatre officiers
et leurs fidèles soldats? A certaines heures, tous les
quatre à la fois étaient cloués par la fièvre sur leurs
nattes. Cependant ils s'efforçaient de négocier avec
le potentat dont la mauvaise foi ne laissait aucun
doute à leurs esprits : palabres interminables avec
ses représentants, mutiples échanges de messages
avec lui, tout cela verbalement, car le tyran, craignant une reconnaissance du pays, préface d'une
expédition militaire ultérieure, privait nos compatriotes de papier et de crayons. Heureusement un
peu du papier volé à Dio parvint jusqu'au marché
de Nango où il put être racheté par ses légitimes
propriétaires. Au point de vue intellectuel, nos
compatriotes n'avaient d'autre occupation que
d'observer les usages et la végétation du pays, de
recueillir des traditions orales sur son histoire,
des renseignements sur les contrées voisines, sur

toute la vallée du Niger, depuis Tombouctou jusqu'aux sources du fleuve. Leur cœur était soutenu par le dévouement absolu de leurs hommes, tel ce tirailleur blessé gravement à Dio qui, invité à les abandonner, refusa de quitter les blancs « parce que ceux-ci étaient alors dans le malheur ». Voilà un de ces mots qui mériteraient d'être recueillis dans une anthologie consacrée au sentiment de l'honneur chez les noirs.

Sans se laisser abattre par le dénuement et l'inquiétude qui n'avaient aucune prise sur sa volonté, Galliéni entama des négociations avec Seïdou Diéylia, un des principaux conseillers du sultan ; ces négociations, commencées le 31 octobre 1880, aboutirent le 3 novembre à un accord sur les bases suivantes : toute la vallée du Niger, depuis ses sources jusqu'à Tombouctou, serait placée sous le protectorat de la France. Celle-ci s'engageait en contre-partie à verser entre les mains d'Ahmadou 5 000 francs, 30 000 pierres à feu, 100 lames de sabre, 100 pièces d'étoffes diverses et un assortiment de verroteries, pacotille, ambre, etc.

Voilà de quel prix nous avons payé nos titres de légitime occupation sur le grand « fleuve des Noirs » dans la moitié supérieure de son cours fertile. Il ne faut pas sourire d'aussi faibles sommes puisque nous avions placé dans notre plateau de la balance les plus belles qualités de notre race : le courage allant jusqu'au mépris absolu de la mort, une inlassable ténacité devant les traverses de la fortune, toute l'intelligence, tout le cœur, toutes les souffrances de Galliéni. C'est de cette rançon qu'a véritablement été payé le Niger français : tout enfant de France ne devra jamais l'oublier.

Seïdou Diéylia était parti le 4 novembre au soir emportant les divers exemplaires du traité pour les faire signer au sultan. Il fallut attendre encore plus de quatre mois pour recevoir ces exemplaires scellés du cachet d'Ahmadou (1), cent vingt jours d'anxiété, de maladies, au cours desquelles plusieurs membres de la mission faillirent périr de la fièvre ; tous avaient fait le sacrifice de leur vie, et s'apprêtaient à mourir en soldats ; Galliéni avait écrit à Brière de Lisle de ne tenir aucun compte de son sort en établissant les plans de campagne qu'il préparait en direction de Kita.

Le 10 mars 1881, Galliéni peut écrire dans son journal ce cri de victoire « Enfin ! ! ! Je tiens mon traité. » Mais il fallait encore obtenir l'autorisation de quitter Nango, et recevoir des bœufs porteurs pour enlever les maigres bagages. Le 19 mars rien de tout cela n'était encore parvenu à Nango et

(1) Un de ces exemplaires est conservé aujourd'hui à la bibliothèque de la Société de géographie.

Galliéni dut envoyer à Ahmadou cet ultimatum :
« Je t'informe que demain, lorsque le soleil commencera à baisser, nous quitterons tous le village... J'ai distribué mes dernières cartouches à mes hommes et je leur ai donné l'ordre de tirer si l'on s'opposait à notre départ. Maintenant, je te le dis d'une manière formelle : nous nous battrons jusqu'à ce que nous succombions sous le nombre. Alors, tu feras ce que tu voudras. Tu nous tueras, tu nous enfermeras dans ton tata de Ségou. On saura partout comment le sultan de Ségou... se sera conduit envers les ambassadeurs que le gouverneur t'a envoyés. »

Au reçu de cette lettre, Ahmadou eut d'abord un accès de fureur, mais ne concevant aucun doute sur la façon dont Galliéni exécuterait ses promesses, il lui dépêcha à franc étrier deux messagers, qui leur firent accorder tout ce qu'il désirait : approvisionnements et chevaux. Le départ eut lieu le 21 mars au soir, un départ de vainqueurs fiers et joyeux. Le 29 mars, à quatorze heures, la mission avait traversé le Niger au point où elle l'avait franchi à l'aller. Par Nafadié et Niagassola elle parvenait à Kita le 5 avril 1882 : depuis son départ de Médine (2 avril 1880) elle avait perdu tout contact avec le monde civilisé. Arrivés à Bakel le 23 avril, cette poignée de héros avait parcouru à pied, en un mois, 1 200 kilomètres. Le 27 mai elle s'embarquait pour la France sur l'*Équateur*.

Telle fut la première mission de Galliéni au Soudan ; en terminant le récit de ce *Voyage au Soudan français* (remarquez la modestie de ce titre *Voyage!*) l'auteur écrit simplement : « Nous espérons que notre exploration n'aura pas été inutile. » Il nous paraît, à nous, difficile d'allier autant de simplicité à plus d'héroïsme.

*
* *

Chevalier de la Légion d'honneur depuis un an (sans le savoir) Galliéni fut promu chef de bataillon le 20 juin 1882 (à trente-trois ans) et reçut la médaille d'or de la Société de géographie.

Après quelques années de séjour à la Martinique, il revint au Soudan en 1886 avec le grade de lieutenant-colonel et le titre de commandant supérieur du Soudan français. C'est dans l'exercice de ses fonctions nouvelles qu'il va mettre au point cette « tactique de pacification » qui va désormais être appliquée par lui, d'abord au Soudan, au Tonkin et à Madagascar, et par ses lieutenants ensuite, celle qu'observera au Maroc le plus grand de tous, le plus digne d'être son élève, Lyautey.

En 1886, nos établissements du Haut-Sénégal, ou, comme on disait alors, du Haut-Fleuve, se trouvaient dans une situation politique difficile : sur la rive gauche, le marabout Mahmadou Lamine menace, de sa place forte de Diana, notre poste de Bakel ; déjà, en avril 1886, il a lancé contre ce fort près de 12 000 hommes ; après des combats héroïques, la garnison, aidée des commerçants et des indigènes, est parvenu à les repousser, et le colonel Frey à les faire refluer vers la Haute-Gambie. Sur la rive droite (nord) le fils de Mahmadou Lamine, nommé Soybou, essaye de nous prendre dans une tenaille. Au sud-est enfin, sur le Niger, Samory fait peser un grave péril sur la région de Kita, Niagassola, et sur notre fort de Bamako fondé le 7 février 1883 par le colonel Borgnis-Desbordes.

D'autre part la politique coloniale est devenue, depuis 1883, l'objet de l'attention la plus attentive de la part de tous les cabinets européens : les articles 34 et 35 de l'acte signé à la conférence de Berlin, le 26 février 1885, soumettent les nations colonisatrices à des obligations nouvelles : seules seront reconnues comme définitivement acquises à telle ou telle puissance européenne les terres neuves qu'elle occupera effectivement. Un tel principe revient à explicitement déclarer que le partage de l'Afrique est commencé, que les appétits doivent s'avouer ouvertement, et se surveiller les uns les autres. La politique coloniale est devenue la partie la plus brûlante de la politique européenne.

Devant ces difficultés diverses, Galliéni va d'abord à l'ennemi le plus rapproché : pendant la saison sèche 1886-1887 (soit pendant l'hiver européen) il forme deux colonnes convergentes contre Diana, le repaire de Mahmadou Lamine. « On savait, écrit Galliéni, que la campagne serait pénible et mouvementée. Il n'en fallait pas plus pour que les demandes de prendre part à l'expédition affluassent nombreuses et bien au delà du nécessaire. » *Il n'en fallait pas plus!* modeste euphémisme ! Comment tous les officiers tous les soldats ne se seraient-ils pas levés pour marcher derrière le chef jeune, déjà glorieux, qui savait toujours forcer le succès?

L'une des colonnes sera commandée par le colonel lui-même, l'autre par son vieux compagnon d'épreuves à Nango, l'ancien lieutenant Vallière devenu commandant. Quant à Piétri, il est mort au Tonkin, du choléra. (Les vaillants de l'époque héroïque ne connaissaient de repos que dans la mort !)

Les deux expéditions, concentrées l'une à Arondou (confluent du Sénégal et de la Falémé), l'autre à Kayes où Galliéni a transféré la capitale du Soudan, doivent, parties de deux points distants de 200 kilomètres, se rejoindre à date fixe, le jour de Noël, sous les murs du tata de Diana. Au prix de difficultés sans nombre, de combats multiples, la dangereuse gageure est tenue : Diana, évacuée en hâte par le marabout, est enlevée sans coup férir et incendiée.

L'adversaire est parti lestement, abandonnant ses sandales et son coran ; on le poursuit plus lestement encore. A Kagnibé nous rattrapons ses bagages, ses approvisionnements, son harem. Ces malheureuses femmes, au nombre de dix-sept, s'attendaient à être massacrées ; le colonel leur demande si elles veulent trouver des maris parmi nos tirailleurs : elles y consentent, et le colonel préside lui-même à ce choix réciproque, exercé, en droit de priorité, par les tirailleurs qui ont été cités à l'ordre.

Le 1er janvier 1888 un traité de protectorat reporte à 300 kilomètres vers le sud notre frontière, et organise contre le marabout une solide confédérations d'états tampons. Comme garantie de leur serment prêté sur le coran, les chefs confient chacun un de leurs fils pour être élevés dans ces écoles d'otages créées jadis par Faidherbe, et que Galliéni a fait revivre.

Restait, dans cette région, à se débarrasser de Soybou : il est pris par nos hommes à Dikokori et passé par les armes. Devant le peloton d'exécution, il dit au lieutenant Reichemberg : « Remercie le colonel de me tuer avec ses fusils et de ne pas me rendre indigne du séjour d'Allah. » (On sait que pour les musulmans un décapité ne peut entrer au paradis.)

Avec Samory, Galliéni se borne pour le moment à négocier, il charge le capitaine Péroz d'obtenir de ce chef : 1° l'abandon de la rive gauche du Niger jusqu'à Siguiri ; 2° le protectorat de la France sur tous ses états ; 3° l'abandon des projets belliqueux que formait le conquérant contre le sultanat de Ségou. Accompagné seulement du lieutenant Plat et du docteur Fras, d'un interprète, de treize spahis ou tirailleurs, ce petit groupe « d'enfants perdus » s'enfonça courageusement dans la brousse et atteignit Bissandougou le 14 février 1887. Après avoir, comme Galliéni autrefois avec Ahmadou, mais seulement pendant un mois, connu tous les déboires, toutes les anxiétés que peuvent entraîner pour des Européens les lenteurs de la diplomatie soudanaise, le capitaine Péroz avait l'honneur et la joie de signer, le 25 mars 1887, le traité de Bissandougou par quoi l'almamy nous accordait la rive gauche du Niger jusqu'au Tankisso, dont le cours formera désormais la limite sud du Soudan français sur le Niger ; de plus le potentat reconnaissait le protectorat de la France sur tous ses états et s'engageait à accorder un traitement de faveur à nos nationaux.

Ces engagements ne pouvaient nous donner une très grande sécurité, mais ils n'en constituaient pas moins un titre précieux entre nos mains (1).

Enfin le 12 avril 1887 était signé avec Ahmadou un traité parachevant celui de Nango et nous accordant, en plus du protectorat sur tous les états du sultan présents et à venir, la libre navigation du Niger et de ses affluents pour tous les bâtiments que nous voudrions y lancer. Tels furent les importants résultats obtenus dès son retour au Soudan par Galliéni : la campagne de l'hiver 1887 allait les développer encore.

Contre Mahmadou Lamine, le colonel lance, en fin novembre 1887, une colonne forte de 250 tirailleurs et de deux pièces de canon aux ordres du capitaine Fortin. Le marabout s'est réfugié dans le

(1) Le récit de voyage du capitaine Péroz publié chez Calmann Lévy sous le titre *Au Soudan français, souvenirs de guerre et de mission*, est un des ouvrages les plus captivants que l'on puisse lire sur la conquête soudanaise.

village de Toubakouta. Le 8 décembre la place est emportée, mais l'éternel fuyard a abandonné ses soldats dès le début de l'action. Il est rejoint le 11 décembre par des cavaliers indigènes qui se sont faits nos auxiliaires volontaires. Il est mortellement blessé et sa tête sanglante est rapportée au capitaine Fortin.

Galliéni, dans son ouvrage *Deux Campagnes au Soudan français*, résume ainsi les résultats acquis sur le front nord : « La prise de Toubakouta et la mort du marabout eurent un énorme retentissement dans toute cette partie du Soudan. Le 14 décembre tous les chefs, réunis à Toubakouta, signaient les traités par lesquels ils se plaçaient sous le protectorat de la France. Le Soudan français rejoignait ainsi nos possessions de la Casamance et du Saloum sur l'Atlantique, en même temps que s'ouvraient de plus en plus devant nous les routes du Fouta-Djalon. »

Le gouverneur, libre de toute inquiétude pour la rive gauche du Sénégal, se porte lui-même vers le Haut-Niger pour prendre ses sûretés contre Samory. Parti de Kayes le 20 décembre 1887, il passe à Bafoulabé et à Niagassola. Le 23 janvier 1888 il fonde sur la rive gauche du Niger le fort de Siguiri, pour tenir en respect l'almamy dont le pouvoir s'étend de l'autre côté du fleuve. Cet emplacement était admirablement choisi, non seulement au point de vue stratégique, mais encore au point de vue économique. Un de mes collaborateurs, qui vient de visiter dernièrement cette région, m'a déclaré qu'elle se trouvait aujourd'hui, comme l'avait prévu Galliéni, dans la situation agricole et commerciale la plus florissante.

Enfin ce fut pendant le commandement du colonel Galliéni que furent accomplies deux missions extrêmement importantes au double point de vue géographique et politique : celle du lieutenant de vaisseau Caron, et celle du lieutenant Binger. Du 1er juillet au 17 août 1887, Caron explora le Niger depuis Manambougou (village situé à 35 kilomètres en aval de Bamako) jusqu'à Korioumé, un des ports de Tombouctou. Les résultats scientifiques de ce voyage furent précieux : l'hydrographie du Niger était levée sur une part importante de son cours ; les résultats politiques étaient plus considérables encore : toutes les populations opprimées des rives du grand fleuve, en voyant flotter nos couleurs, avaient senti palpiter en elles l'espoir d'une prochaine délivrance. Si l'hostilité des Touareg empêcha Caron, qui ne voulait pas faire usage de ses armes, de pénétrer à Tombouctou, il était permis d'espérer que cet événement n'était plus très éloigné et Galliéni avait le droit d'écrire : « Le fleuve nous appartient désormais. »

On connaît la merveilleuse exploration de Binger (la plus importante peut-être depuis celle de René Caillié pour la connaissance de l'Afrique) qui s'était donné pour but d'explorer les territoires inconnus compris dans la boucle du Niger et de trouver un itinéraire reliant la partie sahélienne du fleuve à l'Atlantique. Seul Européen, sans un soldat d'escorte, accompagné de deux domestiques indigènes et de huit âniers, Binger allait rester pendant dix-neuf mois sans contact avec la civilisation et lever 4 000 kilomètres d'itinéraires. Kong, Bobo-Dioulasso, Ouagadougou furent visitées par lui. S'il ne parvint pas, comme il l'avait espéré, à obtenir du naba de Ouagadougou un traité de protectorat sur le Mossi, il avait cependant le droit d'écrire à la fin de sa relation de voyage : « On peut aller aujourd'hui du Cap Blanc au golfe de Guinée et du Cap Vert au Mossi sans quitter le territoire soumis à notre influence. » Et si l'on veut connaître de quel métal était faite cette âme il faut méditer encore cette ligne admirable : *Avoir des souffrances de temps à autre est encore le meilleur moyen de se sentir vivre.*

Telle fut l'œuvre de Galliéni au Soudan : formation et application d'une doctrine d'action coloniale, création d'un vaste bloc d'États ayant accepté notre domination comme un fait accompli, groupement sous notre protectorat nominal de territoires beaucoup plus vastes encore ; reconnaissances précises « à longue portée » de régions nouvelles : vallée et boucle du Niger. Tout le passé consolidé, tout l'avenir préparé, et, de ce fait, avancé. Enfin un magnifique élan moral imprimé aux volontés de tous nos officiers africains qui avaient été « mis dans le mouvement en avant » par l'impulsion que savait donner le « chef ». Le secret de cette réussite? Cet équilibre des qualités d'intelligence et de cœur qui rendent un homme digne de commander, lui donnent le droit d'exiger de ses subordonnés toutes les privations, toutes les souffrances, la mort même, acceptées joyeusement. Ils avaient confiance en lui, comme il avait confiance en eux. Cet homme froid, méthodique, aux yeux clairs sous la glace du lorgnon, savait dire à l'heure voulue ces paroles qui sont une « ouverture du cœur » et c'est là, tout bien pesé, que l'on trouve le premier moteur qui anima les Piétri, les Vallière, les Péroz, les Caron, les Binger, car suivant le mot d'un autre grand entraîneur d'hommes, Van Vollenhoven, « on ne fait rien de grand, si ce n'est par le cœur ».

Le Tonkin.

Quand Galliéni rentre en France en 1888, pour suivre les cours de l'École de guerre, il est déjà, à trente-neuf ans, auréolé de gloire. Il considère ces années d'études comme une occasion d'ouvrir des voies nouvelles à son intelligence. M. Gheusi, son ami, a raconté avec charme les entretiens pleins de verve qu'il avait chez le père Chocolat, petit traiteur de la rue Mazarine, avec Jaurès, Drumont, Barrès, le Sâr Peladan et tant d'autres devenus plus obscurs aujourd'hui mais qui connurent à cette époque évanouie leur moment de célébrité. Le dimanche il allait vagabonder à pied dans la vallée de Chevreuse ou les bois de Montmorency, recueillant chez les maraîchers des graines potagères qu'il envoyait à Bamako ou à Siguiri pour enrichir les jardins qu'il avait fondés.

A quarante-deux ans il est colonel et chef d'état-major du corps d'armée de la marine à Paris. Mais on n'enferme pas longtemps dans un bureau un esprit comme le sien. Un goéland de haute mer se briserait vite les ailes dans une pièce fermée, tapissée de cartons verts. Dès qu'il le peut, en 1892, il s'évade et part au Tonkin où les pirates ravageaient le delta.

Chef du deuxième territoire militaire, il avait la garde de la frontière de Chine. Son quartier général était Lang-Son. Cette « marche » formait une région montagneuse boisée, propice aux embuscades et aux coups de main. Les habitants, Maos et Thos, étaient de connivence avec les bandes de Pavillons noirs venues de Chine. Ils partageaient avec elles le fruit des razzias où ils les secondaient, échangeaient souvent leur part du butin (femmes, enfants, bestiaux) contre de l'opium, des cartouches et des armes.

On ne saurait mieux résumer que ne l'a fait M. Guillaume Grandidier l'œuvre accomplie par Galliéni au cours de son commandement :

« Pour remédier à cette situation qui s'était encore aggravée, dans les derniers mois de 1893, du fait d'incursions périodiques sur la ligne ferrée alors en construction de Phu-Lang-Thuong à Lang-Son, incursions au cours desquelles les pirates attaquaient et brûlaient les villages, dispersaient les chantiers, enlevaient les isolés et même les Européens, voyageurs ou employés qui parcouraient la ligne, Galliéni organisa trois expéditions militaires au cours de ces deux années de commandement. La première a eu pour théâtre le Caï-Kinh ; elle s'est terminée par l'enlèvement du formidable repaire de Lung-Lat et par la poursuite jusqu'aux bords de la rivière Claire, de la bande qui l'occupait ; son principal chef était tué ainsi que cinquante et un de ses hommes, ses chevaux et une grande partie des femmes et du butin qu'elle emmenait lui était enlevé. Le Caï-Kinh était ainsi débarrassé des pirates qui l'occupaient depuis si longtemps ; la sécurité était rendue à la ligne ferrée. Luong-Tam-Ky et Ba-Ky, frappés par la rapidité du coup porté, n'osèrent pas recevoir chez eux les fugitifs, tandis que le Dé-Tham, avec lequel on était en négociations depuis deux ans sans obtenir de décision, et le Kim-Loc, qui commandait aussi l'une des fractions de Lung-Lat et était encore l'un des chefs pirates les plus redoutés de la région, faisaient leur soumission.

« Quinze mois plus tard une nouvelle démonstration militaire s'imposait contre Ba-Ky et sur le Haut-Song-Cau... C'est dans le repaire de Ba-Ky, à Ké-Thuong, que les fuyards de Lung-Lat avaient trouvé un refuge et c'est là qu'ils avaient amené les prisonniers français qu'ils détenaient... La politique suivie par Galliéni depuis sa prise de commandement avait été caractérisée par l'extension progressive de notre occupation vers l'ouest. Vingt-trois cantons avaient été ainsi occupés sans bruit, sans à-coup, en élargissant petit à petit la zone de notre influence, le réseau de nos postes et de nos villages armés ; c'est la méthode de la tache d'huile, la plus efficace et la plus sûre de toutes les méthodes de conquêtes coloniales.

« Par l'application rigoureuse de ce système, Galliéni réussit en peu de mois à envelopper les territoires de Ba-Ky et de Luong-Tam-Ky d'un filet à mailles infranchissables. Une expédition militaire fut organisée et conduite par le colonel avec sa maîtrise habituelle ; le 24 avril 1895, le repaire de Ké-Tuong était enlevé. Les conséquences matérielles de ce fait furent considérables : les pirates à bout de forces et de ressources, voyant leurs communications coupées par l'établissement des postes militaires du Haut-Song-Cau et la constitution d'une ligne Bac-Kan-Yen-Tinh, sentirent le terrain leur manquer sous les pieds. La piraterie chinoise avait reçu un coup mortel ; la puissance et le prestige de Ba-Ky étaient complètement détruits ; et la piraterie du Tonkin se trouvait désormais réduite à deux groupes établis dans le Yen-Thi : une troisième campagne, à la fin de 1895, devait les mettre à la raison.

« Le Yen-Thi, avec ses forêts impénétrables et sa situation géographique, entre les riches plaines du Delta et les régions montagneuses du Caï Kinh

et de Bao-Day, a toujours été la principale cita-
delle de la piraterie annamite au Tonkin. Déjà,
en 1885, nous avions rencontré, en ces mêmes
endroits, les mêmes ennemis ; dix ans plus tard,
nous les y retrouvions, toujours semblables à eux-
mêmes, quoique les chefs fussent changés et les
bandes renouvelées.

« La nécessité d'une action militaire dans le
Yen-Thi s'imposa plus encore le jour où le résident
de France à Bac-Ninh apprit que notre ancien
ennemi, le Dé-Tham, construisait, au plus épais de
la forêt, des repaires fortifiés. De telles précautions
parurent suspectes. L'opération, sagement et prudemment conduite, aboutit à la prise des forts
pirates, le 30 novembre 1895, et à la fuite du Dé-
Tham. C'en était fini avec cette éternelle question
du brigandage dans le Haut-Tonkin.

« Une anecdote montrera bien la finesse de celui
qui venait de donner des preuves si éclatantes
de sa science militaire et l'art avec lequel il savait
trouver la solution élégante pour se tirer d'une situation difficile à laquelle d'autres auraient sacrifié
tant de vies humaines.

« C'était pendant un intermède, entre deux opérations militaires ; les bandes chinoises ravageaient
des villages à proximité de la frontière du Tonkin.
Galliéni manda au maréchal Sou, commandant

les troupes chinoises de la frontières, de rechercher les coupables et de les punir. Le maréchal n'ignorait pas le délit ; il aurait pu aisément en découvrir les auteurs. Il attendit plusieurs jours et se borna à répondre que « les faits allégués étaient inexacts, « que rien d'anormal ne s'était passé et que l'af- « faire ne comportait aucune suite ». Galliéni voulut bien admettre cette explication pour la première fois ; mais l'incident se renouvela. Nouvelle plainte du colonel, auquel le maréchal Sou fit la même réponse. Cette situation ne pouvait durer. Alors, Galliéni, usant d'un adroit strata-- gème, dépêche chez les voisins une centaine d'hommes, déguisés en paysans, qui se livrent à toutes les exactions, dévalisant les maisons, pillant les récoltes. Au tour du maréchal de réclamer contre les délinquants des châtiments exemplaires.

« — J'ordonne une enquête, déclara le colonel.

« Et, deux semaines plus tard, il expédiait au grand chef chinois une note calquée sur celle qu'il avait reçue : « Faits inexacts ; rien d'anormal, « l'affaire ne comporte aucune suite. » Le maréchal Sou sentit que l'heure n'était plus au badinage. Sa finesse de mandarin l'avertit du péril : « J'ai com- « pris, dit-il, au colonel. On ne recommencera « pas. »

Un livre qui vraiment devrait se trouver dans tous les foyers français, dans toutes les écoles de notre pays, les *Lettres du Tonkin et de Madagascar*, de Lyautey, nous permet de voir en action toutes les qualités de Galliéni, et même sur un plan supérieur et général, si l'on nous permet cette abstraction, de comprendre ce qu'est véritablement l'art de commander.

Évadé de toutes les mesquineries de la vie de garnison et d'état-major, le commandant Lyautey avait été, en octobre 1894, nommé à l'état-major du corps d'occupation du Tonkin. C'est alors seulement (à l'âge de quarante ans environ) qu'il acquit la certitude de posséder désormais une raison de vivre. Ce fut Galliéni qui lui donna cette magnifique certitude.

Voici le récit de leurs premières entrevues :

— Comment, entre son Sénégal, son Soudan, sa captivité, ses nègres, son brevet d'état-major, a-t-il pu encore se tenir au courant de tout, s'orienter sur tous les sujets? Voilà qui est exceptionnel et exquis. Journaux anglais, allemands, revues, il reçoit tout et trouve le moyen de tout parcourir à travers la besogne d'enfer qu'il s'est taillée ici. Sa maison est la vraie usine à travail du grand chef : un personnel de plantons, de secrétaires, dressés, muets, travaillant d'arrache-pied ; et, tandis que j'écris ceci, dans le bureau de Martin, à dix heures du soir, on travaille encore à côté de moi.

Il m'a donné, ce soir, sa première leçon de choses :

— Je pense, m'a-t-il dit à dîner, que, frais émoulu des états-majors métropolitains, vous avez apporté avec vous tout ce qu'il y a de plus « dernier cri » comme documents pour votre rôle de chef d'état-major?

— Certes, mon colonel !

— Vous me montrerez tout ça après dîner ; cela m'intéressera.

Et, en effet, rentré dans son bureau, je sortis de ma cantine le récent *Service en campagne*, la dernière édition de l'*Agenda d'état-major*, le dernier cours de *Tactique générale* de l'École de guerre.

— C'est très bien, tout cela. Donnez-le-moi.

Et, sans dire un mot, il alla chercher un grand papier gris, y enveloppa soigneusement les trois bouquins, entoura le paquet d'une ficelle, le cacheta et conclut : « Je vais renvoyer tout cela à Hanoï ; je ne veux pas que vous ayez la tentation d'y jeter les yeux pendant que vous serez avec moi ; ces bréviaires ne feraient ici que vous embrouiller ; et c'est sur place, en maniant les hommes et les choses, que vous apprendrez votre métier. »

« Ce qui caractérise vraiment ses éminentes qualités de grand chef, c'est la confiance sans bornes qu'il a su inspirer à tout le monde... Voici encore quatre nouveaux postes : Po-So-Ha, où j'ai couché hier soir ; Ca-Luong, où nous avons grimpé ce matin ; Po-Sinh, où nous avons déjeuné ; Po-La, où je couche. Et, dans chacun d'eux, je trouve chez l'officier commandant le même entrain, le même dans-le-collier, la même ardeur à construire le poste, à faire ses routes, à étudier le pays, à y ramener la population, la vie, le commerce. Quinze villages nouveaux, depuis un an, dans cette région désertée, voilà le résultat. Il leur a à tous mis le diable au corps. Mais aussi quelle initiative il leur laisse ! Autant d'officiers, autant de procédés, autant de variétés de constructions, concourant au même but ; mais il laisse à chacun la joie de l'invention et de l'effort personnel. Et il les consulte, consulte même les sous-officiers sur les services administratifs, trouvant qu'il n'y a pas plus compétents que ceux qui mettent la main à la pâte ; et je l'ai vu, ce soir, prescrire par dépêche une mesure générale sur la seule proposition d'un sergent. Quelles bonnes leçons à vivre avec ce chef ! »

Quant aux méthodes de commandement de Galliéni, à cette extraordinaire union de la fermeté et de la souplesse, Lyautey les décrit en ces termes :

« Je me souviens de ce qu'il m'a dit à Cao-Bang en m'annonçant qu'il me prenait comme chef d'état-major :

« — Auprès de moi, le métier n'est pas une sinécure. Je ne veux connaître aucun détail ; je veux garder mon cerveau libre pour concevoir et diriger. J'entends qu'aucune difficulté n'arrive jusqu'à moi. Le but seul me concerne. Les moyens, c'est votre affaire. A vous de les tenir toujours prêts et, avant tous, le ravitaillement en vivres, en matériel, en toutes choses, qui prime tout, parce que c'est la liberté de manœuvre. Oh ! je sais ce que vous allez me dire ! C'est que vous n'en savez pas le premier mot et vous allez me demander de vous faire un amphi. Je ne vous le ferai pas, — sinon autant prendre la chose moi-même en main. Vous êtes entouré de gens au courant de tous les détails, commandants de colonne, officiers d'approvisionnement, vieux routiers de la chose ; embêtez-les, tant que vous voudrez ; mais ne me demandez rien. Du reste, je leur notifierai, une fois pour toutes, que, quand c'est vous qui parlez, c'est moi qui parle et qu'ils doivent vous donner et vous dire tout ce que vous leur demandez. Je vous ai jaugé ; je crois que ça marchera ; mais, si ça ne marche pas je vous lâcherai comme une muscade. Dès qu'il s'agit de service je ne fais jamais de sentiment. Tenez-vous-le pour dit. »

Et c'est pourquoi je me rends compte que, tandis qu'il s'absorbe dans la lecture d'un livre de philosophie en se bouchant les oreilles, il est fidèle à ses doctrines ; mais que, si, demain soir, le riz n'est pas là, je serai toisé...

.   .   .   .

« L'idée générale ne le quitte jamais. C'est la joie de vivre avec cet homme. Conquérant, explorateur, chef de guerre par excellence, il est l'antipode du « caporal », je dirai presque du « militaire », dans la conception officielle et routinière de ce mot en France. La forme, le rapport, les clichés, les hiérarchies mêmes n'existent pas pour lui. Le résultat, c'est un but unique et, comme conséquence, l'infinie souplesse des moyens et le libre emploi des instruments ; pour un rien il mettrait ingénument un colonel sous les ordres d'un capitaine plus malin. Et il est breveté ! (ce que du reste, il s'en f... !) ce haïsseur de toutes les bureaucraties galonnées ! »

Au milieu de tous ses devoirs, au soir de son écrasante besogne le chef s'astreignait à lire les ouvrages les plus divers pour garder son esprit libre et alerte. Que nous sommes loin des « brutes militaires » inventées pour affaiblir la force martiale de notre pays par tant d'écrivains, depuis Anatole France jusqu'aux folliculaires de *l'Humanité*!

« Il s'est, écrivait Lyautey, fixé comme règle immuable, que ce soit en station ou en route, de toujours s'imposer avant dîner ce qu'il appelle son « bain de cerveau », c'est-à-dire une heure consacrée à se promener avec un compagnon, en causant, sans qu'il soit permis de prononcer un mot de service. En ce moment, il est emballé sur un nouvel auteur italien qui vient de surgir, Gabriele d'Annunzio, dont il a un volume dans sa sacoche, et aussi sur l'*Autobiographie* de Stuart Mill, que j'avais emportée et qui l'empoigne. Il ne me parle donc qu'Annunzio et Stuart Mill ; et comme, je l'avoue, ma pensée est toute à Gérard et aux risques du lendemain et que je ne puis m'empêcher d'y revenir, il me coupe net d'un : « Laissez donc tout « ça tranquille, à la fin ! Les ordres sont donnés, « tout le nécessaire est fait ; à quoi cela vous avan- « cera-t-il de ratiociner? Vous avez autant besoin « que moi de tenir vos méninges en bon état ; cau- « sons Stuart Mill et nous verrons bien demain « matin. »

« Je me rappelle que, dix jours avant la veille de l'enlèvement de Ké-Tuong, il m'avait donné une non moins salutaire leçon de choses. Les colonnes faisaient leur marche d'approche ; le colonel, après leur avoir fixé les directions, s'était installé sur un mamelon, d'où il pouvait suivre l'ensemble du mouvement. Il s'assied sur un petit pliant de chasse, tire de sa poche un roman anglais et se met à le lire. Moi, je fouillais l'horizon à la lorgnette, suivant la marche des troupes et faisant, tout haut, les observations sur la lenteur du mouvement, sur ce qui me paraissait un flottement ou une erreur de direction.

« — Mais tâchez donc de rester tranquille ! me dit-il. Avez-vous un livre anglais ? Non. Avez-vous un album de poche ? Oui. Alors, prenez-le et croquez-moi l'ensemble de la position. Ce sera un document très intéressant et, pendant ce temps-là vous ne penserez pas à autre chose. Les colonnes sont en marche ; il y en a pour deux heures avant qu'elles atteignent les emplacements assignés. Jusque-là, je ne veux pas lever le nez de mon livre, ni vous de votre album. Leurs chefs ont compris ; ou si, par hasard, ils n'ont pas compris, il n'y a plus rien à leur dire. Mais, surtout, ne vous avisez pas de leur envoyer, pendant leurs mouvements, des agents de correspondance qui iront tout embrouiller et qui, d'ailleurs, ne les rejoindront pas. Ce ne serait que de l'agitation inutile. Pas de tracassin : faites votre croquis et laissez-moi lire mon bouquin. »

Quand, au début de 1896, Galliéni revint en France fatigué par tant de durs labeurs, un peu écœuré aussi de certaines interventions occultes qui l'avaient empêché de s'emparer du Dé-Tham après l'avoir encerclé, ce fut pour Lyautey et pour tous ses officiers un véritable deuil. Mais bientôt la France allait avoir besoin sur un autre théâtre de son meilleur soldat.

Madagascar.

Galliéni, rentré à Marseille le 18 février 1896. goûtait parmi les siens à Saint-Raphaël un repos nécessaire et bien gagné lorsqu'il reçut, deux mois à peine après son retour, un télégramme de M. André Lebon, ministre des Colonies, le mandant d'urgence à Paris, pour lui offrir le commandement du corps d'occupation de Madagascar, avec tous pouvoirs, en même temps, sur les fonctionnaires civils. Après quelques hésitations et quelques réserves, Galliéni accepta la lourde mission que le gouvernement lui confiait. Il traita les gros dossiers que l'on avait réunis à son intention un peu comme il avait fait des ouvrages rapportés par Lyautey de l'École de guerre, se réservant de voir sur place les obstacles à vaincre.

Ces obstacles, je les ai résumés dans mon ouvrage *la France des cinq parties du monde*. Toute notre politique à Madagascar au dix-neuvième siècle avait été paralysée par une crainte et par une erreur : une crainte, celle de l'Angleterre, une erreur, celle de prendre au sérieux le gouvernement hova, de le considérer comme « le royaume de Madagascar » alors que ce gouvernement était simplement un nom, un mirage, un fantôme.

Même après la loi déclarant que Madagascar était désormais possession française (6 août 1896), cette illusion n'avait pas abandonné l'esprit de certains. Chose curieuse, elle vivait tenace, dans la pensée de celui qui aurait dû le mieux en connaître la vanité : M. Laroche, résident de France. Un compagnon de Galliéni, Étienne Grosclaude, dont l'esprit n'est plus à vanter, a tracé de ce haut fonctionnaire le portrait en pointe sèche que voici : « Ancien officier de marine, M. Laroche a pour l'équitation un penchant qui va jusqu'à la chute ; il n'admet pas d'autre moyen de locomotion que le cheval, même dans cette île escarpée où toutes les races s'accordent à reconnaître que la plus belle conquête de l'homme c'est le bourjane (le porteur de filanzane). Il a fait son entrée à Tananarive, il y a quelques mois, sur un pur sang, dont le train a laissé poussifs, une demi-douzaine de chevaux des chasseurs d'Afrique qui lui faisaient cortège ; à tout instant il parcourt au galop de charge, parmi les populations affolées, la grande (et unique) rue qui monte — à quelle pente ! — de la résidence au palais. C'est le résident monté ; il réside à cheval ; il colonise aux grandes allures ; il n'administre pas : il piaffe ; il a innové un régime : la caracolonisation (1) ! »

Pour parler plus sérieusement, il est certain que M. Laroche avait fait trop grande confiance au gouvernement hova : à la lueur des incendies qu'allumaient tous les soirs les Fahavalos dans les villages, aux portes mêmes de Tananarive, notre représentant entretenait un optimisme que rien ne parvenait à altérer, pas même les embuscades où tombaient chaque jour nos officiers, nos commerçants, nos colons, nos prospecteurs.

Avant même le départ de cet homme aimable, le général Galliéni avait été baptisé sur sa seule mine par les indigènes le général Maziaka, c'est-à-dire « le Cruel » ou le général « Mové » par ceux qui baragouinaient un peu le français. Pendant quelques jours, après son arrivée à Tananarive (le 15 septembre 1896), Galliéni s'informe auprès de son prédécesseur et ami le général Voyron,

(1) Et. Grosclaude, *Un Parisien à Madagascar*, Paris, Hachette, 1898, in-8º, p. 86.

commandant supérieur des troupes. Il prend effectivement son commandement le 28 septembre, et vingt-deux jours après exactement, il est en mesure d'écrire à Alfred Grandidier une admirable lettre qui est reproduite dans les *Lettres de Madagascar* réunies depuis lors en volume. Voici le bilan de ces trois semaines :

« L'Imerina a été divisée en centres militaires correspondant autant que possible aux districts indigènes ; à la tête de chacun d'eux se trouve un officier supérieur, ayant tous les pouvoirs, civils et militaires, secondé par les autorités hovas, placées sous ses ordres. Pour contenir l'insurrection, une première ligne de postes a été établie à quinze kilomètres environ autour de Tananarive. A son abri, on s'occupe en ce moment d'organiser le pays, à l'intérieur de ce cercle, en rappelant les habitants, en leur faisant reconstruire leurs villages brûlés et reprendre leurs cultures, en s'efforçant en un mot de mettre cette région à l'abri des nouvelles tentatives des insurgés. Cela fait, nos postes se porteront en avant, de manière à élargir la zone pacifiée et à ne mettre une jambe en l'air que lorsque l'autre est bien assise. On arrivera ainsi peu à peu aux limites de l'Imerina. Même programme est adopté pour le Betsiléo, avec Fianarantsoa comme centre. Ce système vaut mieux que celui des colonnes mobiles poussées au loin qui avaient peu d'effet contre un ennemi aussi insaisissable que les Fahavalos. Dès qu'elles rentraient, ceux-ci revenaient sur leurs talons et massacraient les habitants.

« En même temps, j'ai montré au gouvernement malgache qu'il fallait qu'il change son attitude. J'ai conservé la reine parce que Ranavalona a sur les populations un réel prestige que je compte utiliser. Mais j'ai prié le premier ministre de donner sa démission et j'ai traduit devant le conseil de guerre Rainandriamanpandry, ministre de l'Intérieur et le prince Ratsimanga, oncle de la reine, contre lesquels il existait des preuves de culpabilité suffisantes ; ils ont été condamnés à mort et fusillés le 15 octobre. De plus, j'ai exilé à Sainte-Marie la princesse Ramasindrasana, tante de la reine. Les biens de tous ces personnages ont été confisqués. Enfin, tous les officiers, cadets de la reine, ont été envoyés dans les campagnes environnantes avec mission de rappeler les habitants, sous peine d'être rendus responsables, eux et leurs familles, des nouveaux troubles autour de Tananarive.

« Déjà, ces mesures ont semblé produire quelque effet, car je sens une accalmie depuis huit jours, au moins autour de Tananarive. »

. . . .

« Telles sont les premières mesures prises et sur lesquelles je n'ai pas le temps de m'étendre plus longtemps. Par exemple, je ne me préoccupe, ni des textes, ni des règlements. Je vais droit à mon but général : ramener la paix ; franciser l'île et donner le plus grand appui possible à la colonisation française. Si je ne suis pas approuvé, je rentrerai ; mais, j'estime qu'avec la situation actuelle, je ne peux être bridé par des formalités qui gênent et arrêtent tout. Si je ne suis pas libre, j'aime mieux passer la main à un autre. Je ne sais combien de temps on me laissera ici, mais, je crois que, si on me laisse faire, la situation sera redevenue bonne d'ici un an ou deux. »

Il ne saurait être question ici de tenter seulement une esquisse des progrès de la pacification accomplis de 1896 à 1899 : ceux de nos lecteurs que le détail de ces opérations intéressent — et elles furent riches d'héroïsme — les trouveront retracées soit par le général lui-même dans son ouvrage *Neuf ans à Madagascar* (1), soit dans l'excellent précis militaire rédigé par le capitaine Hellot : *la Pacification de Madagascar* (2).

Ce qui nous importe seulement dans cette étude, c'est de mettre en lumière la méthode coloniale

(1) Paris, Hachette, 1908, in-8°.
(2) Paris, Chapelot, 1900, in-8°.

de Galliéni, celle que Lyautey a définie d'un maître mot : une *organisation qui marche.*

Feuilletons ses instructions, et laissons-le parler lui-même :

« Il faut employer l'action combinée de la politique et de la force.

« *Action politique.* — L'action politique est de beaucoup la plus importante, elle doit reposer avant tout sur la connaissance du pays et de ses habitants.

« L'étude des races détermine les moyens de conquête et d'administration. Un officier qui a réussi à dresser une carte ethnographique suffisamment exacte du territoire où il opère est bien près de s'imposer aux populations et de parvenir à leur donner l'organisation qui leur convient le mieux. Il doit en outre chercher à démêler les intérêts communs ou opposés, les mœurs et coutumes à respecter, les rivalités dont il convient de tirer parti.

« *Action par la force.* — Tout mouvement de troupes en avant doit avoir pour sanction l'occupation effective du terrain conquis.

« L'action par la force se comprend sous deux formes : l'action lente et l'action vive.

« L'action lente, qui est incontestablement la plus efficace, consiste dans l'occupation par des postes permanents des centres politiques, des voies de communication, des points d'où l'adversaire peut tirer ses approvisionnements.

« Le pays à occuper est pénétré progressivement et débarrassé de même des bandes rebelles, soit par des opérations militaires à faible rayon d'action, soit simplement à l'aide de la population soumise, armée par nos soins et organisée en corps de partisans.

« Les zones pacifiées reçoivent immédiatement une première organisation administrative ; elles sont d'abord tenues et surveillées par des troupes régulières, puis, quand le calme est bien rétabli, par la milice ou les paysans armés.

« Lorsque tout danger a disparu, on fait rentrer les armes prêtées aux populations.

« L'action vive est l'exception. C'est l'action des colonnes militaires, qui ne doivent agir que contre des objectifs bien déterminés et lorsqu'on doit faire œuvre de force.

« La méthode la plus féconde, qui a été appliquée à la pacification de l'Émyrne, est la méthode progressive, dite de la « tache d'huile », qui consiste à ne gagner du terrain en avant qu'après avoir complètement organisé celui qu'on laisse en arrière. Ce sont les insoumis de la veille qui nous aident contre les insoumis du lendemain. On marche à coup sûr, et le dernier poste occupé devient l'observatoire d'où celui qui commande examine la situation, prépare un nouveau bond en avant et cherche à entrer en relations avec les éléments inconnus qu'il a encore devant lui.

« Enfin, tout en recourant à l'action par la force, nous devons ménager les ressources du pays, dans l'intérêt des entreprises de colonisations futures, et aussi des populations indigènes qui en seront le capital vivant indispensable. Chaque fois que des incidents de guerre obligent à agir contre un village ou un centre habité, on ne doit pas perdre de vue que, la soumission des habitants obtenue, le premier soin à prendre est de reconstruire le village, d'y créer un marché et d'y établir une école.

« Lorsque l'emploi combiné de l'action politique et de l'action par la force a produit ses effets, s'ouvre la période d'organisation, qui met en jeu un troisième moyen : l'action économique.

« *Action économique.* — Au fur et à mesure que la pacification progresse, les cultures reprennent, les marchés se rouvrent, le commerce renaît. Le rôle du soldat passe au second plan, celui de l'administrateur commence. Deux objectifs principaux sont à envisager : d'une part, discerner et satisfaire les besoins les plus urgents des populations soumises ; de l'autre, favoriser l'extension de la colonisation et ouvrir des débouchés au commerce européen.

« Pour inciter les indigènes au travail et leur en donner le goût, les commandants territoriaux devront, à l'aide des éléments européens dont ils disposent, créer des écoles professionnelles.

« Les ressources que l'indigène se procurera par le travail, provoqueront immanquablement chez lui des besoins nouveaux, dont le commerce européen saura vite tirer profit. Les traitants s'installeront auprès de lui, et, en même temps qu'ils le fourniront d'articles importés, ils lui achèteront, dans des conditions avantageuses de part et d'autre, des matières premières destinées à l'exportation...

« Les commandants territoriaux doivent comprendre, de la façon la moins formaliste, le rôle administratif qui leur est assigné. Leur mission est de défendre, au nom du bon sens, les intérêts qui leur sont confiés, et non de les combattre au nom du règlement.

« Enfin, il importe aujourd'hui que nos officiers et, dans une certaine mesure, nos sous-officiers coloniaux, soient préparés au rôle politique et administratif qui, après le résultat militaire obtenu, constitue le complément de leur tâche.

« Un pays n'est pas conquis et pacifié lorsqu'une opération militaire a réussi à y briser passagèrement toutes les résistances. Le premier moment de stupeur passé, les esprits se ressaisissent ; et si l'on n'y prend pas garde, il peut germer dans la masse des ferments de sédition ; ceux qui ont le plus perdu au nouvel état de choses cherchent bientôt à allumer la révolte.

« Tant que cette mentalité subsiste, le régime civil est prématuré, et l'officier doit continuer à administrer avec le personnel dont il dispose ; le conquérant seul est assez fort pour ne pas s'émouvoir des hostilités et se permettre au besoin des mesures de clémence, sans craindre qu'elles soient considérées comme des actes de faiblesse.

« Puis, lorsque la conquête militaire est achevée et que la conquête morale l'a suivie, le moment est venu de substituer le régime civil au régime militaire et de remplacer les officiers par des administrateurs. »

Voyons maintenant quels furent les résultats de cette méthode.

Le budget est le thermomètre de l'activité d'une colonie.

Voici un tableau résumant les progrès de l'organisation financière de Madagascar sous le gouvernement de Galliéni :

ANNÉES	RECETTES	DÉPENSES	EXCÉDENT DES RECETTES SUR LES DÉPENSES
1896	5 538 540,24	5 153 088,88	385 451,36
1897	9 093 820,38	7 495 131 »	1 598 689,38
1898	12 992 856,88	10 465 765,09	2 527 091,79
1899	14 985 154,82	14 075 889,65	909 265,17
1900	19 310 785,24	17 062 244,73	2 248 540,51
1901	23 561 120,78	23 147 758,75	413 362,03
1902	25 623 137,63	25 322 768,93	300 368,70
1903 (1)	24 901 323,67	24 203 104,26	698 219,41
1904	24 651 600 »	23 638 500 »	1 013 100 »
1905	26 252 906,47	24 091 580,70	2 161 325,77

(1) Année où la subvention métropolitaine fut complètement supprimée.

En fin d'exercice 1905, la caisse de réserve contenait 9 713 841 fr. 66, soit à peu de chose près le maximum qu'elle ne pouvait dépasser en vertu du décret du 10 octobre 1899 (10 millions).

Dans tous les domaines l'effort avait été soutenu et fécond : pour les travaux publics, une route carrossable de 250 kilomètres construite entre Tamatave et Tananarive, transformation complète sur 350 kilomètres de la route trop fameuse du corps expéditionnaire entre Tamatave et Tananarive, 219 kilomètres de route nouvelle entre

Fiananrantsoa et Mananjary, et de nombreuses autres voies telles que celle de Tananarive à Antsirabé ; ...remise en état sur 113 kilomètres du canal des Pangalanes, 165 kilomètres de chemins de fer ; construction d'un grand phare au cap d'Ambre, amélioration des feux de Diégo-Suarez, deux phares achevés à Tamatave, un grand phare à Majunga, un feu à Port-Dauphin, d'importants travaux de balisage, développement du service des mines, etc., etc.

Le fret de la tonne de marchandises entre Tamatave et Tananarive, qui avait atteint 1 600 francs en 1896, était tombé à 300 francs en 1905 (la voie ferrée n'était pas achevée mais présentait déjà pour un exercice de six mois un excédent de recettes de 208 680 francs).

Qu'il s'agisse d'écoles, d'hôpitaux et de dispensaires, les progrès étaient partout aussi remarquables, l'effectif des colons français était passé de quelques centaines à près de six mille. Plus de sept mille propriétés étaient immatriculées, 745 000 hectares étaient mis en valeur, la production de l'or était passée de 112 000 francs en 1896 à 7 692 949 francs en 1904.

Comme l'a écrit justement M. Hanotaux : « Galliéni a reçu une forêt insurgée ; il a rendu une colonie tranquille et prospère. »

*
* *

A la date du 19 mai 1905, au moment où Galliéni quitte Madagascar, son rôle colonial est offi-
ciellement terminé. Nous n'avons pas à exposer
ici ce que fut son action de 1905 à 1914 dans la
préparation de la guerre fatale, ni à revenir sur ce
que nous avons dit précédemment de son rôle
pendant la bataille de la Marne. Aujourd'hui c'est
par son exemple qu'il continue à agir, au delà de
la mort.

Toutes les qualités coloniales, il les a possédées :
une curiosité intellectuelle inlassable qui lui faisait lire Stuart Mill dans la jungle tonkinoise un
soir ou une veille de combat ; un sens pratique toujours éveillé qui lui dictait à Madagascar des lettres
où il est plus souvent question de marques de
cotonnade à introduire dans la colonie, que de
faits d'armes. Ajoutez à cela l'esprit scientifique
d'un Faidherbe dont on trouve maintes preuves
dans sa correspondance avec Alfred Grandidier,
dans la création d'un bulletin d'études frère cadet
des *Annales sénégalaises*, intitulé : *Notes, reconnaissances et explorations*. Ce fut un merveilleux
soldat, intrépide sous les balles à Bazeilles et à Dio.

Ce fut surtout un grand chef indépendant et fier, sachant obéir quand on lui demandait de sacrifier son repos, ses plus chères affections au service du pays, sachant tenir tête aux routines administratives, aux aboiements de certaines meutes parlementaires incapables de le comprendre à sa valeur. Il fut « le chef », car il savait animer chez tous ses subordonnés un intense besoin d'action, une flamme brûlante et claire, et surtout parce qu'il avait l'art de se faire aimer. Exigeant jusqu'à la sévérité, d'un sang-froid inébranlable dans toutes circonstances, ce n'était pas cependant un surhomme, inaccessible à la pitié, à la bonté, à la générosité. Un mot de lui révélait son cœur et gagnait les cœurs. Enfin il était gai : nous avons cité plus haut sa réponse pleine d'humour au maréchal Sou ; faut-il rappeler la façon dont il reçut, en pleine bataille de la Marne, MM. Briand et Sembat envoyés de Bordeaux pour s'assurer — le bruit en avait couru comme un vent de révolution sur les Quinconces — que le général n'avait pas fait de coup d'État à Paris?

Par tous ces traits de caractère, d'esprit, de cœur, Galliéni fut non seulement le grand Colonial, mais le grand Français ; nul autre exemple ne saurait mieux nous prouver l'identité absolue entre les qualités de notre race et celles-là mêmes qui sont le plus nécessaires dans l'action coloniale.

Un homme le savait, celui qui avait été le camarade de Galliéni sur les champs de bataille de 1870, celui qui depuis lors avait si bien servi l'empire britannique : le maréchal Kitchener. Passant à Paris en novembre 1915 il déclara aux officiers du général : « J'ai pour votre chef une admiration sans égale ; car je sais, moi, tout ce qu'il a fait pour son pays. En France on a l'air de l'ignorer. Si le général Galliéni était Anglais, il serait comblé de richesses, de titres et d'honneurs... Votre général a tout simplement sauvé Paris et fixé l'heure, sans lui fort indécise, de l'offensive de la Marne. Bien entendu, on continuera chez vous à l'ignorer — surtout dans les autres états-majors — comme vos écoliers ignorent que Galliéni leur a conquis un empire colonial nombre de fois plus vaste que la France. »

Nous l'avons dit en commençant cette série de médaillons ; c'est aux enfants de France que nous pensions en les écrivant : la lumière finit toujours par triompher de l'ombre.

CHAPITRE VI

UN REMÈDE AU MALAISE ALSACIEN

J'ai essayé, au cours des chapitres précédents, de faire ressortir les qualités de clairvoyance, de générosité, de patriotisme que l'École des colonies a révélées et développées en nous. L'œuvre grandiose et féconde que nous avons accomplie, grâce à elle, non seulement aura des conséquences décisives pour l'avenir économique de notre pays, mais, dans un autre domaine, elle peut être non moins riche en résultats, si nous le voulons.

Au moment où chaque semaine, dans les églises d'Italie, un peuple entier devra prier « pour que le Seigneur soumette à son roi très religieux toutes les nations barbares » et assure d'ailleurs, en même temps, à ce royaume très chrétien — ce qui ne va pas sans quelque contradiction — une paix perpétuelle, il est nécessaire que nous proclamions bien haut, non point certes poussés par un chauvinisme béat, mais par une fierté légitime, la magnifique épopée coloniale de la France du **vingtième** siècle, cette épopée qui présente ce fait remarquable, unique peut-être, que les pages les plus héroïques n'en sont pour ainsi dire marquées que par notre propre sang.

Et non seulement il est opportun que nous défendions ainsi notre prestige menacé à l'extérieur, mais aussi que nous ranimions le sentiment de l'unité profonde et de la grandeur de notre pays en nous-mêmes, et plus encore dans ces provinces de l'Est qui, après avoir subi la compression prussienne pendant quarante-huit années, nous sont enfin revenues. Montrons aux Alsaciens et aux Lorrains plutôt nos qualités coloniales que nos défauts métropolitains, associons-les aux efforts qui rapprochent et qui améliorent, et non aux basses querelles qui divisent et qui diminuent, découvrons-leur enfin le vrai visage de la France !

Sans doute le grand souffle de la victoire, dont tous, quand il a passé, ont ressenti la force surhumaine, a-t-il momentanément asséché les mares stagnantes et balayé leurs miasmes. Après avoir fêté ces frères retrouvés, nous leur avons d'ailleurs consenti de larges avantages matériels ; nous nous sommes efforcés également de respecter, dans une certaine mesure, leurs habitudes locales si profondément enracinées, cherchant à nous conformer à cette formule, véritable dogme de toute la politique de Louis XIV à leur égard : « ne pas toucher aux choses d'Alsace ».

Mais en même temps, et sans prétendre un instant excuser les actes de véritable trahison de certains autonomistes, il n'en est pas moins vrai que nous avons été parfois bien maladroits, bien mal inspirés en les associant, comme nous l'avons fait, à nos vieilles querelles.

Ne fallait-il point laisser, par exemple, dans le magasin des accessoires de nos comédies parlementaires, pour les tournées électorales, les joutes de café ou de cercle, tout cet arsenal rouillé et quelque peu ridicule des luttes confessionnelles qui ont failli faire trébucher un ministère, au moment où il réglait l'avenir économique et financier du pays, et ont été mises immédiatement à profit par un pays voisin pour s'assurer la protection suprême de la papauté? Il est vraiment stupéfiant d'avoir vu ressortir à nouveau, après la grande guerre, tout cet attirail usagé, alors que les canons de la Marne et de Verdun auraient dû le faire tomber en morceaux dans les coins où il paraissait définitivement relégué et d'où on le ressort clandestinement, pièce à pièce.

Il eût fallu, à tout le moins, garder toutes ces toxines pour nous, au lieu de donner à ceux auxquels nous venions d'ouvrir les bras, l'impression du désarroi, de la division, et parfois de l'impuissance.

Aussi, comme ils ont vite fait leur apparition dans les provinces retrouvées, ces foyers de propagande archi-connus, archi-déterminés, qui, sous une forme différente, faisaient écho aux nôtres, avec leurs agents de diffusion ordinaires : avocats sans cause, qui, inaptes à plaider un procès serré, se montrent au contraire tout préparés pour ces exposés grandiloquents, ces exclamations colériques et fielleuses, ces affirmations sans preuves et sans soutien, qui font bien à la tribune ou à la barre ; prêtres dévoyés, rebelles à leurs évêques, qui ne savent trop ce qu'ils veulent, et le défendent avec un fanatisme hostile au raisonnement, qui se nourrit de son entêtement même, et se déforme dans sa propre attitude.

Nous les avons vus défiler, les uns après les autres au procès de Colmar, tous ces mauvais ferments qui seraient demeurés enkystés si nous ne les avions pas placés inconsidérément dans une atmosphère favorable. A peine un faux baiser de paix était-il échangé au tribunal, qu'ils reprenaient leur virulence. « Nous constatons, dirent-ils, que la prédominance de la France équivaut au régime du mensonge sur la vie, à la négation de toute évolution naturelle, de tout développement normal, » et les autres reprirent : « l'Alsace-Lorraine ne demande qu'une chose : être une fois maîtresse de sa propre maison », et ils recommencèrent ce grignotage du patriotisme, petit à petit, cherchant à faire tomber en poussière la solide armature du vieux toit national, confortable et hospitalier, enfin retrouvé.

C'est par la confiance, c'est par les saines manifestations de la force que l'on a raison de telles attaques, que l'on prive de tels péroreurs de leur public. Nous n'avons pas assez montré, à ces compatriotes retrouvés, derrière la France d'Europe, de plus vastes horizons, dont les larges routes pavées de Louis XIV et de Napoléon, ne sont que les avenues, et nos grands ports, que les haltes.

Que ce grand vent du large, chargé d'effluves et de promesses, franchissant nos côtes, remontant les vallées, fasse naître de salutaires courants dans ce provincialisme laborieux et respectable, mais souvent renfermé et buté, dont nous avons parfois développé, sans le vouloir, les bas appétits et les mauvaises pensées.

*
* *

Mais pour propager cette foi, nous devrions d'abord l'éprouver plus totalement, plus simplement nous-mêmes. Pourquoi donc parlons-nous de nos colonies si peu, parfois si mal? Il me faut bien ici, après avoir exalté quelques-unes de nos qualités coloniales, indiquer aussi en passant certains de nos défauts.

Nous n'avons pas assez la fierté de notre histoire et de nos gloires nationales. Est-ce par une sorte de crainte du ridicule, par cet excès d'esprit critique qui nous retient si souvent au bord de nos élans?

Aucune nation, plus que la nôtre, ne fouille davantage dans son passé, et ne possède à un plus haut degré la curiosité passionnée de son histoire. Mais il ne faut pas seulement apporter à ces études une mentalité de collectionneur ou d'antiquaire qui recherche les vieilles choses pour leur pittoresque et pour leur beauté, et laisser notre enthousiasme se dissoudre dans l'esprit d'analyse, comme une perle dans de l'acide.

Il entre aussi dans nos réserves, et parfois dans notre ingratitude pour tous les grands Français

qui nous dominent, une sorte de jalousie démocra-
tique, qui écarte les figures de premier plan, les
trouve encombrantes, comme si elles masquaient
l'horizon au lieu de le découvrir, comme si elles
constituaient un obstacle au lieu d'être un exemple.

Songeons aux hommages fervents rendus par
tout un peuple, — je ne dis pas à un Washington
— mais à un Grant ou à un Jefferson. Pourquoi
tout ramener chez nous à des moyennes médiocres
et ternes? Où cachons-nous donc ce livre d'or de
nos grands hommes, l'un des plus riches de l'histoire, dont nous devrions trouver des illustrations
dans nos manuels scolaires, dans nos journaux et
dans nos cinémas, alors que pas un film jusqu'ici,
depuis l'épopée impériale, ne leur a été consacré,
tandis qu'Abraham Lincoln déroule sa vertueuse
et prédicante existence dans tous les mooving
pictures d'Amérique !

Si certains partis politiques se déclarent — le
plus souvent sans que personne songe même à pro-
tester — hostiles aux colonies, ceux qui vont sur
place devraient à tout le moins contribuer à re-
dresser les erreurs et les injustices commises, à
éclairer définitivement l'opinion publique.

Hélas ! Je ne veux certes point m'en prendre ici,
loin de là, à toute la littérature coloniale qui mul-
tiplie ses productions depuis quelque temps. Pour-

tant combien d'écrivains, souvent doués d'un grand talent, rapportent de leurs voyages, limités à quelques semaines, des appréciations inexactes, tendancieuses. Il leur faut, je le sais bien, dans des articles qui ne soient pas trop longs, accrocher dès le début la fugitive et impatiente attention du lecteur, par des notations pittoresques et neuves. Pour la retenir ensuite, une anecdote doit, dès la première colonne, l'amuser ou l'effrayer, ce qui est tout comme.

Poussés par ces soi-disant obligations du métier, que regardent-ils? L'œuvre de nos compatriotes, la somme d'efforts nécessaires pour édifier une ville aux larges avenues sur la boue d'une lagune, pour tailler une plantation en pleine forêt, ou conduire, jusque sur le quai d'un port, du cacao, de l'arachide, du caoutchouc ou des bananes? A peine. Ils essaient bien de se faire quelque idée de toutes ces questions, mais cela manque de couleur, et pour en sentir l'intérêt il faudrait pouvoir vivre et travailler le sujet davantage. Scènes de villages nègres, barques roulées par la barre, levers et couchers de soleil truculents, processions annamites, culte des ancêtres, voire scandales, font autrement bien « mis en page », surtout si l'on écrase sur la palette quelques adjectifs inattendus, capiteux, tropicaux, pour corser le tout.

Et c'est avec cette littérature-là que nos gouverneurs généraux dont la tâche est si lourde, si délicate, doivent compter ; c'est celle-là que l'on vend dans les kiosques à journaux, dans les gares, poussière qui ne s'envole pas sans avoir terni et parfois corrodé les objets qu'elle a touchés.

Que l'on m'excuse de saisir cette occasion qui m'était offerte de déplorer que tant d'hommes, souvent doués d'un grand esprit d'observation et d'assimilation, ne rapportent pas de leurs admirables randonnées à travers la France des cinq parties du monde, faute de temps ou de la notion de l'importance qui s'attache à leurs témoignages, les plus solides raisons d'avoir confiance en la France de demain et dans ses œuvres de vie.

Or si nous voulons, si nous savons montrer à nos Français de l'Est le vrai visage de la France, ils sont tout préparés, par leurs qualités de courage, d'endurance, leur esprit d'aventure et de travail, à en comprendre la beauté.

Souvenons-nous du mot de Kléber, abandonné en Égypte par Napoléon, sans argent, avec de maigres troupes : « Je n'ai plus consulté que l'avantage d'être à votre tête, que l'honneur de vous commander, et mes forces se sont accrues. » Au début son prestige, habilement maintenu, seul le soutient : « Celui-ci ne rit pas comme l'autre » (l'autre c'est Bonaparte), disaient les cheiks et les ulémas en s'inclinant sur son passage, les bras croisés sur la poitrine. Il fit preuve, pendant cette période difficile, jusqu'à ce que le couteau d'un fanatique isolé ait interrompu son œuvre, des véritables qualités d'un chef colonial : simplicité avec ses familiers, séduction personnelle, énergie farouche, boutades qui réveillaient tout son monde, agrémentées de véritables dons naturels, car ce fils de maçon, presque illettré, excellait dans la caricature. Enfin la malice ne lui manquait point, et n'alla-t-il pas jusqu'à diriger sur Paris une dame Fourès qui avait mérité les faveurs de Napoléon, afin de troubler quelque peu les réconciliations difficiles de Joséphine et de son jeune époux, qui l'un et l'autre avaient tant à se pardonner. Kléber, au demeurant, pourtant Alsacien du terroir, venu au monde à l'ombre du Münster, avec sa robustesse et sa crânerie, ses qualités de bonté et d'entrain, nous offre bien le vrai type du Français d'exportation.

Comment pourrions-nous oublier la part prise par les Alsaciens à la conquête et à la colonisation de l'Algérie? Le voyageur qui parcourt la riche plaine d'Alsace ou les vallées des Vosges, s'arrête, s'il a un peu de cœur, dans les cimetières des villages où dorment des morts qui connurent l'exil. Lisez les stèles funéraires : vous y trouverez toujours les noms d'anciens officiers. Beaucoup de ceux-là avaient conquis leurs grades dans cette armée d'Afrique, qui nous apparaît, entre les troupes napoléoniennes et celles de la grande guerre, comme un maillon de la chaîne solide où restèrent forgées les qualités militaires de notre race.

Ce n'était point par l'effet d'un pur hasard que les Alsaciens tournaient les yeux vers l'Algérie : une propagande adroite les incitait à le faire. En 1853 le Conseil général du Haut-Rhin votait 150 francs pour l'achat de 530 exemplaires de l'*Almanach algérien*, et offrait mille francs au préfet pour faire traduire en allemand des extraits des *Annales de la colonisation algérienne*. A la même époque, une *Courte description de la colonie africaine* était répandue à 5 000 exemplaires dans le département du Haut-Rhin. Le ministre de l'Intérieur félicitait le préfet des résultats heureux de cette propagande (1). Ces résultats furent surtout

(1) Voir à ce sujet l'émouvant et savant petit livre publié en 1914, à la veille de la guerre, aux *Cahiers de la Quinzaine* de Péguy :

sensibles au moment où le traité de Francfort sépara de la France ses provinces de l'Est.

Dans la grande dispersion et le lamentable exode qui suivirent ce rapt, l'Algérie appela à son foyer ceux qui renonçaient au leur pour rester Français, et beaucoup de ceux-là comprirent que l'Algérie, c'était toujours la France, et une France riche de promesses pour un meilleur avenir.

Le 21 juin 1871, était votée une loi présentée par M. de Belcastel, offrant à titre gratuit une concession de cent mille hectares « des meilleures terres dont l'État dispose en Algérie » aux Alsaciens et Lorrains qui voudraient conserver la nationalité française. La loi exigeait sagement que chaque émigrant disposât de 5 000 francs, mais bientôt, devant l'afflux des demandes, il fallut renoncer à cette prescription prudente, et l'État dut trouver des ressources pour faciliter le transport et l'installation des colons volontaires ; il fut puissamment aidé dans cette tâche par une souscription nationale et par la « Société de protection des Alsaciens-Lorrains demeurés français » dont le comte d'Haussonville assuma la présidence avec un admirable dévouement.

Des centaines et des centaines de réfugiés pas-

l'*Exode*, par Georges DELAHACHE, aujourd'hui conservateur des archives municipales de Strasbourg.

sèrent ainsi au « Fort des Anglais » à Alger où ils étaient hospitalisés ; de là ils étaient transportés dans le bled par des prolonges d'artillerie ; ils campaient sous des tentes prêtées par l'autorité militaire ou dans des masures kabyles abandonnées. D'octobre 1871 à mars 1875, 1 020 familles — plus de 5 000 personnes — vinrent ainsi... Dans ces villages neufs qui se construisirent peu à peu aux frontières de la dissidence d'alors, il fallut souvent créneler la ferme ou l'église. Mais le danger ne fait jamais reculer un Alsacien. Maints centres de peuplement se constituèrent ainsi : Belle-Fontaine, Bou Khalfa (œuvre des Dollfus), Haussonvillers, le camp du Maréchal, et tant d'autres qui portent des noms d'Alsace : Strasbourg, Colmar, Bitche, Altkirch, Obernai, Rouffach. Peu à peu tout cela a vécu, prospéré, vaincu le destin : sur 1 000 familles, 900 sont restées, et un vieil Alsacien disait à Georges Delahache, en faisant allusion à la fièvre qui avait enlevé plusieurs de ses enfants : « On aurait risqué davantage s'il l'avait fallu, car c'était trop dur de rester là-bas. »

Puisse cette voix alsacienne d'Algérie induire les égarés d'aujourd'hui à une appréciation plus juste des choses d'Alsace. Ont-ils, ces mécontents, depuis leur retour à la France, souffert des épreuves comparables à celles qu'acceptèrent si vaillamment les colons de 1871? S'ils sont encore capables de quelque franchise vis-à-vis d'eux-mêmes, nous les invitons à se poser cette question dans le secret de leur cœur.

Après la colonisation de l'Algérie, combien d'Alsaciens et de Lorrains ont-ils servi dans notre armée coloniale! Faut-il rappeler le nom de cet héroïque capitaine Fiegenschuh qui, la gorge traversée par une balle, écrivait les ordres qu'il ne pouvait proférer et, de son brancard, conduisait le combat, notant avec stoïcisme : « Je commande encore, donc je suis responsable! » Admirable maxime, écrite au cœur de l'Afrique par un Alsacien! Faut-il rappeler que deux de nos plus grands coloniaux, Mangin et Lyautey, sont des Lorrains?

Il ne faut pas désespérer de ces plaines, de ces vallées, où une forte race a vu son courage trempé par tant de luttes, plus douloureuses que les vaines querelles politiques d'aujourd'hui.

N'est-il pas tout à fait caractéristique que le seul bureau d'engagement maritime de France qui ne se trouve pas dans un port de mer, soit installé à Strasbourg et qu'il soit l'un des plus actifs de tous?

Au lendemain de la guerre, en effet, beaucoup de jeunes gens (plus de 4 000 entre 1918 et 1923) ont demandé à servir dans la marine ; sur ces 4 000 demandes, 2 400 ont été retenues ; 3 000 éma-

naient des provinces recouvrées et plus particulièrement 1 200 de la seule Alsace.

En 1927 la proportion des engagements volontaires dans la marine a été, pour les départements
du Haut-Rhin, du Bas-Rhin et de la Moselle, de
0,36 pour mille habitants. La moyenne générale
pour la France entière est de 0,16. Le coeffi-
cient des départements reconquis atteint ou dépasse celui de la plupart de nos départements maritimes, comme la Manche. Il n'est surpassé que
par la moyenne du Finistère (1,61) et celle du
Var (0,50).

Nous voyons une preuve caractéristique de
l'écho que peut trouver en Lorraine et en Alsace
une propagande coloniale active et bien menée,
dans la création, le 12 mars 1927, d'un Office colonial à Mulhouse, la ville de toutes les initiatives
généreuses et pratiques. Immédiatement, par les
soins de ces industriels dont les noms bien connus
passent et repassent depuis tant d'années dans les
comités des œuvres si bien inspirées de cette région,
les fonds sont réunis, des conférences organisées,
des archives rassemblées, une exposition ouverte.
Cette action ne se contente point de manifestations
brillantes et sans lendemain : l'Office se met sans
tarder en mesure de répondre aux demandes d'informations qu'il reçoit de tous côtés : de nombreux

élèves suivent les cours coloniaux, et je crois que bien peu de nos jeunes écoliers eussent été capables, sur la France des cinq parties du monde, de rédiger le devoir étoffé, clair, et parfois chaleureux, que j'ai reçu récemment de l'Office de Mulhouse. Cette modeste copie fait à la fois l'éloge des maîtres, de l'auditoire, et de l'atmosphère qui règne autour de ces sages petits Alsaciens si pénétrés de l'importance de leurs études et du respect dû à leurs professeurs. Il n'est pas de pays où l'enseignement peut faire et défaire davantage l'intelligence. Enrichissons donc ce solide fond local et terrien par des vues plus larges, enseignons à ces fortes races constamment foulées par les invasions, qui se sont par là même un peu raidies et renfermées, les perspectives que nous leur ouvrons ; surtout ne les déconcertons pas, car elles prennent les choses très au sérieux : nous ne sommes point ici sous un soleil méditerranéen.

Répétons-leur donc que, par un fait peut-être unique dans l'histoire des peuples, la France, à deux reprises, et dans des parties du monde différentes, — ce qui n'a pas permis à ses premiers efforts de préparer les seconds, — a fait et refait un vaste

empire colonial ; que la carte des colonies françaises, si nous ajoutons celle du passé à celle de
maintenant, recouvre le cinquième du monde et
représente peut-être l'une des plus grandes œuvres
civilisatrices jamais accomplie. Dans cette première
France coloniale, celle de Champlain, de Jacques
Cartier, puis de Montcalm et de Dupleix, nous avons
laissé d'impérissables souvenirs, qui ne sont altérés
par aucun acte de sauvagerie ou d'oppression.

Certes, je ne prétends pas que la France seule
ait respecté les aspirations, gagné l'affection de
ceux qui, au cours des âges, se sont trouvés sous son
drapeau. Rien de ce qui est humain n'est étranger
aux peuples latins : ils ont à un haut degré cette
sympathie bienveillante que d'autres, pénétrés de
la hiérarchie des races, qui en considèrent certaines
comme irrémédiablement inférieures, ne possèdent
certes point au même degré.

Il est curieux de constater, par exemple, que
les persécutions commises par les Espagnols au
Mexique, persécutions que l'on a d'ailleurs fort
exagérées, n'ont pas nui à la conservation de la
population indigène, alors que, plus au nord, les
Indiens achèvent de disparaître, parqués dans des
réserves et abrutis, après d'effroyables battues,
sur lesquelles l'Histoire demeure muette.

Un ami me traduisait l'autre jour cet admirable

plaidoyer d'un Espagnol archiroyaliste, archicatholique du dix-septième siècle, en faveur des noirs : « Notre esclavage, fait-il dire à l'un d'eux, n'a pas d'autres raisons que notre couleur, et la couleur est un accident, non pas un délit. Pourquoi les blancs ne considèrent-ils pas que si l'un d'entre nous fait tache au milieu d'eux, il en sera de même pour l'un d'entre eux au milieu de nous ! Chez eux, les femmes noires ou brunes se blanchissent avec des crèmes de céruse ; les blanches, avides de blancheur, s'enduisent la figure d'onguents. Seules, nos femmes, contentes de leur teint de nuit, savent être belles dans leur obscurité ; et au sein de leurs ténèbres, avec la blancheur de leurs dents que rehausse leur visage sombre, elles participent, de tout l'éclat de leur rire, aux splendeurs nocturnes. » (Quevedo.)

Voilà des sentiments exprimés en pleine inquisition, dont bien des nations actuelles ne seraient pas capables. Mais si l'œuvre de l'Espagne n'a pas été en Amérique aussi brutale qu'on le prétend, par contre et partout, la nôtre reste sans tache.

Ne manquons donc pas de faire valoir toutes les preuves historiques de notre générosité, de notre esprit pacifique et répondons ainsi de la meilleure façon à des invectives autonomistes telles que celles-ci : « Condamnés à vivre provisoirement dans

les frontières de la France, nous sommes réduits à
une attitude passive par la force des baïonnettes
et de la police. » — « Nous avons besoin d'une loi
d'exception parce que, autrement, un vieux peuple
comme le nôtre, de culture très développée et
laborieux, sera saigné et paralysé jusqu'à la décré-
pitude morale et matérielle. »

Mais, laissons là le passé ; on ne s'attache qu'à ce
qui est vivant et fort. Montrons donc aussi à nos
Alsaciens et à nos Lorrains que, non seulement et
grâce aux richesses de leur propre sol, la France est
devenue le second producteur de fer du monde,
mais que nos colonies sont les seules exportatrices
de riz, c'est-à-dire de la céréale qui nourrit actuellement le plus grand nombre d'hommes (près de
deux fois plus que le blé) ; que le chiffre du commerce de l'Indochine, en vingt ans, a augmenté de
douze fois en valeur, que le mouvement des impor-
tations et des exportations de nos colonies croît
régulièrement ; que nous aurons, grâce aux magnifiques travaux entrepris le long de notre Niger, des
champs de coton qui, sans pouvoir rivaliser avec
ceux du Nil, alimenteront peut-être un jour les
immenses centres de tissage du Nord et de l'Alsace,
— sans ajouter toutes ces autres richesses dont j'ai
parlé ailleurs,

Voilà de quoi faire naître l'émulation, balayer les hésitations, répondre à ces allégations de mauvaise foi qui consistent à dire par exemple que les villes d'Alsace sont trop imposées par notre faute, alors qu'elles n'ont cessé de suivre une politique urbaine constamment prodigue, dans laquelle le gouvernement allemand d'ailleurs s'est attaché à les engager à fond. Toutes ces mauvaises querelles se flétriront, sécheront sur pied, dans ce grand souffle d'action et de confiance que nous pouvons faire si largement circuler.

*
* *

Et nous opposerons aussi l'idée de la plus grande France aux vagues idées fédératives dont les autonomistes se sont, bien entendu, spécialement emparés.

« Le parti fédéraliste tend à la création d'une république autonome d'Alsace-Lorraine, qui formera, avec la France, et éventuellement la Belgique, le Luxembourg et les pays de la rive gauche du Rhin, la plus grande France, sous le protectorat *éventuel* de la France » (nous attirons l'attention sur le mot éventuel).

Voici l'une de ces formules mal pensées, mal

cristallisées, dans laquelle en passant l'on s'empêtre. Mais elle aboutit à celle-ci, autrement claire :

« Le but final du parti autonomiste est une Alsace-Lorraine libre, membre des États-Unis d'Europe, et médiatrice entre la France et l'Allemagne. »

Il peut se faire, — nous ne dirons quelques mots de cette question que dans les limites où elle nous intéresse, — que l'heure ait sonné, comme l'observe M. Jacques Bardoux dans deux articles fort suggestifs récemment parus dans *le Temps*, pour des accords économiques de grande envergure ; extension des traités internationaux déjà conclus, pour un essai de collaboration intellectuelle plus étroite entre les nations européennes, une généralisation enfin dans le domaine politique de l'usage des conventions arbitrales. Tout cela constitue un bon ciment, qui peu à peu consolidera ce qui subsiste de l'édifice européen amputé de la Russie... un bon ciment, à prise lente.

Mais ne nous formons pas de dangereuses illusions : la faillite du socialisme intégral, l'attente de l'ordre nouveau qui finira par s'édifier tant bien que mal sur le désert russe, la crise du parlementarisme latin et yougoslave, le malaise anglais, l'absurdité géographique de certaines pièces du puzzle européen, forment un ensemble disparate, et dans l'espace et dans le temps, qui ne permet point la création littérale et surtout brusquée de ces États-Unis d'Europe, dont la conception séduit quelques-uns des grands leaders de la politique extérieure en France, en Tchéco-Slovaquie ou à Berlin.

Certains pays, brûlant les étapes, ont prétendu se réédifier sur des utopies, devenues, comme cela arrive le plus souvent, meurtrières comme la foudre qui tombe du ciel ; d'autres semblent remonter le cours des âges et en arriver à des conceptions d'omnipotence religieuse et politique rappelant le temps du Sacerdoce et de l'Empire, auquel ils empruntent même certaines formules... qui pourraient bien renfermer d'ailleurs des malentendus aussi graves.

La France sort meurtrie, mais renforcée de ses épreuves dans ce chaos, c'est elle qui donne le plus l'impression de l'équilibre et de la solidité. Si l'on a pu risquer cette phrase : « Le dix-neuvième siècle fut celui des majorités nationales, le vingtième sera celui des minorités nationales, » elle n'est pas vraie en ce qui nous concerne.

N'écartons point certes ces généreuses anticipations de l'avenir, mais demeurons, avec nos cent millions d'habitants, conscients de notre force et n'accueillons que sous réserve d'examen, de sage mise au point et de progressive réalisation des projets encore vagues, susceptibles d'interpré-

tations variées et qui, perfidement exploités,
pourraient entretenir l'agitation dans nos provinces de l'Est. Par légèreté, ne donnons pas aux
Alsaciens et aux Lorrains l'impression qu'avaient
les délégués de Strasbourg à la Constituante :
« On voit beaucoup de gens éloquents, écrivaient-
ils, pressés de se faire entendre, » alors que
le fond de notre caractère est d'agir, et que nous
avons, pour développer notre action, le second
empire colonial du monde, constitué en majeure
partie depuis cinquante ans seulement, où par
conséquent rien n'est fait à côté de ce qui reste à
faire.

FIN

APPENDICE

UNE OMBRE AU TABLEAU

Ce qui reste à faire ! Je ne saurais l'ignorer ni le dissimuler.

Après la publication, dans la *Revue des Deux Mondes*, des premiers chapitres de cet ouvrage, j'ai reçu maintes lettres émanant des colonies, dont le sens général était : développer en France le goût de l'action coloniale, faire connaître les richesses de nos possessions, c'est bien, mais il serait peut-être plus utile encore d'instruire le procès des mauvaises méthodes qui entravent trop souvent l'essor de nos colonies, de dénoncer les erreurs dont elles souffrent, de combattre les difficultés que rencontrent ceux qui veulent les mettre en valeur.

C'est pour répondre aux vœux de ces correspondants, dont la confiance me crée une obligation, que je voudrais, en quelques pages, apporter à tout le bien que j'ai dit des colonies, des qualités intellectuelles et morales qu'elles développent ou qu'elles exigent, le correctif nécessaire : un tableau sans ombres perdrait tout relief, et sans rien renier de la foi que j'ai exprimée et que je voudrais répandre dans l'avenir des colonies françaises, je tiens à éviter les reproches d'optimisme excessif et d'enthousiasme délirant, qu'il serait si facile d'encourir dans une période où tout ne va pas pour le mieux dans le second empire colonial du monde.

D'ailleurs, une pratique constante des affaires coloniales depuis de nombreuses années m'a permis de connaître, aussi bien que personne, les difficultés qu'elles présentent, plus nombreuses, plus graves peut-être que ne le comportent, pour leur part, les affaires métropolitaines. Aussi les doléances de mes correspondants bénévoles ne m'apportaient aucune plainte dont l'écho ne me fût déjà parvenu.

Je l'ai souvent répété, les colonies ne sont pas un Eldorado, la nature tropicale est généreuse, mais on n'obtient ses dons que par un travail acharné, plus dur que dans la métropole : plus dur, en raison du climat qui déprime, de l'éloignement qui retarde envois et livraisons, de la pénurie de bons collaborateurs, des difficultés que suscite l'emploi d'une main-d'œuvre si différente de nous par sa langue, ses mœurs et ses coutumes.

Tout cela ce sont les obstacles inhérents aux affaires lointaines, les obstacles permanents, ceux que l'on ne peut vaincre qu'à force de patience ; il en est d'autres qu'il serait possible d'écarter plus rapi-

dement avec un peu de volonté et de méthode, un peu
de bonne volonté simplement. C'est dans les moments
de crise que l'on connaît mieux son mal : or, nous
traversons aujourd'hui une de ces crises comme il
s'en produit périodiquement dans nos colonies : après
des années d'élan, de prospérité, surviennent régulièrement des années de marasme qui font perdre la
moitié, parfois les deux tiers du terrain conquis précédemment. Pourquoi ces à-coups? Quel est le vice du
moteur qui les détermine? Voilà ce qu'il faut rechercher avant tout.

L'œuvre coloniale ne peut progresser que par
l'alliance constante et confiante de deux forces :
les initiatives privées, l'action administrative. Il faut
« coupler » ces deux forces ; si elles ne sont pas bien
embrayées ensemble, la machine n'avancera pas. C'est
là qu'apparaît la nécessité de bien comprendre ce
principe : il n'y a qu'une France, gouvernement et
administrés ne font qu'un, doivent s'associer étroitement, ne pas s'opposer en antagonistes. Ce principe,
si fortement proclamé par plusieurs des grands sou-
verains de notre histoire et par leurs ministres :
Henri IV et Sully, Richelieu, Louis XIV et Colbert,
semble de nos jours quelque peu perdu de vue :
nous n'avons plus de roi se considérant comme le
père de son peuple, comme le chef d'une famille unie.
A sa place nous avons laissé se créer — car il faut bien
une direction — une autre souveraineté anonyme,
irresponsable : l'administration. Celle-ci a perdu peu

à peu contact avec la vie, c'est un organisme qui s'endort au bruit de ses propres rouages, même s'ils tournent à vide.

Examinons donc les deux éléments du problème et tâchons de les concilier. Voici d'abord les colons, représentant les initiatives privées. Sont-ils sans reproches? Généralement les Français colonisent en plusieurs vagues ; la première vague est presque toujours excellente : elle est formée d'hommes audacieux, intelligents, énergiques ; ils taillent dans le neuf, voient grand et large, savent prévoir. Des noms reviennent à l'esprit qui, en Indochine, à Madagascar, au Maroc nous rappellent ces temps héroïques, les Amiraux, Galliéni, Lyautey. Généralement, dans ces débuts difficiles, l'opinion publique, séduite par leur énergie, les approuve et les soutient. Puis vient une nouvelle vague, et arrivent des hommes qui remplacent les vues générales et les vues généreuses par les ambitions ou les cupidités personnelles, par les critiques mesquines. Le jeune visage des colonies nouvelles semble se flétrir et se rider, on y respire bientôt cet air « vieilles colonies » qui ne stimule pas, mais assoupit.

Trop souvent, dans cette période où les grands gouverneurs, les individualités trop fortes disparaissent pour laisser place à des personnages plus docilement administratifs, l'on voit se manifester dans toute sa malfaisance cette tare de l'esprit français, l'individualisme. Il n'est plus d'entente possible entre les colons ; les chambres de commerce locales, où ne sont point appelés, généralement, les agents qualifiés des grandes entreprises métropolitaines, deviennent trop souvent les organes de défense d'intérêts particuliers, mesquins, immédiats, où sont perdues de vue les grandes questions d'ensemble d'où dépend l'avenir de la colonie. Nous ne trouvons, par exemple, en Indochine aucun équivalent réel de ces grandes associations de planteurs qui ont exercé une influence si considérable sur les destinées de la Malaisie ou des Indes néerlandaises. En Afrique occidentale française les maisons de commerce, au lieu de se grouper dans une période de crise, continuent à se faire une âpre concurrence. Partout c'est le règne de l'égoïsme le plus étroit, du débrouillage personnel, au lieu d'être celui de l'organisation méthodique et rationnelle dont tant de pays étrangers nous donnent cependant l'exemple.

Tels sont en général les défauts des colons ; nous les reconnaissons loyalement, ils sont moins graves que les carences des services publics. A la tête, voici un ministère des Colonies qui est loin de posséder dans l'ensemble des conseils du gouvernement la place de premier plan qui devrait lui être réservée, comme en Belgique, en Angleterre, en Hollande. Chez nous, c'est le dernier des portefeuilles, celui qu'on attribue, en temps de crise ministérielle, à quelque parti politique dont on veut obtenir les suffrages, sans se préoccuper généralement de le confier à un homme de foi et d'énergie, conscient de représenter les trois cinquièmes de la France totale. A côté de ce ministre, qui parfois ouvre pour la première fois un atlas lorsqu'il arrive rue Oudinot, que voyons-nous ? une administration centrale envieuse des prérogatives des gouverneurs généraux, jalouse des siennes, absorbée dans une besogne méfiante de contrôle. Pour mémoire, nous citerons un conseil supérieur des colonies, qui, n'existe guère que de nom, se réunit rarement, n'agit pas par la faute du ministre et de ses bureaux qui, après avoir créé cette assemblée, la tiennent pour négligeable sinon gênante.

Aucun organe de liaison réel entre les diverses colonies ; on a célébré comme une nouveauté mirifique les réunions annuelles des gouverneurs et résidents généraux de l'Afrique du Nord, comme si cette pratique nouvelle ne devrait pas être une règle, comme si des échanges de vues réguliers, des contacts directs et périodiques ne devraient pas être établis entre les gouverneurs généraux de toutes nos possessions, qui viennent cependant assez souvent à Paris, mais ne se croisent dans les couloirs du ministère que pour échanger des banalités.

La règle administrative est elle-même flottante, confuse, peu claire. Toutes les lois métropolitaines n'ont pas été rendues applicables aux colonies, encore moins tous les décrets. Les arrêtés ministériels, ceux des gouverneurs généraux et des gouverneurs forment une forêt touffue, où l'on se perd. Il m'a paru nécessaire de percer dans ce taillis quelques avenues ; et j'ai constitué une équipe de travailleurs avertis qui sera en mesure, au début de 1930, de fournir à tous ceux qui sont en contact avec l'administration coloniale un recueil intitulé *Principes de législation coloniale*, aussi utile qu'un fil d'Ariane dans ce dédale.

Ajoutez à tant de faiblesses de notre administration centrale, les ingérences constantes du Parlement dans sa besogne, les remous, les coups de barre que provoquent les interpellations les plus saugrenues, où l'ignorance se dissimule sous la prétention et la passion, et vous ne serez pas surpris qu'il n'existe pas en France de *politique coloniale*, suivie, méthodique, soutenue, servant de moteur et de régulateur aux entreprises privées.

A quels résultats conduit cette carence de l'autorité? Quelques exemples nous renseigneront. Une question domine toutes les autres : celle de l'outillage colonial, de l'équipement de nos colonies. S'il est un domaine où doive s'exercer l'action du « prince », comme on disait autrefois, c'est bien celui des travaux publics. Sans routes, sans chemins de fer, sans ports, pourquoi faire jaillir du sol et du sous-sol des richesses nouvelles qui ne sauraient être utilisées, faute de pouvoir être transportées? L'équation posée par Kipling : « Civilisation = transports », garde toute sa vérité profonde. Depuis plusieurs années, depuis le ministère de M. Albert Sarraut, le parlement est saisi d'un vaste programme d'outillage colonial. Depuis des années les divers gouvernements généraux ont adressé au ministère des programmes particuliers pour les différents groupes de colonies. Depuis un an bientôt le ministre actuel a repris ces propositions diverses et les a fondues — pour gagner du temps, disait-il — dans un projet d'emprunt colonial global, pour l'ensemble de nos possessions d'outre-mer. Rien n'est fait : tous ces projets se heurtent à la passivité, à l'inertie de la machine parlementaire : ce sont des coups de poing dans un mol oreiller d'insouciance et d'irresponsabilité.

Et cependant nous avons laissé passer des occasions magnifiques de réaliser ce programme ; de 1924 à 1929 nous avions à notre disposition les prestations en nature que le plan Dawes forçait l'Allemagne à verser à la France en quantités massives, atteignant en valeur jusqu'à 8 milliards de francs pour certaines annuités. Pour « avaler », si l'on peut dire, toutes ces fournitures, la France avait son empire colonial où elles pouvaient être employées dans des travaux générateurs de richesses rapides. Demander aux industriels allemands des rails pour les chemins de fer que réclament l'Afrique Occidentale et Équatoriale, l'Indochine et Madagascar, du matériel hydraulique agricole, des hangars métalliques, des grues, des élévateurs électriques pour nos ports coloniaux, c'était permettre à ces industriels de « mettre en route » des fabrications importantes qui nous garantissaient pour l'exécution loyale du plan Dawes leur bonne volonté. L'importance politique de ce résultat n'est pas à souligner : c'était véritablement instituer sur le plan économique, entre la France et l'Allemagne, une coopération réelle, une solidarité effective, d'où n'eût pas manqué de résulter une détente certaine des relations internationales.

Malgré tous les avantages que présentait ainsi une large utilisation des prestations allemandes pour l'outillage colonial, il fut impossible de saisir cette occasion que nous offrait le plan Dawes. Les industriels français, dans un esprit d'égoïsme mesquin, s'opposèrent à cet emploi des prestations allemandes, comme s'ils eussent pu obtenir pour eux-mêmes, au milieu de nos difficultés budgétaires, les commandes du matériel que le Reich pouvait nous fournir !

Bien plus même, en laissant s'accomplir aux colonies, à l'aide des fournitures d'outre-Rhin, de grands travaux d'utilité publique, l'industrie française eût retiré de ce système des avantages un peu différés mais assurés, car, après les travaux de premier établissement, il y a les travaux d'entretien (dont elle eût recueilli la commande) et toutes les fournitures pour les entreprises privées que ces travaux publics n'auraient pas manqué de susciter.

Aucune opposition ne se manifestait à l'étranger contre cet emploi par la France des prestations allemandes. Toutes les circonstances étaient donc favorables, mais pendant longtemps notre ministère des Finances préféra demander à l'Allemagne du sucre ou du charbon, du bois, qu'il négociait à court terme, au lieu de faire appel à ces fournitures de matériel manufacturé pour lesquelles il eût été obligé de consentir aux preneurs français d'assez longs délais de payement. Lorsqu'apparurent les dangers de cette politique à courtes vues, à la petite semaine, il était trop tard : le plan Dawes était moribond, à son chevet se pressaient des « experts » qui allaient le remplacer par le plan Young ; parmi ces experts, les Britanniques, fidèles mandataires de l'industrie de leur pays qui voit avec terreur se maintenir la plaie du chômage et se raréfier le nombre et l'étendue des débouchés, ont pesé de tout leur crédit sur les négociations, et ont réduit tellement la part des prestations en nature dans les versements futurs de l'Allemagne que nous ne pouvons plus guère compter sur ces prestations pour réaliser un vaste plan d'outillage colonial.

Dans ces conditions, que va devenir le projet d'emprunt colonial non débattu encore par le Parlement? Quoi qu'on en ait dit, ce projet avait pour base l'emploi des prestations en nature. Cette base lui fait désormais défaut. Sur quel fond solide s'élèvera-t-il maintenant? Dans quelles conditions pourra-t-il être placé sur le marché financier français qui fait preuve depuis quelques mois d'une faiblesse, d'une atonie que nulle tentative ne parvient à galvaniser? Le plus clair résultat du plan Young et des conférences de La Haye c'est que nous nous sommes engagés à émettre sur ce marché français de nouvelles obligations allemandes. Nous ferons-nous une fois encore les banquiers de l'ennemi vaincu avant de nous faire les banquiers des colons français?

Cependant la nécessité de doter nos colonies d'un outillage public véritablement moderne ne saurait être différée : en Indochine il est encore impossible d'aller en chemin de fer de Saïgon à Hanoï, le Trans-indochinois n'est pas achevé ; le grand emporium Saïgon-Cholon, un des centres commerciaux les plus importants de l'Extrême-Orient, une des métropoles mondiales du riz n'a pas encore un port digne de son trafic. A Cholon, le long de l'arroyo chinois, s'entassent en monceaux des sacs que les coolies portent sur leur dos, le long de berges où la circulation est intense, alors qu'il serait si facile d'établir des transporteurs aériens électriques !

En Afrique occidentale c'est pour les ports, la même navrante insuffisance. En dehors de Dakar, au Sénégal, et de Douala, au Cameroun, on donne beaucoup trop généreusement le nom de ports à des wharfs, à de misérables tabliers de bois et de métal qui s'avancent sur des chevalets au delà des rouleaux de la barre et d'où s'établit un va-et-vient avec les navires ancrés prudemment au large. Il est peut-être très pittoresque de débarquer dans une benne que hale une grue à bout de bras, mais des procédés aussi primitifs ne sont plus en rapports avec le développement du trafic de nos établissements. Voici par exemple la Côte d'Ivoire, colonie en plein essor grâce à ses cultures riches (cacao, café), qui risque d'être isolée du monde si le dernier des trois wharfs qu'elle avait à sa disposition vient à être enlevé comme les deux autres par les assauts des vagues, par les coups de bélier que donnent aux chevalets les billes de bois que l'on jette à la mer pour les remorquer vers les navires.

A ce sujet je ne puis me défendre de citer un fait typique : dernièrement s'est constituée, pour aider à doter l'A. O. F. de ports dignes d'elle, la *Société des Ports coloniaux*. Réagissant à sa façon contre le défaut d'individualisme que nous avons si vivement critiqué plus haut, elle parvint à grouper autour de son berceau des compagnies de navigation, des entreprises d'acconage et mon groupe financier, dont je ne saurais taire le rôle en cette affaire, non pour lui faire une réclame dont il n'a pas besoin, mais auquel on ne saurait dénier, je l'espère, quelque expérience et quelque compétence. Malgré l'état navrant des ports de l'A. O. F., que M. Barrès, l'actif président de la Chambre de commerce de Bordeaux, vient de signaler, après étude approfondie sur place, dans un remarquable rapport, la Société précitée, faisceau de bonnes volontés, d'expériences, de moyens puissants, ne rencontre que méfiance de la part de l'administration, elle est considérée comme une gêneuse et un trouble-fête.

Si nous abandonnons le chapitre des travaux publics, nous pouvons citer encore bien des exemples de la carence ou des mauvaises méthodes administratives.

En Indochine toutes les entreprises réclament une

stabilisation de la piastre qui ne saurait être différée, à l'heure où s'avilit, sans arrêt prévisible, le cours de l'argent fin, Chaque jour l'épargne des Européens se déprécie, les marchandises introduites par les importateurs perdent de leur valeur ; un projet de décret reste depuis des mois soumis à l'examen du ministère des Colonies et du ministère des Finances.

Que dire du régime des concessions? Sur une interpellation d'un député communiste, pendant de longs mois, toute attribution de concession nouvelle a été arrêtée par ordre du Conseil des ministres ; une méfiance globale, la plus vile, la plus injuste, est venue frapper de discrédit les entreprises indochinoises qui bénéficiaient jusque-là de tant de faveur dans la métropole. Il faudra bien du temps pour rétablir la confiance si bénévolement, si injustement ébranlée par ceux-là mêmes qui auraient dû la maintenir !

Au point de vue de la main-d'œuvre, les plantations créées à grands frais dans les terres fertiles et désertes de la Cochinchine n'auront bientôt plus assez de travailleurs, nous ne disons pour s'étendre conformément à leur programme, mais simplement pour se maintenir sans régresser devant la jungle, alors qu'au Tonkin certains districts regorgent d'une population si dense qu'ils sont exposés périodiquement à la famine, et en tout temps à la misère. Au lieu de servir les intérêts, si heureusement confondus ici, des indigènes et des colons, l'administration, paralysée par la crainte d'interpellations et d'enquêtes, ne favorise pas comme elle le devrait l'émigration des districts surpeuplés du delta du Fleuve Rouge vers les magnifiques terres de la Cochinchine où il suffirait seulement de la *moitié de l'excédent annuel* de la population tonkinoise pour faire lever tant de richessses nouvelles.

A Madagascar, crise de transports maritimes, insuffisance des routes et des chemins de fer : les mines ne peuvent plus exporter leur production, beaucoup d'entre elles suspendent leur exploitation.

En Afrique occidentale française, crise commerciale provoquée par le foisonnement excessif des maisons de commerce, mais aussi par l'insuffisance de l'outillage public, particulièrement dans les ports. Après la crise présente on en voit poindre une autre par suite des diverses carences administratives : alors que le poste principal du bilan de la colonie est constitué par les arachides, il est malheureusement possible d'entrevoir le jour où les huiles de palme de Malaisie, qui demandent moins de traitements et sont produites dans des plantations méthodiquement agrandies chaque année, scientifiquement sélectionnées et dirigées, viendront concurrencer gravement nos huiles d'arachide et peser sur leurs cours.

Certes, les besoins du monde industriel moderne en matières grasses sont assez considérables pour qu'il n'y ait pas lieu de craindre une crise de surproduction, mais les planteurs et les exportateurs d'arachides doivent, me semble-t-il, méditer l'expérience que nous ont offerte, au début de ce siècle, les exportateurs de caoutchouc du Brésil. Lorsque commencèrent à se développer en Extrême-Orient les plantations d'hévéas, les Brésiliens confiants dans le répit que leur laissaient les six ou sept années nécessaires à la croissance de ces arbres avant qu'ils puissent être saignés, négligèrent de créer des pépinières et devant l'éclatant succès des plantations, ils se sont trouvés désarmés.

Qu'ont fait les services publics de l'A. O. F. pour sélectionner les arachides, standardiser la qualité de leur production, encourager des cultures industrielles nouvelles pour éviter au pays les dangers de la monoculture? rien ou presque rien : il n'existe, en dehors de l'arachide au Sénégal, de cultures riches qu'en Côte d'Ivoire ; elles sont dues à l'initiative énergique d'un gouverneur qui passa quelques années dans cette colonie. Cependant bien d'autres colonies du groupe, particulièrement la Guinée, offrent à ces cultures des conditions aussi favorables : elles semblent frappées de torpeur.

La culture du bananier pourrait être pour la Guinée une véritable mine d'or. On sait que ce fruit nous est fourni soit par les Canaries, soit par les Antilles anglaises, soit par les États de l'Amérique centrale. Aux Canaries une bananeraie rapporte net plusieurs dizaines de milliers de francs à l'hectare, mais exige des quantités d'eau et d'engrais qui frappent le producteur de lourdes charges. De plus dans cet archipel

*

les terres propres à l'extension de cette culture sont
rares et se vendent à prix d'or. Les anciennes plantations s'épuisent. En Guinée au contraire, pays beaucoup plus humide que les Canaries, toutes les conditions se trouvent réunies pour favoriser la création
de bananeraies : le fruit, en raison du climat, est infiniment plus savoureux, tous les frais de première mise
de fonds, d'irrigation, d'engrais, de main-d'œuvre sont
beaucoup moins élevés. Mais le plein succès de cette
culture ne pourra être obtenu que le jour où, à l'exemple
des grands trusts américains comme l'*United Fruit C*,
sera constituée du planteur colonial au consommateur
métropolitain une organisation, une chaîne continue :
il ne suffit pas de produire des bananes, il faut les
cueillir en temps voulu, les transporter à la côte, les
y stocker dans des entrepôts frigorifiques jusqu'à
l'arrivée de navires aménagés spécialement pour que
la température des cales ne dépasse pas 8 degrés au-
dessus de zéro. La rapidité du transport est un fac-
teur d'économies qui doit être rigoureusement obtenu.
Enfin, au débarquement, l'organisation qui groupera
déjà les producteurs et les transporteurs devra assurer
la répartition et la vente. Tout cela nécessite non
seulement des dizaines de millions, mais une conju-
gaison des efforts dont la plupart des entreprises
françaises ne sont pas capables. Et cependant, en
cette matière, le succès d'une telle entente ne ferait
aucun doute

En résumé, dans toutes nos colonies ce sont les

mêmes lacunes que nous rencontrons : insuffisance de l'outillage public, manque presque absolu de services d'études renseignant et orientant les colons, méfiance vis-à-vis de ceux-ci, spécialement lorsqu'il s'agit de les aider à trouver de la main-d'œuvre. A ces maux, deux causes que l'administration peut alléguer pour sa défense : manque de moyens matériels trop chichement mesurés par la métropole, manque d'indépendance et de continuité par suite de nos institutions mêmes qui organisent à plaisir la discontinuité dans la haute direction (ministère) et dans la doctrine (ingérences parlementaires).

A tous ces maux un seul remède : dans un régime d'opinion comme le régime républicain, mettre les colonies au premier plan de l'attention publique, faire connaître inlassablement par tous les moyens (livre, presse, enseignement, cinéma, etc.) ce qu'elles peuvent être si nous savons les mettre en valeur en suivant des méthodes nouvelles véritablement efficaces et productives. Poursuivre cette propagande loyalement, c'est-à-dire sans dissimuler ce qui peut et doit être modifié, mais avec confiance, car déjà les résultats acquis sont de ceux qui nous font honneur. Sait-on par exemple que le déficit de notre balance commerciale, si sensible pour les premiers mois de 1929, eût été de 50 pour 100 plus élevé sans l'apport colonial?

Ce qu'il faut avant tout c'est de l'unité et de la continuité dans notre action coloniale. Faisons la guerre sans trêve à tous ces dualismes factices : « métropole », opposée à « colonies », « administration centrale » à « gouvernements locaux », « fonctionnaires » à « colons et commerçants ». Il n'y a qu'une France, il ne doit y avoir qu'une seule catégorie de Français travaillant d'une même intelligence, d'un même cœur à panser, avec le meilleur remède qu'ils puissent trouver, la blessure encore saignante de la patrie.

Luttons sans trêve contre ces deux défauts de notre caractère national : l'individualisme et le manque de continuité. Efforçons-nous d'être « appliqués » comme les Allemands, tenaces comme les Anglo-Saxons et la mise en valeur de nos colonies, au lieu d'être incohérente, soumise à des à-coups et à des crises, deviendra méthodique et véritablement productive.

Une loi naturelle plus forte que tous les raisonnements de l'homme, plus puissante que sa volonté même, force l'humanité à tourner ses regards, ses espérances, son activité vers les pays tropicaux, où naissent avec plus de fécondité, dans plus de chaleur et plus de lumière, toutes les espèces végétales nécessaires à notre vie. L'action coloniale est en harmonie avec cette loi, elle s'impose à nous et nous ne pouvons pas plus la négliger que nous ne saurions refuser les bienfaits, les présents du soleil.

TABLE DES MATIÈRES

Cet ouvrage

a été achevé d'imprimer sur les presses

de la

LIBRAIRIE PLON

le 13 novembre 1929.

A LA MÊME LIBRAIRIE :

Histoire de la concession française de Changhai, par Ch.-B. MAYBON et Jean FREDET. Publié sous le haut patronage de S. E. M. le ministre des Affaires étrangères, du Conseil d'administration municipale de la concession française et la Chambre de commerce française de Chine.
In-4° avec 4 gravures dans le texte, 32 gravures hors texte et 2 cartes. . . . . 60 fr.

Charles de Foucauld, *explorateur du Maroc, ermite au Sahara,* par R. BAZIN, de l'Académie française. 101ᵉ mille. Un fort vol. in-8° écu. . . . . 16 fr.

La Caravane aux éperons verts. (Mission Alger-Niger). *Le Sahara d'hier et de demain,* par Pierre DELONCLE. Préface d'Octave Homberg. In-16 avec 13 gravures hors texte. 12 fr.

Histoire de la question coloniale en France, par Léon DESCHAMPS. In-8°. . . . . 25 fr.
(Couronné par l'Académie des sciences morales et politiques, prix Audiffred.)

Le Général Laperrine, *grand Saharien,* par José GERMAIN et Stéphane FAYE. In-16. . . . . 12 fr.

Le Nouveau monde français. *Maroc — Algérie — Tunisie,* par José GERMAIN et Stéphane FAYE. In-16. . . . . 12 fr.

Le Cardinal Lavigerie. *Un Grand missionnaire,* par Georges GOYAU, de l'Académie française. 13ᵉ mille. In-16 avec 2 gravures hors texte. . . . . 12 fr.

La Première traversée du Sahara en automobile. *De Touggourt à Tombouctou par l'Atlantide,* par HAARDT-AUDOUIN-DUBREUIL. 40ᵉ mille. In-8° écu abondamment illustré. . 15 fr.

La Croisière noire. *Expédition Citroën-Centre Afrique,* par HAARDT-AUDOUIN-DUBREUIL. 34ᵉ mille. In-8° écu avec 63 gravures hors texte, 4 portraits à la sanguine gravés sur bois de Iacovleff et 2 cartes. . . . . 20 fr.

La Vie de René Caillié, *vainqueur de Tombouctou,* par André LAMANDÉ et Jacques NANTEUIL. 10ᵉ mille. In-16 avec un portrait et une carte hors texte. . . . . 12 fr.

La Politique de la France en Afrique (1896-1898). *Mission Marchand — Niger — Madagascar,* par André LEBON. In-8° anglais. . . . . 15 fr.

La Pacification de Madagascar (1896-1898). par André LEBON. In-8° carré avec des documents inédits dont 13 lettres du général Galliéni au ministre des Colonies. . . . . 20 fr.

Un Programme de politique coloniale. *Les Questions indigènes,* par Louis VIGNON. In-8°. . . . . 25 fr.

L'Empire colonial français. Introduction de Gabriel HANOTAUX, de l'Académie française. In-8° écu. . . . . 15 fr.

Histoire diplomatique et coloniale, par René PINON. *(Grand prix Gobert).* — Tome IX de *l'Histoire de la Nation française,* publiée sous la direction de M. Gabriel HANOTAUX, de l'Académie française. In-4° illustré broché. . . . . 85 fr.
Relié cuir raciné. . . . . 150 fr.

PARIS. TYPOGRAPHIE PLON, 8, RUE GARANCIÈRE. — 1929. 38107.